제자백가
12인의 지략으로 맞서다

난세의
인문학

난세의 인문학

제자백가 12인의

지략으로 맞서다

초판발행 2015년 6월 10일
초판 4쇄 2019년 1월 11일

지은이 신동준
펴낸이 채종준
기 획 지성영
편 집 백혜림
디자인 이효은
마케팅 황영주 · 한의영

펴낸곳 한국학술정보(주)
주 소 경기도 파주시 회동길 230(문발동)
전 화 031-908-3181(대표)
팩 스 031-908-3189
홈페이지 http://ebook.kstudy.com
E-mail 출판사업부 publish@kstudy.com
등 록 제일산-115호(2000. 6. 19)

ISBN 978-89-268-6956-7 03150

제자백가
12인의 지략으로 맞서다

난세의 인문학

신동준 지음

이담 Books

본서는 제자백가의 백가쟁명百家爭鳴을 재조명해 21세기 G2시대에 그대로 활용할 수 있는 난세 리더십의 정수를 찾아내려는 취지에서 나온 것이다. 분석 대상은 모두 12명이다. 이들 모두 제자백가의 학단學團을 만들거나 하나의 학파學派를 구성할 정도로 뚜렷한 족적을 남긴 자들이다. 유가의 공자와 맹자 및 순자, 도가의 노자와 열자 및 장자, 법가의 상앙과 한비자, 묵가의 묵자, 병가의 손자, 종횡가의 귀곡자, 상가商家의 관자 등을 이른다.

주지하다시피 춘추전국시대는 난세 중의 난세에 해당한다. 난세의 현장에서 치열한 삶을 살다 간 제자백가의 행적을 살펴보면 G2시대의 난관을 돌파할 수 있는 지략을 쉽게 찾아낼 수 있다. 필자가 본서를 펴낸 이유다. 제자백가 사상의 정수를 추출해 G2시대의 난세를 슬기롭게 타개코자 하는 각 분야의 리더들에게 도움을 주고자 한다. 지난 2013년 등극한 '신 중화제국'의 새 황제 시진핑의 2014년 방한을 계기로 동양문화의 뿌리에 해당하는 춘추전국시대 제자백가에 대한 관심이 고조되고 있는 것은 고무적이다. 제자백가의 가르침을 21세기 G2시대의 경영전략에 접목할 경우 커다란 효과를 볼 수 있을 것으로 본다. 실제로 현재 중국의 리더들은 제자백가서를 비롯한 동양 전래의 고전 공부에 열을 올리고 있다. 중국을 제대로 이해하려면 중국 고전을 읽어야 한다.

흔히 21세기 G2시대를 경제전의 시대라고 했다. 난세는 치세와 다를 수밖에 없다. 필자가 제자백가의 백가쟁명을 분석대상으로 삼은 이유다. 난세를 타개코자 고심한, 이들 제자백가의 가르침을 제대로 파악할 수만 있다면 능히 역동적인 해법을 찾아낼 수 있다고 판단한 결과다. 실제로 제자백가에 대한 깊이 있는 탐색을 통해 모택동의 '신 중화제국 창립' 배경을 비롯해 애플제국의 창업주 '스티브 잡스'의 성공비결 등을 읽어낼 수 있을 것이다.

잊지 말아야 할 것은 제자백가 모두 하나같이 서민이 빈곤층으로 떨어지면 나라가 바로 설 수 없다는 사실을 역설한 점이다. 모든 제자백가가 입을 모아 경고한 사항이다. 춘추전국시대는 동서고금을 통틀어 가장 오랫동안 지속된 난세 중의 난세다. 위기에 처하면 기모기책奇謀奇策이 백출百出하게 마련이다. 제자백가가 제시한 각종 이론과 방략이 21세기까지 탄복을 자아내는 이유다.

고금동서를 막론하고 부국강병은 백성을 부유하게 만드는 부민富民에서 출발하고 부민은 서민의 민생을 떠받드는 데서 비롯된다. 치세와 난세를 불문하고 모두 같다. 통상 공자와 맹자를 두고 '공맹' 운운하며 하나로 묶고 있으나 이는 잘못이다. 맹자의 사상적 스승은 공자가 아닌 묵자였다. 순자가 '치국평천하治國平天下'에 방점을 찍은 공자사상을 왜곡한 장본인으로 맹자를 지목한 이유다. '치국평천하'를 본령으로 하는 유학을 '수신제가修身齊家'에 초점을 맞춘 윤리학으로 변질시켰다는 게 그렇다. 그러나 이를 이상하게 생각할 것도 없다. 묵자 자신이 '유가좌파'에 해당하는 까닭에 묵가 역시 유가의 일원에 지나지 않기 때문이다.

도가의 노자와 장자의 관계도 마찬가지다. 장자는 현세의 정치에 초점을 맞춘 노자사상을 신선사상으로 몰아간 장본인에 해당한다. 노자의 통치사상은 장자가 아닌 한비자에게 흘러갔다. 사마천이 『사기』를 저술하면서 노자와 한비자를 하나로 묶은 「노자한비열전」을 편제한 게 그렇다. 노자사상은 이후 선종禪宗의 출현에 결정적인 공헌을 했다. 노자사상에서 벗어났다고 해서 비난할 일이 아니라는 얘기다. 장자 역시 묵자가 그렇듯이 '도가좌파'에 해당하기 때문이다.

본서가 기존의 통설과 달리 맹자를 '유가좌파'로 보아 묵자의 사상적 후계자로 간주하고 관중을 효시로 하는 정치경제학파인 상가를 제자백가의 시원始原으로 간주한 이유가 여기에 있다. 기존의 분류 방법으로는 제자백가가 제시한 난세의 타개방략을 제대로 파악할 수 없다고 판단한 결과다. 잘못된 접근이 21세기 G2 시대의 난국 타개에 도움이 될 리 없다. 모쪼록 본서가 제자백가의 천하경영 이론을 배경으로 '21세기 동북아 허브국가'의 실현에 앞장서고자 하는 모든 사람에게 도움이 됐으면 하는 바람이다.

2015년 봄 학오재學吾齋에서
저자 쓰다

차 / 례

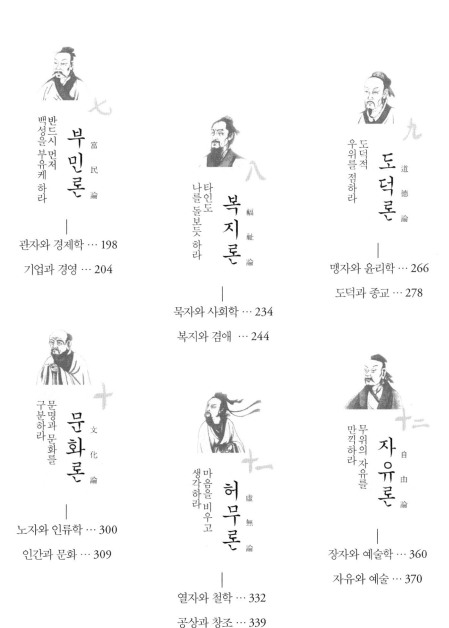

배우고 때때로 익히면
또한 기쁘지 아니한가?

學而時習之 不亦說乎
학이시습지 불역열호

紳士論

신사론

배움의 자세를
견지하라

공자와 문학

　과거 '대영제국'의 상징어는 젠틀맨이었다. 젠틀맨은 동양 전래의 신사 紳士를 직역한 말이다. '신사'는 벼슬을 한 대부大夫와 벼슬을 하지 못한 선 비인 사인士人을 총칭한 말이다. 사대부士大夫와 같은 뜻이다. 명청대 이래 '신사'라는 용어가 널리 유포됐다. '신사', 즉 '사대부' 개념을 정리한 사람 은 멀리 춘추시대 말기의 공자로 거슬러 올라간다. 공자는 21세기 현재까 지도 '만세萬世의 사표師表'로 불린다. 시대를 뛰어넘는 스승의 표상이라는 뜻이다.

　공자는 이른바 오월시대吳越時代라는 난세 속에서 진정한 군자君子의 '롤 모델'을 찾고자 노력했다. 그러나 당시 상황에서 그의 이런 노력은 연목구 어緣木求魚에 지나지 않았다. 14년간에 걸친 천하유세가 실패로 돌아간 게 그렇다. 그런데도 그는 왜 현실에 거의 존재하지 않는 '군자'를 찾기 위해 노 력한 것일까? 여기서 공자가 정립코자 한 이른바 군자학君子學의 성립배경 을 파악할 수 있다. 먼저 주의할 것은 공자가 생전에 그토록 찾고자 노력한 군자의 모습이 바로 명청대 신사의 원형原型에 해당한다는 점이다. 모두 실 패로 끝난 것처럼 보인 14년간의 천하유세가 만들어낸 산물이다. 큰 틀에 서 보면 공자의 천하유세는 결코 실패가 아니었다. 공자는 천하유세에도 불구하고 현실 속의 위정자爲政者가 되어 자신의 뜻을 펴는 데는 실패했지만 그의 치국평천하 사상만큼은 더욱 정치精緻하게 다듬어졌기 때문이다. 천하유세를 끝내고 고국인 노나라로 돌아온 뒤 차분한 마음으로 고전을 정비하며 제자들을 육성한 덕분이다.

공자의 고국인 노魯나라는 하극상下剋上의 양상이 가장 먼저 나타난 대표적인 나라였다. 공자는 바로 이런 시기에 등장해 봉건질서의 혁파를 주장하면서 학덕學德을 연마한 군자에 의한 통치를 역설한 것이다. 혈통에 의한 보위의 세습을 비판한 것이나 다름없다. 당시의 기준에서 볼 때 매우 파격적인 주장에 해당한다. 초대 사회과학원장을 지낸 곽말약이 공자를 혁명가로 평가한 이유다. 공학孔學의 세례를 받은 사인士人들이 전국시대의 주역으로 등장케 된 것도 따지고 보면 공자를 조종祖宗으로 하는 유가儒家 사상이 널리 유포된 데 따른 것이다. 원래 노나라는 주왕조 개창의 공신인 주공의 봉국封國인 까닭에 전국시대 말기까지 대국에 의해 병탄되지 않고 유지되었다. 이는 노나라가 전통문화의 보고寶庫로 여겨진 사실과 무관치 않았다. 『춘추』가 다루고 있는 기원전 722년에서 481년 사이에 노나라가 침략을 받은 것은 21회에 불과했다. 이는 10년에 1번꼴로, 당시 거의 모든 나라가 매해 평균 1번꼴로 다른 나라와 전쟁을 치른 사실과 대비된다. 그렇다고 노나라가 무사태평하게 지낸 것은 아니었다. 이웃 대국 제나라는 시종 노나라에 커다란 위협이었다. 제나라와 마찰을 빚을 때마다 노나라는 끊임없이 영토를 잠식당했다. 노나라는 이를 되찾기 위해 부단히 노력했으나 간헐적인 성공에도 불구하고 시종 삭지削地를 면치 못했다. 노나라는 약소국이었던 까닭에 다른 대국의 원조를 받지 않으면 제나라에 저항하는 일이 불가능했다. 그러나 노나라도 자신보다 작은 나라들에 대해서는 거만하게 군림했고 기회만 있으면 그들을 침략하고 병탄했다.

공자는 이런 상황에서 하급 무사의 아들로 태어나 마침내 만세의 사표가 된 것이다. 과연 어떻게 해서 이런 일이 가능케 된 것일까? 이는 공자가 활약한 기원전 6~5세기 춘추시대 말기에 이미 고착적인 신분세습의 봉건 질서가 크게 동요한 사실과 무관치 않다. 하급 사족士族 출신인 공자가 대부의 반열에 오른 사실이 이를 뒷받침한다. 공자가 활약할 당시 노나라는 이른바 '3환三桓'으로 불리는 공족公族 세력이 실질적인 권력을 장악하고 있었다. 이는 기원전 8세기 말에 재위했던 노환공魯桓公의 아들인 경보慶父와 숙아叔牙, 계우季友의 후예인 3환 세력이 춘추시대 중엽 이래 노나라 공실의 권한을 잠식한 결과였다. 노나라는 공자가 태어나기 전에 이미 1세기반 동안 이들 3환의 과두정寡頭政으로 유지되고 있었던 셈이다. 3환 세력은 삼형제의 자를 따서 각각 중손仲孫·숙손叔孫·계손季孫으로 성씨를 삼았다. 첩의 소생인 중손씨는 훗날 맹손孟孫씨로 성씨를 바꿔 장자 가문임을 분명히 했다. 3환 가운데 가장 성공한 쪽은 막내 계손씨였다. 재상의 자리는 줄곧 계손씨가 차지했다. 공자가 활약하던 시기에도 노나라는 이들의 손안에 있었다.

공자가 34세 되던 해에 마침내 3환 세력의 전횡에 분노한 노소공魯昭公이 계손씨의 종주를 죽이고 군권을 회복코자 했으나 간발의 차이로 실패하고 말았다. 이에 그는 제나라로 망명한 뒤 끝내 돌아오지 못한 채 이국에서 객사하고 말았다. 춘추시대 들어와 군주가 신민臣民의 반대로 인해 국외로 추방된 것은 이 사건이 처음이었다. 이로써 노나라는 14년간에 걸쳐 군주의 자리가 비어 있는 이른바 '공위시대空位時代'가 연출되었다. 서주西周 시대 중엽 주여왕周厲王이 백성들의 봉기로 쫓겨난 이후 두 번째 사례에 속한다. 춘추전국시대를 통틀어 살펴봤을 때 주여왕의 경우 이외에 노소공의 경우가 유일했다. 이 사건은 군권의 회복을 꾀한 노나라 군주의 수많은 시도 가운데 가장 극적인 사건이었다.

당시 3환은 서로 다투기도 했으나 협력치 않을 경우에는 공멸을 초래할 수밖에 없다는 사실을 숙지하고 있었다. 최고의 권력자인 계손씨는 도성인 곡부曲阜로부터 동남쪽으로 75km 지점에 있는 비費 땅을 근거지로 삼고 있었다. 숙손씨는 곡부성 서북쪽 60km 지점에 있는 후郈 땅을 근거지로 삼았고, 맹손씨는 곡부성 서북쪽 22km 지점에 있는 성郕 땅을 근거지로 삼았다. 이들 3개 성읍은 모두 견고한 성벽에 둘러싸여 있었다. 3환의 가병家兵은 몰락한 귀족의 자손 및 사족을 비롯해 농촌 출신자들로 구성되어 있었다. 이들은 예외 없이 관습에 따라 충성을 나타내는 꿩을 3환에게 예물로 바치고 주종관계를 맺었다. 노나라 군주를 주군으로 받드는 신하가 공신公臣으로 불린 데 반해 이들은 제후 휘하의 경대부를 주군으로 삼은 까닭에 흔히 사신私臣으로 불렸다. 3환의 권력이 강화되고 영지가 확대됨에 따라 자연히 '사신'의 숫자도 늘어났다.

공자가 활약할 당시 노나라는 3환의 전횡으로 인해 이미 '공권력의 사권화私權化' 현상이 급속도로 진행하고 있었던 것이다. 사마천이 『사기』에서 역설했듯이 고금동서를 막론하고 '공권력의 사권화'는 국가패망의 전조에 해당한다. 3환이 이들 '사신'들과 맺은 관계는 기본적으로 씨족을 떠난 개인들 간의 계약이었다. 3환은 이들에게 부역 등의 공적 부담을 면제시켜주고 토지분급을 포함한 여러 은전을 베풀었다. 3환과 사신은 완전히 개인 차원의 보호와 충성이라는 주종 간의 쌍무관계로 결합되어 있었던 것이다. 이 점만을 살펴보면 서양 중세의 봉건관계와 매우 흡사하다. 이런 현상은 다른 나라에서도 비슷하게 나타났다.

오월시대에 들어와 호족들이 점차 열국의 제후를 대신해 실질적인 군주로 행세하는 양상이 나타나게 된 것은 바로 이 때문이었다. 공자의 고국인 노나라도 3환 세력이 전 영토를 셋으로 나눠 다스린 것이나 다름없었다.

그러나 노나라는 춘추시대 말기에 권신인 조趙, 위魏, 한韓 등 세 가문에 의해 전 영토가 3분되어 해체된 진晉나라와 달리 전국시대 말기까지 명목 상의 군주가 다스리는 단일한 나라로 유지되었다. 이는 난신적자亂臣賊子를 성토한 공자의 출현과 무관치 않았다. 공자가 활약할 당시 공자의 존재는 시종 노나라의 실권자인 3환 세력에게 커다란 위협이었다. 공자가 3환 타도를 꾀하다가 실패한 뒤 14년간에 걸쳐 비록 '주유천하周遊天下'를 표방키 는 했으나 사실상 망명에 가까운 생활을 영위한 사실이 이를 뒷받침한다. 그러나 공자가 말년에 이르러 귀국할 당시에는 3환 세력의 공자에 대한 경 계심이 크게 완화되어 있었다. 실권자인 계강자季康子가 공자를 국로國老로 우대하며 자주 국정에 관한 자문을 구한 게 그렇다. 3환 세력은 공자가 현 실정치에 참여코자 했던 당초의 꿈을 접고 문하에 수많은 제자들을 육성하 는 모습을 보이자 오히려 공자의 존재를 노나라의 긍지로 여겼다.

『춘추좌전』 등의 사서에 공자의 만년 모습이 비교적 소상히 기술되어 있 는 이유가 바로 여기에 있다. 그럼에도 공자의 생애에 관한 정보는 전체적 으로 부실하기 짝이 없다. 이는 그가 하급 무사의 후예였던 사실과 결코 무관할 수 없다. 공자에 대한 연구는 장구한 세월에 걸쳐 그 형체를 알아 볼 수 없을 정도로, 왜곡된 공자의 원래 모습을 복원하는 작업이라고 해도 과언이 아니다. 공자에 대한 왜곡은 그의 출생과정부터 시작되고 있기 때 문이다. 이는 기본적으로 사료 부족에 비롯된 것이다. 공자의 출생 및 생장 배경 등과 관련한 얘기는 역사적 사실과 부합하는 것인지 여부를 떠나 확 실히 빈약하기 짝이 없다. 장년 이후의 얘기 또한 별반 차이가 없다. 겨우 만년의 얘기가 그나마 어느 정도 알려져 있는 실정이다. 이는 공자가 젊은 시절만 하더라도 그다지 크게 주목받지 못했음을 반증한다. 가장 오래된 역사서인 『춘추좌전』은 대부 이상의 인물이 아닐 경우 그 이름을 기록해 놓지 않았다. 공자의 생장과 관련한 얘기가 희소한 것은 당시 그가 출생에 의해 신분이 결정되는 춘추시대 후기에 태어난 사실과 무관치 않다. 당시의 기준에서 볼 때 공자는 시골에 사는 하급 무사의 후예에 불과했다. 『춘추좌전』에 그의 젊었을 때 얘기가 나오지 않는 것도 이런 맥락에서 이해할 수 있다.

『춘추좌전』은 공자가 찬수했다고 일컬어진 노나라의 연대기인 『춘추』에 주석을 단 것으로 『춘추공양전』 및 『춘추곡량전』과 함께 이른바 '춘추3전'으로 불리는 역사서다. '춘추3전'에는 공자와 관련된 여러 설화 이외에도 학식과 품행이 뛰어난 직제자들에 관한 기사가 다수 삽입되어 있다. 『춘추공양전』과 『춘추곡량전』이 『춘추좌전』과 달리 공자의 생년월일을 기록해 놓은 것은 매우 이례적인 일이다. 수많은 왕공의 경우도 나이조차 분명치 않은 상황에서 이름도 없는 하급 사족의 후예인 공자의 출생 일자가 기록된 것을 두고 논란이 지속되고 있다. 후대인이 끼워 넣은 것으로 보는 게 옳다. 논란 자체가 무의미하다는 얘기다. 그러나 공자의 사망 시기에 관해서는 예로부터 별다른 이견이 없는 실정이다. 이는 당시 공자의 명망이 높았던 데다가 직제자들이 스승의 서거 연월일을 상세히 기록해 놓은 데 따른 것으로 해석할 수 있다. 『춘추좌전』은 노애공 16년인 기원전 479년 여름 4월 기축일己丑日에 공자가 사망했다고 기록해 놓았다. 당시의 음력을 현재의 음력으로 수정해 계산할 경우 2월 11일에 해당한다는 주장 등이 나왔으나 아직까지 정설이 없는 실정이다. 다만 구체적인 날짜에 대한 이견에도 불구하고 공자가 기원전 479년에 서거한 것만은 확실하다. 여러 논란 가운데 노양공 21년인 기원전 552년에 태어났다는 통설을 좇을 경우 74세에 세상을 떠난 셈이 된다.

공자의 학문은 한마디로 군자학君子學으로 요약할 수 있다. 공자 이전까지만 해도 군자는 문자 그대로 '군주의 아들'로 군주의 친척을 의미했다. 이는 생산에 종사하는 평민, 즉 '소인'과 대비되는 말로 사용되었다. 초기 문헌에 세습귀족을 지칭하는 의미로 사용된 게 그렇다. 그러나 공자는 그 의미를 완전히 바꿔 놓았다. 이후 '군자'는 학덕을 겸비한 이상적인 위정자를 지칭케 되었다. 후세에는 말할 것도 없이 모두 공자가 말한 의미로 통용되었다. 21세기 학술의 관점에서 보면 '군자학'은 문학과 사학 및 철학을 통칭한 인문학에 해당한다. '군자'는 곧 인문학을 익힌 사람이 된다. 손에서 책을 놓지 않는 수불석권手不釋卷을 통해 인문학의 요체를 통찰한 독서인讀書人이 바로 '군자'다. 이는 공자사상에서 나타나는 기본정신이 인간의 이지理智를 갈고 닦는다는 취지의 인문주의人文主義에 있다는 사실을 통해 쉽게 알 수 있다. 공자는 『논어』「옹야」에서 문文을 다음과 같이 해석해 놓았다.

"질質이 문文을 이기면 야野하고, '문'이 '질'을 이기면 사史하다. '문'과 '질'이 조화를 이루는 문질빈빈文質彬彬을 실현한 연후에 비로소 군자라고 이를 수 있다."

'질'은 바탕, '문'은 문채文彩, 야野는 거칠고 비루한 야비野鄙, 사史는 겉으로 화려한 외화外華를 뜻한다. '빈빈'은 잘 조화를 이룬 모습을 의미한다. 본래 '질'이 없으면 '문'을 베풀 길이 없어 품성이 거칠기 짝이 없는 야인野人이 된다. 마찬가지로 '문'이 없으면 '질'이 그 본연의 모습을 드러낼 길이 없어 겉만 화려한 사인史人이 되고 만다. '사인'은 사관이 붓을 놀려 수식하듯 겉만 호화스러운 자를 지칭한다. 군자가 되려면 당연히 '문'을 닦아야 한다는 취지다. 그 비결이 바로 '독서'에 있다. 후대의 성리학자들은 '문'과 '질'은 2분법적으로 나눈 탓에 그 이치를 제대로 깨닫지 못했다. 면벽수도面壁修道로 날을 새는 선방의 승려처럼 수신제가의 탐구에 함몰된 근본배경이 여기에 있다. 이는 공자가 '문질빈빈'을 역설한 취지를 거스른 것이다. '문'을 버리고 '질'의 탐구에 매몰된 것으로 해석할 수 있다. '문질빈빈'은 반드시 '문'과 '질'이 조화를 이뤄야만 가능하다. 성리학자들처럼 '질'과 '문'을 엄히 구분하면 그 의미를 제대로 해석할 길이 없다. 조선의 정약용은 『논어고금주』에서 '문질빈빈'을 제대로 이해하지 못한 주희 등의 송나라 성리학자들을 이같이 질타했다.

"한마디로 '질'과 '문'은 후대인들이 그 성효成效를 가지고 나눠본 데 불과한 것이다. 어찌 하·은·주 3대가 입국立國 단계부터 '질'과 '문'을 엄격히 나눠, 은나라는 '질'을 숭상해 스스로 명命으로 삼고 주나라는 '문'을 숭상해 스스로 법으로 삼았을 리 있겠는가?"

정약용은 '질'은 덕행에서 비롯되고 '문'은 예악으로 꾸미는 것을 의미하는 것으로 파악했다. '질'을 인仁, '문'을 예악禮樂으로 해석한 이유다. '문'과 '질'은 본래 나누어볼 수 없는 것이나 다만 성인이 후학들을 깨우치기 위해 굳이 나눠 해설한 것에 불과하다는 것이 그의 주장이다. 공자가 말한 근본 취지에 부합한다. 그럼에도 21세기 현재까지 주희의 잘못을 답습하고 있다. 문文을 글로 번역해 사용하는 게 그렇다. 메이지유신 당시 영어 '리터러처 literature'를 문학文學으로 번역한 것부터가 잘못이다. 문장의 뜻을 지닌 영어 '리터러처'는 '문학'이 아닌 서학書學으로 번역하는 게 옳았다. 21세기를 사는 현대인들로 하여금 공자를 고리타분한 '글 선생' 정도로 인식하게 만드는 것도 이와 무관치 않다. 『논어』에서 '문'의 의미를 가장 잘 드러낸 것으로 『논어』의 첫 편인 「학이」의 첫머리에 나오는 '학이시습지學而時習之, 불역열호不亦說乎' 구절을 들 수 있다. '수시로 배우고 익히니 이보다 더한 즐거움이 어디에 있겠는가'라는 뜻이다. 여기의 '학學'은 문文을 달리 표현한 것이다. 곧 '질'을 갈고 닦는 '문'의 방법을 배운다는 뜻에서 나온 학문學文이 그것이다. 원래 공자는 대다수의 사람은 서로 비슷한 바탕의 질質을 지니고 태어났다고 보았다. 그러나 '질'을 그대로 둔 채 스승으로부터 가르침을 받지 않거나 스스로 배우려 노력하지 않을 경우 거칠고 비루한 야비野鄙로 남을 것을 우려했다. 공자가 '학이시습지' 운운한 이유가 여기에 있다. '학'은 바로 「옹야」에 나오는 '문질빈빈'의 '문'을 달리 표현한 것이다. 그렇다면 공자는 왜 '학', 즉 '학문'을 역설한 것일까? 이는 『논어』「술이」에 나오는 공자의 다음 언급을 보면 쉽게 알 수 있다.

"군자가 중후하지 않으면 위엄을 드러낼 길이 없다. 배워야만 고집스럽지 않게 된다. 충성과 믿음을 주로하고, 자신보다 못한 자와 벗하지 않고, 허물이 있으면 고치기를 꺼려하지 말아야 하는 이유다."

이 대목의 방점은 학즉불고學則不固에 찍혀 있다. 배워야만 고집불통에 빠지지 않는다는 뜻이다. 『장자』「천하」는 고집불통에 빠진 자를 일곡지사一曲之士로 표현해 놓았다. 한 가지만 아는 편협한 자를 뜻한다. 『논어』「옹야」에 나오는 '문질빈빈'은 「술이」의 '학즉불고'를 설명한 것이다. 공자가 이상적인 인간상으로 제시한 '군자'를 수불석권을 통해 인문학의 요체를 통찰한 독서인으로 규정한 이유가 여기에 있다. 공자가 '학즉불고'를 역설한 것은 본인 스스로 죽을 때까지 손에서 책을 놓지 않는 이른바 수불석권 행보를 고수한 사실과 무관치 않다. 훗날 송대에 이르러 독서인으로 표현된 사대부가 천하를 좌우케 된 근본배경이 바로 여기에 있다. 수불석권의 자세로 독서를 열심히 한 자만이 위정자의 자격이 있다는 불문율이 통용된 결과다. 이를 통상 독서치학讀書治學이라고 한다. 공자사상이 수천 년이 지나 오늘날까지 찬연한 빛을 발하는 것도 이런 맥락에서 이해할 수 있다. 바로 인문학을 익힌 독서인의 '독서치학'을 역설한 덕분이다.

객관적으로 볼 때 공자가 『논어』에서 말한 문文은 무武와 대비된 개념으로 요즘의 용어로 표현하면 문사철의 인문학을 말한다. 주희가 유가경전을 '4서3경'으로 왜곡하기 전까지만 해도 유가경전은 『시경』, 『서경』, 『역경』, 『예기』, 『춘추』 등 오경五經으로 불렸다. 이들 오경 가운데 『서경』은 청대의 고증학자들이 밝혀냈듯이 전한의 유가들이 지어낸 위서僞書다. 공자가 『역경』을 세 번 읽다가 가죽 끈이 끊어졌다는 위편삼절韋編三絶 역시 후대인이 지어낸 얘기에 불과하다. 공자는 『역경』이 말하는 변혁變革의 이치를 중시했을 뿐 결코 점을 친 적이 없다. 『예기』는 훗날 자하 및 순자의 제자들에 의해 집대성된 것이다. 공자가 직접 손을 댄 것으로는 『춘추』와 『시경』밖에 없다. 노나라 역사서인 『춘추』는 공자가 일정 부분 산삭刪削을 한 것으로 보인다. 그러나 그 내용이 너무 간략해 '메모' 수준에 가깝다. 훗날 『춘추좌전』과 『춘추공양전』 및 『춘추곡량전』 등의 해설서가 쏟아져 나온 이유다. 『춘추』 자체는 공자가 '독사'를 중시해 일정 부분 손을 댔다는 것 이외에 별다른 의미를 찾기 힘들다. 그러나 『시경』의 경우는 차원이 다르다. 공자가 요약 정리한 『시경』은 현존 판본과 거의 차이가 없다. 한마디로 공자가 실천한 고전에 관한 독서는 수신제가와 직결된 '독경'과 치국평천하의 핵심 '독사'를 중시한 가운데 궁극적으로는 『시경』의 정리로 완결됐다고 평할 수 있다. 이를 뒷받침하는 구절이 『논어』 「위정爲政」에 나온다.

"『시』 3백 편의 뜻을 한마디로 말하면, 생각에 간사함이 없는 사무사思無邪로 요약할 수 있다."

'사무사'는 공자사상을 한마디로 요약한 키워드에 해당한다. 『시』 3백 편을 통해 '사무사'에 이를 수 있다고 언급한 것은 그가 서학書學이 아닌 문학에 얼마나 큰 관심을 기울였는지를 여실히 보여준다. 공자가 말한 문학은 서양의 '리터러처'를 직역한 '서학'보다 훨씬 폭넓은 개념이다. 실제로 『시』는 공자학당에서 가르친 『시』·『서』·『예』·『악』의 4과四科 가운데 가장 기본이 되는 과목이었다. 공자가 천하유세를 마치고 돌아온 뒤 개설한 공문에서 가르친 『시』는 현존 『시경』의 체제와 거의 변함이 없다. 『시』의 교재만큼은 『서』와 『예』, 『악』 등 다른 교과목의 교재와 달리 당시에 이미 완벽한 체계를 갖췄다. 이런 관점에서 볼 경우 공자가 말한 인문학은 '독사'와 '독경'을 '문文'으로 감싼 것이라고 할 수 있다. 공자의 학문을 인문학 가운데 특히 문학에 가깝다고 평하는 이유다. 공자의 문학은 문사철을 하나로 묶는 인문주의人文主義를 뜻하는 동시에 인간을 우주만물의 중심에 놓고 사물을 해석하는 인본주의人本主義 내지 인간관계에 초점을 맞춘 인간주의人間主義에 해당한다. 모두 같은 말이다.

독서와 선비

인학仁學과 인문학

공자는 생전에 제자들에게 끊임없이 군자유君子儒가 될 것을 강조했다. 현실적으로 위정자가 되지 못할지라도 '정신적인 위정자'로서의 품위를 잃어서는 안 된다는 얘기다. 공자에 의해 '군자'가 새로운 의미로 통용됨에 따라 유가의 행동규범에 따르지 않은 군주들은 자동적으로 '비군자', 즉 '소인'으로 분류되었다. 이런 풍조가 봉건질서를 무너뜨리는 데 결정적인 공헌을 했다. 공자는 '군자'를 이상적인 위정자의 개념으로 새롭게 해석하면서 자신의 학문을 '군자학君子學'으로 정의했다. 군자는 치국평천하를 본령으로 삼는 까닭에 '군자학'은 곧 위정자를 위한 '군주학'에 해당하는 셈이다.

그렇다면 '군자'에 접미어처럼 붙어 있는 유儒는 도대체 어떤 의미를 지니고 있는 것일까? 이는 공자가 자신의 학단을 생전에 '유'로 정의했음을 시사하고 있다. 후대인이 공자의 학통을 이은 일군의 학자집단을 가리켜 유가儒家로 통칭한 것도 이와 무관치 않다. 당시 공자 문하와 외부의 사람들이 '유'를 동일한 취지로 해석했던 것은 아니다. 이는 대유大儒와 소유小儒로 구성된 2인조 도굴범에 관한 『장자』「외물外物」의 일화를 보면 쉽게 알 수 있다. 이에 따르면 하루는 『시경』이나 『예기』에 의거해 무덤을 파헤치는 2인조 도굴범이 무덤을 파헤치게 되었다. 이때 밖에서 망을 보고 있던 '대유'가 무덤 속에 있는 '소유'에게 큰 소리로 말했다.

"곧 동이 틀 것 같다. 일은 잘되어 가고 있는가?"

'소유'가 무덤 속에서 대답했다.

"아직 치마와 속옷을 못 벗겼습니다. 입속에 구슬도 들어 있습니다. 『시경』에 이르기를, '짙푸른 보리는 무덤가에 무성한데 생전에 남에게 베푼 일도 없는 자가 어찌 구슬을 물고 있는가?'라고 했습니다."

이윽고 '소유'가 송장의 살쩍을 잡고 턱밑을 누르자 '대유'가 쇠망치로 그 턱을 부수고 천천히 두 볼을 벌려 송장의 입안에 있는 구슬을 흠집 없이 끄집어냈다. 이 일화는 말할 것도 없이 유가를 비판키 위해 만들어낸 것이다. 중국에서 도굴은 매우 오랜 역사를 갖고 있다. 후장의 풍속이 남아 있는 한 귀중한 보물이나 장식품이 많이 부장된 귀족이나 호족의 무덤은 대부분 도굴을 면할 수 없었다. 삼국시대 당시 조비曹丕의 부인 곽태후郭太后는 자신의 언니가 죽었을 때 사당을 세우는 등 후장을 하려고 하자 이를 적극 만류하며 이같이 말한 바 있다.

"고래로 사방의 분묘가 도굴된 것은 후장에서 비롯된 것이다."

그럼에도 후장은 근대에 이르기까지 끊이지 않았다. 도굴은 도굴꾼이나 비적들에 의해 저질러진 것만도 아니었다. 본래 능묘는 땅속 깊은 곳에 만든 까닭에 지상에서는 그 위치를 전혀 알 길이 없다. 관을 두는 현실玄室로 통하는 지하의 연도羨道에 길목을 차단하는 장치 등을 두어 도굴범을 막았다. 그런데도 고대의 능묘는 거의 대부분 어김없이 도굴을 당했다. 이는 능묘의 내부를 잘 아는 자의 소행으로 보아야 한다. 『장자』에 등장하는 '대유'와 '소유'도 대략 그런 자들일 것이다. 장자가 유가를 도굴범으로 묘사한 것은 속유俗儒들의 비루한 행태를 비유적으로 표현한 것이다.

예로부터 장례를 후하게 치르고 오랜 상기喪期를 강조한 유가의 후장구상厚葬久喪은 제자백가들로부터 커다란 비판을 받았다. 춘추전국시대에 이에 대해 가장 통렬한 비판을 가한 학단은 묵가였다. 후장과 대비되는 절장節葬을 강조한 게 그렇다. 실제로 『묵자』의 「절장」, 「절용節用」, 「비유非儒」, 「비악非樂」 모두 유가의 '후장구상'을 비판하는 내용으로 점철돼 있다. 묵가가 전면에 나서 유가의 속유 행보를 질타한 이유다. 원래 공자가 말한 '유'는 〈유儒=군자君子=군주君主〉라는 전제하에서 나온 것이다. 공자가 제자 자하에게 '군자유'가 될 것을 당부한 사실이 이를 뒷받침한다. 유학은 곧 '군자학'을 의미하고 이는 곧 '치국평천하'의 이치를 탐구하는 이른바 치평학治平學, 즉 군주학을 뜻한다. 유학을 유일한 관학으로 선포한 한무제의 '독존유술獨尊儒術' 선언도 바로 〈유학=군자학=치평학=군주학〉이라는 통념을 수용한 데 따른 것이다. '군자'에 대한 공자의 새로운 해석은 21세기 G2시대에도 여전히 유용하다. 천민賤民 자본주의에 올라탄 '소인배'의 천박한 행보가 난무하기 때문이다.

기업 CEO들을 중심으로 일고 있는 인문학 열풍도 이런 맥락에서 접근해야 소기의 성과를 거둘 수 있다. 결코 인문학이 치부의 기술로 한정돼서는 안 된다. 공자가 이상적으로 생각한 군자의 치평학은 국가 및 천하 단

위에서 이뤄지는 인간의 모든 행위를 뜻한다. 이는 기본적으로 인간에 대해 전폭적인 신뢰 위에서 출발하고 있다. 공자는 자신의 인간에 대한 이런 신뢰를 '인仁'으로 표현했다. '인인人人'을 합성한 이 글자는 사람 간의 신뢰 위에서 생성된 인간성을 의미한다. 그는 평생을 두고 이 '인'을 실현키 위해 헌신했다. '인'이 실현된 상태를 '성인成仁'이라고 한다. 이는 공자가 이상적인 위정자로 상정한 '군자'가 평생을 두고 지향해야 할 목표이기도 하다. 공자사상에서 차지하고 있는 '인'의 의미가 이처럼 크다. 그러나 공자는 특이하게도 생전에 '인'에 대한 구체적인 개념 정의를 내리지 않았다. 『논어』 5백 장章 가운데 '인'을 언급한 대목이 총 60여 곳에 달하나 모두 간접적인 언급에 불과할 뿐이다. 이는 공자가 '인'을 직접적으로 설명하기보다는 구체적인 사례를 들어 제자들이 각자 그 의미를 천착토록 하는 방식을 택한 데 따른 것이다. 그는 이 방법이 '인'을 이해하는 데 훨씬 효과적이라고 판단했음에 틀림없다.

공자가 생각한 '인'은 머리와 책 속에 들어 있는 추상적인 개념이 아니라 일상생활 속의 다양한 인간관계에 내재해 있는 매우 실천적인 개념이다. 이는 삼라만상에 두루 내재해 있다고 간주한 절대불변의 진리인 성리학의 천리天理 개념과 커다란 차이가 있다. 공자의 '인'은 인간에 대한 전적인 신뢰가 선행되어야만 실현가능한 덕목이다. 이는 인간 자체의 영원한 승리를 의미한다. 『논어』에 나오는 공자의 '인'은 사람을 용서하는 서인恕人과 사람을 사랑하는 애인愛人, 사람을 아는 지인知人 등으로 표현돼 있다. '인' 속에는 남을 자신처럼 사랑하고, 용서하고, 이해한다는 의미가 두루 담겨 있다. 내용상 소크라테스의 '지知'와 부처의 '자비慈悲', 예수의 '애愛' 등과 서로 통하면서 동시에 이를 총괄적으로 포함한 개념이라고 보면 된다. 군자학 내지 치국평천하의 군주학을 달리 인학仁學으로 표현할 수 있는 이유다.

21세기의 학술 용어로 풀이하면 문사철로 상징되는 인문학이 이에 해당한다. 그럼에도 후대의 성리학은 인간의 감성을 인욕人欲으로 간주해 타기대상으로 삼음으로써 공자의 '인'을 크게 왜곡시켜 놓았다. 공자의 '인'은 인간의 자연스러운 성정을 억압하는 일체의 편견을 배격한 것은 물론 인간성과는 동떨어져 있는 귀신의 존재도 부정한 게 특징이다. 공자가 '괴력난신'에 대한 언급을 극도로 꺼린 사실을 통해 쉽게 알 수 있다. 현세의 인간관계인 '인'을 추구하는 데 도움이 안 된다고 판단한 결과다.

공자의 '인'은 인간과 세상에 대한 관계에서 편재해 있는 까닭에 구체적으로는 인간과 인간, 인간과 자연, 개인과 국가사회 등의 총체적인 관계에 대한 고찰에서 출발하고 있다. 인간이 모든 관계의 중심에 서 있는 점에 주목할 필요가 있다. 우주만물 가운데 인간을 가장 귀하게 여기는 '인귀人貴' 사상은 바로 공자의 '인' 개념에서 나온 것이다. '인귀' 사상은 인간을 자연과 국가사회의 중심으로 간주하는 것을 말한다. 역사문화의 주체이자 창조자로 파악한 결과다. 물론 공자의 '인'에도 천지 개념이 등장하기는 한다. 그러나 이는 어디까지나 인간을 중심으로 하여 존재하는 자연의 하늘과 땅일 뿐이다. 공자의 '인'에는 맹자의 '천도'와 성리학의 '천리' 개념은 존재하지 않는다. 『논어』「공야장」에 나오는 자공의 다음 언급이 그 증거다.

"부자夫子의 문장文章은 가히 들을 수 있었다. 그러나 부자가 인성人性과 천도天道를 얘기하는 것은 들을 수 없었다."

공자는 인간을 배제한 하늘을 얘기한 적이 없다. 인간과 관련이 없는 천지만물은 단지 자연의 존재물에 불과할 뿐이다. 하늘과 땅도 예외가 될 수 없다. 천지만물은 인간이 중심에 섬에 따라 비로소 그 존재가치를 인정받게 된다. 천지 속에 존재하는 국가 및 사회의 존재 역시 인간을 그 중심에 놓았을 때 비로소 그 존재가치를 인정받게 된다. 공자가 말하는 인간은 단순히 우주 속에 하나의 점처럼 존재하는 하찮은 존재가 아니다. 우주의 중심에 서 있는 까닭에 모든 존재를 적극적으로 해석하고 우주를 조화롭게 창조해 나가는 주체다. 공자의 '인'에 내재된 인문주의 사상의 웅혼한 면모가 여기에 있다. 이는 기본적으로 인간의 합리적인 이지에 대한 전폭적인 신뢰가 전제되었기 때문에 가능한 것이다. 그가 자신의 가르침을 종교화하지 않은 이유이기도 하다. 동양은 서양보다 무려 2천여 년이나 앞서 인간을 중심으로 하는 계몽주의 시대가 이미 활짝 열린 셈이다. 지知에 대한 공자의 해석이 이를 뒷받침한다. 『논어』「옹야」의 해당 구절이다.

"백성들을 의롭게 만드는 데 힘쓰고 귀신을 경원敬遠하면 가히 '지'라고 할 수 있다."

'경원'과 관련해 여러 해석이 있으나 대략 군주나 상관을 대하는 것처럼 귀신에게도 합당한 것은 행하되 그 이상의 것은 안 된다는 뜻으로 풀이하는 게 그럴 듯하다. 공자가 활약한 춘추시대 말기만 하더라도 사람들 모두 귀신을 섬기는 제사를 매우 중시했다. 묵가가 이런 흐름을 상징한다. 그런 상황에서 공자는 귀신을 섬기는 제사와 백성을 섬기는 치국평천하를 분명히 구분하고 나선 것이다. 귀신을 경원하는 방법을 제시한 덕분이다. 정치와 종교의 엄격한 분리를 주장한 셈이다. 서양이 르네상스 시대에 학술 문화의 종교로부터의 해방을 선언한 것보다 수천 년이나 앞서 있다. 공자의 '인'은 바로 '지'와 불가분의 관계를 맺고 있다. 공자의 '인' 사상을 이른바 인지합일仁知合一로 풀이하는 이유다. 이는 「선진」에 나오는 다음과 같은 일화를 통해 쉽게 알 수 있다. 하루는 자로가 귀신을 섬기는 마음가짐을 묻자 공자가 이같이 대답했다.

"사람을 제대로 섬기지 못하는데 어찌 능히 귀신을 섬길 수 있겠는가!"

"감히 죽음에 대해 묻고자 합니다."

"삶도 제대로 알지 못하는데 어찌 죽음을 알 수 있겠는가!"

공자의 '인'이 인간의 문제를 초월한 사안을 배제하는 데서 출발하고 있음을 알 수 있다. 인간의 문제와 초월적인 문제를 구별할 줄 아는 '지'를 기초로 인간 중심의 인문주의에 충실한 이유가 여기에 있다. 그렇다면 보다 구체적으로 '인'의 기초가 되고 있는 '지'는 과연 어떤 것을 말하는 것일까? 「위정」에 나오는 공자의 언급에 그 해답이 있다.

"유由야, 너에게 안다는 것이 무엇인지 가르쳐 줄까? 아는 것을 안다고 하고 모르는 것을 모른다고 하는 것이 바로 아는 것이다."

동서고금의 '지'에 관한 언급 가운데 가지可知와 불가지不可知를 구별해 말하는 것이 바로 '지'라고 말한 이 대목만큼 명쾌한 설명은 없다. 공자가 말한 '지'는 단순히 가지와 불가지를 구별하는 수준에서 그치는 게 아니다. 이미 알고 있는 기지既知를 바탕으로 아직 알지 못하는 미지未知를 예견하고 가지可知를 바탕으로 불가지不可知를 탐구하는 수준에 이르는 것을 뜻한다. 「술이」에 나오는 공자의 다음 언급이 이를 뒷받침한다.

"많이 들으면서 그 가운데 좋은 것을 가려 좇고 많이 보면서 그 가운데 좋은 것을 가려 기억해 두는 것이 '지'를 얻는 순서이다."

'지'를 판별하고 실천하는 주체가 바로 인간 자신이라는 점을 역설하고 있다. 공자의 '인'이 합리적이면서도 이성적인 '지' 위에 성립해 있다는 사실을 보여준다. 공자는 『논어』 「이인」에서 '지'를 바탕으로 하지 않은 '인'은 불완전할 수밖에 없다고 지적했다.

"불인不仁한 자는 오랫동안 곤궁한 곳에 처하지 못하고 오랫동안 즐거움에 처하지 못한다. 인자仁者는 '인'을 편히 여기고 지자는 인을 이롭게 여긴다."

'인자'와 '지자'가 두 개의 실체가 아닌 하나의 실체임을 보여준다. 그럼

에도 맹자는 공자의 '인지합일' 개념을 해체해 '인'의 발단은 측은지심惻隱
之心, '지'의 발단은 시비지심是非之心에 있다고 주장했다. 맹자가 말한 '인'
에는 공자사상에 나오는 '인'과 같은 통일적인 사고가 결여돼 있다. 공자는
결코 '인의예지'의 덕목을 인간의 본원적인 본성인 이른바 인성人性으로 규
정한 적이 없다. 공자가 말한 '인의예지'는 인간이 타인 및 국가사회를 비롯
한 모든 타자와의 관계 속에서 실천하는 덕목을 뜻한다. 맹자가 인의예지
의 '4덕'을 떼어내 4단설四端說을 만들어낸 것은 자신이 주장한 왕도王道를
합리화하려는 속셈에서 비롯된 것이다. 성리학은 여기서 한 발 더 나아가
'4단설'을 극히 추상적인 '천리인욕설'과 결합시켜 이기론理氣論을 만들어
냈다. 인간의 자유로운 성정이 극도로 억압당한 이유다. 덩달아 공자사상
도 일대 왜곡이 빚어졌다. 21세기 스마트혁명 시대는 인문주의에서 출발하
고 있다. '인'과 '지'를 하나로 녹인 공자사상에 대한 올바른 이해가 절실히
필요하다.

　공자의 인학仁學 체계에서 '지'는 매우 중요한 개념이다. '인'에 이르는 대
전제로 기능하고 있기 때문이다. 칸트의 철학 개념을 원용해 풀이하면 순
수이성인 '지'와 실천이성인 '인'은 유기적으로 통일되어 있다고 해석할 수
있다. 공자의 인학 체계에서 '지'가 학學과 불가분의 표리관계를 이루고 있
는 이유가 여기에 있다. 『논어』「양화」의 다음 대목이 이를 증명한다.

　"인仁만 좋아하고 배우기를 좋아하지 않으면 어리석게 되고 지혜만 좋아
하고 배우기를 좋아하지 않으면 방자하게 된다."

　공자는 여기서 '인지합일'의 단계에 이르기 위한 전제조건으로 호학好學
을 거론하고 있다. 공자의 '인'이 '학지學知'와 얼마나 불가분의 관계를 맺고
있는지 쉽게 알 수 있다. '학'은 반드시 심사숙고하는 사思와 연결되어야만
한다. 공자는 「위정」에서 그 이유를 이같이 설명해 놓았다.

"배우되 생각하지 않으면 어둡고 생각하되 배우지 않으면 위태롭다."

공자가 말하는 '지'는 반드시 '학'과 '사'의 겸행兼行을 통해 얻어질 수 있는 것이다. 단순히 배우는 것만으로는 진정한 '지'를 얻을 수 없다. '학'과 '사'가 함께 어우러져 '지'가 이뤄져야만 비로소 '인지합일'의 단계에 접어들 수 있다. 공자의 제자 가운데 '학'과 '사'의 겸행을 가장 잘한 사람으로는 안회를 들 수 있다. 공자가 '인'을 구현한 구체적인 사례로 안회를 자주 거론한 것은 그가 '학'과 '사'의 겸행을 통한 '호학'의 풍도를 보인 데 있다. 『논어』「옹야」에는 제자들 가운데 가장 '호학'한 인물을 묻는 노애공의 질문에 대한 공자의 답변이 실려 있다.

"안회라는 사람이 배우기를 좋아했습니다. 노여움을 옮기지 않고 두 번 다시 잘못을 저지르지 않았습니다. 다만 불행히도 명이 짧아 죽고 말았습니다. 지금은 그와 같은 사람이 없어 아직 배우기를 좋아하는 사람이 있다는 얘기를 듣지 못했습니다."

안회는 생전에 가난한 생활에 전혀 구애받지 않고 즐거이 학문하는 자세를 보여주었다. '호학'했기 때문이다. 그렇다면 '인지합일'의 단계에 이르렀을 때의 공효功效는 무엇일까? 개인적 차원의 자아 완성에 그치는 것인가, 아니면 그 이상의 무엇이 있는 것인가? 『논어』「안연」에 나오는 공자의 다음 언급이 그 해답이다.

"자신을 억제해 '예'로 돌아가는 '극기복례克己復禮'를 통해 '인'을 이룰 수 있다. 하루만이라도 '극기복례'하면 천하가 모두 '인'으로 돌아가는 '천하귀인天下歸仁'을 이룰 수 있다. 이를 이루는 것은 자신에게서 비롯되는 것이다. 어찌 다른 사람에게서 비롯될 수 있겠는가?"

이를 통해 '인지합일'의 경지가 바로 '극기복례'이고, 그 구체적인 공효는 '천하귀인'이고, 이를 이루는 단초는 자기 자신에게 있다는 사실을 알 수 있다. 공자사상의 핵심인 '인'이 이루고자 하는 궁극적인 목표가 무엇이고, 공자가 왜 전 생애를 바쳐 '치평학'의 정립에 헌신했는지를 밝혀주는 매우 귀중한 대목이다. 그렇다면 '극기복례'는 구체적으로 무엇을 말하는 것일까? 많은 사람들이 '극기복례'를 '인지합일'의 경지에 이르는 방법론 내지 실천론으로 알고 있다. 그러나 이는 잘못이다. 공자는 '극기복례'와 관련해 단 하루만이라도 이를 성사시킬 수만 있다면 '천하귀인'의 엄청난 공효를 이룰 수 있다고 언급했다. 이는 '인'의 지극한 공효를 말한 것이지 결코 방법론을 언급한 것이 아닌 것이다. 만일 이를 방법론으로 간주케 되면 어느 날 갑자기 미륵이 출현해 중생을 깨달음의 피안으로 인도하거나 메시아가 갑자기 출현해 천년왕국을 열게 된다는 식의 종교설법과 다를 바가 없게 된다. 이는 인간을 중심으로 하여 삼라만상과의 상호관계를 천착한 공자의 기본입장과 배치된다. 그럼에도 후대인은 공자의 기본취지를 제대로 이해하지 못했다. 극기복례의 '예'가 극히 형식적인 모습으로 나타난 이유다. 성리학의 죄가 크다. 성리학이 등장한 후 이런 병폐가 더욱 강화됐기 때문이다. 당초 공자는 '예'를 균형과 중용을 확고히 다짐으로써 어떤 위기상황에서도 능히 대처해 나갈 수 있는 수단으로 생각했다. 『논어』「옹야」에 나오는 공자의 다음 언급이 그 증거다.

"군자가 문文을 널리 배우면서 '예'로써 요약하면 또한 도에 어긋나지 않을 수 있다."

문물을 '예'로써 요약치 않을 경우 체계적인 '지'를 갖출 수 없고 '지'를 제대로 활용할 수도 없다는 취지다. 공자가 제자들에게 지적인 교양을 연마하는 것과 동시에 '예'로써 다지기를 바란 것은 말할 것도 없이 '인지합일'을 이루기 위한 것이다. 공자가 '예'를 말할 때 늘 악樂을 덧붙여 말한 배경이 여기에 있다. 『논어』의 해당 구절을 통해 알 수 있듯이 공자는 '악'의 중요성을 거듭 강조했다. '악'은 '예'와 더불어 '군자'의 인격 도야에 반드시 필요하다는 게 공자의 기본적인 생각이었다. 공자는 단순히 음악에 대한 교육을 강조한 데 그치지 않고 스스로 악기를 다루면서 음악에 대한 깊은 조예를 자랑했다. 이는 음악의 가치를 교육에서 찾은 것으로 음악을 도덕 함양의 교육수단으로 적극 활용한 고대 그리스를 방불케 한다. 일찍이 아리스토텔레스는 『정치학』에서 음악을 청년들의 인격 도야에 적극 활용할 것을 주장한 바 있다. 플라톤도 『국가론』과 『법』에서 음악은 국가 차원의 관심사라고 주장했다. 두 사람 모두 공자와 마찬가지로 어떤 음악은 권장되고 어떤 음악은 추방되어야 한다고 생각했다. 음악의 중요성에 대한 인식은 동서양을 막론하고 일찍부터 공감대를 형성했던 셈이다.

공자가 '예'와 '악'을 동시에 강조한 것은 양자 모두 국가 통치에 매우 중요한 의식에 해당한다는 통찰에 따른 것이다. 모든 것이 급변하는 21세기 스마트혁명 시대의 관점에서 보면 예악은 국가의 위엄 및 안위와 직결된 국가대사에 해당한다. 실제로 '예'와 '악'을 모를 경우 급변하는 위기상황에 제대로 대처할 길이 없게 된다. 이를 통해 공자가 말한 '극기복례'의 '예'는 단순히 '철학적인 삶'을 뜻하는 수신제가를 위한 방법론이 아니라 '정치적인 삶'을 상징하는 치국평천하를 궁극적인 목표로 삼은 목적론에 해당한다는 사실을 쉽게 알 수 있다.

G2시대와 『논어』

5·4운동이 격렬하게 전개될 당시 풍우란馮友蘭 등은 유학을 적극 엄호하고 나섰다. 이들을 신유학파新儒學派라고 한다. 이들은 중국의 수뇌부로 하여금 마르크시즘을 대신해 유학을 21세기의 새로운 통치사상으로 강

구토록 만드는 데 결정적인 공헌을 했다. 현대 중국의 발전에 이들이 기여한 공이 적지 않다는 평을 받는 이유다. 풍우란은 이른바 인생경계설人生境界說을 내세워 인간의 도덕 행위가 이성의 자각으로부터 나왔다며 유학의 이성주의 전통이 바로 그 뿌리에 해당한다고 주장했다. 이들 '신유학파'의 주장은 많은 사람들에게 공학의 이성주의 원칙과 과학의 합리적 이성이 상통할 수 있다는 사실을 상기시켜 주었다. 이는 동양 전래의 정신문명이 서구의 물질문명과 병존할 수 있다는 사실을 증명한 것으로 청조 말기에 나타났던 '중체서용中體西用'의 부활이기도 했다. 중국에서 공자사상이 새롭게 평가된 데에는 이들의 공이 매우 컸다.

이들은 전래의 내성외왕內聖外王 개념을 새롭게 해석했다. '철학적 삶'을 중시한 맹자의 내성內聖 대신 '정치적 삶'을 역설한 순자의 외왕外王에 초점을 맞춘 덕분이다. 유학의 당면한 사명은 '외왕'을 새로이 전개하는 데 있고 이 시대가 요구하는 '외왕'은 바로 과학과 민주정치라는 주장이 그렇다. 공학의 본령이 '수제'가 아닌 '치평'에 있음을 통찰한 결과다. 유학이 1천여 년 이상 갇혀 있던 갑갑한 맹자와 성리학의 새장에서 빠져나와 순자로 상징되는 창공으로 힘차게 솟구쳐 오른 것도 이런 맥락에서 이해할 수 있다. 마치 마키아벨리가 『군주론』을 통해 '근대 정치학'의 출범을 알린 것과 닮았다. 그러나 시기적으로 마키아벨리보다 무려 5백 년이나 뒤처졌다. 이미 기원전에 '정치적 삶'에 방점을 찍은 제자백가 학문이 등장했음에도 한무제의 '독존유술' 선언 이후 수천 년에 걸쳐 자폐화自廢化의 길을 걸은 후과後果로 해석할 수밖에 없다.

그러나 1980년대까지만 해도 중국 내에서 이에 호응하는 사람은 많지 않았다. 이는 아직 문화대혁명의 여진이 가시지 않아 공학에 비판적인 사조가 유행한 데 따른 것이었다. 이 와중에 일본과 한국을 비롯한 동남아시아 각국의 눈부신 경제발전이 중국의 수뇌부에게 커다란 충격을 안겨주었다. 이를 계기로 상황이 일변하기 시작했다. 등소평鄧小平이 '개혁개방' 정책을 과감히 밀어붙인 이유다. 중국이 오늘의 G2로 우뚝 서게 된 근본배경이 여기에 있다. 원래 베버의 주장에 따르면 동양은 프로테스탄트 윤리가 부재한 까닭에 자본주의 발전을 도저히 기대할 수 없는 곳이었다. 그렇다면 동양의 눈부신 경제발전을 어떻게 해석해야만 하는 것일까? 이런 문제를 놓고 그 해답의 열쇠를 먼저 찾아낸 쪽은 서양이었다. 서구의 학자들은 동양의 여러 나라가 경제 번영을 이룬 원인을 유학의 전통에서 찾아낸 뒤 이를 '유가자본주의Confucian Capitalism'로 규정했다. 베버의 주장이 일거에 무너지는 순간이었다.

당시 중국의 수뇌부에게 가장 큰 영향을 미친 것은 『논어』에 대한 새로운 해석을 시도해 일본식 경영관리 방략을 창안해낸 시부자와 에이이치澁川英一의 논리였다. 일본 산업의 아버지로 불리는 시부자와는 고식적인 기존의 『논어』 해석을 떠나 자신만의 독특한 잣대를 적용해 유학의 윤리와 상인의 이윤 추구를 결합시켰다. 그는 일본 굴지의 기업을 찾아다니면서 『논어』를 예로 들어 이윤 추구와 유학의 윤리적 이상을 접목시킨 새로운 경영이론을 설파했다. 일본이 특유의 산업발전 방식과 기업문화를 가꾸게 된 배경이다. 등소평이 마침내 문호를 활짝 열고 과감한 개혁개방 정책을 정력적으로 추진한 것도 이런 맥락에서 이해할 수 있다. 현재 중국은 놀라운 속도로 경제발전을 이뤄 마침내 미국과 어깨를 나란히 하는 G2의 일원이 되었다. 사상사적으로 보면 공자사상의 정맥이 맹자가 아닌 순자로 이어졌다는 사실을 통찰한 결과로 해석할 수 있다.

원래 맹자는 호연지기浩然之氣로 충만한 대장부大丈夫를 군자의 표상으로 제시했다. 부귀에 미혹되지 않고, 빈천에 구애받지 않고, 무력에도 굴하지 않는 자가 바로 맹자가 이상적인 군자로 상정한 대장부의 모습이었다. 그가 말한 대장부는 '외왕'의 구현체인 군주보다는 '내성'의 구현체인 사대부에 가깝다. 이에 대해 순자는 학문과 지혜로 충만한 이른바 대유를 제시했다. 이는 공자가 말한 군자유를 새롭게 정의한 것이다. 천하를 통일해 만물과 백성을 양육하고 천지를 주무르며 만물을 활용하여 지극한 '치평'에 이르는 자가 바로 순자가 이상적인 군자로 상정한 대유의 모습이었다. 그가 말한 대유는 '내성'의 구현체인 사대부보다 '외왕'의 군주에 가까웠다. 공자가 말한 군자의 모습은 '내성'과 '외왕'이 통일적으로 융합돼 있는 모습이다. 양자는 별개로 존재하는 대립체가 아니다. '내성'과 '외왕'이 하나로 통일된 '군자'의 두 모습에 지나지 않는다. 왕공을 비롯해 일반 서민에 이르기까지 군자학의 학덕을 익힌 모든 사람은 '내성외왕'의 군자가 될 수 있다. 왕후장상이 되거나 때를 못 만나 재야의 은자로 남거나 하는 것은 부차적인 문제에 불과하다. 그러나 시간이 지나면서 '내성외왕'으로 통합돼 있던 공자의 군자상이 '내성'을 강조하는 사대부상과 '외왕'을 강조하는 군주의 모습으로 분열됐다. '내성외왕'으로 통일된 공자사상이 왜곡되기 시작한 단초가 여기에 있다.

본래 치세에는 맹자가 제시한 사대부상이 바람직하나 난세에는 순자가 강조한 군자상이 훨씬 요망된다. 그러나 정치 현실은 대개 치세와 난세의 중간 지점인 소강세小康世의 기간이 길기 마련이다. 그렇다면 군자인 위정자는 '내성'과 '외왕'의 두 측면을 겸유하는 수밖에 없다. '내성'의 치도가 왕도王道라면, '외왕'의 치도는 패도覇道라고 할 수 있다. 위정자가 왕패병용王覇竝用의 묘리를 구사해야 하는 이유다. 이를 통찰한 인물이 바로 순자다. 순자는 가장 바람직한 치도가 왕도이기는 하나 상황에 따라서는 패도를 구사해야 한다는 입장을 보였다. 일종의 선왕후패先王後覇의 입장에 해당한다. 그가 말한 패도는 제자인 한비자가 말하는 패도와 질적인 차이가 있다. 한비자의 패도는 덕인德人의 존재 자체를 아예 인정치 않은 까닭에 각박한 치도로 나타날 수밖에 없다. 전란과 같이 특별한 경우에만 구사할 수 있는 치도를 용세에 그대로 적용할 경우 많은 부작용을 낳게 된다. 이에 반해 순자의 패도는 부득이한 경우에 한해 엄한 법과 강력한 무력을 동원하는 것으로 사실상 왕도에 가까운 것이었다. 순자의 '선왕후패' 입장이 공자의 기본입장과 부합하는 것은 말할 것도 없다.

본래 공자는 학자가 아니라 혼돈에 가까운 세상에서 탈출구를 모색하려고 한 개혁가에 해당한다. 실제로 그는 정치란 기본적으로 전체 백성의 복리와 행복의 증진을 위해 봉사해야 하고 이를 실현시키기 위해서는 '군자'에 의한 통치가 이뤄져야 한다고 확신했다. 그가 평생을 두고 '군자학' 내지 '치평학'의 정립에 매진하면서 신분의 고하를 막론하고 자신을 찾아온 자들을 모두 제자로 받아들인 이유가 여기에 있다. 공자의 '군자학'은 비록 '수제치평'을 내세웠지만 여기의 '치평'은 어디까지나 '치평'을 전제로 한 실천론으로 제시된 것이었다. 공자는 결코 맹자나 후대의 성리학자처럼 '수제'만으로 '치평'을 이룰 수 있다고 주장한 적이 없다. 현대 중국이 새로운 통치이념으로 적극 검토하고 있는 공자사상은 말할 것도 없이 유학 본연의 모습인 '치평학'이다. 공자가 생전에 '군자의 치평'을 달성하는 구체적인 방법론으로 제시한 것은 온고지신溫故知新과 중용中庸이다. 이는 전통문화의 정수를 발전적으로 계승한 점진적이면서도 지속적인 개혁을 의미한다.

21세기 스마트혁명 시대의 주도권을 장악키 위해서는 〈공학=군자학=치평학=군주학=순학〉의 등식을 정확히 인식할 필요가 있다. 동아 3국의 위정자들이 이를 얼마나 절실히 깨닫는가에 따라 21세기 동북아시대의 향배도 결정 날 수밖에 없다. 공자가 천하를 주유하며 역설한 '군자' 및 '치평' 개념에 대한 새로운 인식이 절실히 필요한 이유다. 공자가 새롭게 정의한 '군자' 개념은 기본적으로 인간의 합리적인 이지에 대한 전폭적인 신뢰에서 나온 것이다. 인간이 할 수 있는 능력을 최대한 발휘해 최상의 경지에 오를 수 있는 인물로 제시한 위정자 개념이 바로 '군자'다. '군자'는 '왕도'를 주창한 맹자의 왕자王者와 다르다. 맹자의 '왕자'는 공자가 역설한 학지學知가 전제돼 있지 않다. 공자가 말한 '군자'는 불가에서 말하는 각자覺者나 기독교에서 말하는 성자聖者와는 더욱 거리가 멀다. 기독교의 '성자'는 '야훼'의 가르침을 성실히 이행함으로써 속세를 뜻하는 인국人國에 도움을 줄 수 있다고는 하나 이는 신의 계시를 받아 이뤄지는 것에 지나지 않는다. 사후의 세계인 신국神國의 봉사자에 불과할 뿐이다. 불가의 '각자'는 꾸준한 수련과 갑작스러운 깨달음을 통해 부처가 된 자를 말한다. 이는 우주의 본원인 공空이나 무無처럼 출세간出世間의 문제에 대한 득도에 지나지 않는다. 인간 세상에 직접적인 도움을 줄 수가 없다.

이에 반해 공자는 '군자'의 모델을 제시함으로써 현세에 이상국가를 세울 수 있는 구체적인 가능성을 제시했다. 그가 제시한 '군자'는 그 누구라도 열심히 학덕을 닦기만 하면 충분히 이룰 수 있는 모델이다. 이토록 구체적이면서도 현실적인 이상국가의 방안을 제시한 사상가는 동서고금을 통틀어 존재한 적이 없다. 물론 마르크스 역시 현세에 이상적인 국가를 세울 수 있다고 주장하기는 했다. 그러나 거기에 이르는 도정이 사뭇 파괴적이다. 계급투쟁 이론이 그렇다. 원래 그가 말한 '천년왕국'은 토머스 모어의 '유토피아'를 각색한 것이다. 모어의 '유토피아'는 『예기』「예운」에 나오는 대동大同과 유사하다. 그러나 '대동세계'는 '공산사회'와 달리 남녀노소를 막론하고 모두 각자의 직분을 충실히 이행함으로써 이뤄지는 이상세계다. 인종과 남녀노소 등 모든 차별이 사라진 가운데 개개인이 각자 원하는 바대로 자아 완성을 이룩하며 최적의 만족을 누릴 수 있는 이상사회다. 이는 결코 마르크스의 '지상낙원'과 같이 투쟁을 통해 이룰 수 있는 게 아니다. 후대의 유가들이 상상력을 동원해 공자가 제시한 '군자'들로 충만한 사회를 구체적으로 형상화한 게 바로 '대동세계'다.

이론적으로 '지상낙원'의 구현이 전혀 불가능한 것도 아니다. 인류의 기아문제를 완전히 해소한 뒤 인간답게 사는 길에 대한 보편적인 교육이 이뤄지고 천하를 대상으로 덕행을 닦은 '군자'가 각국의 위정자가 되면 가능하다. 그러나 과연 현실적으로 이게 가능할까? 프랑스혁명 당시 고창된 자유·평등·박애 이념은 봉건질서인 '앙시앵 레짐'을 무너뜨리는 데 결정적인 공헌을 한 바 있다. 이는 프랑스인들의 자랑일 뿐만 아니라 인류 전체의 자랑이다. 그러나 연원을 따져보면 그 사상적 뿌리는 공자사상에 있다. 15세기 이래 서양의 선교사들이 『논어』를 비롯한 동양 고전을 꾸준히 번역해 서양의 지식인에게 알린 덕분이다. 당초 공자는 14년간에 걸친 천하유세를 끝내고 노나라로 돌아온 뒤 고전을 정비하고 제자들을 육성하며 군자의 상징인 인인仁人의 기본개념을 완성해냈다. 『논어』에 자유·평등·박애 등과 관련한 인문주의 사상이 넘쳐나는 이유다. '학지'로 대표되는 인문학의 정수는 공자사상에 있다고 해도 과언이 아니다.

21세기 G2시대는 과학기술 차원에서 볼 때 일종의 스마트 시대에 해당한다. 스마트 시대의 키워드는 '인문학' 내지 '인간경영'이다. 중국이 세계 각지에 '공자학원'을 세우며 공자를 중국문명의 아이콘으로 내세우고 있는 현실이 그렇다. 『논어』에 대한 정밀하고 심도 있는 탐사가 필요한 이유다. 최근 한국경제를 뒷받침해주던 대 중국 수출이 2014년 5월에 들어와 감소세로 돌아섰기에 더욱 그렇다. 수출증가율이 둔화되는 조짐을 보이기는 했지만 수출이 감소세로 돌아선 것은 이것이 처음이다. 당시 산업통상자원부가 발표한 수출입 동향에 따르면 그간 비교적 저조한 수준에 그치기는 했지만 꾸준히 증가세를 유지했으나 이때를 기점으로 감소세로 돌아선 것이다. 무역흑자도 전해에 비해 4분의 1가량이 감소했다. 가장 큰 이유는 중국의 산업 구조가 근본적으로 변화하고 있는데도 발 빠르게 대응치 못하고 있는 데 있다. 중국 당국은 고도 산업사회로의 진입을 위해 가공무역의 수출 비중을 대대적으로 낮추고 있다. 그런데도 한국의 대중 수출은 여전히 가공무역 중심으로 이뤄지고 있는 것이다. 2013년의 대중 수출에서 가공무역이 차지하는 비중이 절반에 달하고 있는 현실이 그 증거다. 중국 기업이 경쟁력을 키울수록 가공무역에 의존하는 한국 기업의 대중 수출 경쟁력은 약해질 수밖에 없다. 고도산업화사회를 꾀하는 중국이 소재부품산업의 성장에 박차를 가하고 있는 현실을 직시해야 한다. 한국의 부품업체가 중국 업체에 비해 비교우위를 가지고 있는 품목이 지속적으로 줄고 있는 게 그렇다. 중국 당국이 소재부품 국산화와 경쟁력 강화에 매진하면서 중국 내에서 생산되는 IT 부품의 경쟁력이 급속도로 상승한 결과다. 만연히 대처했다가는 자칫 삼성과 LG마저 중국의 화웨이 등에게 밀려 일본의 소니가 걸은 전철을 밟을지도 모를 일이다. 중국의 추격을 뿌리치기 위해서는 이제 과거의 성장모델인 '패스트 팔로워fast follower'에서 과감히 벗어나 속히 '퍼스트 무버first mover'의 단계로 나아가야만 한다. 그것만이 살 길이다. 인문학적 상상력이 절실히 필요하기 때문이다. 인문학의 보고인 『논어』에 대한 제대로 된 이해가 관건이다.

도시국가와 천하국가

원래 공자가 생각한 '천天'은 비인격적인 존재였다. 그럼에도 후대의 유가는 공자와 달리 미신적인 경향을 크게 띠었다. 『묵자』「공맹公孟」에 나오는 묵자의 유가에 대한 비판이 이를 잘 보여준다.

"귀신이 없다고 주장하면서 제사 지내는 예를 배우라고 하는 것은 마치 손님이 없는데도 손님 접대하는 예의를 배우라고 하는 것과 같고 물고기가 없는데도 어망을 만드는 것과 같다."

공자가 세상을 떠날 무렵에 태어난 묵자는 유가의 이중적인 태도를 비판하면서 '천'의 의지를 뜻하는 이른바 천의天意 내지 천지天志를 크게 강조했다. 묵가의 '천'은 마치 기독교의 '야훼'를 닮아 있다. 그러나 공자가 생각한 '천'은 결코 묵자와 같은 종교적인 '천'이 아니다. 도덕적 힘의 원천으로서의 '천'이 정답이다. 공자는 결코 '천'이 속세의 일에 작용해 상벌을 내리는 식의 미신적인 주장을 한 적이 없다. 스스로 실천한 덕행에 대한 최대의 보상은 마음의 평화와 다른 사람을 도울 때 얻는 만족감에 불과할 뿐이다. 행해야 할 바를 행하는지 여부와 성공을 거둘지 여부는 직접적인 관계가 없다. 실제로 공자는 천명이 군주의 덕행에 따라 상벌로 표현된다고 말한 적이 없다. 『논어』「계씨」에 나오는 다음 언급이 그 증거다.

"군자에게는 3가지 두려움이 있다. 하늘의 명령인 천명天命, 덕망이 높은 대인大人, 성인의 말씀인 성인지언聖人之言이 그것이다. 소인은 천명을 알지 못해 이를 두려워하지 않고, 대인을 함부로 대하고, 성인지언을 업신여긴다."

공자의 하늘에 대한 기본입장을 외천명畏天命이라고 한다. '외천명'은 우주의 기본원리를 도덕의 궁극적인 근거로 보는 자세를 말한다. 이는 묵자처럼 인격신에 가까운 '천'을 언급한 게 아니다. 맹자처럼 인간이 나아가야 할 길인 인도人道의 기준이 되는 천도天道를 말한 것도 아니다. 『논어』「양화」에 나오는 다음 일화를 보면 공자가 말한 '천'의 의미를 쉽게 알 수 있다.

이에 따르면 하루는 공자가 제자들에게 이같이 말했다.

"나는 앞으로 말을 하지 않으려고 한다."

자공이 물었다.

"선생님께서 말씀을 하지 않으시면 저희들은 무엇을 기록해 후인에게 전할 수 있겠습니까?"

공자가 반문했다.

"하늘이 무슨 말을 하던가! 사계절이 운행되고 만물이 태어나지만 하늘이 무슨 말을 하던가!"

인간사 역시 우주의 로고스와 똑같은 이치에 의해 움직이고 있는데 중언부언重言復言할 필요가 있느냐는 취지다. 공자의 '외천명' 자세는 우주의 질서인 로고스를 '인도'의 이치와 동일시한 경건한 자세를 의미하는 것이다. 결코 인격신에 대한 숭경을 의미하는 게 아니다. 공자가 상례喪禮 및 장례葬禮, 제례祭禮 등에 큰 관심을 기울였음에도 순장殉葬 내지 후장厚葬 등을 반대한 이유가 여기에 있다. 공자가 생존할 당시 조상신은 번영과 재난을 관장하는 것으로 여겨졌다. 공자는 이를 무시했다. 일의 성패는 세습적인 신분에 있는 게 아니라 개인의 능력과 노력에 달려 있다고 판단한 결과다. 공자는 '천'을 도덕적 섭리 내지 우주의 조화라는 개념으로 사용했다. 그렇다면 공자는 '천'과 밀접한 관련이 있는 '명命'을 어떻게 생각한 것일까? 『논어』에 천명을 언급한 것은 「위정」의 '지천명知天命'과 「계씨」의 '외천명畏天命' 두 곳뿐이다. 여기서 '천명'은 맹자가 말한 '천명'과 다르다. 맹자는 기본적으로 천명이 인간사에 직접적으로 작용하는 것으로 생각했다. 후대 유가들 역시 길흉화복에 인간의 노력으로 좌우할 수 없는 미지의 운명이 작용하는 것으로 간주했다. 21세기 스마트혁명 시대에 살면서도 역술인을 찾아가 자신의 운명을 묻는 어리석음과 같다. 『묵자』「비유非儒 하」에 유가의 이런 미신적인 운명론을 신랄하게 비판한 대목이 나온다.

"유자들은 주장하기를, '수요壽夭·빈부貧富·안위安危·치란治亂은 본래 천명에 달린 것인 까닭에 덜거나 더할 수가 없다. 궁달窮達·상벌賞罰·행부幸否도 정해진 것이어서 인간의 지력知力으로는 어찌할 수 없는 것이다'라고 한다. 유가는 이를 '도'라고 가르치고 있으나 이는 천하 사람을 해치는 짓이다!"

묵자가 지적한 것처럼 속유의 이런 행태는 공자의 가르침과 배치되는 것일 뿐만 아니라 천하 사람을 해치는 짓이다. 공자는 '명'을 수명壽命 내지 생명生命의 의미로 썼을 뿐이다. 『논어』「옹야」에 나오는 공자의 언급이 이를 뒷받침한다.

"안회라는 제자가 학문을 좋아했는데 불행히도 단명하여 일찍 죽었습니다. 지금은 그러한 사람이 없습니다."

공자는 미지의 운명에 자신을 맡긴 적도 없고 남에게 그같이 충고한 적도 없다. 오직 개인의 성실한 노력을 통한 도덕적 책무의 완수와 그 공효를 강조했을 뿐이다. 공자가 말하는 군자는 기본적으로 위정자로서의 학덕을 닦는 데 기본목표를 두고 있는 까닭에 '부귀'와 '장수'에 연연하지 않는다. 군자가 관심을 갖고 추구할 목표가 아니기 때문이다. 『논어』「위령공」에 나오는 공자의 다음 언급을 보면 이를 쉽게 알 수 있다.

"군자는 도를 도모하지 먹을 것을 도모하지 않는다. 아무리 열심히 밭을 갈아도 굶주림이 그 안에 있을 수 있으나 학문을 하면 늘 봉록이 그 안에 있다. 군자는 도를 이루지 못할까 걱정할 뿐 가난을 걱정하지 않는 이유다."

성실한 자세로 죽는 순간까지 학덕을 부단히 연마하는 게 바로 군자가 걸어야 할 '지인합일'의 길이다. 서구문명의 뿌리가 된 소크라테스의 행보는 여러모로 공자와 닮았다. 그러나 차이도 있다. 너 자신을 알라는 뜻의 '그노티 세아우톤'을 언급한 소크라테스는 '지sophia'를 말하기는 했으나 '학scientia'을 말하지는 않았다. 플라톤은 사립학교인 아카데미아를 개설해 제자들을 육성한 점에서는 공자를 닮았으나 그가 『국가론』에서 언급한 '철인왕'은 공자가 말한 '군자'와 사뭇 다르다. 그가 말한 '철인왕philosopher king'은 비현실적인 '이데아'를 추구하는 공론가空論家에 가깝다. 아리스토텔레스가 『정치학』에서 지적했듯이 현실적인 '정치적인 삶'을 멀리하며 '이데아' 자체를 추구하는 사변적인 '철학적 삶'을 추구한 자에 불과할 뿐이다. '학'의 차원에서 볼지라도 아카데미아의 교과목인 기하학과 수사학 등은 공자가 말한 6예六藝의 수준에 머문 채 인문학을 통일적으로 집대성한 '치평학'의 단계로 나아가지는 못했다. 아리스토텔레스는 『정치학』에서 스승이 『국가론』에서 제시한 이상국의 허구성을 신랄하게 비판했다. 그런 점에서 일견 공자와 유사한 모습을 보인 게 사실이다.

서양문명은 비록 플라톤 등의 세례를 받아 뛰어난 과학기술 문명을 이루기는 했으나 인간과 국가사회의 상호관계를 제대로 파악치 못했다. 이는 그들이 생각한 이상국의 모델이 도시국가 수준을 넘지 못한 사실과 무관치 않다. 이들은 말 그대로 사해四海를 뜻하는 천하를 대상으로 한 통치를 상상한 적도 없고 상상할 수조차 없었다. 플라톤은 자신의 만년의 미완성 저서인 『법』에서 도시국가의 규모를 5천여 호로 제한한 바 있다. 그가 말한 국가는 21세기 관점에서 보면 '국가'라기보다는 '자치도시' 수준에 불과하다. 이에 반해 공자가 생각한 국가는 천하 개념과 불가분의 관계를 맺고 있는 세계 속의 국가다. 중원의 여러 나라는 물론 사방의 이민족까지 포함하는 말 그대로 천하의 모든 국가가 그의 관심 대상이었다. 하늘과 땅만큼의 차이가 있다. 로마제국이 지중해를 내해로 삼는 방대한 영토를 보유했다고는 하나 본질은 도시국가를 조합해 놓은 것에 불과했다. '21세기의 로마제국'으로 불리고 있는 G1 미국 또한 방대한 영토를 보유한 채 세계를 호령하고 있다고는 하나 분권적인 주州를 뭉뚱그린 로마제국의 복사판에 불과하다. 도시국가의 연합체인 그리스와 로마 시대의 도시국가 모델에서 한 치도 벗어나지 못하고 있는 것이다.

그 이유는 무엇일까? 여러 이유를 들 수 있으나 사해로 상징되는 천하 개념이 애초부터 존재하지 않은 점에 주목할 필요가 있다. 이에 반해 공자는 이미 기원전 6세기에 천하를 다스리는 바람직한 위정자의 모델로 '군자'를 제시했다. '사해'로 상징되는 천하 개념이 존재하지 않았다면 불가능한 얘기다. 공자는 이미 수천 년 전에 '군자'가 되기 위한 구체적인 방안으로 치국평천하를 본령으로 한 '군자학', 즉 '군주학'까지 정비해 놓았다. 그게 바로 인문학이다. 21세기 경제경영의 관점에서 볼 때 공자의 가르침은 인문경영의 전형에 해당한다. 고금동서를 막론하고 인문학의 궁극적인 목표는 결국 인간에 대한 이해다. 인문경영을 인간경영으로 돌려 표현할 수 있는 이유다. 인간경영의 요체는 결국 인재의 확보에 있다. 스피노자가 '내일 지구가 무너질지라도 사과나무를 심겠다!'고 말한 대목을 연상케 만든다. 『관자』「권수」에는 이보다 더 좋은 천고의 명구가 나온다.

"일년지계一年之計로 곡식을 심는 것보다 나은 게 없고, 십년지계十年之計로 나무를 심는 것보다 나은 게 없다. 종신지계終身之計로 인재를 키우는 것보다 나은 게 없다. 한 번 심어 한 번 거두는 건 곡식이고, 한 번 심어 10배의 이익을 얻는 건 나무이고, 한 번 키워 100배의 이익을 얻는 건 사람이다. 인재를 키우면 마치 그를 귀신같이 부리는 것과 같다. 일을 귀신같이 행하는 자만이 왕자王者의 자격이 있다."

흔히 '종신지계'를 백년대계百年大計로 돌려 표현하고 있다. 사람의 수명을 대략 1백 세로 잡을 경우 결국 같은 말이다. 동양의 고전에는 '자신을 알아주는 은혜'를 뜻하는 지우지은知遇之恩 일화가 많이 수록돼 있다. 이를 적극 활용할 필요가 있다. 『전국책』「조책」에 '선비는 지우지은을 베푼 사람을 위해 목숨을 바친다'는 구절이 나온다. 인재는 자신을 알아준 사람을 위해 헌신한다는 의미다. 글로벌 기업으로 도약코자 하면 반드시 해당 분야의 뛰어난 인재를 대거 확보해야만 한다. 그게 바로 '백년대계'의 길이다.

최근 기업 CEO들 내에서 공자의 '군자학'에서 출발한 인문학 열풍이 부는 것은 매우 고무적이다. 그러나 기업의 존재 의미를 이익의 극대화에서 찾는 식으로 '일년지계' 내지 '십년지계'에 초점을 맞추면 최후의 승리를 거둘 수 없다. 고금의 역사가 보여주듯이 '백년대계'의 차원에서 접근하지 않으면 일시적인 성공을 거둘 뿐이다. 이는 북경대를 비롯한 중국의 유수대학 경영대학원이 『논어』와 『도덕경』 및 『주역』 등 동양 고전에서 새로운 경제경영 패러다임을 찾기 위해 애쓰는 흐름과 반대되는 것이다. 글로벌 기업을 꿈꾸는 기업 CEO 모두 '백년대계' 차원에서 인문학을 바라볼 필요가 있다. 그게 바로 공자가 사상 최초의 사립학교인 사숙私塾을 세워 제자들에게 인문학을 가르친 취지에 부합한다.

"기우제를 지내면 비가 오는 것은
무슨 연고인가?"

순자가 말하기를,

"별게 아니다.
기우제를 지내지 않아도
비는 온다."

名 實 論

명
실
론

합
리
적
으
로
현
실
을
보
라

순자와 역사학

순자는 맹자보다 1세대 뒤에 태어났다. 그는 맹자에 의해 '철학적 삶'을 추구하는 수신제가로 왜곡된 공자사상을 원래의 모습인 '정치적 삶'을 지향하는 치국평천하로 되돌려 놓은 당사자다. 그를 두고 전국시대 최후의 대유大儒로 평하는 이유다. 그가 왕도를 역설한 맹자를 속유俗儒로 질타하며 난세에는 패도를 통한 천하통일도 가하다며 이른바 선왕후패先王後覇를 주장한 것도 이런 맥락에서 이해할 수 있다.

순자의 '선왕후패'는 마치 아리스토텔레스가 스승인 플라톤이 『국가론』에서 역설한 '철인왕'의 이상국 모델을 비판하면서 현실적으로 구현이 가능한 혼합정混合政을 주장한 것과 닮았다. 아리스토텔레스는 『니코마코스 윤리학』에서 정치의 출발을 윤리적인 선善을 뜻하는 '아가톤ἀγαθῶν'에서 찾았다. 정치를 윤리의 연장으로 간주한 것이다. 정의正義를 뜻하는 '디카이온δίκαιον'을 역설한 플라톤과 대비된다. 아리스토텔레스가 볼 때 국가공동체의 최고선最高善은 모든 성원의 행복에 있다. 정치학을 공동선의 실현을 탐구하는 학문으로 정의한 이유다. 그가 말한 행복은 자족적이면서도 개개인의 덕성에 따르는 영혼의 활동을 의미한다. 윤리적으로 볼 때는 초과와 부족을 용납하지 않는 성격 상태, 즉 중용中庸에 해당한다. 결국 아리스토텔레스는 『니코마코스 윤리학』에서는 '철학적 삶'을 통해 '정치적 삶'을 규정코자 했고, 『정치학』에서는 '정치적 삶'을 통해 '철학적 삶'의 실현을 꾀한 셈이다. 순자가 정의를 내세운 맹자와 달리 예치禮治를 전면에 내세우며 덕치의 실현을 꾀한 것과 사뭇 닮았다. 서양에서 오랫동안 아리스토텔레스를 두고 '만학의 아버지'로 부른 것 역시 순자를 두고 제자백가 사상을 총망라해 공자사상을 한 단계 높였다고 평하는 것과 유사하다.

그러나 분명한 사실은 아리스토텔레스가 나름 '철학적 삶'과 '정치적 삶'을 하나로 녹이고자 애썼음에도 결국 '철학적 삶'인 '아가톤'으로 돌아간 점이다. 『니코마코스 윤리학』에서 윤리학을 인간의 모든 행위가 궁극적으로 추구하는 '아가톤'에 대한 연구로 정의한 탓이다. 『정치학』에서 커다란 영감을 받아 『군주론』을 집필한 마키아벨리가 플라톤은 물론 아리스토텔레스까지 싸잡아 '무엇을 하고 있는가?'라는 현실보다 '무엇을 해야 하는가?'라는 이상에 함몰됐다고 비판한 이유다. 이 또한 다른 시각에서 보면 한비자가 스승인 순자의 예치로는 난세를 평정할 수 없다며 강력한 법치를 역설한 것과 사뭇 닮았다. 학계 일각에서 동서의 정치사상을 비교검토하면서 소크라테스를 공자, 플라톤을 맹자, 아리스토텔레스를 순자, 마키아벨리를 한비자의 비교대상으로 삼는 것도 이와 무관치 않을 것이다.

여러모로 아리스토텔레스와 비교되는 순자의 생애에 관한 최초 기록은 사마천의 『사기』「맹자순경열전」이다. 당나라 때 『사기』를 주석한 사마정은 『사기색은史記索隱』에서 순자의 원래 성은 순荀이고, 이름은 황況으로 사람들이 그를 높여 순경荀卿으로 불렀다고 기록해 놓았다. 후대의 문헌에 손경孫卿 또는 손경자孫卿子로 기록된 것은 한선제漢宣帝의 이름인 유순劉詢을 기휘忌諱한 데 따른 것이라고 한다. 「맹자순경열전」에 따르면 순자는 조趙나라 출신이다. 당시 조나라는 춘추시대의 진晉나라가 3분되면서 한韓나라 및 위魏나라와 더불어 건국된 나라로 지금의 산서성 중부와 하남성 남부를 차지하고 있었다. 동으로 제齊, 동북으로 연燕, 서로 진秦, 북으로 흉노匈奴, 남으로 한韓, 남서로 위魏 등과 접경하고 있었다. 수도 한단邯鄲은 당시 상업과 수공업이 크게 번성한 교역의 중심지였다. 본분을 잊고 함부로 남의 흉내를 내는 지각없는 자를 비유한 한단학보邯鄲學步 내지 한단지보邯鄲之步를 비롯해 덧없는 인생을 비유한 한단지몽邯鄲之夢 등의 성어가 나온 것도 이와 무관치 않을 것이다.

「맹자순경열전」에 나오는 순자의 사적은 소략하기 그지없다. 가계 및 생장 등에 관한 정확한 기록은 사실상 거의 없는 것이라고 해도 과언이 아니다. 순자의 생몰연대와 관련해 아직 뚜렷한 정설은 없다. 「맹자순경열전」은 순자가 나이 50에 제나라로 유학을 갔다고 기록해 놓았다. 그러나 이는 그가 초나라 춘신군春申君의 지우知遇를 입은 사실 등을 감안할 때 역사적 사실과 동떨어져 있다. 만일 이 기록이 사실이라면 춘신군이 사망했을 당시의 순자의 나이는 130세가 넘게 된다. 후한 말기에 응소應邵는 『풍속통의風俗通義』를 통해 순자가 15세 때 제나라로 유학했을 가능성이 크다고 주장했다. 대략 주난왕 16년인 기원전 299년 전후에 제나라로 유학을 간 것으로 보인다. 당시 제나라는 진나라와 더불어 동쪽의 강국으로 군림하고 있었다. 제선왕齊宣王은 부왕인 제위왕齊威王을 계승해 도성을 지금의 산동성 치박시淄博市에 있는 임치臨淄로 옮긴 뒤 도성의 서문 아래에 학관學館을 짓고 천하의 명사와 학자들을 초빙해 자유롭게 학문을 토론케 했다. 이 학관은 도성의 서문이 직문稷門으로 불린 까닭에 통상 직하학궁稷下學宮으로 불렸다. 과거 왕조시대 때 '직하'가 국립대학을 뜻하는 말로 사용된 배경이 여기에 있다. 조선조 때 유일무이한 국립대학 격인 성균관의 별칭이 '직하'였다. 당시 직하학궁에는 맹자를 비롯해 신도慎到, 전병田騈, 순우곤淳于髡, 환연環淵, 송견宋銒 등이 활동했다. 순자는 이 '직하학사稷下學士'

들의 영향을 크게 받았을 것이다. 순자는 이곳에서 약 20여 년 동안 여러 학자와 교류하며 학문을 연마했다. 그는 이때 제자백가의 사상을 두루 섭렵하며 맹자에 의해 왜곡된 유학을 본래 모습으로 돌려놓는 단단한 사상 체계를 확립했을 것으로 짐작된다.

순자는 직하학사로 있을 때 무슨 일로 인해 다른 나라로 간 게 확실하다. 더 이상의 기록이 없어 순자가 과연 언제 어떤 이유로 제나라를 떠나 어디로 갔는지 파악키가 쉽지 않다. 일각에서는 순자가 28세가 되는 기원전 286년에 초나라로 간 것으로 분석하고 있다. 이해는 송나라가 주변의 나라들을 제압하고 패자를 자처하다가 제나라에게 멸망을 당한 해다. 당초 송강왕宋康王 언偃은 지금의 산동성 등현滕縣인 등나라를 멸하고 다시 동쪽으로 나아가 제나라를 쳐 5개 성읍을 취한 뒤 남하해 초나라의 3백 리 땅을 취하고 서쪽으로 위나라 군사를 격파했다. 혁혁한 전승에 도취한 송강왕은 궁실 안에서 밤이 새도록 술을 마시는 암군의 행보를 거듭하다가 제민왕齊湣王의 공격을 받고 위나라로 도주하다가 지금의 하남성 온현溫縣에서 객사했다. 이번에는 제민왕이 송나라를 멸한 데 도취한 나머지 교만한 모습을 보이기 시작했다. 순자는 이런 상황에서 제나라에 위기가 닥쳐올 것을 짐작하고 초나라로 떠난 것으로 짐작된다. 실제로 2년 뒤인 기원전 284년에 연燕, 진秦, 한韓, 위魏, 조趙 등 5국 연합군이 제나라 도성으로 진군하는 사태가 빚어졌다. 이 사건으로 인해 직하학궁의 학사들 모두 뿔뿔이 흩어지고 말았다. 이런 사태가 빚어질 것을 미리 내다본 순자의 식견은 탁월한 바가 있다. 제나라는 5년 뒤인 기원전 279년 지금의 산동성 평도현 동남쪽인 즉묵卽墨 땅을 고수하고 있던 전단田單이 실지를 회복함으로써 가까스로 패망의 위기를 면하게 되었다. 이해에 신분을 속인 채 머슴으로 살면서 목숨을 구한 제민왕의 태자 법장法章이 부왕의 뒤를 이어 제양왕齊襄王으로 즉위한 뒤 직하학궁을 복원시켰다. 직하학궁이 복원되자 순자도 다시 제나라로 돌아왔다. 「맹자순경열전」에 따르면 직하학궁으로 돌아온 순자가 이내 노사老師가 되었다고 기록해 놓았다. 그 사이에 선배 학자들이 모두 죽거나 사방으로 흩어진 데 따른 것으로 짐작된다. 「맹자순경열전」에 따르면 순자는 10여 년 동안 직하학궁에 머무는 동안 직하학궁의 수장 격인 좨주祭酒를 모두 3번에 걸쳐 역임케 되었다. 좨주는 선인들에 대한 간략한 추모의식을 거행할 때 가장 존경받는 사람이 맡았다. 직하학궁 최고의 직책이다. 직하학사들 내에서 순자의 성망聲望이 얼마나 높았는지를 짐작게 해주는 대목이다.

순자는 주난왕 49년인 기원전 266년에 진소양왕秦昭襄王의 초청을 받고 진나라를 방문케 되었다. 진소양왕은 진시황의 증조부로 강력한 부국강병책을 구사해 훗날 진시황이 천하통일의 대업을 이루는 기반을 닦아 놓은 명군이었다. 『순자』「유효」에 당시 순자가 진소양왕과 나눈 문답이 실려 있다. 사서에는 나오지 않으나 『순자』「강국」에는 순자가 진소양왕의 부국강병책을 강력히 뒷받침하고 있던 진나라 재상 범수范雎와 문답을 나눈 일화도 나온다. 순자가 범수와 나눈 내용 역시 유가사상의 공효功效에 관한 것이다. 문답 내용에 비춰 순자가 범수와 문답을 나눈 시기는 대략 진소양왕과 문답을 나누기 직전이었을 것을 짐작된다. 범수가 순자와 먼저 문답을 나눈 뒤 진소양왕에게 순자와 유자의 공효에 관해 얘기해 보도록 권했을 가능성이 높다. 순자가 진소양왕 및 범수와 나눈 얘기는 맹자가 양혜왕梁惠王 및 제선왕 등과 나눈 얘기와 현격한 차이가 있다. 맹자는 열국의 군왕 앞에서 힐난조로 하필 이익을 거론할 필요가 있느냐고 꾸짖는 '하필왈리何必曰利'를 들먹이면서 오직 왕도만을 역설했다. 일체의 패도를 타기唾棄하며 오직 왕도만을 추구하는 이른바 숭왕척패崇王斥霸의 입장을 견지한 것이다. 이에 반해 순자는 범수와의 문답에 분명히 드러나 있듯이 패도의 유효성을 인정하면서도 왕도를 그 위에 놓는 선왕후패의 입장을 내보였다. 왕도를 통한 천하통일이 가장 바람직스럽기는 하나 패도를 통한 천하통일 역시 수용할 수 있다는 입장을 은연 가운데 드러낸 것이나 다름없다. 범수도 순자의 이런 입장에 공감해 진소양왕과의 면담을 적극 주선했을 공산이 크다.

여러 기록을 종합해볼 때 순자는 진나라를 방문한 이듬해에 곧바로 제나라로 가지 않고 고국인 조나라로 간 것으로 짐작된다. 『자치통감』은 순자가 조효성왕趙孝成王 앞에서 임무군臨武君과 군사문제를 놓고 설전을 벌인 내용을 담은 『순자』「의병」을 길게 인용해 놓았다. 「의병」이 얼마나 널리 회자했는지를 반증한다. 조효성왕이 즉위한 해는 진소양왕 51년인 기원전 266년이다. 순자가 조효성왕 앞에서 임무군과 군사문제에 관한 설전을 벌였다면 그 시기는 대략 진나라를 떠나 제나라로 오다가 조나라에 들렀을 때였을 것으로 보인다. 당시 순자는 임무군 등과 병법을 논한 뒤 그 이듬해인 기원전 264년에 제나라로 돌아와 다시 좨주의 직책을 맡은 것으로 추정되고 있다. 이후 그는 주변의 무함을 받고 제나라를 떠나기까지 10년 가까이 직하학궁에 머물렀다. 그 사이 기원전 259년에 이르러 진시황이 태어났다. 이때 순자의 나이 55세였다. 「맹자순경열전」에 따르면 이 어간에 순자는 주변의 무함을 받고 제나라를 떠나 초나라로 갔다. 순자가 무슨 이유로 무함을 받고 정확히 언제 초나라로 갔는지는 알 길이 없다. 정황에 비춰 시기하는 자들이 제왕 건建에게 순자가 타국인 조나라 출신의 이른바 기려지신羈旅之臣인 점 등을 들어 장차 제나라에 해를 끼칠 공산이 크다는 식으로 무함했을 가능성이 있다. 순자가 초나라를 선택하게 된 것은 당시 명망이 높았던 춘신군春信君 황헐黃歇이 널리 인재를 구한 사실과 무관치 않다. 춘신군은 이에 앞서 진나라에 인질로 잡혀가 있던 초경양왕楚頃襄王의 태자가 부왕 사후 몰래 귀국하는 데 결정적인 공헌을 했다. 기원전 263년 태자가 초고열왕楚考烈王으로 즉위하자마자 회북淮北 일대를 봉지로 받고 재상이 되었다. 이때 춘신군은 장차 최강의 군사대국인 진나라의 압박이 더욱 거세질 것으로 판단해 천하의 인재를 끌어 모아 이에 적극 대처코자 했다. 그의 귀에 순자에 관한 칭송이 들리지 않았을 리 없다. 춘신군이 사람을 순자에게 보내 주변의 무함으로 곤경에 처한 순자를 적극 초빙했을 가능성이 크다.

마침내 순자가 초나라로 오자 춘신군은 순자를 제나라와 가까운 지금의 산동성 창산현 서남쪽의 난릉蘭陵 현령으로 삼았다. 순자의 나이 59세였다. 당시 난릉 현령으로 있던 순자는 춘신군과 적잖은 갈등을 빚었던 것으로 짐작된다. 실제로 춘신군이 생전에 순자를 무함하는 얘기를 듣고 순자와 결별했다는 일화가 『전국책』「초책楚策」에 실려 있다. 춘신군의 행적을 감안할 때 그가 순자를 크게 총애했다고 보기는 어렵다. 또한 자신의 학문에 대해 강한 자부심을 지니고 있던 순자가 난릉 현령 정도에 만족해 춘신군에게 충성을 바쳤다고 보기도 어렵다. 춘신군이 말년에 어리석은 행보를 보이다 비참한 최후를 맞이한 점 등을 감안할 때 순자가 춘신군에게 큰 기대를 걸었을 리 만무하다. 그렇다면 순자가 다시 초나라로 돌아간 이유는 무엇일까? 지은을 베푼 평원군 조승의 사망과 무관치 않았을 것으로 보인다. 순자가 조나라에 머문 가장 큰 이유는 평원군의 지우에 있었다. 순자는 평원군이 죽고 없는 상황에서 조나라에 계속 머물 이유를 찾기가 어려웠을 것이다. 이런 상황에서 춘신군이 이전의 잘못을 거듭 사과하며 초나라로 다시 와줄 것을 간청하자 마침내 이를 수락한 것으로 짐작된다. 그 시기는 대략 평원군이 사망한 지 얼마 안 된 시점이었을 것으로 보인다.

순자가 진효문왕秦孝文王 원년인 기원전 250년에 초나라로 돌아오자 춘신군은 다시 그를 난릉령에 임명했다. 난릉의 현령을 다시 맡은 것이다. 당시 64세였다. 이후 그는 10여 년 동안 난릉 현령으로 있으면서 제자들을 가르쳤다. 대략 이 시기에 이사와 한비자 등 여러 제자를 가르친 것으로 짐작된다. 『자치통감』에 따르면 이사가 진시황의 축객령逐客令에 반발해 상소를 올림으로써 다시 진나라의 객경客卿이 된 것은 진시황 10년인 기원전 237년이다. 순자가 두 번째로 난릉 현령에 임명된 시점이 진효문왕 원년인 기원전 250년인 점을 감안할 때 이사는 순자 밑에서 2, 3년 동안 공부하다가 진나라로 가 객경이 되었을 것으로 보인다. 아전 출신인 이사가 순자에게 학문을 배운 것은 장차 유세하여 출세코자 하는 뚜렷한 목표에서 나온 것이다. 진나라에서 인재를 모으고 있다는 소식을 듣고 그가 매우 조급해한 것은 당연한 일이다. 그가 섭정의 역할을 수행한 여불위의 지우 덕분에 진나라의 객경이 된 시점은 진시황 원년인 기원전 246년 전후로 짐작된다. 순자의 문하에서 이사와 함께 동문수학한 한비자는 순자 밑에서 몇 년간 더 연마하다가 귀국한 것으로 추정된다.

순자가 천하의 인재를 모아 가르치는 와중에 춘신군이 가신 이원李園의 암수暗數에 걸려 척살되는 사건이 빚어졌다. 진시황 9년인 기원전 238년의 일이다. 이로 인해 순자도 이내 현령직에서 파면되었다. 춘신군 사후 순자의 행보가 어떻게 전개되었는지는 자세히 알 수 없다. 「맹자순경열전」은 순자가 춘신군이 살해된 후 난릉에 머물다가 이내 세상을 떠나 그곳에 묻혔다고 했으나 정확한 연대는 기록해 놓지 않았다. 전한제국 초기에 나온 『염철론』「훼학毁學」은 진시황의 천하통일 이후에도 순자가 살아 있었던 것으로 기록해 놓았으나 믿기 어렵다. 사상 최초의 천하통일이 이뤄지는 진시황 26년인 기원전 221년에 순자의 나이는 이미 93세가 넘는다. 당시 상황에서 이토록 장수하기란 쉽지 않았다. 여러 기록을 종합해볼 때 대략 순자는 춘신군이 살해된 후 몇 년 더 난릉에 머물다가 이내 노환으로 세상을 떠났을 공산이 크다. 이런 해석이 「맹자순경열전」의 기록과도 부합한다. 일각에서는 순자의 몰년을 춘신군이 살해된 지 3년 뒤인 기원전 235년으로 추정하고 있다. 이해는 진나라의 여불위가 자진自盡하여 진시황의 친정親政이 본격화한 해이기도 하다. 순자의 출생시점을 주난왕 2년인 기원전 313년으로 간주할 경우 순자는 79세에 세상을 떠난 셈이 된다. 춘신군이 비명에 횡사한 상황에서 춘신군의 지우를 입었던 순자의 장례식에 초나라가 애도를 표했을 리도 없었을 것이다. 진시황의 두터운 신임을 얻은 이사가 스승의 장례식에 참여했는지도 알 길이 없다. 제자백가 사상을 집대성한 전국시대 최후의 대유가 맞이한 죽음치고는 쓸쓸하기 그지없다.

객관적으로 볼 때 순자는 공자사상의 정맥을 이었다고 평할 수 있다. 맹자는 겉으로만 공자사상의 수호자를 자처했을 뿐 그 내막을 보면 묵자의 사상적 후계자에 속한다. 21세기 학술의 관점에서 공자의 학문을 인문학으로 규정한 것과 같은 맥락에서 순자의 학문은 문사철로 요약되는 인문학 가운데 역사학에 가장 가깝다. 주목할 것은 역사학이 문사철로 상징되는 인문학 내에서 정치학과 가장 관련이 깊은 학문이라는 점이다. 미국의 유수대학이 정치학을 역사학과 통합해 가르치는 게 그렇다. 실제로 조선조 때 현실참여파에 해당하는 기호학파의 태두 이율곡은 경서 못지않게 사서를 중시했다. 경서를 극단적으로 중시한 영남학파의 거두 이퇴계와 대비되는 대목이다. 인문학이라는 큰 틀에서 볼 때 공자는 앞서 언급한 것처럼 인문학 가운데 문학에 가깝다. 이에 반해 맹자는 철학에 심취했고 순자는 맹자와 정반대로 역사학에 방점을 찍었다고 해석할 수 있다. 공자는 『논어』「위정」에 나오는 시삼백詩三百 구절을 통해 확인할 수 있듯이 인문교양의 핵심을 문학에서 찾았다. 반면 맹자는 인의예지로 상징되는 4단설四端說 등 형이상의 세계에 지대한 관심을 기울였다. 공자가 괴력난신怪力亂神으로 상징되는 형이상의 세계를 극도로 꺼린 것과 대비된다.

그런 점에서 맹자는 제자백가 가운데 최초로 철학을 학문적 탐구대상으로 삼은 경우에 속한다. 주희가 맹자를 사상적 교조로 삼는 성리학을 집대성한 이후 동양의 지식사회는 '정치적 삶'에서 '철학적 삶'으로 빠져들었다. 서양이 마키아벨리의 『군주론』 출현 후 '철학적 삶'에서 빠져나와 '정치적 삶'을 추구하며 르네상스 시대를 맞이한 것과 대비된다. 철학파의 효시에 해당하는 맹자의 가장 큰 문제점은 요순 등의 전설적인 인물이 구현한 정치를 현실의 위정자를 통해 구현코자 한 데 있다. 이른바 법선왕法先王 사상이다. 신화와 전설 속에 나오는 성왕의 정사를 닮고자 하는 것을 말한다. 마치 플라톤이 『국가론』에서 철인이 다스리는 이상국을 제시한 것과 닮았다. 순자는 이와 정반대되는 법후왕法後王 사상을 역설하며 이를 질타했다. 역사적으로 실존하지 않은 선왕의 정사를 현실에서 구현코자 할 경우 이상과 현실의 괴리로 인해 오히려 혼란만 부추긴다는 것이다. 그가 '법후왕'을 언급하며 역사적 사실을 토대로 현실에 뿌리를 내린 가운데 이상을 지향해야 한다고 주장한 이유다. 그런 점에서 그는 역사학파의 선구자에 해당한다. 그의 제자인 한비자가 사서를 방불케 하는 무수한 사실史實을 근거로 법가 이론을 집대성한 것도 결코 우연으로 볼 수 없다. 대표적인 예로 요순의 선양禪讓을 극찬한 맹자를 질타한 것을 들 수 있다. 기원전 314년 연왕 쾌噲는 전설적인 하나라 우왕禹王의 선양 고사를 본받아 재상 자지子之에게 양위하라는 신하들의 제의를 받고 이를 흔쾌히 수락한 바 있다. 그러나 3년 후 반란이 일어나 엄청난 참극이 빚어지고 말았다. 당시 맹자는 이웃 제나라에 머물며 전 과정을 주시했다. 『맹자』 「공손추 하」는 당시 맹자가 취한 행보를 이같이 묘사해 놓았다.

"제나라 대신 심동沈同이 사적으로 맹자에게 연나라를 쳐도 좋은지를 물었다. 맹자가 대답키를, '가하오. 연왕 쾌는 다른 사람에게 연나라를 넘겨 주어서는 안 되었고 연나라 재상 자지도 연나라를 받아서는 안 되었소. 만일 여기에 한 관리가 있는데 당신이 그를 좋아한다고 해서 왕에게 아뢰지도 않고 사사로이 당신의 봉작을 그에게 주고, 그 또한 왕명도 없이 사사로이 당신으로부터 그것을 받는다면 그것이 과연 옳겠소? 연왕 쾌가 자지에게 사사로이 연나라를 넘겨준 것이 어찌 이와 다를 수 있겠소?'라고 했다."

맹자는 연왕 쾌가 국가를 양도한 사실을 비판하면서 왕위 계승자 이외의 다른 사람에게 국가를 양도하는 것은 오직 하늘만이 할 수 있다고 주장한 것이다. 나아가 그는 천명의 소재는 민성을 통해 확인할 수 있다고 주장했다. 이는 사실 묵자의 논리를 차용한 것이나 다름없다. 순자는 맹자의 이런 주장이 공자사상의 본령에서 벗어나는 것임을 지적했다.『순자』「정론正論」의 다음 대목이 이를 뒷받침한다.

"세상에서 말하기 좋아하는 자들이 이르기를, '요순은 제위를 선양했다'고 한다. 그러나 그것은 사실과 다르다. 천자는 세력이나 지위가 지극히 높아 천하에 대적할 자가 없는 법이다. 그런데 감히 누구에게 보위를 양보할 수 있단 말인가!"

순자는 천자의 자리는 지존의 자리인데 어찌 함부로 누구에게 양여할 수 있겠느냐고 반문하면서 맹자가 들고 나온 요순의 선양설화를 정면으로 부인하고 나선 것이다. 전한 초기 한문제漢文帝는 맹자처럼 요순의 선양설화를 사실로 믿었다. 기원전 179년, 그는 제위를 물려줄 만한 유능하고 덕망 있는 성인을 전국에 걸쳐 널리 구하겠다는 내용의 조서를 내렸다. 이때 황제의 고문관들이 제위의 세습을 통해 계승하는 것이 제국의 안정에 기여할 수 있는 최상의 방법임을 역설해 간신히 자신들의 뜻을 관철시켰다. 이 일화는 선양이 비록 현실성은 없으나 제왕의 미덕으로 간주되고 있었음을 시사하고 있다. 당시 유가는 옛 성왕의 선양설화가 군권君權을 견제하는 수단으로 매우 유용하다는 사실을 통찰하고 있었다. 이후 그들은 선양설화를 적극 원용해 소기의 성과를 거두었다. 유가의 권위가 더욱 높아진 것은 말할 것도 없다. 그러나 제위가 세습이 아닌 선양으로 계승될 경우 천하는 이를 둘러싼 수많은 모사들의 암투로 인해 이내 혼란 속으로 빠져들 수밖에 없다. 나아가 군주는 자신의 능력으로 보위를 얻게 되었다는 자만에 휩싸인 나머지 적절한 교양을 쌓은 세습군주보다 더욱 자의적이고 비합리적인 폭군으로 전락할 소지가 컸다. 그럼에도 선양설화를 적극 원용하고 나섰던 맹자는 이를 역사적 사실이라고 강변하면서 자신의 주장을 합리화했다. 한비자를 비롯한 법가 사상가들은 말할 것도 없고 유가인 순자조차 선양설화를 일소에 붙인 것은 바로 맹자의 속셈을 정확히 파악한 결과다. 20세기 초 중국의 고대사 기록에 회의를 품은 이른바 고사변파古史辨派로 활약하던 고힐강顧頡剛은 전한의 유가들이 선양설화를 역사적 사실로 둔갑시키기 위해 유가 경전에 이를 삽입시켜 놓은 것으로 보았다. 그는 대표적인 실례로 『서경』 「요전堯典」을 들었다. 사실 『서경』은 위서僞書의 결정판에 해당한다. 당시 유가는 모든 유가 경전을 대상으로 유사한 변조작업을 진행시켰다. 『논어』도 그 예외가 아니었다. 요순과 우왕의 선양설화가 『논어』의 최종편인 「요왈堯曰」의 첫머리에 삽입된 것도 이런 맥락에서 이해할 수 있다. 역사학자 고힐강의 이런 지적은 순자가 역사적 사실에 기초한 '법후왕'을 역설하며 비현실적인 '법선왕'을 주장한 맹자를 질타한 것과 취지를 같이하는 것이다.

21세기에 들어와 천하의 패권을 놓고 미국과 치열한 각축전을 벌이고 있는 현재, G2 중국에 '선양설화'와 유사한 논쟁이 전개되고 있다. 중국 내 일부 지식인들이 서구의 다당제 민주주의를 채택해야 명실상부한 G1이 될 수 있다고 주장한 게 그렇다. 진정한 의미의 인민민주주의를 구현한다는 차원에서 매우 이상적이다. '선양설화'와 닮았다. 그러나 이는 방대한 인구의 다민족국가로 이뤄진 중국의 특성을 간과한 것이다. 지난 2014년 9월 중국의 공산당 기관지 〈홍기문고紅旗文稿〉가 서구식 다당제 민주주의를 도입할 경우 무력 충돌로 인해 1,300만 명 이상이 사망할 것이라고 경고한 게 그렇다. 세르비아 주재 중국 대사 리만창은 기고문에서 이같이 역설했다.

"과거 유고슬라비아는 서구 다당제를 무리하게 도입했다가 무력 충돌과 국가 분열을 겪었다. 중국이 공산당 영도를 포기하고 서구식 다당제를 수용하는 순간 각 지역과 민족의 이익을 대변하는 정당이 우후죽순처럼 난립하게 된다. 이어 각 정당이 '너 죽고 나 살기' 식의 권력 투쟁을 벌이면 중국은 이내 분열하고 만다. 전 인구의 100분의 1이 사망한 유고슬라비아 내전을 토대로 추정하면 1년 내에 수만 개의 정당이 생겨나고, 2년 내에 무력 충돌이 터져 1억 3,000만 명의 난민難民과 1,300만 명의 사망자가 발생케 된다. 중국 경제는 20년 후퇴하고, 5천 년 역사의 중국은 30여 개 소국小國으로 쪼개지고 말 것이다."

일리 있는 분석이다. 나라마다 역사문화 배경이 다른 만큼 서구의 다당제 민주주의를 금과옥조처럼 여기는 것은 적잖은 문제가 있다. 특히 중국의 경우는 더욱 그렇다. 주목할 것은 리만창이 지적한 것처럼 서구가 민주와 자유 및 인권을 기치로 내세워 아프리카 등에 다당제를 강요한 점이다. 제2차 세계대전 이후 독립한 저개발국이나 개발도상국들은 민주화보다 경제개발과 민생개선이 더 시급했다. 그럼에도 서구의 주문을 좇아 서둘러 '민주선거'를 치르는 바람에 제한된 자원을 소진하고 말았다. 경제발전은 커녕 커다란 정치사회적 혼란으로 인해 더욱 깊은 빈곤의 수렁에 빠진 이유다. 지난 1960년까지만 해도 일본과 더불어 아시아 최고의 민주국가로 손꼽힌 필리핀이 아시아 최빈국으로 몰락한 사실이 이를 뒷받침한다. 우리의 경우도 크게 다르지 않다. 제3공화국 시절 '한강의 기적'으로 불리는 급속한 경제발전을 이루지 못했다면 북한과 별반 다를 게 없는 최빈국으로 전락하고 말았을 것이다. 이상과 현실을 엄히 구분해야 하는 이유다. 순자가 전설적인 성왕을 롤 모델로 삼은 맹자의 '법선왕'을 질타한 것도 이런 맥락에서 이해할 수 있다. 그가 역사적으로 실존한 인물을 롤 모델로 삼아 현실에 뿌리를 내린 가운데 이상을 추구하는 '법후왕'을 주장한 것은 탁견이다. 그의 문하에서 법가사상을 집대성한 한비자가 나온 것도 결코 우연으로 볼 수 없다.

이성과 합리

공자사상의 승계

일찍이 공자는 사학을 열어 제자들을 가르치면서 정치는 유덕하고 능력 있는 군자에 의해 행해져야 한다고 역설한 바 있다. 맹자는 여기서 한 발 더 나아가 정치는 오직 유가 사대부에 의해 전담되어야 하고 정치를 배운 일이 없는 군주는 정치에 간섭해서는 안 된다고 주장했다. 이는 군주권의 강화를 꾀한 공자의 입장과 정면으로 배치되는 것이다. 맹자가 군권君權을 폄훼하고 신권臣權만을 강조한 것은 공자의 기본취지와 동떨어진 것이다.

맹자는 기본적으로 학덕을 연마치 못한 군주는 군주로서의 정당한 자격이 없다는 공자의 견해에 동의했다. 그러나 그는 여기서 한 발 더 나아가 아예 백성에게 복리를 가져다주지 못하는 군주는 교체하는 것이 백성의 엄숙한 의무라고 선언했다. 이른바 폭군방벌론暴君放伐論이다. 이는 묵자가 역설한 폭군천벌론暴君天伐論을 약간 돌려 표현한 것이다. 맹자의 '폭군방벌론'은 얼핏 그럴듯해 보이지만 보위를 둘러싼 난투를 초래할 소지가 크다. 실제로 훗날 군주를 시해하고 보위를 찬탈한 자들 모두 맹자의 '폭군방벌론'을 들먹였다. 맹자는 '폭군방벌론'에서 대신들이야말로 군주의 과오를 교정해 이런 사태가 일어나는 것을 막아야 할 일차적인 책임을 지고 있다고 주장했다. 이는 군주보다 대신의 역할을 높이 평가한 데 따른 것이다. 군주가 학덕을 연마한 자에게 가장 중요하고도 명예로운 대신의 자리를 주어야 한다는 주장도 같은 맥락이다. 나아가 그는 스스로 진리를 추구하면서 새로운 경험에 비춰 기왕의 지식을 부단히 수정할 것을 요구한 공자와 달리 성찰의 방법으로 우주에 관한 모든 지식을 얻을 수 있다고 주장했다. 이런 직관적이면서도 초월적인 수양론은 공자의 합리적이면서도 과학적인 수양론과 배치된다. 공자가 역설한 수신제가의 취지가 선방의 수도승이 행하는 참선參禪과 유사한 의미로 뒤바뀐 셈이다.

주목할 것은 『맹자』 「이루 상」에서 선왕의 도를 따르는 사람치고 과오를 범하는 법이 없다고 언급해 놓은 점이다. 완벽한 군주나 대신이 되고자 하는 사람은 요순을 모방하기만 하면 되고 그 이상은 필요 없다고 주장한 것이다. 이는 묵적의 교조적인 언설을 그대로 빼어 닮은 것으로 공자사상과 동떨어진 것이다. 훗날 성리학이 성립된 후 맹자의 교조적인 언설이 금과옥조로 받들어짐에 따라 '통치이념의 화석화' 과정이 진행된 것은 필연이었다. 전국시대 말기에 이르러 공자의 모습이 크게 일그러진 이유가 바로 여기에 있었다. 이를 원래의 공자 모습에 가깝게 복원시켜 놓은 인물이 바로 춘추전국시대 최후의 대유인 순자다. 당시 순자는 맹자와 달리 미신적인 음양오행설과 점복술 등에 매우 비판적이었다. 그는 하늘을 자연의 질서로 해석하면서 인간이 두려워할 것은 어떤 전조前兆나 신령이 아니라 오히려 악정惡政과 혼란이라고 단언했다. 놀라울 정도로 합리적인 순자의 사고는 『순자』「천론天論」의 다음 대목에 잘 나타나 있다.

"기우제를 지내면 비가 내리는 것은 어찌 된 일인가? 이에 말하기를, '이상할 것도 없다. 기우제를 지내지 않아도 비는 내리기 때문이다!'라고 했다."

기우제를 지내면 비가 내리는 이유를 묻는 질문에 비는 기우제를 지내지 않아도 내린다고 일갈한 것이다. 순자는 제자백가의 비합리적 사유를 통렬하게 질타하면서 온갖 이설로 오염된 공자사상을 순화醇化하는 데 결정적인 역할을 수행했다. 그의 이런 합리적인 사고는 공자사상과 일맥상통하고 있다. 그가 학문의 중요성을 역설한 것도 같은 맥락이다.『순자』「권학勸學」에 나오는 다음 대목이 그 증거다.

"학문은 어디에서 시작해 어디에서 끝나는 것인가? 그 방법은 『시』와 『서』 등을 송경誦經하는 데서 시작해 『예』를 읽는 데서 끝나고, 그 의의는 선비가 되는 데서 시작해 성인이 되는 데서 끝난다. 자신의 힘을 다하여 오랫동안 노력해야만 성인의 경지에 들어갈 수 있는 것이니 학문이란 곧 죽은 뒤에야 끝나는 것이다."

유가 내에서 순자처럼 학문의 의의를 강조한 사람은 없다. 공자사상의 적통이 순자로 이어졌음을 극명하게 보여주는 대목이다. 그럼에도 풍우란은 『중국철학사』에서 순자가 이단적인 사상을 통탄한 나머지 묵자처럼 백성들에게 무조건 경전만을 암송하라는 식의 권위주의를 노정했다고 주장했다. 그러나 이는 맹자와 순자의 사상을 거꾸로 해석한 데 따른 중대한 오류다.『순자』「권학」이 강조한 '송경'은 단순한 경전의 암송을 의미하는 게 아니다. 공자가 제자들을 교습할 때 그랬던 것처럼 '시·서·예·악'을 스스로 탐구하여 터득하라고 주문한 것이다. 이를 위해서는 우선 열심히 송경하는 것보다 더 나은 방법은 없다. 이는 21세기 스마트혁명 시대에도 여전히 통용되는 탁월한 방안이기도 하다.

순자의 이론 가운데 성악설 이외에도 후대인의 오해를 산 것으로는 그의 '4민론四民論'을 들 수 있다. 순자는 귀천에 따른 신분은 어디까지나 덕을 얼마나 연마했는지에 따라 유동적으로 변동할 수 있다고 보았다. 신분세습의 봉건질서를 단호히 배격한 것이다. 진한秦漢시대 이래 역대 중국정권이 '군신공치君臣共治'의 통치체제를 확립하는 데 결정적인 공헌을 한 배경이다. 『순자』「영욕榮辱」의 다음 구절이 이를 뒷받침한다.

"농부는 힘써 경작하고, 상인은 예리한 관찰로 재화의 효용을 극대화하고, 공인은 기술로써 기기의 제작에 열을 쏟는다. 사대부는 왕으로부터 공후에 이르기까지 인후仁厚와 지혜로써 관직 수행에 헌신한다. 무릇 이것을 지평至平이라고 한다."

순자는 모든 신분이 만족하는 평등을 '지평'으로 표현한 것이다. 소공권은 『중국정치사상사』에서 순자의 '4민론' 내에는 '불평등 속의 평등' 이치가 담겨져 있다고 높이 평가했다. 국가공동체 성원 간의 역할분담을 강조함으로써 위로는 덕을 가진 자가 지위를 얻어야 한다는 공자의 이상을 계승하고 아래로는 평민이 경상卿相이 되는 새로운 기풍을 열었다는 게 그의 평가다. 순자의 '4민론'은 아리스토텔레스의 '배분적 평균' 주장과 취지를 같이하는 것이다. 치자와 피치자 모두 자신의 주어진 역할에 충실해야만 통치가 제대로 이뤄질 수 있다는 순자의 이런 분업사상은 기본적으로 공자의 '군군신신君君臣臣' 사상과 맥을 같이한다. 공자의 '군군신신' 사상을 보다 정치하게 다듬은 것이 바로 순자의 '4민론'이다. '4민론'에 입각한 그의 분업사상이 역대 중국정권의 기본적인 통치이념이 되었다. 소프트웨어가 모든 산업을 주도하는 21세기 스마트혁명 시대는 이를 더욱 강조하는 시기가 될 수밖에 없다.

예치와 법치의 차이

순자는 인간의 가장 큰 특징 가운데 하나가 군거群居에 있다고 보았다. 이는 인간을 '정치적 동물'로 규정한 아리스토텔레스의 주장과 통한다. 아리스토텔레스의 주장은 인간을 정치적 동물로 규정하는 데 그쳤으나 순자는 여기서 한 걸음 더 나아갔다. 인간의 군거를 조화롭게 유지하기 위한 구체적인 방안을 찾아낸 게 그렇다. 그것이 바로 예로써 다스리는 예치禮治다. 『순자』에 나오는 '예'는 사람이 지켜야 할 예절과 의리인 예의禮義 내지 예로써 나타내는 말투나 몸가짐인 예의禮儀의 뜻으로 사용되고 있다. 순자는 「영욕」에서 군거와 예의관계를 다음과 같이 설명해 놓았다.

"무릇 귀하기가 천자와 같고 부유하기가 천하를 차지할 정도가 되고자 하는 것은 인정人情이 똑같이 바라는 바다. 그러나 그 욕망을 좇자면 형세가 이를 받아들일 수 없고 물건 또한 넉넉할 수 없다. 그래서 선왕은 생각한 끝에 이를 위해 예의禮義를 제정하여 분수를 정하고, 귀천에 등급을 두고, 장유長幼에 차등을 두고, 지혜 있는 자와 어리석은 자 및 능력 있는 자와 없는 자 사이에 구분을 두었다. 언제나 사람들로 하여금 일을 맡을 때 그 합당한 일을 갖게 한 뒤 녹봉으로 받은 곡식에 다소후박多少厚薄의 균형이 있게 했다. 이것이 곧 군거화일群居和一의 방도다."

여럿이 모여 살면서 하나로 조화된다는 뜻을 지닌 '군거화일'은 『예기』 「예운禮運」에 나오는 대동大同과 취지를 같이한다. 순자는 '군거화일'로 이상국가의 모습을 요약한 뒤 그 요체가 바로 예의에 있음을 분명히 한 것이다. 공자는 예의에 입각한 정치를 이른바 군자지정君子之政으로 구체화했다. 공자가 14년간에 걸쳐 천하를 순회하며 역설한 것이 바로 '군자지정'이다. 바람직한 정치는 제도 이전에 사람에 있다고 확신한 결과다. 『예기』「중용」에 나오는 공자의 다음 언급이 그 배경을 짐작게 해준다.

"정치는 사람에게 달려 있다. 사람을 취하는 데는 몸으로 하고 몸을 닦는 데는 도로써 한다. 도는 인仁으로 하는 것이니 '인'이란 곧 사람을 뜻한다."

공자가 말한 '군자지정'은 바로 위정재인爲政在人을 달리 표현한 것이다. '위정재인'의 요체는 어진 군자를 뜻하는 '인인仁人'에 의한 정치, 즉 인치仁治에 있다는 게 공자의 기본입장이다. 공자의 이런 입장이 보다 구체화되어 표현된 것이 바로 『예기』「대학」에 나오는 '수신제가치국평천하修身齊家治國平天下'다. 공자는 '철학적 삶'을 뜻하는 '수신제가'와 '정치적 삶'을 상징하는 '치국평천하'를 하나로 묶고자 한 것이다. 이는 순자의 기본입장이기도 하다. 순자는 기본적으로 인간은 사적인 이욕 때문에 다투지 않을 수 없다고 생각했다. 이를 같이 어울려 살면서 하나로 화합하는 '군거화일'의 상태로 전환시키기 위해서는 일정한 기준과 원칙이 존재해야만 한다. 순자는 이를 '예'에서 찾았다. 『순자』「예론」에 나오는 그의 다음 언급에 그 취지가 잘 드러나 있다.

"사람은 태어날 때부터 욕망을 갖고 있다. 바라는 것을 얻지 못하면 추구하지 않을 수 없게 된다. 추구하는 데 도량분계度量分界가 없으면 다투지 않을 수 없게 된다. 다투면 어지러워지고 어지러워지면 궁해진다."

'도량분계'는 일정한 기준과 한계를 뜻한다. 이것이 바로 순자가 말하는 '예'인 것이다. 순자가 예치를 통해 궁극적으로 추구한 것은 군신 상하 간에 원만한 질서와 절도가 자율적으로 이뤄지는 예국禮國이다. 순자가 그린

'예국'은 공자가 그린 인국仁國과 비교할 때 '인' 대신 '예'가 들어섰을 뿐 기본적인 맥락은 같다. 『논어』에 나오는 '인'과 '예'는 각각 104회와 74회에 달한다. '인'과 '예'가 얼마나 밀접한 관련을 맺고 있는지 쉽게 알 수 있다. 공자가 말하는 '인'은 전래의 '예' 개념을 확대 발전시킨 것으로 본질적으로 '인'과 '예'는 동일한 개념이다. 순자는 '예'를 통해서만 신하들을 다스릴 수 있다고 주장했다. 공자가 『논어』「팔일」에서 '군주는 신하를 부릴 때 예로써 해야 한다'고 역설한 것과 닮았다. 순자가 요순의 선양설禪讓說을 부인하고 이른바 승계설承繼說을 주장하고 나선 것도 같은 맥락에서 이해할 수 있다. 이를 뒷받침하는 『순자』「정론」의 해당 대목이다.

"도덕이 완비되어 있고 지혜가 밝아 천하의 일을 처리하면 그것에 동조하는 것이 옳은 일이고, 어기는 것은 그릇된 것이다. 그런데 천하를 물려주는 일이 어찌 있을 수 있겠는가?"

순자는 요순이 보위를 물려주지 않을 수 없었기 때문에 그리됐다고 보았다. 이는 순자가 맹자처럼 인민을 위한다는 이유로 군주를 가볍게 여겨서는 안 된다고 주장한 사실과 무관치 않다. 이를 뒷받침하는 『순자』「왕제」의 해당 대목이다.

"군주는 군주답고, 신하는 신하다워야 한다. 아비는 아비다워야 하고, 자식은 자식다워야 한다. 형은 형답고, 동생은 동생다워야 한다."

『논어』「안연」에 나오는 공자의 '군군신신君君臣臣, 부부자자父父子子' 구절에 '형형제제兄兄弟弟'를 덧붙인 것이다. 그의 이런 주장은 군신과 부자 및 형제가 각자의 입장에서 맡은 바 일에 충실할 때 타당성을 확보할 수 있다. 이를 분의론分宜論이라고 한다. '분의론'은 군주를 존중하는 존군尊君이 이뤄지지 않으면 백성을 중시하는 중민重民 역시 불가능하다는 논리 위에 서 있다. 군민 모두 역할상의 차이만 있을 뿐 예치국가의 동일한 성원이라는 취지다. 이런 관점에서 볼 때 군민관계에 관한 순자의 시각은 공자의 위민존군爲民尊君 주장과 궤를 같이한다. 공자 역시 군민은 서로에 대해 도덕국가를 실현하는 공동체의 구성원이라는 군민일체君民一體의 입장에 서 있다. 순자의 '중민존군' 사상은 군주는 지존의 위치에 서 있기는 하되, 반드시 인민을 위해 선정을 베풀어야 하고 인민도 상하의 절도를 반드시 이행해야 한다는 의미로 해석할 수 있다. 군주가 '중민'을 위한 선정을 베풀지 않으면 패망하고, 신민 또한 상하의 절도를 무시하고 군주를 가볍게 여기면 나라의 쇠망을 초래해 결국 유민流民의 신세를 면할 길이 없다는 취지다. 순자가 말한 '중민존군'의 관건이 바로 '예치'에 있음을 웅변한다. 순자의 예치사상은 맹자에 의해 의치義治로 왜곡된 공자의 인치仁治를 원래 의미로 복원시켰다는 점에서 그 의미를 찾을 수 있다.

메이지유신과 순학

일제의 조선 병탄은 자신들의 조상이 유성룡의 『징비록』을 탐독한 이유가 조선의 물정이나 탐색하려고 했던 것이 아니었음을 3백 년 만에 역사적으로 입증한 셈이다. 조선조의 사대부가 성리학에 매달려 있는 사이 순학荀學에 기초한 '일본 제왕학'을 완성시킨 덕분이다. 그렇다면 일본 제왕학은 어떤 과정을 거쳐 나타나게 된 것일까?

17세기 초 교토의 쇼오코구지相國寺의 승려인 후지와라 세이카藤原惺窩는 정유재란 때 일본에 포로로 잡혀 온 조선의 성리학자 강항姜沆과의 토론을 통해 성리학의 효용성을 깨달았다. 강항은 정유재란 당시 분호조판서 이광정李光庭의 종사관으로 남원에서 군량 보급에 힘쓰다가 남원이 함락된 뒤 통제사 이순신 휘하에 들어가려고 남행하다가 왜적의 포로가 된 인물이다. 그는 일본 오사카와 교토로 끌려가 학식 높은 승려들과 교유하며 유학을 가르치던 중 선조 33년인 1600년에 포로생활에서 풀려나 가족들과 함께 고국에 돌아왔다. 그에게서 성리학을 접한 일본의 학승 후지와라 세이카가 일본 성리학의 비조가 되었다. 당시만 하더라도 일본에서는 승려들이 이른바 유불일체儒佛一體의 입장에서 성리학을 공부하고 있었다. 세이카는 이내 환속하여 자신의 제자인 하야시 라잔林羅山을 에도막부의 창업주인 도쿠가와 이에야스德川家康에게 천거했다. 하야시 라잔이 이에야스의 정치고문이 된 것을 기점으로 성리학은 일본의 명실상부한 관학으로 자리 잡게 되었다. 당시 이에야스는 왜 성리학을 일본의 관학으로 삼으려고 했던 것일까? 이에야스의 행장을 기록한 『덕천실기德川實紀』를 보면 대략 그 배경을 짐작할 수 있다.

"이에야스는 말 위에서 무력으로 천하를 얻었지만 원래 태어날 때부터 훌륭한 자질을 갖추고 있어 무력으로 천하를 다스릴 수 없다는 도리를 일찍부터 깨달았다. 기미는 언제나 성현의 도를 존경하고 믿었던 까닭에 무릇 천하국가를 다스리고 사람이 사람다운 도리를 행하기 위해서는 문도文道 이외에는 다른 길이 없다는 지혜로운 결정을 내렸다. 그래서 세상을 다스리기 시작하면서 문도를 크게 장려했던 것이다. 그러나 이로 인해 세상에서는 기미가 문풍文風에 기울어진 것으로 잘못 생각하는 사람들도 적지 않았다."

당시 하야시 라잔은 이에야스의 호문 기질을 이용해 성리학을 관학으로 끌어올림으로써 일본의 통치문화가 새로운 장을 여는 데 결정적인 역할을 수행했다. 그의 자손이 대대로 도쿠가와 쇼군將軍의 정치고문으로 활약한 게 그렇다. 당연한 결과로 성리학은 에도막부 말기까지 유일무이한 관학의 위치를 차지했다. 이에야스의 명에 의해 막부의 관원은 반드시 성리학을 수학한 자로 한정한 데 따른 것이다. 겉모습만 보면 조선조와 크게 다를 바가 없다. 그러나 그 속내는 정반대였다. 당시 일본의 실질적인 제왕학은 성리학이 아닌 오히려 반反성리학인 고학古學과 국학國學이었다. 18세기 중엽에 이르러 일본의 '고학자'와 '국학자'들은 관학인 성리학이 지나친 명분론에 치우쳐 '치평학'으로서의 유용성을 상실했다는 사실을 통찰했다.

당초 일본의 성리학은 크게 두 가지 흐름으로 전개되었다. 하나는 정통 성리학을 추종하며 동경대 법학부의 전신이 된 쇼오헤이코오昌平黌에서 쇼군의 정치고문을 양성하는 데 목적을 둔 경사파京師派다. 다른 하나는 교토를 중심으로 한 해남파海南派다. 해남파의 출현은 성리학의 내부 붕괴를 알리는 서곡이었다. 해남파를 대표한 야마자키 안사이山崎闇齋는 왜란 때 전해진 퇴계의 대의명분론을 차용해 성리학과 일본 전래의 신도神道를 접합시킨 이른바 수이카신도垂加神道를 주창한 인물이다. 이는 훗날 메이지 유신 때 존왕론尊王論과 결합해 막부 타도를 뜻하는 도막倒幕의 사상적 배경이 되었다. 당시 중국에서 전래한 양명학은 성리학에 대한 정면 대결을 피해 옆길로 나아간 해남파와 달리 정면 공격을 선언하고 나섰다. 양명학은 개인의 심성훈련과 지행합일知行合一을 강조한 까닭에 사무라이들로부터 크게 환영받고 있었다. 사무라이들에게는 성리학의 지적합리주의보다는 마음의 수행을 강조하고, 세습적 특권보다 개인적 역량을 중시하는 양명학이 훨씬 가슴에 와 닿을 수밖에 없었다. 일본에서 양명학은 비록 막부에 의해 이단으로 취급받았으나 지방에 근거를 두었던 까닭에 큰 타격을 받지 않고 발전할 수 있었다. 양명학은 구마자와 반잔熊澤蕃山 때에 이르러 그 절정에 달했다. 구마자와 반잔은 『집의화서集義和書』에서 조선의 사대부가 금과옥조로 삼고 있던 성리학의 '천리인욕설'을 이같이 질타했다.

"사람은 먹고 마셔야 할 이치에 따라 음식을 먹고 마시며 남녀도 예가 있고 이치가 있어 서로 친하게 된다. 이것이 도다. 어찌하여 인심人心을 인욕人欲이라고 하는 것인가?"

그는 심학心學으로 불리는 양명학의 '인심론'을 동원해 성리학의 '천리인욕설'을 통박한 것이다. 당시 구마자와 반잔은 성리학을 '사학死學'에 지나지 않는다고 비판했다. 이로 인해 그의 저서는 오랫동안 출판되지 못했다. 원래 양명학 자체는 막부체제에 반역적인 것은 아니다. 그러나 일본의 양명학은 '수이카신도'와 마찬가지로 훗날 메이지유신 때에 이르러 도막의 사상적 배경이 되었다. 메이지유신 전에 오사카의 도시빈민 폭동을 지도한 오오시오 헤이하치로大鹽平八郎와 에도막부 말기에 도막운동에 종사한 지사志士들 중 상당수가 양명학자였다는 사실이 이를 뒷받침한다. 그러나 보다 근원적으로 성리학에 통타를 가한 것은 고학古學이었다. 고학은 '수신제가'를 통해서만 '치국평천하'를 이룰 수 있다는 성리학의 기본이념에 근원적인 회의를 품었다. 창시자인 이토 진사이伊藤仁齋는 교토의 호리카와堀川에 사숙私塾인 고기토古義堂를 열었다. 공자사상의 진수를 주희는 말할 것도 없고 맹자를 뛰어넘어 그 이전의 육경六經에서 찾을 것을 주창했다. 그는 『동자문童子問』에서 성리학의 도덕주의를 이같이 비판했다.

"쓸데없이 마음을 바르게 하고, 뜻을 진실 되게 하는 것만 알고, 좋아하고 싫어하는 것을 백성들과 같이할 수 없다면 치도에 그 무슨 도움이 되겠는가?"

수신제가와 치국평천하는 별개이고, '치평학'의 요체는 치국평천하에 있다는 이런 주장은 성리학의 근원적인 한계를 통찰한 데 따른 것이다. 또 다른 고학자 야마가 소코오山鹿素行의 주장은 더욱 통렬하다. 그는 인욕을 타기하는 성리학의 엄숙주의를 이같이 비판하고 나섰다.

"사람이 색을 밝히고 천하의 미인을 구하는 것은, 인간의 지식이 온갖 사물보다 뛰어난 데 따른 본성일 뿐이다. 본성을 다할 수 있어야만 부모를 따르고 군주를 섬기는 데 그 지극한 바를 다할 수 있는 것이다. 거부해야 할 것은 인욕이 아니라 욕망의 미혹이다. 미혹은 곧 과불급過不及이다.”

야마가 소코오의 이런 주장은 성리학의 이론적 토대가 된 맹자의 성선설보다 순자의 성악설에 가까운 것이다. 그는 『성교요록聖教要錄』에서 주희를 비롯한 송유宋儒의 해석을 떠나 고대의 성현에서 직접 유학의 진리를 찾아내자고 주장했다. 그러나 이내 막부에 의해 위험인물로 지목돼 아코오번赤穗藩으로 유배 가게 되었다. 이때 그는 현재까지 일본에서 가장 인기 있는 역사극의 소재인 ‘아코오번 47의사義士’의 정신적 지도자가 되었다. 그 내용을 간략히 소개하면 다음과 같다.

1702년 겨울, 소코오의 가르침을 받은 아코오번의 사무라이 46명이 자신들의 주군인 우에스기上杉를 죽인 키라 요시나카吉良義央의 저택으로 쳐들어가 그의 목을 벤 뒤 센가쿠지泉岳寺로 퇴각해 막부의 처분을 기다렸다. 일본의 조야가 발칵 뒤집혔다. 당시 경사학파의 대표주자인 무로 큐우소오室鳩巢는 이들을 전국시대 말기에 진시황 척살에 나선 연나라 자객 형가荊軻에 비유하면서 이들의 사면을 주장했다. 그러나 사안이 그리 간단치 않았다. 사면할 경우 막부의 봉건질서가 근본부터 무너질 우려가 컸다. 이는 개인적인 의리와 국법이 충돌한 경우에 해당했다. 모든 사람이 이 문제로 고심할 때 일본 제왕학의 길을 연 오규 소라이荻生徂徠가 절묘한 해법을 제시하고 나섰다. 당시 소라이는 5대 쇼군인 도쿠가와 쯔나요시德川綱吉의 총애를 받고 있던 야나기 요시야스柳澤吉保의 가신으로 있었다. 소라이는 아무도 제대로 풀지 못한 이 난문難問에 대해 이런 해결방안을 제시했다.

“의리는 자신의 몸을 깨끗하게 하는 길이고 법은 천하의 사람들이 모두 따라야 할 기준이다. 지금 46인의 사무라이들이 그 주군을 위해 원수를 갚은 것은 옆에서 섬긴 사람들로서 그 부끄러움을 안 것이라고 할 수 있다. 자신을 깨끗이 하는 도리로서 그 일은 의롭다고 할 수 있다. 그러나 그것은 그 무리에 한정되는 일이므로 궁극적으로는 사적인 논의에 불과할 뿐이다. 그들은 조정의 허락도 없이 꺼릴 것 없이 궁궐 내에서 죄를 범했다. 그들을 사무라이의 예로써 할복에 처하는 것이 가할 것이다. 사론私論을 가지고 공론公論을 해친다면 천하의 법도가 서지 않게 된다."

결국 처분은 소라이의 주장처럼 내려졌다. 사의私義를 지킨 46의사들의 명예를 살리면서 공의公義를 세우는 방안으로 참수斬首 대신 할복이라는 방책을 찾아낸 것이다. 20세기에 들어와 '일본학계의 천황'으로 칭송된 마루야마 마사오丸山眞男는 소라이를 두고 이같이 평한 바 있다.

"소라이는 동양 역사상 최초로 도덕에 대한 '정치성의 우위'를 주장한 인물이다."

이는 소라이를 일본 제왕학의 비조로 규정한 것이나 다름없다. 에도 출신인 소라이는 본래 교토에서 야인으로 있으면서 후생들을 지도하고 있던 고학자古學者 이토 진사이 밑에서 공부하고자 했다. 그러나 이토 진사이는 병으로 인해 그를 받아들일 수 없었고 소라이는 독자적으로 에도에 겐엔蘐園이라는 사숙을 열고 독창적인 학설을 제창하고 나섰다. 그는 공맹이 살았던 당시를 기준으로 고전을 해석하는 이른바 고문사古文辭에 대한 정확한 해석을 통해 원시유교의 '치평학' 이념을 찾아낼 것을 주장했다. 훗날 그의 학설이 진사이의 '고학'과는 다른 '고문사학古文辭學'으로 평가된 이유가 여기에 있다. 그는 일본 최초로 문헌학의 중요성을 인식한 선각자였다. 그의 이런 주장은 성리학이 지나친 명분주의로 인해 허울뿐인 제왕학으로 전락한 사실을 통찰한 데 따른 것이었다. 이는 그가 『태평책太平策』에서 '성왕聖王의 길'을 설명한 다음 글을 보면 쉽게 확인할 수 있다.

"성왕의 길은 오로지 치국평천하에 있을 뿐이다. 그럼에도 유자들은 천리인욕과 이기론, 음양오행 등과 같은 주장들을 내세워 성왕의 길이 마치 격물치지格物致知와 성의성심誠意誠心 등과 같이 중들에게나 어울리는 덕목에 있는 것으로 생각하고 있다. 이로 인해 시비를 가리는 논의만 번거롭게 되어 마침내 성왕의 길은 마치 '치도'와 완전히 다른 것처럼 여겨지게끔 되어 버렸다. 이는 과연 누구의 잘못인가?"

18세기 당시 성리학의 사변론에 통렬한 비판을 가하면서 제왕학의 진수가 치국평천하에 있다고 설파한 인물로는 조선과 중국을 포함한 중국문명권에서 오직 소라이가 유일했다. 일본 제왕학은 바로 소라이의 등장을 계기로 그 진수를 찾아냈다고 해도 과언이 아니다. 이는 소라이가 『태평책』에서 군주의 역할과 관련해 다음과 같이 언급한 내용을 보면 더욱 쉽게 확인할 수 있다.

"군주는 설령 도리에서 벗어나 사람들의 비웃음을 살 만한 일이라 할지라도 백성들을 편하게 할 수 있는 일이라면 그 어떤 것이라도 기꺼이 하겠다는 생각을 가져야만 한다. 그런 마음을 가진 자만이 진정한 백성의 부모가 될 수 있다."

마키아벨리가 『군주론』에서 주장한 내용과 꼭 닮아 있다. 소라이가 강조한 '성왕의 길'의 핵심은 곧 치국평천하에 있다. 소라이는 순자가 말한 작위作爲를 통해 이를 얻을 수 있다고 주장했다. 이는 순자가 말한 '위僞' 개념을 차용한 것이다. 순자는 성인이 오랫동안 깊은 사려와 작위의 습득과정을 거쳐 만든 예법을 통해야만 비로소 사람들이 선하게 될 수 있다고 주장했다. 예법에 따른 훈련이 가해질 경우 이기적인 인성의 악성은 물론 어지러운 세상도 바로잡을 수 있다고 본 이유다. 당연한 결과로 그는 인욕을 천리와 반대되는 악덕으로 간주하지 않았다. 이는 인욕과 천리를 대비시킨 성리학의 논지와 정반대되는 것이었다. 19세기 중엽에 들어와 일본이 쿠로 후네黑船로 상징되는 서구 열강의 개항 압력을 접하면서 재빨리 그 의미를 통찰하고 개화에 성공할 수 있었던 데에는 소라이의 공이 컸다. 이는 일본 제왕학이 소라이학徂徠學에 머물지 않고 국학國學으로 나아간 데 따른 것 이기도 했다. 소라이학은 모토오리 노리나가本居宣長에 의해 일본을 천하 의 중심으로 놓는 국학으로 전개되었다. 노리나가학宣長學으로 상징되는 일본의 국학은 소라이학의 사유 방법을 이용해 일본의 독자성을 찾아내 는 데 결정적인 공헌을 했다.

메이지유신 당시 일본의 조야를 풍미한 존왕양이론尊王攘夷論은 몇 개의 흐름이 있었다. 조선조의 양이론이 쇄국론으로 일관한 것과 달리 일본의 양이론은 오히려 개국론에 가까웠다. 어떻게 이런 일이 가능했던 것일까? 이는 고학과 국학의 접합 위에 성립한 일본 제왕학의 학풍에서 비롯된 것 이었다. 당시 가장 열렬한 양이론자 가운데 적극적인 개국론을 주장한 대 표적인 인물로 요시다 쇼인吉田松陰을 들 수 있다. 요시다 쇼인의 사상은 메 이지유신 이후 개국의 정신적인 지도자였던 후쿠자와 유기치福澤諭吉에게 커다란 영향을 미쳤다. 당시 후쿠자와 유기치는 『학문의 권장』에서 요시다 쇼인의 주장을 좇아 이같이 역설한 바 있다.

"외국의 침탈로부터 일본을 지키는 데 자주독립의 기풍을 전국에 충만 하게 하고 나라 안에서 귀천과 상하의 구별 없이 나라를 자신보다 더 소중 한 것으로 생각해야 할 것이다."

이를 통해 알 수 있듯이 메이지유신 당시 일본에서 나타난 '존왕양이론' 은 결코 단순한 양이론 내지 막부의 타도를 겨냥한 도막론倒幕論이 아니었 다. 일본의 존왕양이론에는 천황을 높이면서 막부체제의 존속을 바라는 소위 존황경막론尊皇敬幕論에서 천황의 조정과 막부의 조정을 하나로 합치는 이른바 공무합체론公武合體論에 이르기까지 다양한 사상적 스펙트럼이 있었다. 실제로 도막의 상징인 효명孝明 천황은 오히려 도막을 반대하면서 '존황경막론'의 입장에 서 있었다. 훗날 일본의 국민작가 시바 료타로司馬遼太郎의 역사소설 『료마가 가다龍馬がゆく』를 통해 일본의 국민영웅으로 부상한 사카모토 료마坂本龍馬는 도막을 반대하면서 '공무합체론'에 입각한 단결을 역설했다. 일본의 '존왕양이론'은 조선의 단순한 쇄국론 내지 개국론과는 그 질이 달랐다. 에도막부 말기의 복잡한 국내외 정세 속에서 일본은 천황과 번주藩主, 상급 무사인 번사藩士, 하급 시골 무사인 향사鄕士를 막론하고 모두 일본의 자주독립과 부국강병의 방략에 상호 합의하고 있었다. 고학과 국학에 기초한 일본 제왕학의 학문적 전통이 있기에 가능했던 일이다. 조선의 사대부들이 양이攘夷를 쇄국, 화이和夷를 개국으로 해석한 나머지 개화를 둘러싸고 극심한 대립 양상을 보이다가 끝내 개화에 실패한 것과 대비된다.

일본 제왕학의 전통은 우파 인사들만 보유하고 있는 것도 아니다. '국가의 안녕과 번영'으로 요약되는 일본 제왕학의 이념은 메이지시대 이래 일본 지식인들의 뇌리에 깊이 각인돼 있다. 이들이 혼란스러운 국내외 정세 속에서 천황에서 하급 사무라이에 이르기까지 거국적인 치국 방략에 합의해 양이攘夷를 위해선 되레 개국이 절실하다는 식의 해석의 유연성을 보인 이유다. 일본이 메이지유신에 성공할 수 있었던 근본배경이 여기에 있다.

일본에서 오규 소라이와 같이 걸출한 인물이 나타나 고문사학을 주창하며 일본 제왕학을 만들어갈 당시 조선은 성리학에서 한 치도 벗어나지 못하고 있었다. 당시 중국만 해도 이미 양명학과 고증학, 공양학 등 다양한 학문이 나타나 성리학의 한계를 벗어나고 있었다. 그런데도 유독 조선만이 동양 3국 중 유일하게 성리학에 얽매여 국세의 피폐를 면치 못했다. 물론 일본도 서세동점西勢東漸으로 상징되는 서구 열강의 식민지 쟁탈전이 일본에까지 밀어닥칠 때 조선조와 마찬가지로 커다란 위기감에 휩싸여 있었다. 그러나 선각적인 일부 번주들은 젊은 사무라이들로 하여금 구미 선진국을 자유로이 돌아다니면서 서구 열강의 식민지로 전락치 않을 책략을 구상토록 적극 부추기고 나섰다. 조선과 일본의 명운은 이때 이미 판가름이 났다. 조선 병탄의 원흉으로 알려진 이토 히로부미伊藤博文도 당시 유럽여행을 통해 '대일본제국' 건설의 필요성을 절감하고 돌아온 젊은 사무라이들 가운데 한 사람이었다. 이토를 비롯한 메이지유신의 주역들은 구미 지역에 대한 여행 내지 유학생활을 통해 외부 세력의 침략을 물리치기 위해서는 하루속히 제국주의 대열에 합류하지 않으면 안 된다는 사실을 절감했다.

일본이 조선과 중국 등 이웃한 동아시아를 멸시하는 '멸아蔑亞' 사상을 갖게 된 것도 이와 무관치 않다. 조선과 중국이 메이지유신과 유사한 개화를 성사시키지 못한 것을 멸시한 것이다. 당시 '멸아' 풍조를 이론적으로 뒷받침한 인물이 바로 게이오慶應대학의 창설자인 후쿠자와 유기치였다. 『춘추좌전』을 13번이나 읽으며 치국 방략에 탐닉했던 그는 이른바 '탈아입구론脫亞入歐論'을 통해 속히 아시아의 범주를 벗어나 서구 열강과 같은 부류에 속하기 위해 서구화에 매진할 것을 촉구했다.

현재 일본의 우파는 일제의 지배가 없었다면 오늘의 한국과 중국의 발전이 없었을 것이라는 궤변을 늘어놓고 있다. 여기에는 전후 '일본 지성계의 천황'으로 불리는 마루야마 마사오丸山眞男의 무비판적인 서구적 근대론 수용이 커다란 영향을 미쳤다. 원래 마루야마는 도쿄대 법학부 정치학과 조교 시절 스승인 난바라 시게루南原繁의 지도 아래 일본의 역사에 나타난 '근대'의 기원을 찾아내 당시 사상계를 지배한 '근대초극론近代超克論'에 대항코자 했다. 난바라 시게루는 헤겔과 칸트의 독일관념론에 심취한 인물이었다. 그는 말년에 피히테 철학에서 개인과 사회공동체의 이상을 결합시킨 '문화사회주의' 개념을 주창했다. 독일 유학시절 니시다 기타로西田幾多郎와 같은 철학자들이 독일 관념론에 몰입한 것과 달리 개인주의와 전체주의 등의 정치철학 과제에 매달린 덕분이다. 난바라의 이런 관심이 제자인 마루야마에게 그대로 전이됐다. 실제로 마루야마는 '근대초극론'에 대항하는 '일본 근대 기원론'을 제창했다. 그는 1940년 경성제대 조교시절에 발표한 대표적인 논문 「근세유교의 발전에서 소라이학의 특질과 국학의 관계」에서 고학파인 오규 소라이의 '성인聖人의 작위作爲' 개념을 이용해 일본 제왕학의 성립과정을 논증했다. '성인의 작위'는 원래 순자의 '위僞' 개념을 차용한 것이다. 마루야마는 오규 소라이로부터 일본 특유의 '근대적 사유'를 찾아냄으로써 사상계를 지배했던 '근대초극론'을 극복코자 한 것이다.

주목할 것은 마루야마가 '근대초극론'을 극복코자 한 것은 그렇다 치더라도 근대초극론자들이 극복하고자 했던 헤겔 및 마르크스의 '동양적 전제'와 '아시아적 정체'를 당연한 것으로 받아들인 것은 커다란 문제가 있다. 마루야마가 스스로 '근대'의 주박呪縛에서 벗어나지 못했다는 지적을 받는 이유다. 헤겔의 천박한 동양관을 무비판적으로 받아들이는 결과를 초래한 게 결정적이다. 일제의 침략전쟁에 대한 비판에도 불구하고 일제의 만행에 대한 반성적 통찰이 결여돼 있다는 느낌을 주는 이유가 바로 여기에 있다. 이는 마루야마가 후쿠자와 유기치의 '탈아입구론'에 깊이 경도돼 있는 사실과 무관치 않다. 이는 그가 만년에 후쿠자와 유기치의 『문명론의 개략文明論之槪略』에 대한 주석서로 펴낸 『문명론의 개략' 읽기』를 보면 쉽게 알 수 있다. 그는 이 책에서 이같이 말했다.

"탈아脫亞는 어디까지나 시사론時事論이었던 데 반해 입구入歐야말로 원리론原理論이다. '입구'가 원리론이라는 의미는 '서구적 국가 시스템'에 가입

하는 것을 뜻한다. 청나라와 조선 역시 그런 길이 열려 있었다. 실제로 양국 모두 1~2번가량 변하면서 그 길을 걸어왔다."

마루야마는 '원리론' 운운하며 일제의 이웃나라 침탈 책임을 교묘히 논의 대상에서 배제시켜 버린 것이다. 전후에 일본의 지식인들이 헤겔과 마르크스의 천박한 동양관을 거의 무비판적으로 수용케 된 데에는 마루야마의 이런 태도가 결정적인 영향을 미쳤다. 그의 주장은 서구 제국주의의 이론적 배경이 된 서구식 근대에 대한 비판이 결여돼 있다는 점에서 커다란 문제를 안고 있다. 당시 근대초극론자들은 비록 일제의 침략을 미화하는 데 이용당하기는 했으나 서구적 근대 개념을 뛰어넘고자 했다. 그럼에도 마루야마는 '서구적 근대' 개념에 대해 아무런 의심도 품어본 적이 없다. 마루야마의 근원적인 한계다. 그는 일제의 전쟁 행위를 전근대적 천황제 국가의 책임으로 전가시키고 헤겔의 왜곡된 동양관을 무비판적으로 수용한 책임을 면키 어렵다. 일제의 만행을 논란의 대상에서 빼버리고 만행을 뒷받침한 일본의 근대화론을 정당화했다는 지적을 받는 이유다.

사실 마루야마를 탓하기 전에 우리 스스로 반성할 필요가 있다. 조선조의 사대부들은 5백 년 동안 내내 순학을 포함한 제자백가 사상을 거들떠보지도 않았다. 심지어 성리학과 별반 차이가 없는 양명학조차 사문난적斯文亂賊으로 몰아갔다. 극단적인 명분론에 함몰된 이유다. 조선 성리학은 중국 성리학 및 일본 성리학과 비교할 때 가장 악성이었다. '정치적 삶'을 상징하는 치국평천하 방략을 멀리한 채 '철학적 삶'을 지향한 수신제가에 지나치게 매달린 탓이다. 그사이 일본의 사무라이들은 『순자』와 『한비자』를 비롯해 『전국책』과 『손자병법』 등을 깊이 탐사하며 난세의 치국평천하 방략을 고민했다. 일본 제왕학의 탄생배경이 여기에 있다. 미중이 치열한 각축을 벌이는 21세기의 G2시대는 1백 년 전을 방불케 한다. 당시의 전철을 또다시 밟을 수는 없는 일이다. 일본이 순학을 통해 메이지유신을 성사시켰듯이 '철학적 삶'에 대한 열망을 버리지 않으면서도 '정치적 삶'을 중시한 순자사상을 깊이 탐사할 필요가 있다.

21세기 경제경영 차원에서 볼 때 순자의 주장과 이론은 합리경영에 해당한다. 합리경영은 국가공동체를 비롯해 기업공동체에 이르기까지 모든 공동체를 이끌고 가는 가장 기본이 되는 운영원칙에 해당한다. 국가든 기업이든 그 규모 및 성질상의 차이는 있을 뿐 하나의 조직이라는 점에서는 하등 차이가 없기 때문이다. 조직이 합리적으로 움직이기 위해서는 반드시 서로 수긍할 수 있는 공정한 이치가 작동해야만 한다. 그것이 바로 인간의 보편적인 상식에 부합하는 '합리성'이다. '합리경영'은 순자가 '선왕후패'의 입장을 취한 것처럼 이상을 지향하되 주어진 현실을 적극 수용해 최선의 선택을 하는 일체의 과정을 뜻한다. 구체적인 방안으로 불필요한 비용을 극소화하고 투자 대비 산출의 효과를 극대화하는 것 등을 들 수 있다. 이를 가장 잘 실현한 인물이 삼성의 창업주인 고 이병철 전 회장이다. 그는 지난 1985년 4월 한 방송과 가진 대담에서 이같이 언급한 바 있다.

"기업은 사회적 산물이라는 것을 간과해서는 안 됩니다. 기업은 누가 뭐라고 해도 그 시대의 여건과 상황에 맞는 업종을 선택해서 합리적으로 경영해야 합니다."

'합리성'과 '효율'을 사관학교 시절부터 몸에 익힌 제3공화국 수뇌부의 정서와 부합하는 언급이다. 당시 정부와 기업 모두 경제경영을 요즘의 '비즈니스'보다는 '공공행정'과 짝을 이루는 '민간행정' 개념으로 이해했다. 재무관리, 인사관리, 조직관리 등의 용어가 횡행한 이유다. 이 전 회장이 자신의 분신에 해당하는 방대한 규모의 비서실을 파트별로 나눠 회사를 운영한 것도 같은 맥락이다. 당시 삼성의 비서실은 나는 새도 떨어뜨릴 정도의 막강한 위세를 떨쳤다. 청와대 참모진이 행정부처 장관 위에 군림하며 최고통치권자의 의지를 일사불란하게 관철시킨 것과 닮았다. 다만 주의할 것은 '속도경영' 내지 '공격경영'과 상반되는 쪽으로 흐르는 것은 경계해야 한다. 임기응변이 절실히 필요한 21세기 G2시대이기에 더욱 그렇다. 그런 점에서 삼국시대의 제갈량을 반면교사로 삼을 필요가 있다. 『삼국연의』는 제갈량을 신출귀몰한 군신軍神으로 그려 놓았으나 『삼국지』와 『자치통감』 등의 정사에 나오는 제갈량의 모습은 사뭇 다르다. 그는 결코 임기응변에 능한 전략가가 아니었다. 오히려 정반대로 평생 돌다리도 두드리고 건너는 식의 신중한 삶을 살았다. 『삼국지』에 나오는 진수의 평이 그 증거다.

"제갈량은 군사통솔 방면에 능력은 있었으나 기발한 모략이 부족했다. 오히려 백성을 다스리는 재능이 용병의 재능보다 우수했다. 변화에 적절히 대응할 줄 아는 장수로서의 지략은 그의 장기가 아니었다."

『자치통감』의 내용도 이와 별반 다르지 않다. 제갈량은 역발상의 재능과 임기응변이 요구되는 '창조경영'보다는 기존의 것을 공평한 잣대를 적용해 체계적으로 보수하며 관리하는 '합리경영' 내지 '체계경영'에 밝았다. 아랫사람에게 위임하면 안심하지 못해 모두 자신이 결재하는 바람에 북벌 도중 과로로 진몰한 것도 바로 이 때문이다. '합리경영'을 극도로 중시한 이 전 회장 역시 여러모로 제갈량과 닮았다. 반도체를 삼성의 주력 종목으로 선택하는 과정에서 볼 수 있듯이 그는 초기만 하더라도 아들 이건희의 공격적인 접근을 제대로 이해하지 못했다. 물론 이후 '도쿄선언'을 계기로 반도체산업에 삼성의 모든 역량을 투입키로 결정하기는 했으나 몸에 밴 '합리경영'의 기조가 바뀐 건 아니었다. 사실 '합리경영'의 요체는 주어진 상황에서 최선의 방안을 선택하는 데 있는 만큼 아무리 난세가 극에 달할지라도 그 의미가 퇴색되는 것은 아니다. 제갈량의 행보가 이를 증명한다.

명군이 신하를 부림은 두 개의 자루뿐이다.
그것은 형刑과 덕德이다.

明主之所導制基臣 二柄而已矣
명주지소도제기신 이병이이의

二柄者 刑德也
이병자 형덕야

政略論

정략론

칼자루를
넘겨주지
마라

한비자와 정치학

　법가사상을 집대성한 한비자의 원래 이름은 한비韓非로 오랫동안 한자韓子로 불렸으나 당나라 때 들어와 한유韓愈를 높여 '한자'로 부르면서 한비자韓非子로 비칭卑稱되었다. 남송 때 주희에 의해 집대성된 성리학의 뿌리가 한유까지 거슬러 올라가는 점을 감안할 때 이는 법가사상의 추락을 시사한다. 이때를 기점으로 아리스토텔레스가 『정치학』에서 설파했듯이 치국평천하를 지향하는 '정치적 삶' 대신 수신제가를 추구하는 '철학적 삶'이 높이 평가되기 시작했다. 형이상의 세계에 방점을 찍고 있는 철학의 관점에서는 진일보로 평할 수 있을지는 모르나 형이하의 세상에 초점을 맞추고 있는 정치학의 관점에서 보면 이는 커다란 후퇴를 의미했다. 실제로 위정자인 사대부들은 절간의 승려처럼 『대학』에 나오는 수신제가의 뿌리인 정심성의精心誠意와 격물치지格物致知의 탐구에 매달렸다. 이는 치국평천하의 방략을 우습게 여기는 잘못된 풍조를 만들었고 아편전쟁을 계기로 동양을 서구 열강의 식민지 내지 반식민지로 만드는 데 결정적인 배경으로 작용했다. 이들은 크게 2가지의 결정적인 실수를 범했다.

　첫째, 수신제가를 잘하면 치국평천하는 절로 이뤄지는 것으로 여겼다. 치세에는 그럴 수 있으나 난세에는 이게 거꾸로 간다. 마키아벨리는 이를 통찰했다. 이를 뒷받침하는 『군주론』 제18장의 해당 대목이다.

"군주는 자신의 입에서 나오는 모든 말이 자비와 신의, 정직, 인정, 신앙심 등 5가지 선한 품성에서 벗어나는 일이 없도록 각별히 주의해야 한다. 자신을 배견拜見하고 명을 듣는 자에게 군주는 자비와 신의, 정직, 인정, 신앙심의 화신처럼 보여야 한다. 대다수의 사람들은 군주의 외양만 보고 판단한다. 군주를 곁에서 모시는 식의 경험을 통해 군주의 참모습을 파악할 수 있는 자는 극소수에 지나지 않는다."

군주에게 성군의 모습을 보여야만 민심을 그러모을 수 있다고 충고한 것이다. 이는 청조 말기에서 민국 초기에 활약한 이종오李宗吾의 『후흑학』에 나오는 면후술面厚術과 심흑술心黑術을 방불케 하는 주문이다. '면후'는 낯가죽이 두껍고, '심흑'은 속마음이 시커먼 것을 뜻한다. 당시 이종오는 중국의 전 인민이 면후술과 심흑술을 결합한 후흑술로 무장해야만 서구 열강의 침탈로부터 중국의 독립을 지켜낼 수 있다고 주장했다. 이른바 후흑구국厚黑救國이다. 마키아벨리가 '입에서 나오는 모든 말이 자비와 신의, 정직, 인정, 신앙심 등 5가지 선한 품성에서 벗어나는 일이 없도록 각별히 주의해야 한다'고 주문한 것과 하등 차이가 없다. 이는 삼국시대 당시 유비가 구사한 후흑술인 이른바 가인술假仁術과 사뭇 닮아 있다. 속으로는 음흉한 생각을 품고 있으면서도 겉으로는 인자한 척하는 것을 말한다. 이종오는 『후흑학』에서 유비의 '가인술'을 이같이 분석해 놓았다.

"유비의 특기는 보통 뻔뻔한 것이 아니라는 점에 있다. 그는 조조를 비롯해 여포와 유표, 손권, 원소 등에게 붙으면서 이쪽저쪽을 오간 인물이다. 그러나 그는 남의 울타리 속에 얹혀살면서 이를 전혀 수치로 생각지 않은 것은 물론 울기도 잘했다. 훗날 명대의 나관중은 『삼국연의』에서 '유비는 해결할 수 없는 일에 봉착하면 사람들을 붙잡고 한바탕 대성통곡을 해 즉시 패배를 성공으로 뒤바꿔 놓았다'고 묘사해 놓았다. 그래서 유비의 강산은

울음에서 나왔다는 곡출강산哭出江山의 속담이 나왔는지도 모를 일이다. 그러나 이 또한 본래 영웅의 모습이다. 그는 조조와 쌍벽을 이뤘다고 할 수 있다. 두 사람이 술을 먹으며 천하의 영웅을 논할 때의 모습을 보면 조조의 속마음은 가장 시꺼멓고 유비의 낯가죽은 한없이 두꺼웠다. 서로 상대방을 어떻게 해볼 도리가 없었던 이유다."

이종오가 유비를 '면후술'의 대가로 꼽은 것은 바로 유비가 '가인술'을 절묘하게 구사했기 때문이다. 그는 유비가 상황에 따라 조조와 여포, 유표, 손권, 원소 등을 오가면서도 전혀 부끄러운 기색을 보이지 않은 점에 주목했다. 당시 유비는 부끄러운 기색을 보이기는커녕 오히려 '한실부흥'을 구두선처럼 뇌까리며 호언장담하는 모습을 보였다. 이종오는 유비가 수시로 눈물을 흘리며 인자한 군주의 표상인 양 행동한 사실에 주목했다. 이종오가 가장 황당하게 생각한 것은 유비의 주변 참모를 비롯해 많은 사람들이 유비의 '가인술'에 홀딱 넘어가 이를 진실로 믿은 점이다. 그가 유비를 두고 낯가죽이 한없이 두꺼운 '면후술'의 대가로 꼽은 이유다. 유사한 맥락에서 이종오는 조조를 '심흑술'의 대가로 꼽은 바 있다. 난세에는 이런 식의 면후술과 심흑술을 절묘하게 구사할 줄 알아야 치국평천하에 성공할 수 있다는 게『후흑학』의 요지다. 한비자가 맹자와는 다르게 치국평천하에 성공해야 수신제가도 이룰 수 있다고 주장한 이유가 여기에 있다. 수신제가를 이루면 치국평천하는 절로 이뤄진다는 맹자의 주장과 정반대된다.

둘째, 난세에는 난세의 이치가 따로 존재한다는 사실을 무시한 채 계속 치세의 논리인 덕치를 적용코자 했다. 맹자는 천하유세 과정에서 열국의 제후들 앞에서 왕도를 설파하며 득의양양했다. 이를 뒷받침하는 일화가『맹자』의 첫 편인「양혜왕 상」의 첫머리에 나온다. 이에 따르면 기원전 320년, 양혜왕梁惠王이 지금의 하남성 개봉開封인 대량大梁으로 천도한 뒤 정중한 예를 갖추고 폐백을 후하게 하여 현자를 초빙했다. 진秦나라에 크게 패해 땅을 베어 주고 천도하는 식의 굴욕을 두 번 다시 당하지 않겠다는 취지였다. 이 소식을 들은 맹자가 대량으로 갔다. 맹자가 왔다는 보고를 접한 양혜왕이 크게 기뻐하며 정중히 맞아들인 뒤 대뜸 이같이 물었다.

"노인장께서 불원천리不遠千里하여 과인을 찾아왔으니 장차 우리나라를 위해 무엇을 이롭게 해주려는 것이오?"

맹자가 불쾌한 표정을 지으며 퉁명스럽게 대답했다.

"대왕은 하필 이익을 말하는 것입니까? 오직 인의仁義가 있을 뿐입니다. 만일 대왕이 묻기를, '어떻게 해야 우리나라를 이롭게 할 것인가?'라고 하면 대부들은 묻기를, '어떻게 해야 우리 집안을 이롭게 할 것인가?'라고 하고, 선비와 서민들은 묻기를, '어떻게 해야 내 몸을 이롭게 할 것인가?'라고 할 것입니다. 상하가 모두 각기 자기 이익만을 추구하면 나라는 위기에 처할 것입니다. 만승萬乘의 대국에서 군주를 죽이는 자가 있으면 그것은 필시 천승千乘의 제후일 것입니다. 또 천승의 나라에서 그 군주를 죽이는 자가 있으면 그것은 필시 백승百乘의 대부일 것입니다. 만승의 영지에서 10분의 1을 쪼개 천승의 제후에게 주고, 천승의 제후 영지에서 10분의 1을 쪼개 백승의 대부에게 녹봉으로 내리니 결코 적다고 할 수는 없습니다. 그런데도 의를 뒤로 하고 이익을 앞세우면 제후와 대부들 모두 더 많은 것을 빼앗지 않고는 만족해하지 않을 것입니다. 사람이 어진데도 자신의 어버이를 버리거나 의로운데도 자신의 군주를 뒤로 미루는 자는 없습니다. 대왕 또한 인의를 말해야만 하는데도 어찌하여 이익을 말하는 것입니까?"

원래 양혜왕의 이름은 앵罃이다. 오랫동안 중원의 패권국이었던 진晉나라를 한韓나라 및 조趙나라와 합세해 3분해 위魏나라를 세운 까닭에 후대 사가들은 이들 3국을 통틀어 3진三晉으로 불렀다. 양혜왕은 진나라에

굴욕적인 패배를 당한 후 대량으로 천도한 까닭에 국명도 '위'에서 '양'나라로 불렸다. 여기의 승乘은 수레의 수효를 말하는 단위로 만승萬乘은 천자, 천승千乘은 제후, 백승百乘은 제후의 대부를 상징한다. 사마천은 이 대목을 읽고 『사기』「맹자순경열전」에서 이같이 평한 바 있다.

"나는 『맹자』를 읽다가 양혜왕이 '어떻게 해야 우리나라를 이롭게 할 것인가'라고 물은 대목에 이르러 일찍이 책을 덮고 탄식하지 않은 적이 없다. 아, 이익은 실로 난의 시초다. 공자는 이익을 드물게 말해 항상 그 난의 근원을 막았다. 그래서 부자는 말하기를, '이익에 따라 행동하면 원망이 많다'고 한 것이다. 천자로부터 서인에 이르기까지 이익을 좋아하는 폐단이 어찌 이와 다를 리 있겠는가!"

『사기』「맹자열전」은 『맹자』의 내용을 토대로 한 것이다. 사마천은 맹자가 말한 '하필왈리何必曰利'에 크게 공명해 이런 찬贊을 덧붙인 것이다. 훗날 주희는 이 대목을 두고 이같이 풀이했다.

"인의는 인심의 고유한 것에서 근원한 까닭에 천리지공天理之公이고, 이심利心은 남과 내가 서로 나타나는 데서 생겨난 까닭에 인욕지사人欲之私다. 천리를 따르면 이익을 구하지 않아도 절로 이롭지 않음이 없고, 인욕을 따르면 이익을 구해도 얻지 못하고 해가 이미 따르게 되는 것을 말한 것이다."

'천리인욕설'에 따른 주희의 이런 해석은 대략 맹자의 취지에 부합하나 정확히 일치하는 것은 아니다. 맹자는 인의예지의 '4단四端'을 언급했으나 이를 '인욕'에 대립하는 '천리' 개념으로 파악하지는 않았다. 맹자의 '4단'은 인성론과 본체론本體論의 차원에서 나온 것으로 우주론宇宙論 차원의 '천리'와는 차이가 있다. 그럼에도 맹자의 '4단설'이 주자학의 핵심이론인 '천리인욕설'의 기초가 되었다는 점에서 볼 때 주희의 해석이 잘못된 것은 아니다. 맹자가 역설한 왕도는 그 누구도 반박키 어려운 '지당한' 얘기다. 양혜왕이 맹자의 힐난을 받고 머쓱한 나머지 별다른 반박을 하지 못한 이유다. 마치 『손자병법』이 최상의 전략으로 싸우지 않고도 적을 굴복시키는 이른바 부전굴인不戰屈人과 같다. 그러나 이는 북한과 미국의 대결처럼 무력 면에서 압도적인 우위를 점했을 때나 가능한 일이다. 그게 아니면 그 어떤 나라도 결코 승복하지 않는다. 국력 면에서 남한과 비교도 되지 않는 북한이 '서울 불바다' 운운하며 오히려 큰소릴 치고 있는 현실이 그렇다. 21세기 현재에도 전쟁이 끊이지 않고 빚어지는 것도 같은 맥락이다.

이를 통해 알 수 있듯이 맹자의 주장은 다툼을 벌이는 당사자 모두 도덕적이면서도 합리적인 판단을 할 때 가능한 일이다. 전국시대 말기처럼 '후흑술'을 통한 약육강식이 난무하는 상황에서는 공허한 얘기에 지나지 않는다. 『손자병법』이 '부전굴인'의 이념형을 제시했음에도 피를 흘리며 싸우는 유혈전의 전략전술에 관해 자세히 기술해 놓은 것도 바로 이 때문이다. '부전굴인'은 하나의 이념형에 지나지 않는다는 사실을 통찰한 결과다. 맹자가 역설한 '왕도' 역시 하나의 이념형에 지나지 않는다. 한비자가 난세에도 덕정을 펼쳐야 한다는 맹자의 주장을 질타한 이유가 여기에 있다. 이를 뒷받침하는 『한비자』「외저설 좌상」의 해당 대목이다.

"어린아이들이 소꿉장난을 할 때는 흙으로 밥을 짓고, 진흙으로 국을 만들고, 나무로 고기를 만든다. 그러나 황혼이 되면 반드시 집으로 돌아가 밥을 먹는다. 이는 흙으로 만든 밥과 진흙으로 만든 국은 가지고 놀 수는 있어도 먹을 수는 없기 때문이다. 예로부터 전해오는 요순에 대한 전설과 송가頌歌는 듣기는 좋으나 현실성이 떨어진다. 선왕이 행한 인의仁義를 좇아 하는 것으로는 나라를 바르게 할 수 없다. 이 역시 소꿉장난처럼 즐길 수는 있지만 치국에 사용할 수 있는 게 아니다. 무릇 인의를 숭상하는 바람에 나라가 약해지고 어지럽게 된 대표적인 사례로 한, 위, 조 등 3진三晉을 들 수 있다. 반대로 인의를 숭상하지는 않았지만 잘 다스려지고 부강해진 대표적인 사례로 서쪽 진秦나라를 들 수 있다. 진나라가 아직 천하통일을 이루지 못한 것은 천하를 다스리는 법술法術이 완전히 갖춰지지 않았기 때문이다."

마키아벨리가 『국가론』으로 상징되는 기존의 정치학 텍스트에 회의적인 입장을 취한 근본이유도 바로 여기에 있다. 윤리도덕에 입각한 플라톤과의 가르침을 일종의 소꿉장난으로 간주한 것이다. 『한비자』「외저설 좌상」에 나오는 '황혼'은 난세, '소꿉장난'은 유가에서 역설하는 덕치의 키워드인 '인의'를 상징한다. 성리학의 등장을 계기로 동양이 철학적으로는 진일보했는지 몰라도 정치학적으로는 국가 패망의 길로 접어들었다고 평하는 이유가 여기에 있다.

천하가 태평할 때는 위정자들이 맹자의 왕도 주장을 좇아 절간의 승려처럼 면벽수도를 할지라도 크게 탓할 일은 아니다. 문제는 천하가 들썩이는 난세의 시기다. 이때마저 현실과 동떨어진 형이상의 탐구에 침잠한 나머지 맹자처럼 '하필왈리' 운운하는 것은 나라를 통째로 적에게 넘기는 짓이나 다름없다. 실제로 조선은 총 한 번 제대로 쏘아보지 못한 채 일제의 식민지로 전락하고 말았다. 맹자의 왕도 이념에 기초한 성리학의 폐해가 이토록 컸다. 한비자가 맹자의 왕도 주장을 비롯해 성선설과 폭군방벌론 등에 가차 없는 비판을 가한 이유다. 말할 것도 없이 난세에는 한비자의 주장이 타당하다. 난세에는 오히려 치세와 정반대로 움직이는 난세의 논리가 작동하기 때문이다. 한비자가 스승인 순자의 예치禮治 주장에서 한 발 더 나아가 법치法治를 역설한 이유다. 그러나 그의 법치는 사실 후술하는 바와 같이 상앙의 법치사상을 그대로 베낀 것이다. 그의 본령은 중국의 초대 사회과학원장을 지낸 곽말약이 지적한 것처럼 신하들을 제어하는 통치술, 즉 술치술術治術에 있다.

21세기 학술 차원에서 볼 때 한비자사상을 정치학, 특히 국가 통치에 관한 연구를 본령으로 삼는 국가학의 출발로 간주하는 이유다. 마치 서양에서 마키아벨리『군주론』의 등장을 계기로 플라톤의 『국가론』과 아리스토텔레스의 『정치학』을 뛰어넘는 '근대 국가론'이 등장케 됐다고 평하는 것과 같다. 한비자와 마키아벨리의 정치학은 이상과 현실을 엄히 구분하는 데서 출발하고 있다.

국가와 정치

법가의 이상향

유가의 덕치와 법가의 법치는 서양에서 발전한 민주 및 공화 이념과 닮았다. 덕치는 민주, 법치는 공화 이념과 가깝다. 민주와 공화가 그렇듯이 상호보완적인 관계에 있는 까닭에 치세와 난세를 구분해 그 효용을 극대화할 필요가 있다. 난세에 인치人治의 정수인 덕치와 민주를 역설하거나 치세에 법치와 공화를 강조하는 것은 동문서답에 해당한다. 한국의 6공화국 역대 정부의 수장이 퇴임 때 하나같이 황급히 짐을 싸 청와대를 빠져나온 것은 바로 덕치와 법치 사이에서 상황에 따라 방점을 달리 찍어야 한다는 간단한 이치를 몰랐기 때문이다. 천하정세가 일변하며 민심이 요동치고 있는데도 시종 민주투사의 화신을 자처하고 신자유주의 이념의 전도사를 자처한 것 등이 그 실례다.

중국의 역대 왕조가 겉으로는 유가의 덕치를 내세우면서 속으로는 법가의 법치를 구사하는 이른바 외유내법外儒內法의 통치술을 구사한 배경이 여기에 있다. 치국 단위에서 구사할 수 있는 최상의 통치술로 유가와 법가를 뛰어넘는 이념이 존재하지 않는다. 덕치와 법치는 공히 지구 위에서 공리公理로 통용되는 수학의 유클리드 기하학과 물리학의 만유인력 법칙에 비유할 만하다. 법치와 덕치는 민주공화국의 이념을 정립한 서구의 역사가 그랬듯이 순치脣齒의 관계를 맺고 있다. 이를 덕법상보德法相輔라고 한다. 덕치와 법치가 마치 수레에서 덧방나무와 바퀴처럼 뗄 수 없는 보거상의輔車相依의 긴밀한 관계를 맺고 있음을 지적한 것이다. 법가가 그리는 이상국은 한비자가 노자의 '도치'를 적극 수용한 까닭에 유가가 내세운 이상국 못지 않게 매우 이상적이다. 그는 자신이 그리는 이상국의 세계를 지안지세至安之世로 표현했다. 『한비자』 「대체」에 묘사된 '지안지세'의 모습이다.

"옛날 치국의 큰 요체를 터득한 사람은 천지자연과 더불어 사는 순응의 이치를 터득했다. 천지자연의 도리를 거스르지 않고 사람의 본성을 상하게 하지 않는다. 지극히 태평한 세상인 '지안지세'에서는 법이 아침 이슬처럼 만물을 촉촉이 적셔준다. 백성은 순박함을 잃지 않고 마음으로 남과 원한을 맺지 않는다. 전쟁 따위가 일어날 일이 없으므로 수레와 말이 먼 길을 달려 지치는 일이 없고 용사들이 깃발 아래서 싸우다가 목숨을 잃는 일도 없다. 그래서 다스림을 간략하게 하는 것보다 더 큰 이익을 주는 게 없고 민생의 안녕보다 더 오래가는 복은 없다고 말하는 것이다."

지안지세에는 해와 달처럼 공평무사한 법이 아침 이슬처럼 사람들의 삶에 그대로 녹아 있어 백성들이 순박함을 잃지 않는다. 그러니 서로 원한 맺을 일이 없고 누구를 칭찬하고 비난하는 번거로운 말조차 할 필요가 없게 된다. 다른 나라와 싸울 일도 없으니 백성들이 전쟁터로 끌려가 애꿎게 목숨을 잃을 일도 없다. 요체는 다스림을 간략하게 만들어 백성들이 자율적으로 맡은 바 생업에 편히 종사토록 하는 데 있다. 지안지세는 공평무사한 법치만 이뤄지면 실현이 불가능한 게 아니다. 『예기』 「예운」에 나오는 대동세계大同世界와 비교해 보면 이를 대략 짐작할 수 있다.

"큰 도가 행해지는 세계에서는 천하가 공평무사하게 된다. 어진 자를 등용하고 재주 있는 자가 정치에 참여해 신의를 가르치고 화목함을 이루기에 사람들은 자기 부모만을 친하지 않고 자기 아들만을 귀여워하지 않는다. 노인은 편히 여생을 마칠 수 있고, 젊은이들은 자기 능력을 발휘할 곳이 있고, 어린이들은 안전하게 자라날 수 있고, 홀아비·과부·고아와 자식 없는 노인 및 병든 자들 모두 부양을 받는다. 남자는 모두 일정한 직업이 있고 여자는 모두 시집갈 곳이 있다. 땅바닥에 떨어진 남의 재물을 반드시 자기가 가지려고 하지는 않는다. 자신이 책임져야 할 일들은 자신이 하려하지만 반드시 자기만이 할 수 있다고 생각하지는 않는다. 음모와 잔꾀의 마음이 끊어져 일어나지 않고 도둑이나 폭도가 생기지 않기에 밖에 문은 있으나 잠그지 않는다. 이를 '대동'이라고 한다."

내용상 별반 차이가 없음을 알 수 있다. 이는 한비자가 생각한 '지안지세'의 통치자가 유가가 말하는 성인과 별반 차이가 없는 데서도 극명하게 드러나고 있다. '지안지세'의 통치자는 천지자연의 도가 만물을 공정무사하게 포용하듯이 공평무사한 법으로 백성들을 껴안는 인물을 말한다. 한비자가 『도덕경』에 대해 사상 최초의 주석을 가하면서 노자사상을 적극 끌어들여 법가사상을 정립한 이유가 여기에 있다. 한비자가 상앙商鞅의 법치法治와 신불해의 술치術治 및 신도愼到의 세치勢治를 하나로 녹일 수 있었던 것은 바로 『도덕경』에 대한 주석을 통해 노자사상의 도치道治를 적극 수용했기 때문이다. 이게 바로 법가의 4대 통치술이다. '무위를 통한 무불

치'의 요체를 노자의 '소국과민'과 한비자의 '지안지세'처럼 잘 보여주는 것
도 없다. 최상의 통치를 '도치'에서 찾은 점에서 두 사람은 완전히 일치하고
있다. '근대 정치학'의 관점에서 볼 때 노자사상의 정맥이 '무치'를 주장한
장자가 아닌 '지안지세'를 제시한 한비자로 이어졌다고 보는 이유다.

공公과 사私의 구분

춘추전국시대는 난세 중의 난세에 해당한다. 인간의 이기적인 모습이 적
나라하게 드러날 수밖에 없다. 서양에 마키아벨리의 『군주론』이 있다면 동
양에는 『한비자』가 있다고 말하는 이유다. 두 사람 모두 인간의 온갖 이기
적이고 추악한 속성이 적나라하게 드러나는 난세에 리더십의 초점을 맞췄
다. 난세 상황에서 인간의 본성이 선하다는 맹자의 '성선설'은 설 곳이 없다.

한비자는 유가와 달리 아예 '성선설'의 상징으로 간주한 요순堯舜 등의
성인과 이익을 향해 무한 질주하는 이른바 호리지성好利之性의 화신인 범
인凡人의 차이를 인정하지 않았다. 요순 같은 성군과 걸주桀紂 같은 폭군의
출현은 매우 특이한 경우에 지나지 않는다고 본 결과다. 그가 초점을 맞춘
것은 요순도 걸주도 아닌 바로 평범한 군주인 용군庸君이다. 이를 뒷받침하
는 『한비자』「난세」의 해당 대목이다.

"요순 및 걸주와 같은 인물은 1천 년 만에 한 번 나올 뿐 어깨를 나란히
하고 발꿈치를 좇는 것처럼 잇달아 나오는 게 아니다. 세상에는 통상 중간
수준의 군주가 연이어 나온다. 내가 말하고자 하는 권세는 바로 이런 중간
수준의 군주인 '용군'을 위한 것이다. 중간 수준의 용군은 위로는 요순과 같
은 성군에 못 미치고 아래로는 걸주와 같은 폭군에 이르지 않은 군주를
지칭한다."

유가와 법가의 통치술이 극명하게 엇갈리는 대목이 바로 여기에 있다. 대표적인 예로 공자가 『논어』「안연」에서 역설한 군군신신君君臣臣에 대한 해석의 차이를 들 수 있다. 이에 따르면 하루는 제경공齊景公이 공자에게 정치에 관해 묻자 공자가 이같이 대답했다.

"군주는 군주답고, 신하는 신하답고, 아비는 아비답고, 자식은 자식다워야 합니다."

제경공이 맞장구를 쳤다.

"좋은 말이오. 실로 군주가 군주답지 못하고, 신하가 신하답지 못하고, 아비가 아비답지 못하고, 자식이 자식답지 못하면 비록 곡식이 있을지라도 내가 어찌 그것을 먹을 수 있겠소!"

명분을 중시하는 유가의 정명正名 사상을 상징하는 일화다. 군군君君과 신신臣臣, 부부父父, 자자子子는 공자가 생각한 국가공동체의 기본질서에 해당한다. 훗날 순자는 여기에 사사士士, 농농農農, 공공工工, 상상商商 등의 이른바 4민론四民論을 덧붙였다. '4민론'은 아담 스미스가 『국부론』에서 역설한 '분업론'과 취지를 같이한다.

한비자가 난세에는 군권이 신권보다 막강한 우위를 유지해야 한다고 주장한 것도 이런 맥락에서 이해할 수 있다. 이는 신권의 막강한 위세를 통찰한 결과다. 이를 뒷받침하는 『한비자』「삼수」의 해당 대목이다.

"군주가 아무리 현명할지라도 나랏일을 혼자 이끌어갈 수는 없는 일이다. 신하들이 군주를 위해 감히 충성을 다하려 들지 않으면 그 나라는 이내 패망하고 만다. 이를 일러 '나라에 신하가 없다'고 하는 것이다."

군주는 신하들이 없으면 단 하루도 나라를 다스릴 수 없다. 그러나 신권을 제압키가 결코 쉬운 일이 아니다. 군주가 난세는 말할 것도 없고 치세에도 신권에 대한 우위를 유지하기 위해 부단히 노력해야 하는 이유다. 그리하지 않으면 군주는 이내 허수아비가 되고 된다. 동서고금의 역대 왕조사를 개관하면 한비자의 이런 주장이 단 하나의 예외도 없이 그대로 적중했음을 알 수 있다. 한비자가 '공사지변'에서 군권을 공권公權, 신권을 사권私權으로 간주한 이유가 여기에 있다. 공권은 확고한 군권을 배경으로 통용되는 천하의 저울을 뜻한다. 군주는 천하의 저울을 거머쥔 자다. 공권이 천하에 널리 통용되기 위해서는 저울질이 공정해야 한다. 관건은 공정한 법집행에 있다. 사사로운 저울질은 공권의 존재 자체를 위태롭게 만든다. 한비자는 군주가 신하들을 제대로 제어하지 못한 데서 사사로운 저울질이 등장케 된다고 보았다. 권신이 등장해 백성들을 그물질하는 것을 사권의 전형으로 간주한 이유다.

한비자는 신하를 군주에 의해 고용된 가신家臣으로 간주했다. 신권의 상징인 승상 역시 군주의 집안을 돌보는 집사에 불과하다. 집사가 주인 행세를 하도록 방치해서는 안 되는 이유다. 그런 기미를 보일 때는 상벌권을 발동해 과감히 제거해야만 한다. 군주는 집사가 은밀히 세력을 키우는 것을 막기 위해 감시를 게을리해서는 안 된다. 일꾼들과 연계해 집사의 일거수일투족을 상시 감시하는 방안을 제시한 이유다. 이를 뒷받침하는 『한비자』「팔경」의 해당 대목이다.

"군주는 아랫사람들과 연계해 상관의 비리를 고발토록 조치해야만 한다. 재상은 조정 대신, 조정 대신은 휘하 관속, 장교는 병사, 현령은 지방 관속, 후비后妃는 궁녀들로 하여금 고발케 한다."

이는 『예기』「예운」에서 천하위공天下爲公을 역설한 것과 대비된다. 천하는 군주의 것이 아니라 신민 등과 함께 보유한 것이라는 취지다. 성리학자들은 '천하위공'을 근거로 한비자를 비롯한 법가를 질타했다. 천하를 군주의 사유물로 간주했다는 것이다. 과연 그럴까? 사유물은 임의처분 대상을 말한다. 한비자는 천하를 군주의 사유물로 간주한 적이 없다. 오히려 정반대다. 원래 동양에서는 왕조의 교체를 역성혁명易姓革命의 결과로 보았다. 유가는 천명이 덕을 닦은 사람에게 이전하는 것으로 풀이했다. 이른바 천명론天命論이다. 그러나 엄밀히 따지면 동서고금을 막론하고 왕조교체의 본질은 무력의 우위에 있다. 단 한 번의 예외도 없다. '역성혁명' 운운은 힘으로 천하를 거머쥔 뒤 미화한 수사에 지나지 않는다.

그러나 잊지 말아야 할 게 있다. 무력의 우위가 새 왕조의 개창에 결정적인 배경이 된 것은 사실이나 새 왕조가 오랫동안 유지되기 위해서는 반드시 민심의 전폭적인 지지를 얻어야 한다는 점이다. 이게 없으면 이내 무너지고 만다. 새 왕조의 궁극적인 성공은 결국 천명에 해당하는 민심의 향배와 직결돼 있다는 점에서 볼 때 유가의 천명론이 결코 틀린 것은 아니다. 중국의 역대 왕조사를 보면 대략 2, 3백 년 단위로 왕조가 교체됐다. 남북조시대와 오대십국시대에는 불과 수년 만에 왕조교체가 이뤄진 경우도 있다. 한비자 역시 역성혁명과 천명론을 부인하지는 않았다. 다만 유가처럼 덕을 더 많이 닦은 사람에게 천명이 자연스레 이전한다고 보지만 않았을 뿐이다. 무력의 우위를 확보한 가운데 민심을 끌어 모은 자가 천하의 주인이 될 수 있다는 게 그의 주장이다. 『한비자』「설의」에 이를 뒷받침하는 언급이 나온다.

"군주가 신하의 말을 제대로 파악할 수만 있다면 비록 향락에 빠질지라도 그 나라는 존속할 수 있다. 그러지 못하면 비록 아무리 근검절약하며 나랏일에 애쓸지라도 그 나라는 이내 패망하고 만다. 조나라의 경후敬侯는 덕행을 닦지도 않고 일신의 평안과 이목의 즐거움만 추구했다. 그런데도 군사가 적국에 패한 적도 없고 영토가 이웃 나라의 침략으로 깎인 적도 없다. 신하들을 부리는 방법에 밝았기 때문이다. 연나라 왕 쾌噲는 여인과 더불어 노는 것을 좋아하지도 않고, 사냥을 즐긴 적도 없고, 오히려 몸소 괭이와 쟁기를 들고 나가 백성들과 더불어 농사를 지었다. 옛날 성왕일지라도 몸소 근면을 실천하며 백성을 걱정하는 것이 이처럼 극심하지는 않았을 것이다. 그런데도 그는 믿었던 신하에게 죽임을 당하고 나라가 패망 직전까지 몰려 천하인의 웃음거리가 되고 말았다. 이는 무슨 까닭인가? 신하들을 부리는 방법에 밝지 못했기 때문이다."

한비자는 군주에게 사직을 지키기 위해서는 크게 2가지를 행하라고 충고한 것이다. 하나는 나라를 부강하게 유지하는 부국강병富國强兵이고, 다른 하나는 군권의 신권에 대한 우위를 유지키 위한 제신술制臣術이 그것이다. 이 2가지 사항은 군주 개인의 도덕적인 덕목과는 하등 상관이 없는 것이다. 한비자의 제왕지술과 유가의 제왕지술이 뚜렷이 갈리는 대목이 바로 여기에 있다. 한비자가 군권을 공권, 신권을 사권으로 규정한 배경이다. 이는 국가공동체보다 작은 규모인 기업공동체의 경우를 상정하면 쉽게 이해할 수 있다. 서구의 경영이론은 하나같이 전문경영인이 주축이 된 기업 CEO의 민주리더십을 강조한다. 유가의 '천하위공' 주장과 사뭇 닮았다. 호황일 때는 나름 일리가 있다.

문제는 지난 2008년에 터져 나온 미국발 금융대란과 2011년의 유럽발 재정대란처럼 어느 한 나라가 어찌할 수 없는 글로벌 차원의 경제 위기가 몰아닥치는 경우다. 이런 거대한 쓰나미가 몰려올 때는 마치 해안에 있다가 재빨리 달아나야 하는 것처럼 과감히 도려낼 것은 도려내고 새로운 상황에 맞춰 즉시 변신하는 것이 절대 필요하다. 그런데 온갖 회의를 거쳐 결단을 하는 민주리더십 운영체제는 비록 바람직한 것이기는 하나 치명적인 약점을 안고 있다. 바로 시간이 늦어져 타이밍을 맞출 수 없다는 게 그것이다. 왜 이처럼 결단이 늦어지는 것일까? 성패에 따른 책임이 너무나 막중하기 때문이다. 위기상황에서 결단을 미루면 미룰수록 사안은 위중해진다. 이는 패망의 길이다. 전쟁터에서 지휘관이 임기응변의 즉각적인 명을 내리지 못하고 우물쭈물하며 연일 구수회의만 열다가 몰살을 자초하는 것과 같다. 위기상황에서는 전문경영인 CEO의 민주리더십보다는 오너 CEO의 제왕리더십이 더욱 빛을 발하는 이유가 바로 여기에 있다.

2010년의 아이폰 공습 당시 삼성이 총수의 복귀로 반격의 계기를 마련한 데 반해 민주리더십을 고집한 LG가 대응을 늦추는 바람에 고전한 게 그 증거다. 창업주와 그 후손인 오너는 주인의식이 강할 수밖에 없다. 전문경영인과는 질적으로 차원이 다르다. 일부 악덕 기업주를 제외하고는 기업에 강한 애착을 가질 수밖에 없다. 역대 왕조의 창업주와 그 후손인 군주가 사직의 안녕을 위해 애쓰는 것과 닮았다. 한비자가 군권을 공권, 신권을 사권으로 간주한 이유가 여기에 있다. 이는 군주에게 천하를 사유물로 간주하라고 권한 게 아니라 오히려 온몸을 내던져 천하를 감싸라고 주문한 것이다. 위기상황에서 '천하위공'을 오히려 더욱 철저히 실천하는 것에 해당한다. '천하위공'에 대한 유가와 법가의 이런 해석 차이는 천하경영의 운영방식에서 극명하게 드러난다.

법가의 입장에 설 경우 군권이 자타가 공인하는 공권으로 인정받기 위해서는 먼저 인사대권부터 공정을 기할 수밖에 없다. 한비자가 인재를 발탁할 때 천하의 공의公義에 부합해야 한다고 역설한 이유다. 상벌권의 행사 역시 신중을 기할 수밖에 없다. 한비자가 정해진 법규를 좇아 상벌권을 엄히 행사하라고 주문한 이유다. 세인들이 모두 수긍하는 천하의 공론公論에 부합해야 실효를 거둘 수 있기 때문이다. 법가의 엄정한 법 집행은 난세의 시기에 '천하위공'을 보다 더 철저하면서도 공정하게 실현하는 유일한 방안에 해당한다.

한비자의 경고는 지난 2011년 말에 터져 나온 월스트리트의 '반反월가' 시위를 이미 수천 년 전에 예고한 것이나 다름없다. 이 시위는 천하의 저울로 간주돼 온 미국식 민주주의 리더십이 한계에 도달했음을 상징적으로 보여준다. 미국식 민주주의가 말만 '민주주의'이지 사실은 소수 주주와 임원만을 위한 '소수 민주주의'에 지나지 않는다는 사실을 극명하게 보여준 게 그렇다. '반월가' 시위가 보여주듯이 현재는 천하의 저울이 실종된 상황이다. 공과 사의 영역이 허물어진 탓이다. 아직 미국모델을 대신할 만한 모델이 나오지 않고 있다. 그러나 조만간 새로운 기준과 모델이 나올 것이다. 영국의 정치경제학자 자크 마틴은 지난 2009년에 펴낸 『중국이 세계를 지배하면』에서 '팍스 아메리카나'를 대신한 '팍스 시니카'의 도래를 확신하며 이같이 말했다.

"어떠한 상황이 발생하더라도 중국이 궁극적으로 유일한 세계 강대국으로 부상할 것이라는 전망을 뒤집을 수 없다. 이제는 모든 길이 중국으로 통한다. 세계의 수도가 이제 뉴욕에서 베이징으로 바뀌고 세계의 기축통화 역시 자연스럽게 달러에서 위안화로 바뀔 것이다. '팍스 시니카'의 범위와 영향력은 유럽과 미국이 차례로 지배해온 지난 2세기 동안의 변화를 훨씬 능가하는 그야말로 지구의 자전축이 바뀔 정도의 거대한 지각변동으로 나타날 것이다."

이는 지금까지 나온 중국에 대한 전망 가운데 가장 충격적인 내용에 해당한다. 그간 중국의 부상을 지켜보는 서구 학자들의 반응은 대개 경제적 측면에 집중돼 왔다. 중국의 힘은 경제 영역에 국한될 것이고 궁극적으로 서구 모델을 따르지 않으면 이내 실패할 수밖에 없다는 식의 전망이 그것이다. 마틴은 이를 정면으로 반박하고 나선 것이다. 그의 분석에 따르면 중국은 놀라운 경제발전에도 불구하고 서구식 국가가 되기는커녕 오히려 중화사상이라는 정체성을 견지하는 독자적인 문명권 쪽으로 나아간다는 것이다. 한 나라의 미래를 정확히 예측키가 쉽지 않은 게 사실이나 지금까지 중국이 걸어온 길을 종합해보면 그의 전망이 결코 허황된 게 아니라는 것을 알 수 있다. 객관적으로 볼 때 현재는 천하의 저울이 바뀌려는 난세의 상황임에 틀림없다. 공과 사의 영역을 엄격히 나눈 『한비자』에 더욱 주목하는 이유다.

외유내법과 후흑술

일본의 역사소설가 시바 료타로司馬遼太郎는 메이지유신 당시 지방의 하급 사무라이인 코오시鄕士 사카모토 료마坂本龍馬를 주인공으로 한 『료마가 가다』를 써 선풍적인 인기를 모은 바 있다. 료마는 메이지유신을 코앞에 두고 자객의 칼에 맞아 암살되기까지, 일본 근대화에 온몸을 던진 인물이다. 대대수의 일본인들에게 전혀 생소했던 지방의 하급 사무라이 료마는 이로 인해 가장 유명한 역사적 인물로 급부상했다. 이 역사소설에는 작중 인물의 입을 빌려 료마를 칭송하는 다음과 같은 대목이 나온다.

"초한전 당시 항우項羽는 문자라고는 이름을 쓰는 것만으로 족하다고 했다. 료마에게 영웅의 자질만 있으면 그것으로 족하다. 책과 같은 것은 학자에게 읽혀 때때로 그의 말을 듣고 옳다고 여겨지면 이를 용감하게 실행하는 것이 바로 영웅이 하는 것이다. 어설프게 학문을 닦으면 영웅은 이내 시들어버리고 만다."

시바 료타로는 료마를 비록 무식하기는 하나 '총명지세'를 이용할 줄 아는 인물로 묘사해 놓았다. 일찍이 김영삼 전 대통령도 '머리는 빌릴 수 있어도 몸을 빌릴 수 없다'고 강조한 바 있다. 그러나 잊지 말아야 할 게 있다.

군주가 천하의 총명을 가려낼 수 있는 감식안을 갖고 있지 못하면 오히려 역효과를 빚을 수 있다는 점이다. 임기 말기에 권신들에 휘둘려 IMF 환란을 초래한 게 그 증거다. 제대로 된 인재를 발탁하지 못해 정권이 무너졌고, 이는 사람을 단박에 알아보는 그의 지감知鑑에 적잖은 문제가 있었음을 보여준다. 한비자가 군주의 부인과 자식 등의 친인척을 권신으로 돌변할 수 있는 가장 위험한 집단으로 꼽은 것은 바로 이 때문이다.

『로마인 이야기』로 낙양의 지가를 올린 일본 작가 시오노 나나미鹽野七生는 시저가 로마 최고의 부를 자랑하던 크라수스로부터 돈을 빌려 자선을 행한 것을 두고 '시저 자신은 무일푼이지만 크라수스의 재산을 마치 자신의 재산인 양 선용했다'고 칭송한 바 있다. 시저가 천하 인재의 머리를 빌려 밝게 다스리는 것처럼 천하의 재부를 끌어들여 민심을 수습하는 데 적극 활용했다고 칭송한 것이다. 최고통치권자가 신민들과 재물과 이익을 다투는 짓을 해서는 안 되는 이유다. 사마천이 『사기』「화식열전」에서 최악의 통치를 군주가 백성들과 이익을 다투는 여민쟁리與民爭利로 꼽은 이유가 여기에 있다.

그러나 모든 군주가 시저처럼 총명할 수는 없는 일이다. 평범한 군주인 용군庸君의 경우는 과연 어찌해야 보위를 지킬 수 있는 것일까? 한비자는 마키아벨리처럼 사자의 위엄을 지니는 수밖에 없다고 주장했다. 『한비자』「난세」의 해당 대목이다.

"용군이 법을 쥐고 권세에 의지하는 이른바 포법처세抱法處勢를 행하면 나라가 잘 다스려진다. 그러나 법을 어기고 권세를 버리는 이른바 배법거세背法去勢를 행하면 나라가 어지러워진다. 지금 '배법거세'를 행하면서 요순과 같은 성군을 기다리면 1천 년 만에 요순이 나타나 천하가 비로소 잘 다스려지게 된다. 요순을 기다리는 1천 년 동안 천하는 줄곧 어지럽다가 겨우 1세대에 한해 천하가 다스려지는 셈이 된다. 반대로 '포법처세'를 행하면서 걸주와 같은 폭군을 경계하면 1천 년 만에 걸주가 나타나 천하가 비로소 한 번 어지럽게 된다. 걸주가 등장하는 1천 년 동안 천하는 줄곧 잘 다스려지다가 겨우 1세대에 한해 어지러워지는 셈이다. 1천 년 동안 잘 다스려지다가 1세대 동안만 어지러워지는 것과 1세대만 잘 다스려지고 1천 년 동안 어지러운 것은 극과 극에 해당한다. 권세만이 능히 천하를 다스릴 수 있다는 것은 분명하다. 기름진 밥과 고기를 먹기 위해 1백일을 기다리면 굶주린 사람은 이내 죽고 만다. 지금 요순의 출현을 기다리며 당대의 백성들을 다스리는 것은 마치 1백일 뒤에 나올 기름진 밥과 고기를 기다리며 굶주린 백성을 구하려는 짓이나 다름없다."

용군이 능히 신하들을 제압하며 의도한 바대로 부릴 수 있는 비결이 바로 법을 쥐고 권세에 의지하는 '포법처세'에 있다고 주장한 것이다. '포법처세'는 권세를 달리 표현한 것으로 법치와 세치를 하나로 녹인 것을 의미한다. 『한비자』를 난세의 제왕학서로 간주하는 이유다. 그러나 『한비자』는 마키아벨리의 『군주론』처럼 오랫동안 이단서로 간주됐다. 남송대에 들어와 주희에 의해 성리학이 집대성되는 것을 계기로 법가사상은 이단으로 낙인찍히고 말았다. 한비자의 스승 순자가 패도를 수용하며 맹자의 왕도를 비판했다는 이유로 성리학자들로부터 집단적인 비판 대상이 된 것도 바로 이즈음이었다. 『한비자』가 금서로 묶인 배경이다.

청대에 들어와 건륭제 때 뛰어난 법가 통치술을 구사한 삼국시대의 조조가 공식적으로 찬역자篡逆者로 낙인찍히면서 법가사상은 사망선고를 당한 것이나 다름없었다. 당시 조조를 '찬역자'가 아니라고 이의를 제기하는 자는 목이 달아날 것을 각오해야만 했다. 20세기 초에 들어와 중국 현대문학의 아버지로 불리는 『아Q정전』의 작가 노신魯迅이 『중국소설사략』에서 조조를 두고 '글의 형식에 일대 혁신을 가져온 창시자'로 높이 평가하면서 법가사상을 다시 바라보는 계기가 마련됐다. 조조를 '만고의 간웅'으로 치부하던 당시의 상황에 비춰볼 때 노신의 평은 나름 우호적인 평에 해당한다. 그러나 그게 전부였다. 중국 전역이 서구 열강의 반식민지로 전락한 난세의 상황에서 북벌 끝에 비록 명목상이기는 하나 중화민국의 총통이 된 장개석은 입만 열면 '인의'를 역설했다. 결국 그는 조조를 높이 평가하며 법가의 통치술을 구사한 모택동에게 패해 섬으로 도주해야만 했다. 진시황이 '만고의 폭군', 조조가 '만고의 간웅'으로 매도된 이후 근 2천여 년 만에 법가사상에 대한 재조명 작업이 빚어진 것은 전적으로 모택동 덕분이었다. 그 결정판이 바로 지난 세기말에 빚어진 문화대혁명이다.

모택동이 장개석을 제압하고 '신 중화제국'의 창업주가 된 것은 전적으로 한비자의 4대 통치술을 활용한 덕분이었다. 노자사상에 차용한 도치술道治術은 외세와 군벌에 신음하는 인민들에게 새로운 세상의 도래에 대한 희망을 안겨주었다. 마르크시즘에 입각한 공산사회의 환상이 그것이다. 이는 대동세계와 별반 다를 바가 없는 것이어서 자연스럽게 받아들여졌다. 신해혁명의 주역인 손문 자신이 공산주의 종주국인 소련과 손을 잡고 대동세계의 구현을 기치로 내건 까닭에 오히려 장개석보다 유리한 면이 있었다. 상앙商鞅으로부터 차용한 법치술法治術은 인민들로부터 바늘 하나와 실 한 오라기도 취하지 말라는 홍군의 엄한 군율로 나타났다. 이른바 3대 규율三大規律과 8항주의八項注意가 그것이다. 모택동을 세계전사世界戰史에서 가장 출중했던 전략가 가운데 한 사람으로 지목한 미국의 군사전문가 베빈 알렉산더는 『위대한 장군들은 어떻게 승리했는가』에서 당시 홍군의 특성을 이같이 묘사해 놓았다.

"이 군대는 계층적 명령체계가 아니라 가능한 한 가장 민주적인 형태를

102

지향했다. 이들의 군대에는 서방이나 국민당 군대와는 달리 계층과 교육 정도에 의해 사병과 분리되는 명확한 장교단이 없었고, 계급과 기장記章 도 없었다. 남자들은 물론 종종 여자들도 자신들의 능력을 보여줌으로써 리더가 되었고, 사병들은 그들을 '소대장 동무', '중대장 동무'처럼 직함으로 호칭했다. 장교들은 병사들을 구타하거나 학대하지 않았다. 모든 사람은 함께 살았고, 같은 음식을 먹고, 똑같은 옷을 입었다."

신도愼到로부터 차용한 세치술勢治術은 대장정과 연안시절 중국공산당을 주도했던 소련 유학파인 이른바 '28인의 볼셰비키'를 몰아낼 때 구사됐다. '28인 볼셰비키'는 1920년대 말에서 1935년까지 모스크바의 중산대학에 유학한 왕명과 박고, 왕가상 등을 말한다. 이들은 농촌지역의 홍군 건설과 토지혁명을 통한 소비에트 정권수립 등을 역설했으나 여전히 도시 중심의 레닌혁명 노선에서 벗어나지 못했다. 이는 프랑스 유학파의 우두머리인 주은래를 적극 끌어들인 결과였다. 주은래가 모택동을 적극 지원하고 나서면서 연안시절에는 모택동의 권위에 도전하는 자들이 모두 사라지게 됐다. 세치술의 정수에 해당한다.

한비자 통치술의 정수에 해당하는 신불해申不害의 술치술術治術은 '신 중화제국'의 건립 이후에 구사됐다. 그것이 바로 문화대혁명이다. 이는 원래 '신 중화제국'의 초대 황제인 모택동의 권위에 감히 도전한 국가주석 유소기 일당을 제거하려는 속셈에서 비롯된 것이다. 당시 모택동은 자신의 심중을 전혀 드러내지 않으면서 서서히 유소기를 궁지로 몰아갔다. 그는 유소기를 볼 때마다 겉으로는 웃는 모습을 보였으나 속으로는 칼을 갈았다. 이른바 소리장도笑裏藏刀의 전형이었다. 이는 술치술의 압권에 해당한다. '신 중화제국'의 초대 황제 모택동이 권력을 장악하고 이를 유지해 나간 것은 시종 한비자의 4대 통치술을 절묘하게 뒤섞어 구사한 덕분이다. 한비자

사후 2천여 년 만에 한비자의 통치술이 도치와 법치, 술치, 세치 등 4가지 통치술로 구성돼 있다는 사실을 최초로 발견한 사람은 1940년대 사천대 교수로 있던 이종오李宗吾다. 그는 노자의 '도치'와 한비자의 '법치'가 사실은 동전의 양면과 같다는 사실을 밝혀낸 뒤 이른바 후흑구국厚黑救國을 제창하고 나섰다. 낯가죽이 두꺼운 면후面厚와 속마음이 시꺼먼 심흑心黑으로 무장해 서구 열강의 침탈로부터 중국을 구해내자는 게 요지다. 그는 후흑의 경지를 크게 3단계로 나눴다.

제1단계는 낯가죽이 성벽처럼 두껍고 속마음이 숯덩이처럼 시꺼먼 '후여성장厚如城墻, 흑여매탄黑如煤炭'의 단계다. 이 단계는 아직 초보적인 연마 단계에 불과하다. 제2단계는 낯가죽이 두꺼우면서 딱딱하고 속마음이 검으면서도 맑은 '후이경厚而硬, 흑이량黑而亮'의 단계다. 이 단계 역시 형체와 색채 등에서 그 자취를 나타내는 한계가 있다. 제3단계는 낯가죽이 두꺼우면서도 형체가 없고 속마음이 시꺼먼데도 색채가 없는 '후이무형厚而無形, 흑이무색黑而無色'의 단계다. 이 단계에 이르면 아무도 그가 구사하는 면후술과 심흑술을 눈치채지 못한다. 모택동이 유소기를 제거할 때 구사한 술치술은 제3단계의 수준에 가깝다. 당시 유소기는 '문화대혁명'이라는 구호 아래 시종 변죽만 울리자 칼끝이 자신을 겨냥하고 있다는 사실을 전혀 몰랐다. 유소기에 이어 광란의 홍위병을 진압하는 데 앞장선 덕분에 후계자로 낙점된 임표도 똑같은 덫에 걸려 패망하고 말았다. 일설에 따르면 모택동이 이종오의 『후흑학』을 탐독하고 문화대혁명을 구상했다는 얘기도 있다.

21세기 경제경영의 차원에서 볼 때 한비자의 이론과 주장은 제왕경영에 해당한다. 미국의 미래학자인 나이스비트는 지난 2009년 『차이나 메가트렌드』에서 민주주의는 서양 전래의 '수평민주주주의' 말고도 동양 전래의

'수직민주주의'가 존재한다고 역설한 바 있다. '제왕경영'과 '민주주의'는 결코 배치되는 개념이 아니라고 주장한 것이다. 사실 '사회주의 시장경제'에 기초한 중국의 비상은 '사회주의'와 '자본주의'는 양립할 수 없다는 서구의 기존 통념을 깨뜨린 대표적 사례에 속한다. 난세의 시기에는 '제왕경영'이 오히려 더 바람직하다. 강력한 추진력과 단호한 결단이 요구되기 때문이다. 서양도 위기상황에서는 별반 다르지 않았다. 영어 '딕테이터'의 어원인 라틴어 '딕타토르'는 원래 로마가 게르만족과의 전쟁에서 승리를 거두기 위해 카이사르를 '독재관獨裁官'으로 임명한 데서 나온 말이다. 로마군의 총사령관으로서 독자적인 판단에 따라 전쟁을 수행하라고 주문한 것이다.

주목할 건 19세기 초 프랑스 혁명군에게 형편없이 무너진 프로이센과 러시아가 20세기 초까지 군주정을 유지한 점이다. 이는 앞서 나가는 영국과 프랑스를 따라잡기 위해서는 '카이저'와 '차르'와 강력한 영도 아래 체계적인 개혁을 추진할 필요가 있다고 판단한 결과였다. '카이저'와 '차르'는 각각 '카이사르'의 독어 및 러시아어 철자법에 따른 발음으로 '황제'를 뜻한다. 이들의 이런 전략이 주효한 건 말할 것도 없다. 일본이 메이지유신 이후 강대국으로 발돋움하게 된 것도 바로 영국이나 프랑스 대신 프로이센의 개혁방식을 도입한 데 따른 것이었다. 빈국으로 분류되던 중국이 등소평의 개혁개방 이래 비약적인 성장을 거듭한 끝에 마침내 'G2'의 반열에 오르게 된 것도 마찬가지다.

현재 동아 3국의 소장 학자들 내에서는 『한비자』에 대한 연구가 활발히 진행되고 있다. 법가가 역사 발전의 추동세력이었다는 평가에 따른 것이다. 괄목할 만한 논저도 쏟아져 나오고 있다. 이는 한비자의 통치술이 인간의 본성인 호리지성에 대한 냉철한 분석 위에 기초해 있다는 평가에 따른 것이다. '제왕경영'에 대한 재조명이 절실한 상황이다.

종횡가는 세 치 혀 하나로
열국을 누비며 천하를 훔쳤다.

協 商 論

협상론

계책을 세워
마음을 얻어라

귀곡자와 외교학

유세遊說는 자신의 의견이나 주장을 이곳저곳을 돌아다니며 선전하는 것을 뜻한다. 춘추전국시대에 이런 일이 많았다. 공자와 묵자, 맹자, 순자, 한비자, 장자 등이 모두 유세를 다녔다. 이는 여러 나라를 순방하며 자신의 주장을 설파하는 치세馳說와 같은 말이다. '유세'는 선전, '치세'는 순방에 방점을 찍은 것만이 다를 뿐이다. '치세'란 용어는『사기』「이사열전」에 처음으로 나온다. 여기에 이사가 2세 황제인 호해에게 올린 상서가 실려 있다. '치세' 용어가 나오는 해당 대목이다.

"명군은 홀로 결단할 뿐입니다. 권력이 신하에게 있지 않은 이유입니다. 연후에 인의仁義를 전면에 내건 유가의 주장을 없애고, 치세馳說의 입을 막고, 열사烈士의 행위를 억제해야 합니다. 그래야만 자신의 귀를 막고 눈을 가릴지라도 능히 마음속으로 홀로 보고 들을 수 있습니다."

법가와 유세가 내에 치열한 갈등이 있었음을 보여준다.『한서』「예문지」는 이를 종횡가縱橫家로 표현했다. 종횡은 합종合縱과 연횡連衡의 줄임말이다. 횡衡은 횡橫과 같은 뜻이다. 선진시대 문헌 가운데 '종횡'이라는 말이 처음으로 등장하는 것은『한비자』「오두」다. 해당 구절이다.

"합종은 여러 약소국이 힘을 합쳐 강대국인 진나라에 대항하는 것이고, 연횡은 강대한 진나라를 섬겨 여러 약소국을 공격하는 것을 뜻한다."

사마천은 한비자보다 1세기 반 뒤에 활약했다. 그는 『사기』「소진열전」과 「장의열전」에서 소진과 장의가 귀곡자鬼谷子 밑에서 함께 종횡술縱橫術을 연마했다고 기록해 놓았다. 전국시대 말기에 이미 귀곡자가 종횡가의 효시라는 설이 널리 퍼져 있었음을 암시한다. '종횡가'를 전한 초기의 왕충王充은 『논형論衡』「정설正說」에서 세가說家로 표현했다. 그는 '세가'에 대해 매우 부정적이었다. 「정설」의 해당 대목이다.

"통상 '세가'는 그럴듯한 비유譬喩와 화려한 수사修辭로 사물의 실정과 득실 등을 논하는 데 능하다. 그러나 그 내용은 실체와 거리가 멀다."

현란한 언변을 밥벌이 수단으로 이용하는 행보를 질타한 것이다. 당시 종횡가, 즉 '세가'에 대한 세간의 평가가 우호적이지 않았음을 알 수 있다. 귀곡자는 전국시대 중기 천하를 풍미한 세가의 시조에 해당한다. 민국시대의 저명한 사학자 전목錢穆은 『선진제자계년先秦諸子繫年』에서 귀곡자의 활약시기를 대략 기원전 390년에서 기원전 320년 사이인 것으로 추정했다. 송대 이방李昉의 『태평광기太平廣記』와 청대 가경제 때 중수된 『일통지一統志』 등은 귀곡자의 이름을 왕후王詡를 비롯해 왕후王栩와 왕훈王訓, 왕선王禪 등으로 기록해 놓았다. 중국학계의 통설은 왕후王詡다.

전설에 따르면 지금의 하남성 기현淇縣 일대인 초나라의 운몽산雲夢山에 들어가 약초를 캐면서 수도했고, 하남성 영천潁川과 양성陽城 부근인 귀곡鬼谷에 은거한 까닭에 '귀곡자 선생'으로 불렸다고 한다. 귀곡자의 귀鬼는 귀歸와 통한다. 귀곡歸谷으로도 불리는 이유다. 현존 문헌 가운데 귀곡자를 최초로 언급한 것은 『사기』「소진열전」과 「장의열전」이다. 후대의 문헌에 나오는 모든 얘기는 여기서 비롯된 것이다. 주목할 것은 두 열전 모두 귀곡자에 관해 스쳐가듯 언급하고 있는 점이다. 다음은 「소진열전」의 해당 대목이다.

"소진蘇秦은 동주東周 낙양 출신으로 동쪽 제나라로 가 스승을 찾아 섬기면서 귀곡자 선생 밑에서 배웠다."

이게 귀곡자에 관한 언급의 전부다. 소진은 전국시대 중기에 진秦나라와 대항하는 6국의 합종책合縱策을 이뤄낸 인물이다. 이런 인물의 스승에 관한 기록치고는 너무 황량하다. 「장의열전」도 별반 다를 게 없다.

"장의張儀는 위나라 출신으로 일찍이 소진과 함께 귀곡자 선생을 섬기며 종횡술을 배웠다."

장의는 6국을 진나라와 결합시키는 연횡책連橫策을 주도한 인물이다. 소진 못지않게 명성을 떨친 인물이다. 사마천은 이런 훌륭한 인물들을 제자로 둔 종횡가의 시조 귀곡자에 대해 마치 바람이 호수 위를 스쳐가듯 한마디 툭 던져 놓고는 완전히 입을 다물었다. 원래 『사기』의 '열전'은 사마천이 발품을 팔아가며 자료를 수집한 것으로 유명하다. 소진과 장의가 일세를 풍미한 당대의 종횡가인 점에 비춰 그런 사람의 스승인 귀곡자에 대해서도 나름 관련 자료를 모으기 위해 애썼다고 보아야 한다. 그런데도 『사기』에 나오는 기록은 이게 전부다. 『사기』가 출현하는 전한 초기까지만 해도 귀곡자는 그저 전설상의 인물에 지나지 않았음을 반증한다.

후대에 그가 과연 실존인물인지 여부를 둘러싸고 커다란 논란이 빚어진 것도 이와 무관치 않다. 이는 시간이 갈수록 그가 신비화된 데 따른 것이었다. 소진과 장의보다 약간 앞서 활약했던 전국시대 초기의 병법가 손빈孫臏과 방연龐涓도 그의 제자였다는 전설이 나온 게 대표적인 실례다. 사마천은 「손자오기열전」에서 손빈이 위魏나라의 아阿와 견鄄 땅 사이에서 태어나 훗날 방연과 함께 병법을 공부했다고 기록해 놓았다. 귀곡자 밑에서 공부했다는 얘기는 없다. 그런데도 북송의 사마광은 『자치통감』에서 이같이 기록해 놓았다.

"제나라의 손빈은 위나라의 방연과 함께 귀곡자 밑에서 병법을 배운 적이 있다."

후대로 내려오면서 귀곡자에 관한 전설이 더욱 부풀려졌음을 방증한다. 명나라 때 나온 연의체 소설『손방연의孫龐演義』는 손빈과 방연이 귀곡자 밑에서 공부했다는 전설을 토대로 한 것이다. 그러나 가공의 인물인 귀곡자와 달리 소진과 장의는 실존인물이다. 소진이 주장한 합종책은 당시 효산 동쪽에 있던 연燕, 초楚, 한韓, 위魏, 조趙, 제齊 등 이른바 산동山東 6국이 연합하여 서쪽의 진秦나라에 대항하는 외교 책략을 말한다. 장의가 내세운 연횡책은 이와 정반대로 진나라와 6국이 각각 손을 잡게 함으로써 진나라의 발전을 꾀한 책략이다. 진나라가 상앙의 변법을 통해 최강의 군사대국으로 부상한 이래 진시황의 천하통일까지 약 1백여 년 동안 천하의 모든 책략은 합종과 연횡의 계책으로 점철됐다고 해도 과언이 아니다. 이를 주도한 대표적인 인물이 바로 소진과 장의였다.

21세기에 들어와『귀곡자』를 가장 깊이 연구한 대표적인 인물로 중국 남통대 교수 허부굉許富宏을 들 수 있다. 그는『귀곡자』로 박사학위를 받은 후 지난 2008년『귀곡자연구』를 펴냈다. 얼마 후 다시 내용을 보완해 펴낸 것이 2010년에 나온『귀곡자집교집주鬼谷子集校集注』다. 중국의 역대 주석은 물론 일본과 대만의 주석본까지 총망라해 높은 평가를 받고 있다. 그는 2012년 초 다시 일반인을 위한 대중용『귀곡자』를 펴냈다. 허부굉이 귀곡자를 실존인물로 간주한 논거는 간단하다.「소진열전」과「장의열전」에 나오는 소략하기 짝이 없는 기록을 전한 말기 양웅揚雄의『법언法言』과 후한 초기 왕충王充의『논형論衡』등을 그대로 인용했고, 많은 학자들이 이를 사실로 받아들였다는 것이다. 다른 학자들도 유사한 입장이다. 국내에서 나온『귀곡자』해설서들도 마찬가지다.

그러나 『사기』에서 스치듯 언급해 놓은 '소진과 장의가 귀곡자 선생에게서 배웠다'는 단 한 구절을 토대로 귀곡자를 실존인물로 간주하는 것은 적잖은 문제가 있다. 사마천은 손무를 실존인물로 간주해 「손자오기열전」을 편제했으나 손무는 가공의 인물에 지나지 않는다. 춘추시대와 관련해 가장 믿을 만한 사서인 『춘추좌전』에는 오자서의 이름만 나올 뿐 손무의 이름은 단 한 글자도 나오지 않는다. 가공의 인물로 봐야 하는 이유다. 사마천이 '열전'의 대상으로 삼지도 않은 귀곡자의 경우는 더 말할 것도 없다. 당나라 때의 유종원柳宗元을 비롯해 후대의 많은 학자들이 귀곡자를 가공인물로 간주한 것은 나름 일리가 있다. 손무와 귀곡자를 가공의 인물로 볼지라도 『손자병법』과 『귀곡자』의 가치가 떨어지는 것은 아니다. 삼국시대 당시 조조는 82편에 달하는 기존의 난삽한 『손자병법』을 원래의 모습에 가깝게 13편으로 대폭 손질하면서 세밀한 주석을 가해 놓았다. 그게 바로 현존 『손자병법』인 『손자약해』다. 『손자병법』은 조조의 대대적인 손질 덕분에 21세기 현재까지 불후의 명저로 남을 수 있었다. '손무'가 실존인물인지 여부는 작은 문제에 지나지 않는다.

객관적으로 볼 때 귀곡자를 실존인물로 간주하는 것은 적잖은 문제가 있다. 사서에는 병가의 사실상의 시조에 해당하는 손빈이 종횡가의 시조 격인 장의 및 소진과 함께 공부했다는 얘기가 전해지지 않고 있다. 오직 『동주열국지』와 『손방연의』 등에만 손빈과 방연을 포함해 장의와 소진 모두 귀곡자 밑에서 공부했다는 밑도 끝도 없는 얘기가 실려 있을 뿐이다. 후대인이 만들어낸 가공의 인물임을 뒷받침하는 대목이다. 중국의 역사를 보면 귀곡자처럼 각 분야의 저명한 인물이 여러 시대에 걸쳐 복수적으로 존재하고 있는 경우가 있다. 대표적인 인물로 의성醫聖으로 일컬어지는 편작扁鵲을 들 수 있다. 『사기』「편작창공열전」은 기원전 7세기에서 기원전

3세기까지 민간에 편작에 관한 여러 일화를 대거 수록해 놓았다. 이는 무당의 마술魔術에서 경험을 중시하는 의醫가 분리되는 과정에 등장한 여러 일화가 '편작'이라는 이름으로 집대성된 결과로 볼 수 있다.

말을 감정하는 데 뛰어난 전설적인 상마가相馬家 백락伯樂도 유사한 경우다. 백락은 원래 춘추시대 중기인 진목공 때 활약한 것으로 나온다.『사기』「굴원가생열전」에는 굴원이 멱라수에 투신하기 전에 스쳐가듯 언급해 놓았으나『회남자』「도응훈」과『열자』「설부」등에는 그에 관한 일화가 나온다. 그러나『한비자』에는 춘추시대 말기 중원 진晉나라의 권신 조간자趙簡子의 어자御者로 등장한다. 춘추시대 중기 진목공 때 활약한 원래의 백락은 이름이 손양孫陽이다. 춘추시대 말기 조간자의 수레를 몰던『한비자』의 '백락'은 원래 이름이 왕량王良이다. 삼국시대 위나라의 두예는『춘추좌전』「노애공 2년」조를 주석하면서 왕량을 '백락'이라고 했다. 손양과 왕량 모두 '백락'으로 불린 셈이다. 원래 말을 잘 모는 사람은 말을 감정하는 능력도 뛰어나다. 그 반대의 경우도 마찬가지다. 후대인들이 손량과 왕량을 모두 '백락'으로 부른 것을 이상하게 생각할 이유가 없다.

서주시대의 전설적인 말몰이꾼인 조보造父도 예외가 아니다. 그는 원래 전설적인 여신 서왕모西王母 로맨스로 유명한 주목왕周穆王의 말을 몰던 인물이다. 전국시대 조나라를 세운 조씨의 조상으로 조보趙父라고도 한다.『전국책』「진책」에는 조보와 백락일고伯樂一顧 고사로 유명한 왕량의 제자가 서로 만나 대화하는 내용이 나온다. 조보가 왕량 못지않게 뛰어난 말몰이꾼의 대명사로 일컬어져 왔음을 시사한다.『한비자』「우저설 우하」에는 조보가 전국시대 중기의 인물로 나오기도 한다. 일각에서는 주목왕의 말을 몰던 조보와는 다른 별개의 조보가 춘추시대 말기에 존재했을 것으로 보고 있으나 그보다는 '조보' 역시 백락과 마찬가지로 말을 잘 모는 사람의 대명사로 사용된 것으로 보는 게 나을 것이다.

귀곡자도 같은 경우다. 남북조시대 동진 때에도 귀곡자라는 인물이 등장한다. 편작과 조보, 백락 등의 경우와 하등 다를 게 없다. '귀곡자'라는 명칭이 전국시대 이래 오랫동안 종횡술 및 병법 등에 관해 비술을 지닌 사람의 의미로 사용됐음을 시사한다. 고유명사가 아니라 뛰어난 인물에 대한 대명사에 가까웠다고 보는 게 합리적이다.

『귀곡자』의 내용은 21세기 스마트혁명 시대의 관점에서 볼 때 정치학, 외교학, 군사학, 심리학, 정보학 등 여러 학문 분야에서 두루 참조할 만한 내용이 매우 많다. 그러나 성리학이 만연한 시절에는 이들이 모두 '잡설'로 간주됐다. 덕치에 기초한 유가의 왕도王道와 배치된다는 게 그 이유였다. 대표적인 인물로 명대 초기의 송렴朱濂을 들 수 있다. 그는 「제자변諸子辨」에서 이같이 혹평했다.

"『귀곡자』에 나오는 내용은 모두 소인들이 사용하는 뱀과 쥐새끼의 지혜에 지나지 않는다. 이를 집안에서 쓰면 집안이 망하고, 나라에서 쓰면 나라가 망하고, 천하에서 쓰면 천하가 망한다. 사대부들은 의당 침을 뱉듯이 이를 내던지며 좇지 말아야 할 것이다."

송렴은 원나라 때 한림원 편수를 제의받았으나 노부모를 모셔야 한다는 이유로 관직에 나서지 않고 산에 은거하며 학문에 몰두한 당대의 명유였다. 그는 천하의 현자를 초빙한다는 명태조 주원장의 부름을 받고 남경으로 올라갔다. 곧 강남유학제거江南儒學提擧에 임명돼 수만 권의 책을 소장한 문화당文華堂에서 태자인 주표朱標를 가르쳤다. 주원장은 수시로 문화당에 들러 주표에게 이같이 경계했다.

"창업주는 늘 여러 어려움을 겪기 마련이다. 어려움은 사람을 생각게 만들고 생각은 지혜를 낳는다. 그러나 뒤를 잇는 후사는 안정된 상황에서 태어난다. 안정은 생각을 막고 생각이 막히면 무너지게 된다. 현명해야 유혹을 당하지 않고, 근면해야 안일하지 않고, 과감해야 끌려 다니지 않게 된다."

아직 난세가 끝나지 않았음을 주표에게 경계한 것이다. 그러나 송렴의 생각은 달랐다. 이미 새 제국이 출범해 치세가 시작된 만큼 패도覇道가 아닌 왕도王道로 천하를 다스려야 한다는 게 그의 판단이었다. 송렴은 나이가 들자 이내 은퇴한 후 고향에 머물렀다. 얼마 후 송렴의 손자가 좌승상 호유용胡惟庸의 반란 사건에 연루되는 일이 빚어졌다. 대로한 주원장이 송렴을 남경으로 압송해 처형할 것을 명하자 주표가 무릎을 꿇고 사면해줄 것을 간청했다. 마황후馬皇后도 적극 간하고 나섰다.

"일반 백성도 자제의 스승을 초빙할 때는 시종 예를 갖춥니다. 천자는 더 말할 것도 없습니다. 송렴은 자리에서 물러나 줄곧 고향에 있었으니 손자의 일을 제대로 알 리도 없습니다."

그러나 주원장은 들으려고 하지 않았다. 그는 바닥에 꿇어앉은 주표를 보고 이같이 일갈했다.

"네가 황제가 되면 그를 용서할 수 있을 것이다!"

충격을 받은 주표는 황궁을 나와 강가로 간 후 물속으로 걸어 들어갔다. 환관들이 황급히 물속으로 뛰어들어가 간신히 구해냈다. 크게 놀란 주원장이 송렴의 죄를 한 등급 낮춰 유배형에 처했다. 송렴은 유배를 가던 중 세상을 떠나고 말았다. 주원장이 손을 써 제거했을지도 모를 일이다.

송렴이 『귀곡자』를 두고 '뱀과 쥐새끼의 지혜' 운운한 것은 난세지략亂世之略에 어두웠다고 해석할 수밖에 없다. 『귀곡자』의 특징은 상대를 어르고 띄워주거나 때로는 은근히 위협을 가하며 자신의 의중을 은밀히 관철하는 다양한 책략과 유세의 기술을 논한 데 있다. 충신을 중시한 송렴의 눈에는 술수와 모략을 일삼는 소인배용 잡서로 보였을 수 있다. 그러나 국가총력전 양상을 보이고 있는 21세기의 경제전 시대의 관점에서 보면 정반대의 해석이 가능하다. 최근 종횡가 학설을 체계화함으로써 선진시대 제자백가의 학문발전에 지대한 공헌을 했다는 평을 받는 이유가 그렇다.

21세기 학술의 관점에서 볼 때 전국시대 말기에 풍미한 '세가'의 이론 및 사상은 국제정치학, 즉 외교학의 시원에 해당한다. 대표적인 인물이 바로 소진과 장의다. 『전국책』에는 두 사람을 위시해 공손연公孫衍과 진진陳軫, 범수范雎 등 수많은 종횡가와 책사의 활약이 수록돼 있다. 모두 당대의 내로라하는 외교 책략가에 해당한다. 귀곡자가 실존인물인지 여부와 무관하게 그의 저서로 알려진 『귀곡자』는 종횡술의 기본이치와 기교를 체계적으로 정리해 놓은 '세가'의 총론에 해당한다. 이에 반해 『전국책』은 여러 종횡가와 책사의 활약을 상세히 기록해 놓았다는 점에서 '세가'의 각론으로 규정할 수 있다.

책략과 유세

종횡가와 유세

춘추시대 말기 공자를 효시로 하는 최초의 학단인 유가가 출현한 후 전국시대 초기부터 묵가를 위시해 도가, 법가, 병가, 종횡가, 음양가, 농가, 잡가 등이 우후죽순처럼 등장했다. 이른바 '제자백가'다. 특이하게도 종횡가는 전국시대 중기 이후 오직 세 치 혀 하나만으로 열국을 종횡으로 누비며 천하를 호령했다. 당시 종횡가와 어깨를 나란히 한 학단은 병가와 법가밖에 없었다. 외교와 국방이 늘 그렇듯이 병가는 종횡가에 우호적인 입장이었으나 법가만큼은 시종 종횡가와 대립관계를 이뤘다. 백가쟁명에서 주도권을 잡기 위한 것이었다.

주목할 것은 종횡가 모두 여타 제자백가와 달리 특정 군주에게 절대적인 충성을 바치지 않고 열국을 자유롭게 오가며 객경客卿의 자리를 독차지한 점이다. 이들은 더 나은 관록官祿을 제시하며 자신들을 알아주고 불러주는 곳이 있으면 미련 없이 쉽게 자리를 옮겼다. 종횡가들의 활약상을 모아 놓은 『전국책』의 수많은 예화가 이를 증명한다. 여타 제자백가에서는 보기 드문 모습이다. 종횡가의 이런 행보를 수긍한 제자백가는 병가밖에 없었다. 전쟁터의 변화무쌍한 상황에 준해 너그럽게 이해해준 것이다. 그러나 의리를 중시한 유가는 말할 것도 없고 부국강병을 기치로 내건 법가에 이르기까지 대다수 제자백가는 극히 비판적이었다. 부국강병을 역설한 점에서 병가 및 종횡가와 서로 통하고 있다. 그럼에도 법가가 사상적으로 이웃사촌 격인 종횡가에 비판적인 모습을 보인 것은 이들이 요설饒舌로 천하를 더욱 어지럽게 만든다고 간주한 탓이다. 대표적인 인물이 법가사상을 집대성한 한비자다. 『한비자』를 일별하면 알 수 있듯이 이 책에는 종횡가를 비판한 내용으로 가득 차 있다.

그러나 『한비자』도 「세난說難」에서 『귀곡자』를 방불케 하는 뛰어난 책략과 유세의 기술을 총망라해 놓았다. 한비자 자신도 책략과 유세의 중요성을 숙지하고 있었던 것이다. 그럼에도 그는 진시황 앞에서 유세 한 번 제대로 하지 못한 채 이내 옥사하고 말았다. 이론과 실제의 괴리다. 사마천이 『사기』「노자한비열전」에서 '한자는 유세의 어려움에 관한 「세난」을 쓰고도 정작 본인은 그 덫에서 빠져나오지 못해 허망하게 죽었다'며 안타까움을 표한 바 있다. 『귀곡자』의 관점에서 볼 때 당시 한비자가 구사한 유세는 초보 수준에도 미치지 못했다. 그가 말더듬이였다는 얘기가 나온 것도 결코 우연으로 볼 수 없다. 이는 한비자 자신이 현란한 언변을 구사하는 종횡가를 크게 질시한 사실과 무관치 않았다. 『한비자』「팔간」의 다음 대목이 이를 뒷받침한다.

"군주란 본래 궐 밖의 얘기를 듣기 힘들다. 유세객의 말주변에 넘어가기 쉬운 이유다. 신하들은 제후국의 여러 유세객을 불러들이고 나라 안에 언변이 좋은 자를 양성한 뒤 이들을 군주 앞에 내세워 자신에게 유리하게 말하도록 한다. 이들은 군주 앞에서 교묘한 언변으로 자신들의 말을 따르면 모든 것이 유리하게 진행될 것처럼 착각토록 만들고, 걱정스러운 일을 들춰내 겁을 주기도 하고, 헛된 말로 군주의 마음을 허문다."

열국의 권신들 모두 종횡가를 고용해 헛된 말로 군주를 허수아비로 만들어 사리를 챙기는 만큼 이들의 대변인 역할을 하는 종횡가의 말에 속아 넘어가지 말라는 당부한 것이다. 그의 이런 당부가 틀린 게 아니었다. 전국시대 말기는 무력을 동원해 다투는 열전熱戰 이외에도 무력을 사용하지 않은 채 외교와 정보 따위를 수단으로 하여 다투는 냉전冷戰이 치열하게 전개됐다. 종횡가는 바로 냉전의 전문가였다. 이들은 능란한 변설로 제후들을 설득해 일거에 재상으로 발돋움했다. 열국 간의 경쟁이 더욱 치열해진 전국시대 중기 이후 이 종횡가들이 천하를 횡행한 배경이다.

그러나 뛰어난 언변에 따른 위험 부담도 매우 컸다. 자칫 말 한마디라도 실수할 경우 목숨을 내놓아야만 했다. 게다가 아무리 뛰어난 지략을 지녔다 할지라도 군주를 직접 만나 유세하기가 그리 쉬운 일도 아니었다. 이들이 대개 중개인 역할을 해줄 세도가에게 몸을 의탁하며 기회를 엿보는 방법을 택한 이유다. 이는 유세객을 이용해 권력을 탈취 내지 유지하려는 세도가의 이해와 맞아 떨어졌다. 열국의 세도가들이 다투어 종횡가를 중심으로 한 식객을 대거 휘하에 거느린 이유다.

대표적인 인물로 이른바 전국4공자戰國四公子를 들 수 있다. 맹상군孟嘗君 전문田文은 제위왕의 후손으로 3,000명의 식객을 거느리며 계명구도鷄鳴狗盜와 같은 숱한 일화를 전한다. 평원군平原君 조승趙勝은 조혜문왕의 동생으로 상국이 된 후 모수자천毛遂自薦의 고사를, 신릉군信陵君 무기無忌는 위소왕의 아들로 조나라의 수도 한단이 진나라에 포위되었을 때 이를 구해줌으로써 절부구조竊符救趙의 고사를 남겼다. 초나라의 춘신군春申君 황헐黃歇은 초경양왕을 섬기며 능란한 외교술로 초나라를 합종의 맹주로 끌어올리면서 25년 동안이나 초나라의 재상을 역임했다.

이들 모두 왕족의 서얼庶孼이다. 비록 왕위를 차지하지는 못했으나 수많은 종횡가를 식객으로 거느리면서 이들의 지략을 이용해 작게는 자신들의 세력을 공고히 하고 크게는 국난 타개의 선봉을 자처했다. 종횡가와 세도가의 결합은 여불위와 진시황의 부친인 자초子楚의 만남에서 절정을 이뤘다. 여불위는 비록 종횡가는 아니었으나 신분상의 한계를 뛰어넘기 위해 종횡가와 똑같은 심경을 지니고 있었다. 자초 또한 세도가는 아니었으나 유사시 보위를 거머쥐고자 하는 야심을 품고 있었다. 여불위가 자초를 보위에 올리는 과정에서 쌓아 놓은 황금과 종횡가를 대거 동원했음은 말할 것도 없다. 여불위와 자초의 만남은 결국 진시황의 탄생을 가능케 했고 이는 진나라의 천하통일로 이어졌다. 종횡가를 부정적인 측면에서만 바라봐서는 안 된다. 한비자의 종횡가에 대한 비판이 부분적인 타당성만 지닌 이유다. 의리를 중시한 유가의 종횡가에 대한 비판도 유사한 경우에 속한다. 유가의 입장에서 볼 때 종횡가는 의리 없이 시류를 좇아 반복무상反覆無常을 일삼는 소인배집단에 지나지 않았을 것이다. 대표적인 인물이 맹자다. 그는 『맹자』「이루 상」에서 이같이 주장했다.

"일찍이 공자의 제자 염구冉求가 계씨의 가신이 되어 그의 덕을 고치지 못하고 세금을 이전보다 2배로 부과했다. 그러자 공자가 말하기를, '염구는 나의 무리가 아니다. 애들아, 북을 울려 그 죄를 다스리는 게 가하다'고 했다. 이로써 보건대 군주가 인정을 행하지 않았는데도 그 군주를 부유하게 해주는 자는 모두 공자에게 버림을 받을 자들이다. 하물며 군주를 위해 억지로 무리한 싸움을 벌이는 경우이겠는가? 땅을 빼앗으려고 전쟁을 하여 시체가 들판을 채울 정도로 사람을 죽이고 성을 빼앗으려고 전쟁을 하여 시체가 성을 가득 채울 정도로 사람을 죽이고 있다. 이는 영토를 얻으려고 인육을 먹는 것이다. 그 죄는 사형에 처해도 용서받지 못할 것이다. 병법에 능한 병가는 극형에 처해야 하고, 합종연횡을 주선한 종횡가는 그다음의 형에 처해야 하고, 황무지 개간을 부추기며 부국강병을 역설하는 법가는 그 다음다음의 형에 처해야 한다!"

싸움을 관장하는 병가와 부국강병을 내세우며 '폭군'을 부유하게 만드는 법가를 포함해 싸움을 부추기는 종횡가 역시 무고한 백성들을 죽음으로 내몬 점에서 극형을 받아 마땅하다고 주장한 것이다. 그러나 당시 종횡가들의 생각은 이와 정반대였다. 『귀곡자』「오합」의 다음 대목이 이를 증명한다.

"세상에는 영원히 귀한 것도 고정불변의 법칙도 없다. 성인이 일을 하면서 항구적인 지지를 보내거나 고정불변의 반대를 하지 않는 이유다. 항구적으로 좇거나 고정적으로 좇지 않는 일 또한 없다. 성인이 하는 일은 모두 해당 사안이 성사될 수 있는지, 나아가 해당 계책이 현실에 부합하는지 여부를 근본으로 삼는다."

'현실 부합' 운운은 천하대세에 올라타는 것을 주문한 것이다. 종횡가가 이상보다는 현실, 명분보다는 실질을 중시했음을 증언하고 있다. 「오합」이 '세상에는 영원히 귀한 것도 고정불변의 법칙도 없다'고 역설한 것은

『주역』의 변역變易 이치를 달리 표현한 것이다. 유가는 종횡가의 반복무상한 행보를 들먹이며 그들의 충군忠君과 충국忠國을 문제 삼았다. 그러나 당시 열국 모두 천하의 인재를 두루 그러모아 천하통일을 추구한 점에 비춰볼 때 이는 크게 탓할 일이 아니다. 사실 엄밀히 말하면 공자 역시 천하유세 당시 자신을 알아주는 군주가 나오기만 하면 충성을 바칠 것을 공언한 바 있다. 심지어 반란군에 가담할 생각까지 했다. 기원전 505년 노나라의 권신인 계씨의 가신 공산불요公山弗擾가 반기를 든 뒤 공자에게 예물을 보내며 도와줄 것을 청했다. 『논어』「양화」는 '공자가 공산불요의 요청에 응하려고 했다'고 기록해 놓았다. 당시 자로는 스승의 들뜬 모습에 크게 언짢은 표정을 지으며 이같이 만류했다.

"지금 도가 행해지지 않고 있으니 갈 곳이 없으면 그만둘 일이지, 선생님은 어찌하여 하필이면 공산씨에게 가려는 것입니까?"

신랄한 지적이다. 결국 공자는 가담하는 것을 포기했다. 그렇다고 미련을 버린 것은 아니었다. 그의 탄식이 이를 증명한다.

"그가 나를 부르는 것이 어찌 공연히 그러는 것이겠는가? 장차 나를 써주는 자가 있으면 나는 동쪽에 주나라 못지않은 새로운 문물제도를 일으킬 것이다!"

'공산불요'는 『춘추좌전』에 공산불뉴公山不狃로 나온다. 오랫동안 중국의 유학자들은 이 대목을 볼 때마다 당혹감을 감추지 못했다. 그런 일이 일어날 수 없다는 것을 입증하려고 무진 애쓴 이유다. 청대 중기의 최술崔術이 대표적인 인물이다. 그는 『논어』를 정밀히 분석해 『수사고신록洙泗考信錄』을 펴냈다. 오랫동안 공자에게 덧씌워진 허상을 제거하고 공자의 원래 모습을 찾아내는 데 나름 큰 공을 세웠다는 평가를 받고 있다. 그러나 이 대목과 관련한 그의 해명은 졸렬하다. 공자는 노나라의 법무장관인 사구司寇로 있었던 까닭에 반기를 든 공산불요의 초청에 동요할 리가 없었다는 식의 해명이 그렇다. 하나마나한 해명이다.

지난 1994년에 작고한 미국의 저명한 중국학자 크릴은『공자, 인간과 신화』에서 공자가 주나라를 대체할 만한 새로운 중앙권력을 세울 생각으로 '새로운 문물제도' 운운한 것으로 분석했다. 곽말약이 공자를 혁명가로 평한 것과 궤를 같이한다. 이들의 분석이 오히려 역사적 사실에 가깝다. 공자는 비록 군자가 다스리는 이상국가를 꿈꿨지만 접근 방식만큼은 철저히 현실주의에 입각해 있었다. 공산불요의 초빙에 갈등을 겪은 사실이 이를 뒷받침한다. 자신을 알아주는 군주를 위해 책략과 유세의 기술을 유감없이 발휘한 종횡가의 행보와 별반 다를 게 없다. 실제로『논어』「자한」의 다음 대목은『귀곡자』「오합」에서 '세상에는 영원히 귀한 것도 고정불변의 법칙도 없다'고 언급한 것과 취지를 같이한다.

"공자에게는 4가지가 없었다. 사사로운 뜻이 없었고, 꼭 하겠다는 것이 없었고, 고집하는 것이 없었고, 내가 아니면 안 된다는 것이 없었다."

맹자사상에 입각한 후대의 성리학자들이 종횡가를 매도한 것은 공자가『논어』「자한」에서 말한 기본취지를 제대로 헤아리지 못한 탓이다. 맹자가 질타한 종횡가와 법가 및 병가 가운데 성리학자들에게 유일하게 수용된 것은 병가밖에 없었다. 나라의 안위를 지키기 위해서는 병가의 병략兵略이 절대 필요하다는 사실까지 부인할 수는 없었기 때문이다. 그러나 문인을 우대하며 무인을 얕잡아보는 숭문천무崇文賤武의 기조만큼은 강고하게 지켰다. 성리학의 등장 이후 동양이 날로 쇠락하다가 마침내 서구 열강의 식민지 내지 반식민지로 전락한 근본배경이 여기에 있다. 난세에 초점을 맞춰 부국강병을 역설한 종횡가와 병가, 법가, 상가 등의 제자백가 학문을 이단으로 치부하며 철저히 무시한 후과다.

종횡가와 책략

『귀곡자』의 두 축은 기본적으로 「벽합」과 「내건」, 「비겸」, 「오합」, 「췌마」 등의 편명이 암시하듯이 책략과 유세에 있다. 이를 통상 종횡술이라고 한다. 『귀곡자』가 역설하고 있는 종횡술의 특징은 크게 5가지로 요약할 수 있다.

첫째, 『귀곡자』가 말하는 종횡학 이론은 도가의 도치道治 이론 위에 서 있다. 도치는 무위로 다스리는 무위지치無爲之治를 말한다. 원래 유세와 책략은 종횡학의 두 축에 해당한다. 유세는 유세객 자신의 책략이고 책략은 유세를 통해 실현된다. 희곡 대본이 책략이라면 무대 위의 배우 연기가 바로 유세에 해당하는 셈이다. 이론과 실제, 내용과 형식, 실질과 형식의 관계와 같다. 종횡학은 도치 개념을 도입해 유세와 책략을 이론적으로 정립한 덕분에 제자백가의 일원이 될 수 있었다. 선진시대 문헌은 책략을 통상 방략方略과 계략計略, 모략謀略 등으로 지칭했다. 이를 정치적으로 활용하면 정략政略, 군사적으로 활용하면 전략戰略, 외교협상 내지 유세 책략으로 활용하면 세략說略이 된다. 국가총력전 양상으로 치닫고 있는 21세기의 경제전에서 기업의 생존 및 발전 전략으로 구사할 경우 상략商略으로 불린다.

도치는 도가의 핵심개념이다. 『도덕경』 제42장은 '도가 만물을 낳는다'고 했다. 『귀곡자』는 도가의 이런 도치 개념을 도입해 종횡학 이론을 완성한 셈이다. 『한비자』와 『손자병법』이 도치 이론을 도입해 각각 법가 및 병가 이론을 완성한 것과 닮았다. 『귀곡자』는 도치 이론에 입각한 유세술을 도술道術로 표현해 놓았다. 제1편 「벽합」에서 제11편 「결물」에 이르기까지 본경 내편에 나오는 총 11개의 책략 및 유세의 기술은 곧 종횡가가 말하는 도술에 해당한다. 이를 뒷받침하는 「벽합」의 해당 대목이다.

"세상사가 종횡출입縱橫出入하는 식으로 변화무쌍하고 반복이합反覆離合하는 식으로 뒤집힐지라도 이 모든 것은 결국 음양의 조화를 뜻하는 벽합捭闔에서 비롯된 것이다. 벽합은 도의 위대한 변화로 유세의 변화를 뜻하는 것이기도 하다. 반드시 상대의 변화를 세심히 살펴야 하는 이유다."

음양론에 입각한 노자의 도치 이론이 종횡학의 이론 정립에 지대한 공헌을 했음을 보여준다. 『귀곡자』에 나오는 책략과 유세술 모두 도치 이론에 의해 해석할 수 있다는 얘기다. 종횡가가 제자백가의 일원으로 우뚝 선 배경이 여기에 있다.

둘째, 『귀곡자』가 역설하는 유세의 기본이치는 부드러움을 숭상하는 귀유貴柔 사상에 뿌리를 두고 있다. '귀유'는 노자사상의 핵심이기도 하다. 이는 종횡가 이론의 요체에 해당한다. 『도덕경』 제8장은 상선약수上善若水로 표현해 놓았다. 해당 대목이다.

"최상의 선은 물과 같다. 물은 능히 만물을 이롭게 하면서도 공을 다투지 않는다. 중인衆人이 싫어하는 곳에 머무는 이유다."

여기의 '물'은 음유陰柔를 뜻한다. 『주역』의 음양론에 나오는 양강陽剛과 대립되는 개념이다. 『도덕경』은 제78장에서 음유의 상징인 물의 위대함을 이같이 표현해 놓았다.

"천하에 물보다 부드럽고 약한 게 없다. 그러나 군세고 강한 자를 공격해 능히 이길 수 있는 것으로 물만 한 것도 없다. 세상의 그 어느 것도 물이 부드럽고 약한 힘을 활용하는 것과 바꿀 수 있다. 약한 것이 강한 것을 이기고, 부드러운 것이 단단한 것을 이긴다는 사실을 천하에 모르는 자가 없으나 막상 이를 실행하지는 못한다."

음유에 군세고 강한 견강자堅強者를 제압하는 힘이 내장돼 있다는 얘기다. 제36장에서는 유약승강강柔弱勝剛強으로 표현해 놓았다. 흔히 이유제강

以柔制强으로 줄여서 표현하고 있으나 이는 잘못이다. 이유극강以柔克剛 내지 이약제강以弱制强으로 표현해야 '유약승강강'의 의미를 살릴 수 있다.

셋째, 『귀곡자』는 반드시 음모陰謀를 통해서만 책략과 유세의 성공을 기할 수 있다고 주장했다. 이는 상대의 실정을 은밀히 파악하는 동시에 자신의 속셈 또한 철저히 숨기는 것을 말한다. 이를 뒷받침하는 『귀곡자』「마의」의 해당 대목이다.

"성인은 은밀히 일을 도모하는 까닭에 신묘神妙하다는 칭송을 듣고, 밝은 곳에서 그 공을 드러내는 까닭에 명민明敏하다는 칭송을 듣는다. '정사를 다루면 매번 공을 이룬다'는 것은 곧 성인의 적덕積德을 말한다. 백성들은 그 혜택을 누리면서도 그 이유를 모른다. '군사를 지휘하면 매번 이긴다'는 것은 늘 다툼이 일어나지 않게 하면서도 이기고, 재정을 낭비하지 않고도 이기는 것을 말한다. 병사들은 어떻게 해서 적을 제압하고 두렵게 만들었는지 알지 못한다. 천하 사람들이 성인의 정사와 군사 지휘를 두고 입을 모아 '신명'하다고 칭송하는 이유다."

나라를 다스리거나 군사를 지휘할 때 반드시 자신을 철저히 숨기는 음도陰道를 행해야만 공을 이룰 수 있다고 지적한 것이다. 『귀곡자』의 관점에서 볼 때 음도를 지키지 못하면 결코 책략이 될 수 없다. 음도가 곧 책략과 유세의 본질임을 시사한다. 크게 보면 이 또한 노자사상에서 나온 것이다. 『도덕경』은 부드러움을 숭상하는 '귀유'만 역설하고 '음도'에 대해서는 깊이 논하지 않고 있다. 그러나 그 이면을 보면 '귀유'가 '음도'를 전제로 한 것임을 쉽게 알 수 있다. 이를 뒷받침하는 『도덕경』제66장의 해당 대목이다.

"강해江海는 능히 모든 골짜기의 왕이 될 수 있다. 자신을 잘 낮추기 때문에 능히 백곡왕百谷王이 된 것이다. 백성 위에 서고자 하면 반드시 말을 낮춰야 하고 백성 앞에 나서고자 하면 반드시 몸을 뒤로 물려야 한다."

강해선하江海善下는 『도덕경』 제8장에 나오는 상선약수와 같은 뜻이다. 강과 바다가 모든 골짜기의 왕이 될 수 있는 것은 자신을 잘 낮추기 때문이다. 노자가 위정자에게 통치를 잘하고자 하면 반드시 말을 낮추고 뒤로 물러서라고 충고한 것은 바로 이 때문이다. 그래야만 백성들이 통치자의 존재를 부담스러워하지 않고 통치자를 추대하는 것을 싫증내지 않게 된다. 천하의 제왕이 되고자 하는 자일수록 더욱더 겸허한 자세를 견지해야 한다는 주문이다. 『귀곡자』「모려」의 다음 구절도 같은 논리 위에 서 있다.

"계모를 구사할 때는 공개적으로 행하는 공모公謀보다 사적으로 은밀히 행하는 사모私謀가 낫고, 사모보다 상대방과 결속해 모의하는 결모結謀가 낫다. 상호 신뢰의 틈새가 벌어질 여지가 거의 없기 때문이다. 통상적인 수준의 계모인 정모正謀는 기발한 방안으로 구성된 기모奇謀만 못하다. 기모는 마치 물 흐르듯 시변時變을 좇아 다양하게 변화하는 까닭에 당해낼 길이 없다. 어떤 일이든 은밀한 방식으로 계모를 구사해야만 공개적으로 명성을 떨치는 이른바 '음도양취'를 이룰 수 있다."

여기서 음도양취陰道陽取는 『도덕경』의 '강해선하' 내지 '상선약수'를 종횡가의 관점에서 풀이한 것이다. 음도양취의 기본취지는 『도덕경』 제7장의 다음 대목에 잘 나타나 있다.

"성인은 자신을 뒤로하여 오히려 앞서고 자신을 돌보지 않아 오히려 보존된다. 이 어찌 사사로움이 없는 것으로 인한 게 아니겠는가? 그래서 오히려 능히 사적인 일을 이룰 수 있는 것이다."

노자는 성인들이 행하는 사私는 무위지치에 입각한 까닭에 세인들의 '사'와 달리 오히려 지극한 공公에 해당한다고 본 것이다. 이는 『한비자』에서 군주는 무사무편無私無偏의 법치를 통해 자신의 사리私利를 최고의 공리公利로 만들 수 있다고 주장한 것과 맥을 같이한다. 종횡가의 이론이 병가와 법가의 이론과 궤를 같이하는 이유가 여기에 있다.

넷째, 『귀곡자』의 책략과 유세 이론은 도가에서 역설하는 물극필반物極必反의 변증법 위에 서 있다. '물극필반'은 사물의 발전이 어느 정도에 이르면 정반대로 흐르는 것을 말한다. 이를 뒷받침하는 『도덕경』 제40장의 해당 대목이다.

"근원으로 돌아가는 것은 도의 움직임이고 유약한 모습을 지니는 것은 도의 운용이다. 천하 만물은 유有에서 생겨나고 '유'는 무無에서 생겨난다."

모든 사물의 형세는 고정불변인 것이 아니고 흥망성쇠를 반복하게 마련이다. '물극필반'은 통상 세강필약勢强必弱과 함께 쓰인다. 세력이 일단 강성하면 언젠가는 반드시 약해지기 마련이라는 뜻이다. 『도덕경』 제55장은 물장즉로物壯則老로 표현해 놓았다. 모든 사물은 장성하면 이내 노쇠하게 된다는 뜻이다. 우리말의 '달도 차면 기운다'는 속담과 같은 의미다. 사물을 관찰할 때 정면正面만 보지 말고 반면反面을 읽어야 하는 이유가 여기에 있다. 『귀곡자』는 정면보다 반면의 작용에 주목했다. 유세와 책략 이론 가운데 창조적으로 만들어낸 이른바 반복술反覆術이 바로 그것이다. 이를 뒷받침하는 『귀곡자』「반응」의 해당 대목이다.

"옛날 성인은 모두 무형의 도를 갖추고 있었던 까닭에 되돌아가 지난 일을 살필 줄 알았고 되돌아와 다가올 일을 증험해낼 수 있었다. 상대방이 뭔가 말하는 것은 동動이다. 내가 침묵하며 말하지 않는 것은 정靜이다. 언사言辭와 모순되는 점이 있을 때 반문해 구하면 반드시 상대의 반응이 있게 마련이다. 통상 말은 상징, 일은 비유로 나타난다. 상징은 어떤 사물을 비유한 것이고 비유는 같은 부류의 언사로 맞대어 비교한 것이다. 나를 전혀 드러내지 않는 가운데 상대가 말하는 바의 속셈을 파악해야 한다. 이는 그물을 만들어 짐승을 잡는 이치와 꼭 같다. 짐승들이 자주 출몰하는 길에 그물을 많이 설치해 놓고 기회를 엿보다가 때가 왔을 때 포획하는 식이다. 그 대책이 상대방이 사용하는 방법과 관련해 나름 사리에 부합하면 상대는 자신도 모르는 사이 자연스럽게 그 속셈을 드러내게 마련이다. 이것이 바로 사람의 마음을 낚는 그물인 이른바 조인지망釣人之網이다."

사물은 모두 모택동이 「모순론」에서 역설했듯이 상대적인 존재일 뿐이다. 사물의 반면을 읽을 줄 알아야만 상대의 입장에 서서 유세할 수 있고 상대를 조정할 수 있는 책략을 낼 수 있다. 『귀곡자』「내건」이 사물이 극한에 달하면 반대로 전화轉化해 원래의 모습으로 변하는 이른바 환전인화環轉因化를 강조한 이유가 여기에 있다. 해당 구절이다.

"군주가 군신의 직분을 명확히 세우고 백성들을 다스리는 것을 돕고자 할 경우 먼저 백성들이 일정한 산업에 종사하는 풍토를 조성한다. 이를 일컬어 군주의 마음 깊은 곳에서 결속한 건이내합揵而內合이라고 한다. 윗사람이 크게 어두워 제대로 다스리지 못하면 아랫사람이 전횡하는데도 깨닫지 못한다. 이때는 뒤로 물러나 두 번 다시 계책을 내지 않는 이른바 건이반지揵而反之 방안을 적극 고려해야 한다. 군주가 스스로 옳다고 자만하며 주변의 말을 듣지 않을 경우 칭찬하는 말로 띄워주며 환심을 사는 수밖에 없다. 만일 자신을 부르는 명이 내려지면 먼저 받아들인 뒤 자신의 의중을 구체화하는 방안을 강구한다. 군주 곁을 떠나고자 할 경우에는 자신이 계속 곁에 남아 있으면 군주에게 해가 될 수 있다는 말을 늘어놓아 군주 스스로 보내주도록 만든다. 남거나 떠나는 것 모두 굴렁쇠가 땅 위를 굴러갈 때처럼 주어진 상황에 따라 자연스럽게 변화하는 모습을 띠어야 한다. 환전인화를 행하면 아무도 그 행하는 바를 알 수 없다. 이런 경지에 오르면 가히 몸을 온전히 보전하며 물러나는 유세의 대원칙을 안다 할 만하다."

'환전인화'의 '환전'은 굴렁쇠가 굴러가는 것을 뜻하고, '인화'는 주어진 상황에 따라 자연스럽게 변화하는 임기응변을 의미한다. 『귀곡자』 「내건」은 '물극필반'을 굴렁쇠가 굴러가는 '환전인화'로 바꿔 표현한 셈이다. 사람을 낚는 '조인지망'의 조釣 개념도 이런 관점에서 풀이해야 한다. 유세와 책략은 곧 사람을 낚는 게 근본목적이고 이는 '물극필반' 이치에 입각한 '환전인화'의 술책을 통해서만 가능하다고 주장한 것이나 다름없다.

다섯째, 『귀곡자』는 틈새의 봉합이 불가능할 때는 아예 새로운 물건으로 바꿀 것을 주장했다. 해석하기에 따라서는 맹자의 폭군방벌론暴君放伐論을 방불케 하는 매우 과격한 이론으로 여겨질 소지가 크다. 「저희」의 해당 대목이다.

"희巇는 작은 틈새이고, 작은 틈새는 중간 크기의 틈새로 커지고, 이는 마침내 커다란 틈새로 변한다. 틈새가 생기기 전에 미세한 조짐이 있기 마련이다. 대처 방법은 모두 5가지다. 첫째, 틈새의 조짐이 안에서 비롯된 것이면 곧바로 봉합하는 저희술抵巇術로 틀어막는다. 둘째, 만일 외부로부터 비롯된 것이면 저희술로 제거한다. 셋째, 공개적으로 드러나면 저희술로 그 싹을 없앤다. 넷째, 아직 맹아 단계면 희술로 은폐한다. 다섯째, 이미 커져 어쩔 수 없는 단계면 아예 저희술로 새로운 대체물을 찾는다. 이를 일러 틈새를 봉합하는 이치인 저희지리抵巇之理라고 한다."

'저희술로 아예 새로운 대체물을 찾는다'는 구절의 원문은 가저이득可抵而得이다. 여기의 득得은 옛 군주를 버리고 새로운 군주를 찾아나서는 것을 의미한다. 자신의 계책이 받아들여지지 않았을 때 해당 군주 곁을 떠나라고 주문한 것은 『논어』의 취지와 동일하나 이후의 행보는 다르다. 『논어』는 은둔隱遁을 권했으나 『귀곡자』는 새로운 군주를 찾을 것을 요구했다. 해석하기에 따라서는 새 군주를 부추겨 이전에 섬기던 군주의 나라를 뒤엎을 것을 주문한 것으로 볼 수 있다. 맹자가 역설한 '폭군방벌론'과 별반 차이가 없게 된다. 실제로 역대 왕조는 『귀곡자』의 '가저이득' 구절을 그런 식으로 해석했다. 한때 명태조 주원장이 『맹자』의 '폭군방벌론'에 반발해 해당 대목의 삭제를 명한 것처럼 『귀곡자』가 오랫동안 금서로 간주된 이유가 여기에 있다.

유가의 충군忠君 개념을 전면에 내세우며 천하를 통치한 역대 왕조가 종횡가의 이런 행보를 달가워할 리 만무하다. 그러나 국가총력전 양상을 보이고 있는 21세기의 경제전 시기에는 새로운 해석을 요한다. 안방과 문밖의 경계가 사라진 까닭에 말 그대로 천하의 인재를 그러모아야 세계시장을 석권할 수 있기 때문이다. 우리말에 '구더기 무서워 장 못 담글까?'라는 속담이 있다. 국적을 가리는 것은 곧 패망을 자초하는 길이다. 오히려 국경에 아랑곳하지 않고 천하를 종횡으로 누비는 특급 인재를 더 많이 그러모아야 한다. 요체는 특별대우를 통해 그들이 떠나지 않도록 붙잡아 두는 데 있다.

책략의 구체적인 표현인 정치적인 책략과 군사적인 전략, 국제정치의 외교책략, 기업경영의 상략 등이 청와대 참모진과 국방스태프, 외교관, 비즈니스맨 등의 전유물일 수만은 없다. 오히려 최고통치권자와 기업 CEO 등이 이를 숙지해야만 휘하 장상將相을 제대로 부릴 수 있다. 『귀곡자』를 단순히 책사들을 위한 텍스트로만 해석해서는 안 되는 이유다.

G2시대와 종횡학

지난 2011년 하버드대 역사학과 교수 퍼거슨은 『시빌라이제이션』에서 동양과 서양의 역전이 빚어지게 된 배경을 역사적으로 고증한 바 있다. 명나라가 세계최대 백과사전인 『영락대전』을 간행할 당시 런던은 하수도 시설이 없어 악취가 진동하는 극히 야만적인 상태에 놓여 있었다. 거주자의 평균수명이 30세에도 미치지 못했다. 그러던 것이 일순 뒤바뀌고 말았다. 서양에는 있었지만 동양에는 없었던 치열한 경쟁과 과학기술, 재산권, 의학, 소비사회, 직업윤리 등 6가지 요소로 인한 것이었다. 당시 유럽은 500개 안팎의 크고 작은 나라로 나뉘어 후추 등의 향신료 무역권 등을 놓고 존망을 건 사투를 벌였다. 전쟁의 일상화가 역설적으로 서양의 급속한 흥기를 자극했다. 과학기술의 발전과 교역촉진, 조세제도의 정비 등이 뒷받침된 결과다. 퍼거슨은 힘의 불균형이 경쟁을 낳고 경쟁이 진보의 동력으로 작용하면서 동서역전이 빚어졌다고 파악했다.

퍼거슨의 주장에 따르면 한무제가 유학을 유일한 관학으로 인정한, 이른바 독존유술獨尊儒術 선언은 동양의 퇴보를 자초한 단초에 해당한다. 제자백가의 최대 화두인 치국평천하의 기본이념이 흐려진 게 그렇다.『귀곡자』의 두 축인 책략과 유세는 정치적 이해관계를 타결하는 차원에서 구사하면 정략, 군사적으로 활용하면 전략, 외교협상의 무대에서 써먹으면 지략, 기업 비즈니스 차원에서 이용하면 상략이 된다. 기업경영에 비유할 경우 기업 CEO의 상황판단 및 결단은 정략, 비즈니스맨의 협상과정은 상략, 신제품 출시를 포함한 마케팅 등은 전략에 해당한다.

기업 CEO가 수준 높은 상략을 구사하려면 반드시 정치와 군사외교 분야에서 사용하는 정략과 전략, 지략 등까지 훤히 꿰어야만 한다.『귀곡자』를 읽을 때 법가와 상가 및 병가 서적을 함께 읽어야 하는 이유다. 무력이 동원되는 전쟁이든 시장 쟁탈전으로 전개되는 상전商戰이든 '전쟁'의 모습으로 치러지는 한 기본성격과 전개과정 등은 똑같을 수밖에 없다. 승리의 관건은 상대의 심경변화 및 달라진 움직임에 따라 수시로 계책을 바꾸며 대처하는 임기응변에 있다.『귀곡자』「내건」은 이를 굴렁쇠가 땅 위를 굴러갈 때처럼 주어진 상황에 따라 자연스럽게 변화하는 모습을 띠는 이른바 환전인화로 표현해 놓았다. 21세기의 경제전에서 궁극적인 승리를 거두기 위해서는 '임기응변' 내지 '환전인화'가 절대 필요하고, '응변'은 풍부한 인문학 소양이 있어야만 가능하다. 고금동서를 막론하고 인문학 소양이 부족하면 사물을 종합적으로 판단해 합리적인 대안을 찾아내는 데 어려움을 겪을 수밖에 없다. 문학을 모르면 인간의 깊은 내면을 통찰하는 데 한계가 있고, 역사를 모르면 고금의 흥망성쇠 이치를 깨닫지 못하고, 사상을 모르면 국가경영의 비전을 제시하기가 어렵다. 동양이 수천 년에 걸쳐 문·사·철의 인문학을 중시한 이유다.

최근 전 세계의 경제경영학계가 인문학에 열광하는 것은 말할 것도 없이 소프트웨어 때문이다. 21세기 디지털 시대에 접어들어 중요한 것은 편리한 사양의 하드웨어가 아니라 거기에 담긴 내용과 이를 운용하는 소프트웨어라는 사실을 뒤늦게 깨달은 결과다. 콘텐츠를 알차게 꾸미기 위해 노력하는 과정에서 통상적인 것은 이미 인터넷에 널리 유포된 피상적인 것으로 별 쓸모가 없다. 보다 심도 있는 내용은 동서양의 고전에 있다. 아이디어의 보고에 해당한다. 첨단 과학기술과 정보화 시대로 특징지어지는 21세기 비즈니스 현장에서 인문학적 자양분을 찾아내기 위한 노력이 경주되는 이유다. 그러나 동서양의 고전을 탐사해 21세기 버전으로 해석하는 일은 결코 간단하지 않다. 설령 고전에서 의미 있는 정보를 찾아낼지라도 이를 21세기 버전으로 가공하는 것은 또 다른 노력과 능력이 요구된다. 깊이 있는 지식과 동서고금을 두루 꿰는 통찰이 전제되지 않으면 제대로 된 가공이 불가능하다. 콘텐츠 생산이 그만큼 어려운 것이다.

자연과학에서 수학과 물리, 화학 등의 기초 학문은 과학발전의 초석이 된다. 인문학이 바로 이런 역할을 한다. 이를 일정 수준까지 끌어올리기 위해서는 기본적으로 많은 시간을 투여해야만 한다. 수학과 물리학을 공부하는 사람들이 그렇듯이 머리도 좋아야 한다. 인문학의 경우는 순수 자연과학과 달리 우선 학문 간의 벽을 없애는 것만으로도 커다란 성과를 거둘 수 있다. 현재 인문학을 압도하고 있는 경제경영 등의 사회과학은 국가공동체 대신 사회공동체를 전면에서 내세우고 있는 마르크스와 베버의 이론에 기초해 있다. 이는 동양 전래의 제왕학 전통과 동떨어진 것이다. 원로 경제학자 조순은 지난 2005년에 발표한 「한국의 경제학 연구」에서 이 문제를 심각하게 지적한 바 있다.

"경제학은 아무리 노력해도 엄밀한 순수과학이 될 수 없다. 그런 노력을 하면 할수록 현실 문제를 해결하는 능력은 더 떨어진다. 물리학과 수학의 방법론을 배우려고 경제학이 아무리 노력해도 경제학은 자연과학과 다를 수밖에 없다."

그가 경제학은 '자연과학'과는 다를 수밖에 없다고 말한 것은 바로 사회과학의 한계를 통찰한 결과다. 그의 주장대로 사회과학에서 가장 '과학적'인 학문으로 알려진 경제학이 방법론에서 자연과학과 다를 수밖에 없다면 여타 사회과학은 더 이상 언급할 필요조차 없다. 21세기의 세계 학계를 풍미하고 있는 화두는 통섭統攝이다. 학문 간의 벽을 허물고 하나로 녹일 필요가 있다. 경제경영학도 이제는 인간의 숨결과 체취가 풍기는 '인문경제경영학'으로 나아가야만 한다. 21세기 경제경영 차원에서 볼 때 귀곡자의 주장과 이론은 일종의 설득경영에 해당한다. 직원과 소비자를 설득하기 위해서는 먼저 소통이 원활히 이뤄져야 한다. 설득경영은 곧 '소통경영'을 달리 표현한 말이나 다름없다. 소통경영의 관건은 직원과 소비자들의 직언이 왜곡되지 않고 기업 CEO에게 그대로 전달되는 데 있다.

소통은 크게 2가지 측면으로 나눠볼 수 있다. 하나는 고객과 기업, 기업

내부의 조직 간 또는 임직원 간의 의사소통이다. 다른 하나는 모든 정보와 지식, 경험, 자원 등을 물 흐르듯 소통시키는 것이다. 소통경영은 이 양자를 유기적으로 결합한 것을 뜻한다. 기업이 장기적이면서도 지속적인 발전을 꾀할 경우 반드시 소통경영이 전제되어야 하는 건 말할 것도 없다. 이는 조직 내부의 '부서 이기주의'에 따른 불필요한 마찰과 자원의 낭비를 막아주고 상호 협력을 통한 시너지 효과를 증폭시킨다. 소통이 원활이 이뤄져야만 창의적인 아이디어가 사장되는 일이 없게 된다. 더 중요한 것은 고객의 높은 충성도를 유인하는 '고객경영' 내지 '감동경영'의 밑거름이 되기 때문이다. 고객경영의 관건은 고객이 원하는 것을 얼마나 빠른 시간 내에 효과적으로 제공하는가에 달려 있다. 이때 주의할 것이 '공급자 중심 마인드' 내지 '기술 지상주의'의 덫이다.

최첨단 기술에 대한 자부심이 지나친 나머지 고객은 별로 원하지 않는 복잡한 기능의 신제품을 출시하거나 고객이 오히려 부담감을 느낄 정도의 과도한 서비스를 내놓는 게 이 경우에 속한다. 일본의 소니 등이 삼성에 패한 이유가 여기에 있다. 과거 '델컴퓨터'가 데스크톱 컴퓨터와 워크스테이션의 장점만을 골라 출시한 '올림픽'도 유사한 경우에 속한다. 기술적으로 볼 때 이는 매우 뛰어난 제품이었다. 홍보에도 많은 돈을 투자했으나 결국 실패했다. 소비자가 기능이 복잡하고 성능이 뛰어난 컴퓨터를 외면했기 때문이다. 델 관계자의 자탄은 타산지석으로 삼을 만하다.

"당시 '올림픽'은 고객을 위한 기술이기보다 기술자를 위한 기술이었다!"

고객과 밀착해 그들이 현시점에서 간절히 원하는 것이 무엇인지를 수시로 체크하는 '소통경영'을 소홀히 한 결과다. 아무리 뛰어난 신기술일지라도 고객이 외면하면 아무 쓸모가 없다. 마이크로소프트사의 윈도우체제가 복잡한 기능의 애플의 매킨토시를 제압하고 소프트웨어 시장을 석권한 것도 마찬가지 경우다. 왜란 당시 동인과 서인 모두 도요토미 히데요시의 조선침공 가능성을 읽었다. 그럼에도 조정을 장악하고 있던 동인은 서인과 대립각을 세우기 위해 애써 그 가능성을 축소 내지 무시하는 쪽으로 나아갔다. 조직 내 소통이 차단된 것이다. 그 후과는 엄청났다. 막상 왜란이 터지자 적잖은 백성들이 왜군의 회유책에 넘어가 선조의 어가가 나아간 방향을 알려주는 등 적극 협조하고 나섰다. 고객과의 소통이 두절된 참사에 해당한다. 삼성의 이건희 회장은 '신경영 선언' 당시 이같이 일갈한 바 있다.

"삼성을 망치고 있는 것은 관리 위주의 경영방식이다. 관원 출신들이 전부 간부 자리를 꿰차고 있는 게 그렇다."

오늘의 삼성이 있게 된 것도 '소통경영'을 전제로 한 '제왕적 경영'이 제대로 작동했기 때문이라고 해석할 수 있다. 고금동서를 막론하고 인민의 지지를 받지 못하는 나라는 이내 패망했다. 기업도 하등 다를 게 없다. 소비자의 호응은 말할 것도 없고 직원의 지지마저 받지 못하는 회사는 앞날이 없다. 귀곡자가 전국시대 말기에 유세와 책략으로 일세를 풍미한 것도 따지고 보면 소통경영의 노하우를 터득한 덕분으로 볼 수 있다.

이기는 군대는 승리할 상황을 만들어놓고
전쟁에 임하고, 패하는 군대는 먼저 전쟁을
일으킨 다음 승리를 구한다.

勝兵先勝 而後求戰
승병선승 이후구전
敗兵先戰 而後求勝
패병선전 이후구승

和 戰 論

화전론

이기는 판세를
조성하라

손자와 군사학

병가는 제자백가 가운데 국가 존망을 좌우하는 전쟁문제를 전문적으로 다룬 학단이다. 공자와 묵자 및 노자 등이 각각 유가와 묵가 및 도가의 사상적 효시로 간주되고 있는 것과 달리 병가는 아직까지 누가 효시인지에 대해 정설이 없는 실정이다. 대다수 사람들은 춘추시대 말기 오자서伍子胥와 함께 오왕 합려闔閭의 패업을 도운 손무孫武를 들고 있다. 전국시대 초기 위문후魏文侯의 패업을 도운 오기吳起와 전국시대 중기 제나라에서 활약한 손빈孫臏을 드는 견해도 만만치 않으나 통설은 손무다. 그러나 손무의 사적이 안개 속에 싸여 있는 것은 미스터리다. 손무는 과연 실존인물일까, 아니면 가공인물에 지나지 않는 것일까? 현재로서는 『사기』「손자오기열전」과 『오월춘추』 등에 나와 있는 기록을 토대로 추론하는 수밖에 없다.

결론부터 말하면 손무는 가공의 인물이고 『손자병법』 역시 후대인이 전래의 여러 병법 이론을 요약해 정리한 것으로 보는 게 타당하다. 손무의 실존에 강한 의문을 제기하는 사람들은 크게 2가지 사항에 초점을 맞추고 있다. 하나는 과연 손무가 『손자병법』을 저술했는지의 여부고, 다른 하나는 과연 손무라는 인물이 존재했는지의 여부다. 이는 『도덕경』을 놓고 과연 노자라는 인물이 실존했는지, 나아가 과연 그가 『도덕경』을 저술했는지 여부를 놓고 논쟁이 지속되고 있는 것과 닮았다.

손무를 실존인물로 간주한 사마천은 『사기』「손자오기열전」을 쓰기 전에 손무에 관한 얘기를 그러모으기 위해 무진 애를 썼다. 그러나 그 결과는 참담했다. 합려의 궁녀들을 대상으로 자신의 병법을 시험해 보였다는 일화 밖에 수집하지 못했기 때문이다. 「손자오기열전」을 읽을 때 손무가 가공인 물일 공산이 크다는 심증을 굳혀주는 것은 이 일화 뒤에 나오는 다음 기록이다.

"합려는 손무가 궁녀들을 대상으로 군령을 바로 세우게 하는 것을 보고 그가 병법에 뛰어난 것을 비로소 알게 됐다. 이에 곧바로 그를 장수로 삼았다. 이후 손무는 강대한 초나라를 격파해 초나라 도성을 함락시키고 북쪽 으로 제나라와 진나라를 제압했다. 합려는 손무 덕분에 제후들 사이에서 명성을 크게 떨치게 됐다."

이게 손무에 관한 후속 기록의 전부다. 많은 사람이 의문을 제기하는 것 도 바로 이 때문이다. 『춘추좌전』에 그의 이름이 전혀 나오지 않고 있는 것 은 더욱 이해할 수 없다. 『춘추좌전』에 따르면 당시 합려 곁에서 활약한 참 모는 오직 오자서와 백비밖에 없다. 손무처럼 혁혁한 공을 세운 사람의 이 름이 『춘추좌전』에 단 한 번도 나오지 않는다는 것은 납득키 어려운 일이 다. 손무를 가공의 인물로 간주하는 가장 큰 이유가 여기에 있다. 역사적 으로 보면 손무를 가공의 인물로 보는 견해는 끊임없이 제기돼 왔다. 나아 가 손무가 직접 『손자병법』을 지었다는 주장에 대해서도 많은 사람들이 의구심을 표했다. 이들 2가지 사항에 대한 기존의 반론을 종합해보면 크게 4가지로 요약할 수 있다.

첫째, 진인위서설眞人僞書說이다. 손무는 실존인물이나 『손자병법』은 그 가 지은 게 아니라 후대인이 손무의 이름을 가탁해 펴낸 것이라는 주장이 다. 북송의 매요신梅堯臣과 청대의 요내姚鼐, 근대의 양계초梁啓超 등이 이를 주장했다. 누군가가 이전부터 내려오는 얘기를 하나로 모아 편집한 뒤 손무의 이름을 가탁해『손자병법』을 펴냈다는 게 이들의 주장이다. 이 설은 손무를 실존인물처럼 묘사해 놓은『사기』「손자오기열전」의 기록을 그대로 받아들인 데서 출발하고 있다. 이들의 주장을 수용할 경우 그토록 뛰어난 병법을 자랑한 손무가 왜 병서를 남기지 않은 채 조용히 사라지게 되었는지, 나아가『손자병법』은 과연 누가 쓴 것인지 여부 등이 또다시 논란거리로 남게 된다.

둘째, 가인빈작설假人臏作說이다. 손무는 가공의 인물이고『손자병법』은 손빈의 저작이라는 주장이다. 일본학자 사이토 셋토齊藤拙堂가 이를 주장했다. 손무와 손빈은 원래 한 사람으로 '무'는 이름이고 '빈'은 호라는 게 그의 주장이다. 중국의 역사학자인 전목錢穆이 이를 지지했다. 이 주장은 죽간본의 출토로 입지가 줄어들기는 했으나 손빈의 저작이『손자병법』과『손빈병법』이라는 두 개의 판본으로 전해졌을 가능성이 완전히 사라진 것은 아니다.

셋째, 가인오작설假人伍作說이다. 손무는 가공의 인물이고『손자병법』은 오자서의 저작이라는 주장이다. 청나라 중기에 활약한 문인 모정牟庭이 이를 주장했다. '무'는 손무의 이름을 뜻하는 게 아니라 원래부터 병서의 책 이름이었다는 게 그의 주장이다. 이 경우에 오왕 부차의 손에 의해 비참한 최후를 맞은 오자서가 어느 겨를에 병서를 썼는가 하는 의문이 남는다.『한서』「예문지」에는 비록 후대인의 위작으로 보이기는 하나 병서『오자서』 10편이 기록돼 있다. 만일 오자서가 병서를 남겼다면 그 제목이『오자서』 였을 공산이 크다. 이런 점 등을 감안할 때 오자서가『손자병법』을 썼을 가능성은 매우 희박하다.

넷째, 가인위서설假人僞書說이다. 손무는 가공의 인물이고『손자병법』은 후대 사람이 이전부터 내려온 병서를 새롭게 편제해 펴낸 책에 불과하다는 주장이다. 1200년경 남송의 명유 섭적葉適이 이를 주장했다. 그는『습학기언習學記言』「서목序目」에서 '손무는 존재하지 않는 가공의 인물로 순전히 후대 사람들이 만들어낸 우상에 불과하다'고 단언했다. 만일『사기』의 기록처럼 손무가 남쪽으로 월나라를 제압하고, 서쪽으로 강력한 초나라를 멸망 직전까지 몰아가고, 북쪽으로 제나라와 진나라에 위세를 떨쳤다면 왜 경대부의 작위를 받지 못했는지 이해할 길이 없다는 것이다. 무엇보다 가장 권위 있는 사서인『춘추좌전』에 그의 이름이 전혀 나오지 않는 점을 들었다. 그는 무명의 처사가『손자병법』을 저술한 것으로 보았다.

사실『춘추좌전』에 손무의 이름이 전혀 나오지 않고 있는 것은 커다란 문제다. 섭적의 날카로운 지적은 지금까지도 손무의 존재를 부인하는 가장 중요한 논거로 원용되고 있다.『춘추좌전』에는 고대의 병서『군지軍志』의 명칭이 나온다. 물론 무명인의 저서다. 이에 따르면 기원전 632년 당시 진문공과 천하의 패자 자리를 놓고 자웅을 겨루던 초성왕은 이같이 언급한 바 있다.

"『군지』에 이르기를, '적이 정당하면 싸우지 않고 돌아가고, 적을 이기기 어렵다는 것을 알면 퇴각하고, 덕이 있는 자와는 싸울 수 없다'고 했다. 이 3가지 구절은 바로 진나라를 두고 이르는 말이다."

초성왕이 병서인『군지』를 언급할 정도였다면 당시 초나라 장수들 역시 이를 숙독했다고 보는 게 옳다. 이는『손자병법』에 버금하는『군지』가 손무보다 1백여 년이나 앞선 시기에 이미 널리 유포됐음을 보여준다.『손자병법』에도 저자의 이름을 알 길이 없는 고대 병서인『군정軍政』의 명칭이 나온다.『관자』「병법」에도『대도大度』라는 병서의 명칭이 등장한다. 해당 대목이다.

"『대도』에 이르기를, '군사가 출병하는 날 나라 안이 빈곤하지 않으면 싸워서 반드시 승리하고, 승리하되 사상자가 나지 않고, 땅을 얻어도 나라가 피폐해지지 않는다고 했다."

『삼략』에도 『군참軍讖』과 『군세軍勢』 등의 고대 병서가 인용되고 있다. 대표적인 법가서인 상앙의 『상군서商君書』「전법戰法」에도 익명의 병서가 나온다. 해당 대목이다.

"적군이 마치 강둑이 무너지듯 사방으로 흩어져 달아나면서 궤산潰散의 발걸음을 멈추지 않으면 그들을 놓아주고 더 이상 추격하지 않는다. 그래서 『병법』에서 말하기를, '큰 전투에서 승리하면 패주하는 적을 10리 이상 뒤쫓지 않고 작은 전투에서 승리하면 5리 이상 뒤쫓지 않는다'고 하는 것이다."

현존 병서에는 『상군서』「전법」에 나온 '큰 전투' 운운의 구절을 찾을 길이 없다. 전국시대 중엽에 활약한 상앙 역시 이름이 알려지지 않은 병서를 본 게 확실하다. 이는 『손자병법』이 나오기 전에 이미 『군지』와 『군정』 및 『대도』 등 무명인이 쓴 수많은 병서가 널리 유포돼 있었음을 보여준다. 엄밀히 말하면 서주 초기 여상이 썼다는 『육도』를 위시해 춘추시대 말기 제나라 사마양저의 『사마법』과 손무의 『손자병법』, 전국시대 초기 오기의 『오자병법』, 전국시대 말기 울료의 『울료자』, 전한 초기 황석공의 『삼략』, 당태종과 이위공이 문답을 나눴다는 『당리문대』 등 '무경7서' 가운데 『당리문대』를 제외한 나머지 저서 모두 무명인의 저서다. 단지 여상과 사마양저 등의 이름을 빌렸을 뿐이다.

대략 『손자병법』은 춘추시대 이전부터 내려오는 병서를 누군가 정리한 뒤 '손무'라는 이름에 가탁해 펴냈을 공산이 크다. 손무라는 이름 자체가 실존인물인 손빈에서 손孫이라는 글자를 따오고 병서를 뜻하는 병兵과 같은 의미인 무武 자를 덧붙여 창작해냈을 공산이 크다는 추론이 그럴듯하다. 선진시대가 무려 5백여 년 동안 진행된 점에 비춰『손자병법』을 포함해 저자를 알 수 없는 무수한 병서가 만들어졌다고 보는 게 사리에 부합한다. 객관적으로 볼 때 현존『손자병법』은 이름만 '손자병법'일 뿐 조조의『손자약해孫子略解』를 달리 표현한 것에 지나지 않는다.『손자약해』는 삼국시대 당시 위나라 조조가 82편에 달하는 기왕의『손자병법』을 새롭게 편제해 펴낸 것이다. 당시 조조는 온갖 잡문이 끼어들어 원문의 6배 이상 부풀려진 기존의『손자병법』을 대대적으로 손질해 원형에 가깝게 복원해내면서 정밀한 주석을 가했다. 당대 최고의 전략가이자 탁월한 사상가였기에 가능한 일이었다. 그는 현존『손자병법』의 사실상의 저자에 해당한다.

　실제로 조조의 주석을 덧붙여 읽지 않을 경우 현존『손자병법』에 대한 제대로 된 이해가 불가능하다. 조조가『손자약해』서문에서 밝혔듯이『손자병법』은 예로부터 제자백가서 가운데『도덕경』다음으로 해독하기가 어려운 것으로 정평이 나 있었다. 이론과 실제를 겸비한 병법가의 도움이 절대 필요하다. 조조의 주석이 바로 이런 요구에 부응한다.『손자병법』을 읽을 때 조조의 주석을 반드시 원문과 함께 검토해야만 하는 이유다. 그럼에도 조조가 원형에 가깝게 복원한 현존『손자병법』의 해독은 그리 간단치 않다. 크게 2가지 이유다. 첫째, 본문이 너무 소략하다. 총 13편 6천여 자에 불과하다.『도덕경』보다 겨우 8백여 자가 많을 뿐이다. 제자백가서 가운데 가장 얇은 축에 속한다. 둘째, 문체 또한『도덕경』을 방불할 정도로 극히 추상적인 용어로 되어 있다. 제자백가서를 두루 꿴 사람만이『도덕경』에 대한 제대로 된 주석서를 펴낼 수 있는 것처럼『손자병법』역시 이론과 실제를 겸비해야만 제대로 된 해석이 가능하다. 실제로 송대의 문인 정후칙鄭厚則은 자신의 문집『예포절충藝圃折衷』에서 이같이 토로한 바 있다.

"『손자병법』은 그 내용이 간략하면서도 풍부하고, 쉬우면서도 심오하고, 하나로 요약되었으면서도 두루 통한다."

간략하고 쉬운 듯 보이면서도 그 뜻하는 바가 심오하다고 표현한 것은 『도덕경』에도 그대로 적용되는 말이다. 『도덕경』이 그렇듯이 현존 『손자병법』의 요체를 파악하는 일이 그만큼 어렵다는 사실을 반증한다. 조조가 『손자약해』를 펴낸 것도 바로 이 때문이다. 『도덕경』과 『손자병법』은 말할 것도 없고 그 분량이 다소 많은 『논어』 역시 텍스트 자체만으로는 그 의미를 정확히 파악하는 게 쉽지 않다. 『논어』 역시 그 의미를 제대로 이해하려면 제자백가 사상을 포함해 춘추전국시대의 역사문화를 두루 꿰어야만 한다. 『도덕경』과 마찬가지로 극히 간명한 문체로 병가사상을 집성해 놓은 『손자병법』의 경우는 더 말할 게 없다. 『손자병법』을 정밀하게 읽고자 할 경우 반드시 조조의 주석을 참조해야 하는 이유가 여기에 있다.

원래 조조는 이론과 실제를 겸한 당대 최고의 군사전문가인 것이 사실이나 그가 모든 전투에서 승리를 거둔 것은 아니다. 상식적으로 생각해도 모든 전쟁에서 승리 거두기란 극히 어려운 일이다. 상대방도 패배를 거울삼아 필사적으로 나오기 때문이다. 실제로 그는 적벽대전에서 참패를 당했다. 이런 경험이 이론과 실제를 겸비한 탁월한 군사전문가로 성장하는 결정적인 배경이 되었다. 그가 온갖 잡문이 끼어들어 크게 훼손된 『손자병법』에 대대적인 손질을 가해 『손자약해』를 펴낸 근본배경이다. 자신의 경험을 토대로 '병가의 성전'으로 칭송받고 있는 『손자병법』을 원래 모습에 가깝게 복원코자 한 것이다.

『구당서』「배도전裵度傳」에 이기고 지는 것은 병가에서 늘 있는 일이라는 뜻의 '승패병가상사勝敗兵家常事'라는 구절이 나온다. 중요한 것은 당시 조조가 한 번 범한 실수를 두 번 다시 범하지 않기 위해 부단히 노력한 점이다.

이게 유비나 손권 등과 다른 점이다. 그가 시대를 뛰어넘는 최고의 전략가가 될 수 있었던 근본이 바로 여기에 있다. 『손자약해』의 출현배경도 이런 관점에서 접근할 필요가 있다. 조조의 뛰어난 병법가로서의 면모는 크게 이론과 실제의 두 측면으로 나눠볼 수 있다. 이론적 측면은 『손자병법』을 새롭게 편제하면서 뛰어난 주석을 단 점을 들 수 있다. 이에 대해서는 21세기 현재까지 아무도 이론을 제기하지 않는다. 단지 손무를 실존인물로 간주하면서 사실상의 저자인 조조의 주석을 제대로 반영하지 않는 점이 아쉬울 뿐이다.

『손자병법』을 비롯해 『오자병법』과 『손빈병법』 등의 역대 병서 모두 저자가 실존인물인지 여부와 상관없이 제자백가서의 꽃에 해당한다. 난세를 타개할 수 있는 뛰어난 방략이 대거 수록돼 있기 때문이다. 21세기의 학술 차원에서 볼 때 손무를 비롯한 역대 병가의 사상 및 이론은 군사학의 원형에 해당한다. 이들 병서는 종횡가의 기본텍스트인 『귀곡자』와 『전국책』과 짝의 관계를 이루고 있다. 21세기 현재 G1 미국의 행보를 통해 명확히 알 수 있듯이 군사와 외교가 마치 동전의 양면처럼 불가분의 관계를 맺고 있는 것과 같다. 고금동서를 막론하고 외교를 배제한 군사는 맹목적이고 군사를 배제한 외교는 공허할 수밖에 없기 때문이다.

전략과 전술

『전쟁론』과 『손자병법』

세계전사에 수록된 무수한 전례戰例 가운데 세상에서 가장 빨리 끝난 전쟁은 1896년 8월 영국함대와 잔지바르 간의 전쟁이었다. 기록에 의하면 37분 23초 만에 끝났다. 잔지바르의 추장이 항구 밖에 정박해온 영국함대를 향해 선전포고를 하자 영국함대가 함포사격을 가해 궁전을 불바다로 만들었다. 500명의 추장 근위병들이 대거 죽거나 다쳤고 잔지바르가 보유한 군함 역시 단 한 방의 직격탄에 침몰하고 말았다. 더 이상 버틸 도리가 없어 곧바로 항복을 선언한 것이다. 군사전문가들은 인구가 밀집돼 있는 도시에 타격을 가할 경우 전투 개시 1시간 만에 무려 100만 명 이상의 희생이 뒤따를 것으로 내다보고 있다. 기원전이라고 다를 리 없다. 『손자병법』이 적국의 도성을 함락시키는 공성전攻城戰을 최악의 전투로 간주하는 이유다. 21세기에 들어와 『손자병법』이 동서고금을 통틀어 최고의 병서로 칭송을 받고 있는 것도 이와 무관치 않을 것이다.

그러나 병서에 대한 칭송은 나라마다 약간의 차이가 있다. 일본은 전설적인 검객인 미야모토 무사시가 쓴 『오륜서五輪書』를 『손자병법』 못지않게 높이 평가하고 있다. 서구는 전통적으로 클라우제비츠의 『전쟁론』을 최고의 병서로 떠받들고 있다. 일각에서 『오륜서』와 『전쟁론』을 『손자병법』과 더불어 '세계의 3대 병서'로 부르고 있다. 그러나 『오륜서』와 『전쟁론』은 『손자병법』처럼 치도 차원의 병도兵道와 전략 차원의 전도戰道 및 전술 차원의 쟁도爭道를 하나로 꿰어 보지 않고 있다. 다만 『오륜서』의 경우는 『손자병법』을 흉내 낸 부분이 있어 일정 부분 평가할 만하다. 원래 미야모토는 단 한 번도 진 적이 없는 전설적인 검객이다. 일본에서 그를 검성劍聖으로 부르는 이유다. 그는 장검의 달인 사사키 고지로佐佐木小次郎와 가진 최후의 결투를 끝으로 69번의 무패신화를 남긴 뒤 숨을 거뒀다. 사망하기 2년 전인 1643년에 그는 구마모토의 영주 호소카와 다다토시細川忠利의 부탁을 받고 운간사라는 절에 머무르면서 『오륜서』를 집필했다. 『오륜서』는 도가사상이 짙게 반영돼 있다. 그가 노자와 장자를 추종한 결과다.『손자병법』이 도가사상과 맥을 같이하는 것과 닮았다.

그러나『오륜서』와 달리『전쟁론』은 과대평가된 측면이 짙다. 이 책은 저자인 클라우제비츠가 1831년 콜레라에 감염돼 51세로 갑자기 세상을 떠나자 부인 마리가 3년 뒤 남편의 유고를 모아 출간한 것이다. 원래 미완성 작품이다. 그는 23세에 베를린 군사학교를 수석으로 졸업한 뒤 전투에 참여했다가 나폴레옹군의 포로가 되어 이듬해인 1807년 말에 귀환할 수 있었다. 1812년 프랑스군과 싸우기 위해 러시아 군대에 들어갔다가 1814년에 프로이센으로 복귀한 뒤 이듬해에 제3군단 참모장이 되었다. 전쟁이 끝난 후 1830년까지 12년 동안 베를린 군사학교 교장으로 근무했다.『전쟁론』유고는 이때 만들어졌다. 나름 병서를 쓰는 데 도움이 될 만한 여러 군경력을 거친 게 사실이나 이를 군사전략 및 경영전략의 명저로 손꼽는 것은 아무래도 지나치다.

『전쟁론』은 내용도 난삽하고 전쟁 자체를 즐기는 듯한 느낌마저 주고 있다. 일례로 '전쟁은 다른 수단에 의한 정치의 연속이다'라는 구절을 들 수 있다. 이는 비록 인구에 회자하고 있으나 그 내막을 보면 적잖은 문제가 있다. 기본적으로 전쟁을 즐기는 호전론에 입각해 있기 때문이다.『손자병법』이 부득이한 상황하에서 부득불 전쟁에 나서는 신전론을 펼친 것과 대비된다.『전쟁론』의 전략이론을 경영전략에 그대로 적용할 경우 세계경제 위기의 배경이 된 지난 2008년의 월가 금융위기와 같은 파탄을 자초할 수밖에 없다. 수단방법을 가리지 않고 이익을 거둬들이는 데 과도하게 집착하기 때문이다. 전리품에 혈안이 돼 마구 전쟁을 벌이는 것과 같다. 실제로 지난 세기 말에 터져 나온 IMF 환란 등을 국제투기금융 세력의 장난으로 파악하는 사람들은 그런 식으로 해석하고 있다.

엄밀히 말하면 클라우제비츠는 전략가가 아니다. 실제로『전쟁론』의 내용 자체가 전투상황별로 기록한 전사 사료에 가깝다. 단락별로 전쟁과 관련한 유명한 명구들을 덧붙여 놓은 점이 약간 다를 뿐이다. 그럼에도 21세기 현재까지 병서의 고전인 양 '과찬'이 넘치는 것은 아편전쟁 이후 2세기 가까이 서양이 세계사의 중심이 된 사실과 무관치 않다.『전쟁론』을 칭송하는 군사전문가들 가운에『손자병법』의 병도와 전도 및 쟁도 원리를 제대로 아는 사람이 거의 없다는 사실이 이를 뒷받침한다. 서양에는 전사戰史만 있을 뿐 동양에서 말하는 의미의 병서는 없다.『손자병법』과 같은 '병도'와 '전도' 및 '쟁도'와 같은 개념이 존재하지 않기 때문이다.『전쟁론』도 일종의 전사 연구서일 뿐 병서가 될 수 없다.

『로마인 이야기』로 한국 독자에게 익숙해진 일본의 여류작가 시오노 나나미는 학습원대학 졸업논문으로 병가와 법가의 상호관계를 추적한 바 있다. 한비자가 진시황을 만나 유세한 내용을『손자병법』및『오자병법』등의 병서와 비교하는 식이었다. 법가의 논리가 병가 논리와 동전의 양면관계를 이루고 있다는 사실이 극명하게 드러났다. 시오노가 서양 버전의 법가사상가인 마키아벨리 전문가로 활약하며『손자병법』을 극찬한 게 결코 우연이 아님을 알 수 있다.『전쟁론』의 전쟁이론 가운데 가장 유명한 것은 이른바 '무게중심이론'이다. 이는 전쟁 당사국들의 군사력을 포함한 모든 힘과 움직임의 중심을 의미한다. 전쟁에서 이기려면 아군의 군사력을 총결집시켜 적의 무게 중심을 강타한다는 게 골자다. 해당 대목이다.

"전쟁을 기획할 때 첫 번째 임무는 적의 무게 중심이 무엇이고 어디에 있는지를 파악한 후 될 수 있는 한 그것을 단순화시키는 일이다."

이는 외양상『손자병법』이 전술의 요체로 거론한 '집중과 분산' 이론과 닮았다. 그러나 근본취지가 다르다.『손자병법』은 적의 투항投降을 염두에 둔 데 반해『전쟁론』은 적의 섬멸殲滅을 겨냥하고 있다. 하늘과 땅만큼의 차이가 있다. 서구에서는 제1차 세계대전 때 등장한 독일의 '슐리펜 플랜'을 뛰어난 전략전술로 간주하고 있다. 그러나 엄밀히 말하면 이 또한 공격과 방어에 대한 전술적 지침에 불과하다.

호전론에 입각한『전쟁론』보다는 차라리 나폴레옹의 참모로 참전했던 조미니의『전술론개설』이 더 낫다. 원래 스위스 출신인 조미니는 당초 나폴레옹의 참모로 활약하다가 이후 러시아 알렉산드르 1세의 부관으로 일하는 등 곡절 많은 삶을 살았다. 1804년 나폴레옹에 의해 전격 발탁된 그는 나폴레옹의 오른팔 격인 네이 장군 휘하로 들어가 많은 전공을 세워 능력을 인정받았다. 그러나 군사보고서를 늦게 제출했다는 죄명으로 체포되자 이에 불만을 품은 나머지 러시아로 망명해 그곳에서 알렉산드르 1세의 부관으로 활약했다. 러시아 육군사관학교의 창설은 그의 작품이다. 그는 1869년에 숨을 거둘 때까지 러시아 황실의 군사고문으로 일했다.『전술론개설』은『전쟁론』보다 4년 늦게 출간됐다. 조미니는 이 책에서 전쟁의 기본원리가 시공과 무기체계의 변화를 초월한다고 주장했다. 그가 역설한 전쟁의 기본원리는 '모든 작전은 결정적인 지점에 병력을 집중시키는 데 있다'는 주장에 집약돼 있다. 이는『손자병법』이 역설한 것이기도 하다. 장군의 덕목과 관련해 결단을 역설한 것도 마찬가지다.『손자병법』을 탐독한 나폴레옹이 그를 전격 발탁한 것도 결코 우연으로만 보이지 않는다. 참모로 활약할 때 곁에서 지켜보며 나폴레옹을 사숙私淑했는지도 모를 일이다.

크게 보아 클라우제비츠가 호전론에 입각해 전쟁과 정치의 상호관계를 논한 데 반해 조미니는 '용병' 자체에 초점을 맞춰 필승의 기본원리를 찾아냈다. 서양에서 사상 처음으로 병서다운 병서가 나온 이유다. 실제로 서양에서 동양의 역대 병서와 유사한 내용을 담은 책은『전술론개설』이 유일하다. 동양보다 2천여 년 늦은 셈이다. 서구의 정치학계에서 근대 정치학의 출발로 간주하는 마키아벨리의 『군주론』이 『한비자』보다 근 2천 년 늦게 나온 것과 닮았다.

『손자병법』은 전술보다 전략에 방점을 찍고 있다. 흔히 말하는 병략兵略, 무략武略, 군략軍略은 『손자병법』의 전략을 달리 표현한 말이다. 21세기에는 주로 '군사전략' 표현이 사용된다. 국가 목표를 이루기 위해 무력을 이용하는 기술과 과학을 뜻한다. 줄임말이 '군략'이다. 동서고금을 통틀어 최고의 전략가는 말할 것도 없이 『손자병법』의 저자로 알려진 손무다. 많은 사람들은 손무를 병가의 효시로 간주하고 있다. 그러나 엄밀히 말하면 병가의 효시는 춘추시대 중기 제환공을 도와 패업을 이룬 관중으로 보는 게 옳다. 관중이 활약한 춘추시대 중기는 농업의 발전에 힘입어 상공업도 높은 수준에 이르던 시기였다. 법가와 유가가 중농억상重農抑商을 역설한 데 반해 관중은 농상병중農商竝重을 지지했다. 상업에 대해 개방적인 입장이 돋보인다. 그를 상가의 효시로 보는 것은 바로 이 때문이다. 원래 관중은 병가뿐만 아니라 제자백가의 사상적 효시에 해당한다. 그만큼 폭이 넓고 깊다. 실제로 그의 저서로 알려진 『관자』「병법」은 그 내용이 『손자병법』을 방불한다. 「병법」의 다음 구절을 보면 이를 쉽게 알 수 있다.

"용병을 원대하게 하면 반드시 승리할 수 있다. 적들로 하여금 마치 공허한 곳에 머물며 그림자와 싸우는 것처럼 만들 수 있고, 적이 대책을 세우지 못하고 아군의 자취를 추적하지 못하게 만들면 이기지 못하는 경우가 없다. 적이 아군의 형적을 추적하지 못하고 임의로 작전할 수 없게 만들면 이루지 못할 게 없다. 이를 일러 병도라고 한다. 사라졌으나 있는 것 같고 뒤에 있으나 앞에 있는 것 같으니 병도의 위엄은 이루 형용할 수 없다."

『손자병법』과 비교할지라도 전혀 손색이 없다. 그를 병가사상의 효시로 간주하는 이유다. 『관자』에 따르면 군사력의 강약에 의해 국가의 존망과 안위가 결정된다. 『관자』가 군비폐지론에 해당하는 송견宋鈃 등의 침병지설寢兵之說과 묵자의 겸애지설兼愛之說을 반대하며 전쟁불가피론에 입각해 군비강화를 역설한 이유다. 고대 성왕들의 전성시대에도 군대가 있었다는 게 논거다. 주목할 것은 전쟁의 승패가 경제력에 의해 결정된다고 역설한 점이다. 나라가 부유해야만 우수한 무기를 확보할 수 있고 우수한 무기를 확보해야만 승리를 거둘 수 있다는 논리 위에 서 있다. 『관자』「치국」의 다음 대목은 부국강병 논리의 탄생배경을 잘 보여주고 있다.

"백성이 농사를 지으면 농토가 개간되고, 농토가 개간되면 곡식이 많아지고, 곡식이 많아지면 나라가 부유해지고, 나라가 부유해지면 군사가 강해지고, 군사가 강해지면 전쟁에서 승리하고, 전쟁에서 승리하면 영토가 넓어진다."

부민富民을 통한 부국강병의 논리가 일목요연하게 정리돼 있다. 지속적으로 부국강병을 유지하기 위해 민생의 안정에 힘쓰고 생산을 지속적으로 늘려야 한다는 게 요지다. 『관자』에 나타난 군사사상의 핵심이 여기에 있다. 부민부국을 용병 및 전쟁 승리의 근본배경으로 간주한 탓이다. 『관자』「7법」의 다음 대목이 이를 뒷받침한다.

"백성을 제대로 다스리지도 못하면서 능히 군사를 강하게 한 경우는 일찍이 없었다. 백성을 능히 다스리면서도 군사운용의 책략에 밝지 못하면 역시 그리할 수 없다. 군사운용에 밝지 못한데도 반드시 적국을 이긴 경우는 일찍이 없었다. 군사운용에 밝을지라도 적국을 이기는 책략에 밝지 못하면 역시 적국을 이기지 못한다. 군사력으로 반드시 적국을 제압하지 못하는데도 능히 천하를 바로잡은 경우는 일찍이 없었다. 군사력으로 반드시 적국을 제압할 수 있을지라도 천하를 바로잡는 명분을 분명히 하지 않으면 역시 그리할 수 없다."

복잡한 대외문제를 일거에 해결하는 또 다른 형태의 정치수단으로 전쟁을 상정한 결과다. 『관자』가 명분을 중시하며 군대의 출동을 자제하는 신중한 태도를 견지한 이유가 여기에 있다. 『관자』의 이런 군사사상은 후대의 병가뿐만 아니라 법가에게도 지대한 영향을 미쳤다. 전국시대 중기 상앙商鞅이 농사지으며 싸우는 이른바 농전農戰을 통해 서쪽 진나라를 가장 부강한 나라로 만든 게 그 증거다. 상앙의 변법이 초래한 효과는 엄청났다. 진나라 백성들은 전쟁이 터지면 부귀에 참여할 기회가 생겼다고 서로 축하하고 자나 깨나 전쟁이 일어나기를 노래했다. 상앙은 변법을 배경으로 생산증대를 독려했다. 덕분에 해마다 국고 수입이 1백여만 금에 달하게 됐다. 상앙은 농한기를 이용해 백성들을 쉼 없이 훈련시켰다. 백성들 모두 전쟁에 나가서는 목숨을 걸고 용감하게 싸우는 전사가 되었다. 진나라가 최강의 병력을 보유한 배경이 여기에 있다.

『손자병법』을 비롯한 역대 병서가 하나같이 전쟁과 경제의 상호관련성을 역설한 것도 바로 이 때문이다. 현실적으로 전쟁이 불가피하다면 속전속결로 싸움을 매듭지어야 한다는 게 골자다. 올바른 정사를 펼쳐 경제력을 탄탄히 해 놓고, 부득불 전쟁을 하게 될 때는 모든 상황을 종합적으로 분석해 승산을 점친 후 싸움에 나서라고 당부한 점에서 아무런 차이가 없다. 이들 병서가 전쟁을 부인하는 묵가의 비전非戰이나 전쟁을 반대하는 맹자의 반전反戰을 거부하고, 전쟁에 신중을 기하는 노자와 한비자의 신전愼戰 입장과 궤를 같이하는 것도 바로 이 때문이다. 말할 것도 없이 전쟁이 국가 존망과 백성의 안녕과 직결돼 있다는 확신에서 비롯된 것이다.

조조의 전략전술

현존 『손자병법』의 사실상의 저자인 조조가 보여준 뛰어난 병법은 크게 전략과 전술 측면으로 나눠볼 수 있다. 조조가 수많은 참전 경험을 통해 얻어낸 최고의 전략은 크게 2가지로 요약된다. 장수보다 모신謀臣을 중시하고 신상필벌信賞必罰의 원칙을 철저히 지킨 게 그것이다.

먼저 모신을 중시한 사례를 살펴보자. 건안 8년인 203년에 조조는 표문을 올려 순욱을 3공으로 천거한 바 있다. 조조는 이 표문에서 기이한 계책과 은밀한 계모를 뜻하는 기책밀모奇策密謀의 효용을 이같이 강조했다.

"전략을 짜는 것이 전공의 으뜸이고 계책을 내는 것이 포상의 기본이 되니, 야전에서 얻는 공은 묘당廟堂을 넘을 수 없고 전공이 아무리 많을지라도 나라를 세운 공보다 더할 수는 없는 일입니다."

'묘당'은 조정이나 장막 안에서 세운 전략을 뜻한다. 이 표문은 순욱이 참모로서의 역할을 충실히 수행해 무수한 전공을 세우게 되었음을 밝히기 위해 나온 것이다. 당시 순욱은 자신이 공을 세운 것이 없다는 이유로 이를 끝내 사양하며 받아들이지 않았다. 그러자 조조가 순욱을 설득키 위해 다음과 같은 내용의 서신을 보냈다.

"그대와 함께 일을 하면서 조정을 바로 세우게 되었으니 그대는 조정을 보필하고, 인재를 천거하고, 계책을 세우고, 은밀히 대책을 논의하는 데 큰 도움을 주었소. 무릇 전공이란 반드시 야전에서만 얻는 것은 아니니 원컨대 그대는 이를 사양치 마시오!"

전공은 반드시 야전을 통해서만 이루는 것이 아니라고 말한 것은 계책이 우선 제대로 마련돼야 승리를 거둘 수 있다는 『손자병법』의 용병원칙을 인용한 것이기도 하다. 당시 조조는 순유의 공로에 대해서도 크게 칭송하며 표문을 올려 그에게 작상을 내릴 것을 권한 바 있다. 실제로 조조는 순유의 계책을 이용해 관도대전 당시 원소를 격파하고, 원담을 지렛대로 삼아 원상을 격파하고, 마침내 원씨 세력을 모두 굴복시킬 수 있었다. 이때 조조는 표문을 올려 순유의 공을 다음과 같이 칭송하면서 모신의 중요성을 강조했다.

"군사軍師 순유는 신을 보좌한 이래 함께 참전하지 않은 적이 없습니다. 앞뒤로 적을 깨뜨리게 된 것은 모두 순유의 계책에 따른 것입니다."

당시 조조는 참모들의 헌책獻策을 적극 권장키 위해 부단히 노력했다. 조조가 초기에 미약한 세력에서 출발하였으나 승승장구하여 원소와의 일전에서 대승을 거둬 하북 일대의 패권을 장악하게 된 근본배경이 여기에 있다. 순욱과 곽가, 가후 등이 건의한 계책을 그대로 수용한 덕분이다. 그러나 그가 하북 일대를 평정한 후 날로 권력이 강화되면서 모신들의 건의를 수렴하는 일이 줄어들게 되었다. 이는 모신들이 조조의 위세를 두려워한 나머지 헌책을 소극적으로 하게 된 데 따른 것이었다.

그 결과 적잖은 실책이 빚어졌다. 대표적인 예로 고간高干을 칠 때 먼저 효장 악진과 이전을 보내 치게 한 뒤 친정에 나섰으나 3달에 걸친 공격에도 불구하고 이를 공략치 못한 경우를 들 수 있다. 이는 조조가 고간을 치기에 앞서 '성을 공략하면 모두 산 채로 묻어버리겠다'며 속셈을 그대로 드러낸 후과였다. 고간의 무리가 결사항전에 나선 것은 말할 것도 없다. 당시 조조는 자신의 언행이 문제를 복잡하게 만들었다는 사실을 재빨리 깨닫지 못하고 자신감에 넘친 나머지 쉽사리 적들을 제압할 수 있을 것으로 낙관했다. 그 결과는 소모적인 공격으로 인한 병력의 손실이었다. 만일 누군가가 조조에게 이를 알려주기만 했어도 다른 방도를 강구해 이내 소기의 성과를 거둘 수 있었을 것이다. 그런데도 모신들은 조조의 위세를 두려

위한 나머지 입을 다물었다. 문제의 심각성을 깨달은 조조는 건안 11년인 206년에 「구언령求言令」을 발표했다. 『삼국지』「무제기」 배송지 주에 인용된 『위서魏書』의 해당 대목이다.

"무릇 세상을 다스리고 백성을 통솔하면서 군신들이 보필을 하고자 할 때 가장 경계해야 할 것은 사람이 앞에서만 복종토록 만드는 것이다. 『시경』에 이르기를, '나의 계책을 받아들여 시행하면 거의 후회를 하지 않으리라'고 했다. 이는 사실 군신이 모두 간절히 바라는 바이기도 하다. 나는 중임을 맡아 매번 중정中正을 잃을까 두려워했다. 진언을 바라고 있지만 여러 해가 이미 지났는데도 아직 좋은 계책을 듣지 못했다. 이 어찌 계책을 듣기 위해 내가 채근하지 않은 탓이 아니겠는가? 이후 모든 연속掾屬과 치중治中, 별가別駕 등은 매월 초에 각자 모든 사안의 득실에 관해 거리낌 없이 말하도록 하라! 내가 장차 이를 모두 살펴볼 것이다."

그러고는 곧 전담 관원을 두고 때에 맞춰 통일된 서식의 서류와 봉투를 각 관아에 보내도록 조치했다. 이어 모든 연속과 치중, 별가 등에게 매월 초에 각자 득실을 적은 서류를 봉투에 넣어 제출토록 했다. 각 관아의 속관들에게 강제적으로 보고서를 제출토록 한 셈이다. 모든 보고서가 다 뛰어날 수는 없는 일이다. 그 가운데서 건설적인 논의가 들어 있는 것을 채택하면 된다. 이후 조조가 다시 뛰어난 계책을 구사케 된 배경이다. 그러나 조조는 때에 따라 지나친 자신감으로 인해 신하들의 진언을 무시하고 자신의 생각을 밀어붙이기도 했다. 그 경우 대개는 실패로 이어졌다. 모신의 중요성을 더욱 절감케 된 배경이다. 『삼국지』「무제기」의 배송지 주에 인용된 『조만전曹瞞傳』은 당시의 상황을 이같이 기록해 놓았다.

"조조가 오환을 정벌하고 회군할 당시 날씨가 매우 춥고 가물어 군영의 사방 2백 리 근처에 물이 나오지 않았다. 군사들이 먹을 것이 없어 수천 마리의 말을 잡아 허기를 채우고 땅을 30여 장을 굴착해 겨우 물을 얻었다. 조조는 환군한 뒤 출병 전에 출병을 저지한 사람들의 이름을 조사케 했다. 사람들이 그 연고를 몰라 모두 두려워했다. 조조가 그들에게 일일이 후하게 상을 준 뒤 당부키를, '나 역시 출병 전에 위험을 무릅쓰고 요행히 성공하길 바랐다. 비록 승리는 했으나 이는 하늘이 도왔기 때문이니 이를 실로 통상적인 규율로 삼을 수 없다. 그대들의 간언은 만전을 기하는 계책이었으므로 이에 상을 내린다. 이후 진언하는 것을 결코 두려워하지 말도록 하라!'고 했다.'"

조조가 자신의 출병을 저지한 사람들에게 상을 내린 것은 말할 것도 없이 모신들의 적극적인 진언을 장려키 위한 것이었다.『삼국지』「가규전」의 배송지 주에 인용된『위략魏略』에도 유사한 일화가 실려 있다. 이에 따르면 조조는 건안 19년인 214년에 폭우를 무릅쓰고 동오 정벌에 나서고자 했다. 가규賈逵가 극구 간하고 나서자 조조가 화가 난 나머지 그를 가두게 했다. 그러나 결국 가규의 예언대로 아무런 성과도 거두지 못하고 환군하게 되자 곧 그를 원래의 자리로 복직시켰다. 이때 스스로 반성하는 내용의 교서를 내린 게 바로「원가규교原賈逵敎」다. 비록 자신감에 넘쳐 간언을 한 자들을 감옥에 가두기는 했으나 곧 자신의 실수를 깨닫고 충간을 한 자들을 모두 사면한 것이다. 원소가 자신의 실수를 호도하기 위해 충간을 한 책사 전풍을 죽음으로 몰아간 것과 대비되는 대목이다. 이를 통해 알 수 있듯이 당시 조조는 모신들이 헌책을 게을리하거나 소극적으로 임할 경우 결코 대업을 이룰 수 없다는 사실을 통찰하고 있었다. 건안 12년인 207년 2월에 동쪽으로 관승管承을 격파하고 업성으로 돌아온 뒤 논공행상을 할 때 내린「봉공신령封功臣令」이 그 증거다. 골자는 이렇다.

"내가 의병을 일으켜 폭란暴亂을 토벌한 지 19년이 되었다. 정벌에 나서 반드시 이기게 된 것이 어찌 나의 공이겠는가? 이는 모두 현명한 사대부들의 공이다. 천하가 비록 아직 모두 평정되지 않았으나 나는 응당 이 현 사대부들과 함께 천하를 평정할 것이다. 그러니 이들의 노고를 치하하지 않고서야 내가 어찌 마음이 편할 수 있겠는가? 이에 서둘러 논공행상하여 작위를 내리는 것이다."

『손자병법』이 승리를 거뒀을 때는 신속이 논공행상을 시행하라고 주문한 것을 충실히 좇은 셈이다. 원래 조조는 동탁 타도를 위해 거병한 이래 군웅 토벌에 나섰던 모신과 장수들에게 승리를 거둘 때마다 곧바로 대대적인 포상을 행했다. 포상의 내용도 파격적이었다. 그들이 원하는 것을 모두 들어주었다. 「봉공신령」을 행할 당시 20여 명의 모신과 장수들이 열후에 봉해지고 나머지 사람들도 세운 공에 따라 차등 있게 포상을 받은 사실이 이를 뒷받침한다. 포상할 때는 후하게 상을 내리라는 『손자병법』의 가르침을 그대로 좇은 결과다. 여기서 주목할 것은 조조가 모신을 현명한 사대부로 지칭하며 순욱과 순유의 공을 가장 높이 평가한 점이다. 조조는 이들의 공을 가장 높이 산 이유를 정성을 다해 은밀히 계책을 짜내는 이른바 정충밀모正忠密謀에서 찾았다. 군영의 장막 내에서 이뤄지는 계책인 유악지계帷幄之計를 무력을 동원해 성을 함몰시키는 함성지공陷城之功보다 훨씬 높게 평가한 결과다.

그가 모신을 얼마나 중시했는지는 곽가의 죽음에 대한 통절한 애도에 선명히 드러난다. 조조는 북쪽으로 오환을 정벌할 때 비록 군사적으로 대승을 거두었지만 회군할 때 크게 상심해 있었다. 곽가가 귀환 도중 병사했기 때문이다. 조조는 곽가를 지극히 총애했다. 조조 주변에는 곽가 이외에도 뛰어난 책사들이 매우 많았지만 곽가는 단연 군계일학과 같은 존재였다. 조조가 자신을 찾아온 곽가와 얘기를 나눈 뒤 크게 기뻐하며 곧바로

상표하여 사공군좨주司空軍祭酒로 천거한 사실이 이를 뒷받침한다. '사공군
좨주'는 조조가 사공의 자리를 맡으면서 기존의 군좨주軍祭酒를 토대로 새
로 설치한 직책이다. 수석참모에 해당한다. 순욱이나 정욱과 같은 당대 최
고의 인물들을 제치고 곧바로 책사의 우두머리인 '사공군좨주'에 임명됐다
는 것은 조조가 곽가를 얼마나 높이 평가했는지를 잘 보여준다. 곽가는 청
류 출신 순욱과는 정반대로 인의를 전혀 들먹이지 않았다. 난세에는 인의
에 기초한 왕도보다 실력에 기초한 패도를 앞세워야 한다는 사실을 통찰
하고 있었던 것이다. 그 점에서 그는 조조와 완전히 일치하고 있었다. 조조
가 일생을 통해 가장 총애한 인물을 꼽으라면 단연 곽가를 들 수 있는 이
유다. 곽가는 깊은 통찰력이 있었고 계책을 세우는 데 탁월했다. 그는 매번
결정적인 시기마다 조조의 의심을 풀어주고 결단에 필요한 근거와 배경 등
을 설명해 줌으로써 조조로 하여금 결의를 다지는 데 결정적인 역할을 수
행했던 것이다. 곽가가 병사했을 때의 나이는 38세였다. 당시 조조는 곽가
의 장례식에 참석해 매우 비통해하면서 순유 등에게 이같이 말했다.

"제군은 모두 나와 비슷한 또래이지만 오직 봉효奉孝가 가장 젊었기에
내가 뒷일을 부탁하려고 마음먹었소. 그런데 뜻밖에도 이토록 일찍 세상
을 떠나니 내 가슴이 미어지고 창자가 끊어지는 듯하오!"

조조는 곽가를 장사 지낸 뒤 곧 표문을 올려 곽가에게 포상을 내릴 것
을 청했다. 그게 바로 「청추증곽가봉읍표請追增郭嘉封邑表」다. 「무제기」 배송
지 주에 인용된 『위서』의 해당 대목이다.

"군좨주 곽가는 정벌에 따라 나선 지 11년이 되었습니다. 매번 중대한
논의가 있었으며 적을 만나면 변화에 대처했습니다. 신의 책략이 결정되지
도 않았을 때 곽가는 문득 그것을 처리했습니다. 천하를 평정하는 데 그
가 기여한 공은 지대했습니다. 불행히도 명이 짧아 대업을 끝마치지 못하

고 세상을 떠났습니다. 곽가의 공은 진실로 잊을 수가 없습니다. 그에게 식읍 8백 호를 더해 주어 이전의 것과 합쳐 모두 1천 호가 되도록 해주기 바랍니다."

둘째, 조조가 실전에서 보여준 전략 차원의 뛰어난 병법가 면모는 신상필벌의 원칙을 철저히 지킨 데서 찾을 수 있다. 신상필벌은 상벌을 엄히 하는 것을 말한다. 이는 법가와 병가가 동시에 중시하는 원칙이기도 하다. 여기의 신信은 필必과 마찬가지로 '반드시'의 뜻을 지닌 부사어다. 당시 조조는 신상필벌을 역설한 『손자병법』의 주문을 그대로 좇았다. 『자치통감』에 나오는 사마광의 평이 이를 뒷받침한다.

"조조는 공이 있는 자에게는 반드시 상을 주었고 천금을 아끼지 않았다. 그러나 공도 없이 상을 받으려는 자에게는 한 오라기의 털조차 나눠주지 않았다. 법을 집행하는 것이 엄려하고 긴박해 범법자는 반드시 주살되었으니 비록 범법자를 보고 눈물을 흘리며 애석해 할지라도 종내 사면치 않았다."

삼국시대 당시 조조만큼 상과 벌을 엄정히 집행한 인물을 찾기란 힘들다. 이로 인해 많은 비난을 받기도 했다. 그러나 난세에 천하통일을 이루기 위해서는 파격적인 포상도 그렇지만 단호한 처벌 역시 불가피한 점을 인정해야 한다. 대표적인 예로 건안 8년인 203년에 발포한 포고령을 들 수 있다. 당시 그는 사마양저가 지었다는 『사마법』에 따라 퇴각한 장군을 사형에 처하고 도주한 병사의 가족에 대해 연좌제를 시행할 뜻을 밝혔다. 이는 이전의 군율보다 훨씬 엄한 것이었다. 우금이 관우에게 투항한 뒤에는 이런 엄명을 내리기도 했다.

"포위된 뒤에 항복한 자는 결코 용서치 않을 것이다!"

조조가 서주의 도겸을 토벌할 때 수만 명을 도륙하고 관도대전 때 거짓

투항한 원소군을 몰살한 것도 이와 무관치 않다. 그가 시행한 준엄한 군율은 건안 16년인 211년에 천하가 평정되었다는 이유로 폐지될 때까지 무려 19년간에 걸쳐 예외 없이 집행되었다. 조조의 휘하에 수많은 장수가 모여든 것도 신상필벌의 원칙을 철저히 구사했기 때문으로 볼 수 있다.

이상이 조조가 구사한 전략의 대체적인 내용이다. 그렇다면 조조가 실전에서 보여준 전술 차원의 뛰어난 병법가 면모로는 어떤 것이 있을까? 이는 한마디로 요약할 수 있는데 바로 '임기응변'이다. 당시 조조가 임기응변을 얼마나 중시했는지는 『자치통감』「황초 원년」조에 나오는 사마광의 다음 평이 뒷받침한다.

"조조는 적과 대진하여 싸울 때 태연자약하여 마치 싸우지 않는 듯했다. 그러나 결정적인 기회에 결단하여 승세에 올라타는 결기승승決機乘勝의 시기에는 기세가 용솟음쳐 마치 돌을 뚫는 듯했다."

'결기승승'은 조조가 구사한 임기응변의 핵심을 한마디로 표현한 것이다. 조조가 초기에 적은 병력으로 우세한 병력을 지닌 군웅들을 차례로 격파할 수 있었던 것은 바로 그가 임기응변에 능했기 때문이다. 임기응변에 능하기 위해서는 우선 적과 아군의 전력은 물론 그 장단점을 소상히 파악해야만 한다. 그래야만 구체적인 전술을 창조적으로 만들어낼 수 있다. 그러나 아무리 임기응변을 할지라도 구체적인 접전 상황에서는 승부를 예측키 어렵다. 특히 중과부적의 상황에서는 더욱 그렇다. 『손자병법』「시계」는 적을 속이는 속임수, 즉 궤도詭道에서 해답을 찾고 있다. 전술은 필승을 거두기 위한 계책이다. 한 치의 착오가 있어서는 안 된다. 『손자병법』이 궤도를 해답으로 제시한 이유다. 전장에서 평생을 살다시피 한 조조는 궤도의 달인이었다. 그는 매번 싸울 때마다 궤도를 구사해 객관적인 열세에도 불구하고 끝내 승리를 얻어냈다. 그렇다면 조조가 구사한 궤도는 구체적으로 어떤 것일까? 그는 궤도를 이같이 풀이했다.

"병법의 요체는 일정하게 정해진 모습이 없는 병무상형兵無常形에 있다. 오직 상황에 따라 적을 속여 이기는 궤사詭詐만이 유일한 길이다."

궤도를 임기응변으로 나타나는 '무정형의 속임수'로 해석한 것이다. 많은 사람들이 조조가 말한 '궤사'를 두고 흔히 간계奸計 내지 흉계譎計로 이해하고 있으나 이는 잘못이다. 조조가 말한 '궤사'는 임기응변으로 구사되는 무정형의 모든 계책을 뜻하는 것이다. 임기응변으로 구사되는 무정형의 모든 계책은 적의 입장에서 볼 때 '궤사'로 보이는 것일 뿐 실상 아군 측에서 파악할 때는 필승지계必勝之計에 해당한다. 삼국시대에 조조가 구사한 '무정형의 궤도'는 매우 다양하게 표출되었다. 짐짓 아군의 미약한 모습을 보임으로써 적장의 교만을 부추겨 방심케 만드는 약병계弱兵計, 무력시위로 적을 지레 겁먹게 만드는 요병계耀兵計, 허수아비 등을 이용한 거짓 용병으로 아군에 대한 판단을 흐리게 하여 적을 착각하게 만드는 의병계疑兵計, 기습적인 용병으로 적이 예상치 못한 시점을 노려 허점을 찌르고 들어가는 기병계奇兵計 등이 그것이다.

사실 이런 궤사는 조조만이 구사한 것도 아니었다. 구체적인 전투상황에서 늘 전개되는 것이다. 접전을 하는 양측 당사자 모두 적이 궤사를 구사할 것이라는 것을 이미 잘 알고 있고 자신들 역시 이런 궤사를 무시로 구사한다. 조조는 다만 다른 사람들과 달리 '무정형의 궤도'를 구사했을 뿐이다. 조조가 실제 전투에서 무수한 승리를 거둘 수 있었던 이유다. 임기응변에 입각한 '무정형의 궤도'가 요체다. 그가 시도한 전술을 '임기응변에 입각한 무정형의 궤도'로 요약할 수 있는 것은 바로 이 때문이다. 원래 적이 궤사를 구사할 것이라는 것을 예측하고 자신도 궤사를 구사했음에도 불구하고 스스로 적의 궤사에 넘어가는 것은 몇 가지 이유에 기인한다. 지나친 자신감으로 인해 적을 얕보았거나, 주변 경계를 게을리했거나, 유리한 형세를 제대로 활용치 못했거나, 상황을 정확히 파악치 못했거나, 돌발적인 상황변화에 제대로 대응치 못했거나 하는 것 등이 그것이다.

전투에서 승리하기 위해서는 상대방의 움직임에 따른 철저한 대비가 있어야만 한다. 이는 아군의 대비가 상대적으로 더욱 철저했음을 뜻한다. 결국 적으로 하여금 상대적으로 경계를 덜 철저히 하거나, 상황변화에 따른 대응을 덜 철저히 하거나, 유리한 형세를 덜 철저히 이용하도록 만드는 것이나 다름없다. 생사와 승패가 엇갈리는 전쟁터에서는 작은 실수가 승패를 좌우하는 결정적인 계기로 작용한다. 조조가 말한 '무정형의 속임수'는 모든 상황에 대한 주밀한 대비책을 의미한다. 결코 도덕적인 잣대를 들이대 '간계' 내지 '휼계'로 해석해서는 안 된다.『손자병법』을 관통하는 병도의 입장에서 풀이하면 이는 필승을 기하기 위해 스스로를 경계하는 자계自戒의 또 다른 표현일 뿐이다. 조조가 실전에서 보여준 전략 및 전술 차원의 다양한 계책은 그가 당대 최고의 병법가였음을 방증하고도 남는다. 21세기 현재에 이르기까지 조조와 어깨를 나란히 할 수 있는 인물은『손자병법』을 창조적으로 해석해 '신 중화제국'을 세운 모택동 정도밖에 없다. 현대 게릴라전의 금언인 이른바 18자결十八字訣을 만들어낸 게 그 증거다. 실제로 이론과 실제를 겸비한 역대 제왕은 조조와 모택동을 제외하고는『당리문대唐李問對』의 주인공인 당태종 정도밖에 없다.

모택동이 막강한 무력을 자랑하던 장개석을 몰아내는 과정에서 펴낸 모든 전략전술 관련 논저는『손자병법』을 토대로 한 것이다. 내용 자체가 조조의 주석을 방불할 정도로 뛰어나다. 이론과 실제를 겸한 덕분이다. 큰 틀에서 보면 모택동 역시 조조처럼『손자병법』에 주석을 가한 셈이다. 그가 수천 년 동안 '난세의 간웅'으로 매도당한 조조의 명예를 회복시키기 위해

발 벗고 나선 것도 이런 맥락에서 이해할 수 있다. 역대 제왕 가운데 조조를 적극 옹호하고 나선 사람은 그가 유일무이하다. 모택동의 삶이 조조와 닮은 것도 결코 우연으로 볼 수 없다. 평생 검소하게 살고 국공내전 등의 전쟁기간은 물론 '신 중화제국' 건립 이후에도 죽는 순간까지 손에서 책을 놓지 않은 것 등이 그렇다. 중국 군사학계에서 유사 이래 21세기 현재에 이르기까지 역대 제왕 가운데 초세超世의 병법가로 활약한 인물로 오직 조조와 모택동, 그리고 『당리문대』를 펴낸 당태종만을 꼽는 것도 이와 무관치 않을 것이다. 모택동의 전략전술은 항일투쟁과 국공내전 기간에 빛을 발했다. 그는 1938년 5월 자신의 전략전술을 담은 〈지구전을 논함〉을 발표한 바 있다. 소련혁명은 소련의 국내 사정과 적군의 특수성을 떠나서 생각할 수 없는 것이므로 그것은 그것대로 참고하되 중국혁명 역시 중국의 특수 사정을 감안해 전개돼야 한다고 주장한 것이다. 그는 이를 전체와 부분의 상호연관 문제로 해석했다.

"한 수만 잘못 두어도 지게 된다는 것은 어떤 부분적인 성격을 띤 한 수를 말하는 것이 아니라 전반 국면에 결정적 의의를 가지는 한 수를 두고 말하는 것이다. 바둑을 둘 때뿐만 아니라 전쟁을 수행할 때도 마찬가지다. 전쟁의 역사에서는 연전연승하다 한 차례의 패배로 모든 것이 수포로 돌아가는 경우도 있고 여러 번 패전하다가 한 차례의 승리로 새로운 국면을 여는 경우도 있다. 여기서 말하는 한 차례의 패배나 승리는 모두 결정적인 것이다. 이런 모든 것은 전체 국면을 고려하는 것이 얼마나 중요한가를 설명해주고 있다."

탁월한 지적이 아닐 수 없다. 군사 부문에서 드러나는 그의 탁월한 용병술은 『손자병법』의 병서는 물론 『자치통감』 등의 사서에 해박한 지식을 갖고 있었기에 가능했다고 보아야 한다. 『주역』을 포함한 유가경전에 해박했던 장개석과 대비되는 대목이다.

21세기 경제경영 차원에서 볼 때 손무의 이론과 주장은 일종의 전략경영에 해당한다. 전략은 필승을 전제로 한다. 전략경영은 곧 필승경영을 달리 표현한 것이나 다름없다. 기본적으로 모든 기업은 기업목표를 달성하기 위해 어떤 식으로든 전략을 짠다. 전략이 선택된 뒤에야 비로소 기업의 세부적인 활동이 가능하기 때문이다. 문제는 제대로 된 전략을 짜는가 하는 것이다. 전략을 잘못 짜면 아무리 필승을 기할지라도 이는 연목구어緣木求魚에 지나지 않는다. 삼국시대에 최고의 '전략경영'을 실천한 인물을 꼽으라면 단연 조조를 들 수 있다. 그는 장황한 보고에 질색했다. 본질을 꿰는 단한 줄의 요약문과 발언을 중시했다. 사물의 본질을 통찰한 사람에게는 긴 말이 필요 없다. 삼성의 이건희 회장이 주어조차 생략한 짧은 단문을 즐기는 것도 이런 맥락에서 이해할 수 있다. 박근혜 대통령이 참여정부 시절 청와대를 겨냥해 '참 나쁜 사람'이라고 표현한 것도 같은 맥락이다. 주변 사람이 모두 알고 있는 사항을 굳이 긴 문장을 만들어 표현할 필요가 없다. 동서고금을 막론하고 촌철살인寸鐵殺人의 모든 경구가 주어 등을 과감히 생략한 단문으로 구성돼 있는 이유다.

뛰어난 전략은 모두 이와 같다. 지난 1992년 당시 클린턴이 재선을 노린 부시를 꺾은 것도 따지고 보면 '문제는 경제야, 이 바보야!'로 표현된 촌철살인의 전략 덕분으로 볼 수 있다. 당시 미국 민주당은 1970년대 이후 1992년 클린턴 대통령 당선 때까지 1976년의 지미 카터 당선을 제외하고는 연전연패를 거듭했다. 당시 미국 민주당은 선명성, 개혁성, 진보성이 부족하다는 반성과 함께 당의 노선을 계속 왼쪽으로 끌고 갔다. 연전연패의 배경이다. 뒤늦게 문제점을 깨달은 민주당 원로세력은 마침내 연패의 고리를 끊기 위해 민주지도자협회를 결성한 뒤 당내의 온갖 반대를 무릅쓰고 당의 노선을 중도 쪽으로 이동시켰다. 이때 나온 구호가 바로 '문제는 경제 야, 이 바보야!'다. 당시 여러 이슈가 있었지만 중도 성향의 표를 그러모으 기 위해서는 최대 관심사인 경제문제를 집중 부각시킬 필요가 있었다. 민 주당의 선택과 집중의 전략을 택해 이런 촌철살인의 구호를 찾아낸 것이 다. 천하대세의 흐름에 부합하는 이슈를 선점해 집중 부각시키는 게 관건 이다. 주목할 것은 '문제는 경제야, 이 바보야!' 구호가 공화당의 부시 후보 가 내세운 여러 구호보다 더 우파적이었다는 점이다. 상대의 허점을 찌른 셈이다.

국가총력전 양상을 띠고 있는 21세기 경제전은 춘추전국시대를 방불케 한다. 그 한복판에 한반도가 있다. 탄탄한 부국강병을 이룰 수 있는 독자적 인 전략전술이 절실한 상황이다. 그래야만 미중에 휘둘리지 않고 명실상부 한 '동북아 허브시대'를 만들어낼 수 있다. 기업 CEO 모두 해당 분야의 세 계시장을 석권키 위해 치밀한 전략을 짜는 데 시간을 아끼지 말아야 한다. 클린턴처럼 상대의 허를 찌르는 파격적인 전략을 짜내는 게 관건이다.

왕자王者의 왕국은
형벌이 9할이고 포상이 1할이다.

강자强者의 강국은
형벌이 7할이고 포상이 3할이다.

약자弱子의 약국은
형벌이 5할이고 포상이 5할이다.

변법론

變 法 論

때로는 과단성 있게
시행하라

상자와 법률학

법가사상을 집대성한 사람은 한비자다. 그의 법가사상은 크게 도치와 법치, 술치, 세치 등 4가지 통치술로 요약된다. 이 가운데 한비자의 창견은 노자사상을 법가의 입장에서 풀이한 도치道治에 있다. 나머지는 모두 이전의 법가사상가 이론을 그러모은 것이다. 이 가운데 가장 대표적인 것이 바로 상앙商鞅의 법치 이론이다. 『한비자』에 나오는 법치 이론은 거의 모두 상앙의 것으로 보아도 무리가 없다. 이는 상앙의 저서인 『상군서』와 『한비자』의 법치 이론을 비교해보면 단박에 알 수 있다.

상앙은 서쪽 변방에 치우친 진秦나라를 두 번에 걸친 변법을 통해 일순 최강의 나라로 만들어낸 인물이다. 그러나 정작 그의 사적은 별로 알려진 게 없다. 오직 『사기』 「상군열전」의 극히 짧은 기록만 있을 뿐이다. 그의 가계에 대해 「상군열전」은 위나라 공족의 서자庶子, 『염철론』 「비앙」은 평민 출신이라고 했다. 위나라 귀족 가문 출신이기는 하나 이미 집안이 몰락해 평민이 되었을 공산이 크다. 그의 본명 공손앙公孫鞅의 '공손'은 그가 귀족의 후예임을 시사한다. 춘추시대 이래 위나라는 시종 약소국으로 존재했다. 민국 초기 역사학자 전목錢穆은 『선진제자계년고변先秦諸子系年考辨』 「상앙고」와 『선진제자계년통표先秦諸子系年通表』 「부제자생졸연세약수附諸子生卒年世約數」에서 상앙이 기원전 390년에 태어났을 것으로 추정했다. 그러나

이 또한 추정에 불과해 크게 믿을 바는 못 된다. 사서에 나타난 상앙의 사적에서 그나마 믿을 만한 것은 위나라와 진나라로 가 유세를 하며 법가의 행보를 보인 이후다.

객관적으로 볼 때 진효공과 상앙의 만남은 마치 춘추시대 첫 패업을 이룬 제환공과 관중의 만남에 비유할 만하다. 제나라가 관중과 제환공의 만남을 계기로 춘추시대 최초의 패권국이 되었듯이 진나라 역시 두 사람의 만남을 계기로 서쪽의 변방에서 일약 최강국으로 부상했다. 이후 진나라의 위상은 진시황이 천하통일을 이룰 때까지 조금도 변함이 없었다. 주목할 것은 상앙이 두 차례에 걸쳐 대대적인 변법을 시행하기 전에 법령 집행에 대한 백성들의 믿음을 확고히 한 점이다. 사실 백성들이 조정의 정령을 믿지 않으면 아무 소용이 없다. 이와 관련한 유명한 일화가 있다. 바로 남문사목南門徙木의 일화다. 일화에 따르면 하루는 상앙이 도성의 남문에 3장丈 길이의 나무를 세운 뒤 옆에 이런 방을 붙였다.

"누구든지 이 나무를 북문으로 옮겨 세우는 자가 있으면 10금의 상을 내릴 것이다."

이를 본 백성들이 고개를 갸웃거렸다.

"무슨 속뜻이 있는지 도무지 알 길이 없네. 아무튼 속지 않는 게 좋을 것일세."

아무도 그 나무를 북문으로 옮기려 하지 않았다. 며칠 후 상앙이 다시 분부했다.

"50금의 상을 주겠다고 다시 써서 내다 붙여라."

백성들이 더욱 의심했다. 이때 한 사람이 나서 말했다.

"우리 진나라는 자고로 많은 상을 주는 법이 없었다. 그런데 이런 포고문이 나붙었으니 필시 무슨 뜻이 있을 것이다. 비록 50금을 안 줄지라도 전혀 아무 상도 내리지 않을 리 없다. 설령 상을 안 줄지라도 벌을 내릴 리야 있겠는가!"

그러고는 나무를 뽑아 어깨에 메고 가 북문에 세웠다. 관원이 곧 이 사실을 보고하자 곧바로 50금을 상으로 주었다. 여기서 '남문사목'과 사목상금徙木賞金, 사목지신徙木之信, 이목지신移木之信 등의 성어가 나왔다. 모두 약속을 반드시 실천에 옮긴다는 뜻이다. 당시 '남문사목' 소문은 순식간에 퍼져 나갔다. 백성들이 서로 말했다.

"좌서장은 명령만 내리면 꼭 실행하는 사람이다!"

새 법령이 반포된 지 1년이 되자 진나라 도성의 백성들 가운데 새 법령이 불편하다고 말하는 자가 매우 많았다. 태자 사駟도 새 법령에 대해 불평을 털어놓았다. 그러던 가운데 태자가 법을 위반하는 일이 생겼다. 이 얘기를 전해들은 상앙은 단호히 대처했다.

"태자가 법을 지키지 않는다면 어찌 법을 시행할 수 있겠는가? 태자를 그대로 놓아두면 법을 어기는 것이 된다."

곧 진효공을 찾아가 이를 보고하며 처리방안을 제시했다. 진효공이 이를 승낙하자 이내 이같이 하령했다.

"태자의 죄는 그 스승들이 태자를 잘못 지도했기 때문이다. 태자의 스승 공자 건虔을 코를 베는 형벌인 의형劓刑에 처하고, 태자의 교관 공손 가賈를 얼굴에 먹을 뜨는 형벌인 묵형墨刑에 처하도록 하라."

이후로는 아무도 법령을 비판하는 자가 없게 되었다. 시간이 지나자 진나라 백성들 중에는 새 법령이 이내 편하다고 말하는 자가 나오게 되었다. 그러자 상앙이 이같이 하령했다.

"이 또한 법령을 어지럽히는 자들이다."

그러고는 새 법령에 대해 비판하는 자들은 물론 칭송하는 자들까지 모두 부중으로 잡아들이게 했다. 상앙이 이들을 크게 꾸짖었다.

"새 법령을 두고 불평한 자들은 법령을 어긴 것이고 칭송한 자들은 법령에 아부한 것이다. 모두 훌륭한 백성이라 할 수 없다. 모두 변경의 수졸戍卒로 보내도록 하라."

이로써 법령에 대해 언급하는 사람이 사라지게 되었다. 이후 진나라에서는 백성들이 길가에 떨어진 물건을 줍는 않는 것은 물론 분에 넘치는 물건을 함부로 주고받지 않게 되었다. 도둑이 사라지자 창고마다 곡식이 가득차게 되었다. 이를 두고 사마광은 『자치통감』에서 이같이 평해 놓았다.

"신의가 없으면 백성들을 부릴 수 없고 백성을 부릴 수 없으면 나라를 지킬 수 없다. 그래서 옛 왕자王者는 천하를 속이지 않았고 패자覇者도 이웃 제후국을 속이지 않은 것이다. 나라를 잘 다스리는 자는 그 백성을 속이지 않고 한 집안을 잘 다스리는 자는 그 친속을 속이지 않는다."

상앙의 변법은 전면적이었다. 문자와 화폐, 도량형의 통일도 상앙 때 시도됐다. 진시황이 천하를 통일한 후 실시한 일련의 개혁은 상앙의 변법을 참조한 것이다. 봉건제를 중앙집권적인 군현제郡縣制로 바꾸고 인구를 대거 늘리기 위해 부모와 장성한 자식이 한 집에 살지 못하도록 조치한 것도 그의 머리에서 나온 것이다. 상앙의 변법은 매우 가혹하기는 했으나 10년쯤 지나 소기의 성과가 나타나자 백성들이 변법을 자연스럽게 받아들였다. 상앙의 변법은 현재까지도 중국 역사상 가장 성공적인 개혁 가운데 하나로 손꼽힌다.

상앙의 비극은 자신을 전폭적으로 지지해준 진효공의 죽음에서 비롯됐다. 진효공은 재위 24년인 기원전 338년 문득 병사했다. 객관적으로 볼 때 상앙은 진효공 사후 횡사할 가능성이 매우 높았다. 중국의 역사를 개관해 보면 타국 출신으로 높은 자리에 오른 이른바 기려지신羈旅之臣은 거의 예외 없이 오기 및 상앙처럼 비참한 최후를 맞았다. 가장 큰 이유는 후계자와의 갈등이다. 불행하게도 상앙 역시 이 도식에서 벗어나지 못했다. 초나라는 일찍이 초도왕의 죽음을 계기로 일거에 '기려지신'인 오기의 변법을 물거품으로 만든 바 있다. 이는 초나라에 치명타로 작용했다. 상앙의 변법 역시 여러 면에서 오기의 변법과 닮아 있었다. 두 사람 모두 기득권 세력인 세족을 가차 없이 권력일선에서 배제했다. 세족이 앙심을 품을 것은 불문가지다. 진효공의 뒤를 이어 진혜문왕秦惠文王으로 즉위한 태자 사駟는 상앙으로부터 받은 수모를 결코 잊지 않고 있었다. 그는 즉위할 때 공公을 칭했으나 재위 도중 호칭을 '왕'으로 바꾼 데서 알 수 있듯이 군권君權의 확립에 남다른 관심을 기울였다. 후대의 사가들은 통상 그를 '진혜문공' 대신 '진혜문왕'으로 칭했다. 상앙의 변법조치에 불만을 품었던 기득권 세력은 진혜문왕이 즉위하자마자 진혜문왕을 찾아가 상앙을 헐뜯기 시작했다. '의형'과 '묵형'을 당한 태자의 사부 공자 건과 공손 가가 가장 적극적이었다.

"대신의 권세가 너무 크면 나라가 위태롭고 자신을 수종하는 좌우의 권세가 크면 자신의 신세를 망친다고 했습니다. 상앙이 비록 법을 세워 진나라를 다스렸습니다만 백성들은 원망키를, '진나라에는 상앙만이 있을 뿐 국법은 없다'고 합니다. 지금 상앙은 15개 성읍을 식읍으로 갖고 있는 데다가 병권까지 쥐고 있어 권세에서 그를 따를 사람이 없습니다. 머지않아 반드시 난을 일으키고야 말 것입니다."

이튿날 진혜문왕이 좌우에 명했다.

"상앙에게 가서 상국의 인印을 반납하라는 과인의 명을 전하라."

상앙이 할 수 없이 궁으로 들어가 상국의 인을 바치고 물러나왔다. 이 또한 상앙이 신충하지 못했음을 반증한다. 무함이 들어가기 전에 스스로 상국의 인을 반납하고 병권을 내놓는 게 도리였다. 그러나 그는 그리하지 않았다. 이내 모반의 무함을 뒤집어쓰게 된 이유다. 이제는 다른 나라로 망명하거나 반기를 드는 것 이외에는 달리 방법이 없었다. 결국 그는 후자를 택했다. 함양성을 떠나 1백여 리쯤 갔을 때 문득 뒤에서 함성소리가 들렸다. 불만을 품고 있던 백성들도 들고 일어난 것이다. 상앙은 황급히 관과 옷을 벗어던지고 달아났다. 함곡관에 이르렀을 때는 이미 해가 저물어 있었다. 상앙이 객점客店으로 들어가자 객점 주인이 물었다.

"신분증을 보여주시오."

"떠날 때 깜박 잊고 가지고 오지 않았소."

"그대는 상군商君의 법을 아시오. 신분증이 없는 자를 재우면 재워준 사람까지 참형을 당하게 되어 있소."

상앙이 탄식했다.

"내가 만든 법에 내가 걸려들 줄이야 어찌 알았겠는가!"

야음을 이용해 관문을 벗어난 그는 곧바로 위나라를 향해 도주했다. 「상군열전」에 따르면 상앙이 위나라 관문에 당도하자 위나라 관원이 이 사실을 급히 조정에 보고했다. 상앙으로 인해 도성을 대량으로까지 옮기게 된 위혜왕이 일갈했다.

"그 자는 지난날 공자 앙을 유인해 서하 땅을 빼앗아 간 자가 아닌가? 내가 어찌 그 자를 잊을 리 있겠는가? 즉시 그를 밖으로 내쫓도록 하라!"

상앙이 식읍인 상어로 돌아와 반기를 들었다. 무리를 이끌고 북쪽으로 진격해 지금의 섬서성 화현華縣 부근인 정현鄭縣을 쳤다. 그러나 이미 싸움은 끝난 것이나 다름없었다. 진나라 대군이 몰려와 상앙 일당을 일거에 격멸하고 곧 상앙을 체포했다. 함양으로 압송되자 진혜문왕이 상앙의 죄목을 열거한 뒤 곧바로 거열형에 처했다. 일족이 저자에서 도륙된 것은 말할 것도 없다. 그럼에도 그가 실시한 변법은 계속 유지됐다. 당시 천하정세는 새로운 시대에 부응하는 일대 혁신을 요구하고 있었다. 초나라는 당대의 병법가이자 변법가인 오기 사후 오히려 일련의 변법을 모두 무효화하는 반동을 행했다. 이에 반해 진나라는 상앙의 변법을 폐기하지 않고 지속적으로 추진했다. 그런 점에서 진혜문왕은 매우 현명한 군주에 속한다. 진시황 때 마침내 천하통일의 주역이 된 근본배경이 여기에 있다.

21세기 학술의 관점에서 볼 때 상앙이 제시한 법치 이론과 사상은 법률학에 속한다. 상앙 이전에 위나라의 이회李悝가 나름 뛰어난 법치 이론을 제시한 바 있으나 이를 종합적으로 정리해 법가의 이론적 기틀을 확립한 인물은 상앙이다. 『한비자』에 나오는 법치 관련 대목이 상앙의 저서에 나오는『상군서』의 내용을 요약 정리한 수준에 그친 사실이 이를 뒷받침한다. 법치 이론에 관한 한 그 주인공은 한비자가 아니라 상앙으로 보아야 하는 이유다.

법치와 개혁

중농억상과 중농경상

상앙은 두 차례에 걸친 변법을 통해 서쪽 변방의 진나라를 전국시대 최강의 나라로 만들어냈다. '변법'으로 상징되는 부국강병 책략을 차질 없이 추구한 덕분이다. 고금의 역사가 증명하듯 기강을 바로 세우는 법치가 '혁신경영'의 관건임을 보여주는 대표적인 사례다. 이는 21세기 G2시대에도 그대로 적용된다. 세월호 참사로 불거진 '관피아척결'이 그렇다. 이를 성공적으로 마무리 지으면 우리는 일약 일류국가로 우뚝 서 미구에 도래할 '팍스 시니카'에 적극 편승한 '팍스 코레아나'를 실현시킬 수 있다. 이는 상앙이 두 차례의 변법을 통해 변방의 진나라를 최강의 나라로 만들어낸 것에 비유할 수 있다. 그렇지 못할 경우 자칫 주변 4강에 휘둘려 남북이 공멸하는 최악의 시나리오를 자초할 수도 있다. 대오각성이 절실한 상황이다.

상앙의 저서인 『상군서』를 관통하는 키워드가 농전農戰인 것도 이런 맥락에서 이해할 수 있다. 일하면서 싸운다는 뜻이다. 변법을 시행할 당시의 진나라 상황이 그만큼 절박했음을 반증한다. '관피아척결'이 최대 화두로 등장한 한국의 현실과 별반 다를 게 없다. 원래 '농전'은 농업을 중시하는 중농重農과 전쟁을 국가안위의 관건으로 삼는 승전勝戰을 합친 말이다. 『상군서』「농전」의 다음 대목을 보면 '농전'의 기본취지가 어디에 있는지를 쉽게 알 수 있다.

"무릇 군주가 백성을 격려하는 수단은 관작官爵이고 나라가 흥성하는 길은 농사를 지으며 싸우는 농전農戰이다. 백성들은 군주가 상으로 내리는 작록爵祿이 농전 한 가지에서만 나오는 것을 보면 전심전력으로 농전 한 가지에만 종사할 것이다. 백성들이 농전 한 가지에만 전념하면 다른 일을 꾀하지 않고, 백성들이 다른 일을 꾀하지 않으면 민력民力이 커지고, 민력이 커지면 나라가 강대해진다. 농전 한 가지에만 힘을 쏟으면 나라가 부유해진다. 나라가 부유하고 잘 다스려지는 것이 바로 천하를 호령하는 왕자王者의 길이다."

상앙의 '농전' 사상은 중농이 수단, 승전이 목적의 관계를 이루고 있다. 그의 중농주의는 통상 중농억상으로 해석되고 있다. 이것이 이회의 '진지력지교'를 답습한 것이라는 점은 앞서 언급한 바 있다. '중농'의 취지는 「약민」의 다음 대목에 잘 나타나 있다.

"백성들이 가난하면 힘써 부를 축적하고, 힘써 부를 축적하면 방탕해지고, 방탕하면 폐해가 나타난다. 백성들이 부유할 경우 그들을 사용하지 않을 때는 식량을 바쳐 작위를 얻도록 한다. 각자 반드시 자신의 역량으로 식량을 생산해 작위와 바꾸도록 하면 농민들이 게으름을 피우지 않는다. 농민이 게으름을 피우지 않으면 유가의 가르침으로 인한 폐해가 싹을 틔우지 못한다. 나라가 부유할지라도 국고를 계속 채우면서 백성을 빈궁하게 만드는 방법으로 다스리면 강성함을 배가시키는 중강重强을 이룰 수 있다."

상앙이 시행한 일련의 변법은 이회와 마찬가지로 '중농'의 취지는 너무 선명해 특별히 덧붙일 게 없다. 그러나 상앙은 이회와 달리 '억상'에도 커다란 의미를 부여했다. 이로 인해 21세기 현재까지 적잖은 사람들이 그가 추진한 '억상'을 단순히 '중농'과 반대되는 모든 조치로 해석하고 있다. 결론부터 말하면 그는 상업과 수공업의 필요성을 통찰하고 있었다. 결코 '중농'과 반대되는 개념으로 접근한 게 아니다. 보다 정확히 표현하면 상업과 수공업을 농업에 대한 보조 산업으로 파악했다고 보는 게 타당하다. '중농억상'보다는 중농경상重農輕商에 가깝다. 이를 뒷받침하는 대목이 「외내」에 나온다.

"백성들이 행하는 대내적인 일로 농사보다 어려운 게 없다. 가벼운 조치인 경치輕治로는 백성들을 농사에 전념케 만들 수 없는 이유다. 무엇을 '경치'라고 하는가? 첫째, 농민은 가난한데 상인은 부유한 것을 말한다. 식량의 가격이 떨어지면 돈이 귀해지기 마련인데 식량의 가격이 떨어져 농민이 가난해지고 돈이 귀해져 상인이 부유해지는 경우다. 둘째, 상업과 수공업을 금하지 않아 사치품을 만드는 수공업자가 이득을 보고 사방을 돌아다니며 먹고사는 자가 많은 것 등이 바로 '경치'다. '경치'가 행해지면 농민들은 힘들여 일하며 고생을 가장 많이 하는데도 얻는 이득이 적어 상인이나 수공업자만도 못하다. 상인이나 수공업자가 늘어나지 못하도록 하는 것은 곧 나라를 부유하게 만들려는 생각을 포기한 것으로 불가능한 일이기도 하다. 그래서 말하기를, '농업에 의지해 나라를 부유하게 만들고자 하면 국내의 식량 가격이 반드시 치솟고, 농업에 종사하지 않는 자에게 부과하는 요역이 반드시 늘어나고, 시장 이익에 대한 조세 또한 반드시 가중된다'고 하는 것이다. 그 경우 백성들은 농사를 짓지 않을 수 없고 농사를 짓지 않는 사람은 식량을 구할 길이 없다. 식량 가격이 오르면 농사짓는 자들이 유리하고 농사짓는 자들이 유리하면 농업에 종사하는 자들이 늘어난다. 식량 가격이 오르면 식량을 사들이는 게 불리하고 부세와 요역을 가중시키면 백성들은 상업과 수공업을 버리고 농업에 종사하지 않을 수 없게 된다. 백성들 모두 농업생산에 심혈을 기울여 이익을 얻고자 할 것이다."

상앙의 '중농억상'은 시장의 기능 및 역할에 대한 불신에서 비롯된 것임을 쉽게 알 수 있다. 주목할 것은 상앙이 '상인이나 수공업자가 늘어나지 못하도록 하는 것은 곧 나라를 부유하게 만들려는 생각을 포기한 것으로 불가능한 일이기도 하다'고 언급한 대목이다. 그가 추진한 '억상'은 상인이나 수공업자를 없애는 게 목표가 아니다. 상인의 폭리와 사치 공예품의 횡행을 저지하는 데 기본취지가 있다. 한비자도 같은 입장이다. 『한비자』「5두」에 이를 뒷받침하는 대목이 나온다.

"무릇 명군의 치국정책을 보면 상공인과 놀고먹는 유식지민游食之民의 숫자를 줄이면서 그 신분을 낮춘다. 극히 적은 사람만이 본업인 농사에 종사하려 하고 대다수가 말업인 상공업으로 나아가려 하기 때문이다. 지금 세상은 관작을 돈으로 살 수 있다. 관작을 돈으로 살 수 있게 되면 상공인의 신분이 천하지 않게 된다. 상공업의 수익이 농사의 몇 배가 되는 까닭에 농사를 짓고 전쟁터에 나가 공을 세우는 경전지사耕戰之士보다 더 존경을 받는다. 그리되면 바르고 곧은 '경전지사'는 적어지고 상공업에 종사하는 자만 많아지게 된다."

이는 상앙의 이른바 '중농경상' 입장을 그대로 수용한 것이다. 상앙은 물류를 담당하는 상인의 필요성을 정확히 인식하고 있었다. 다만 폭리를 취해 농민의 근로 의욕을 꺾어 필요 이상으로 그 숫자가 늘어나고 그로 인해 기간산업인 농업이 피폐해질까 우려한 것이다. 전사戰士의 주축 세력이 농민이고 부국강병의 기본이 농산農産의 증대에 있었던 까닭에 중농에 방점을 찍었을 뿐이다. 이를 제대로 이해하지 못해 적잖은 사람들이 상앙을 극단적인 '농업지상주의자'로 오해하고 있다. 기존의 견해에 일정 부분 수정이 필요한 대목이다. 「간령」의 다음 대목이 이를 뒷받침한다.

"영내營內에 설치된 시장의 상인에게 명해 소재지 주변 부대가 필요로 하는 병기를 공급하고 늘 부대의 전투상황 등에 주의를 기울이게 한다."

'중농억상'의 요체가 사실은 '중농'을 실현하기 위해 상업과 수공업 등을 보조수단으로 활용하는 '중농경상'에 있음을 보여주는 대목이다. 『상군서』를 관통하는 '농전'의 기본취지가 백성들로 하여금 평시에는 본업인 농사에 매진토록 하다가 전쟁이 일어나면 천하무적의 용감한 전사로 활약하게 만드는 데 있는 점을 감안할 때 당연한 것이기도 하다. 군량의 수송과 뛰어난 무기 및 장비의 보급 등은 상인과 수공업자의 조력이 없으면 불가능한 일이다. 상앙이 강병을 이루기 위한 전제조건으로 부국을 역설한 것도 바로 이 때문이다. 이를 뒷받침하는 「입본」의 해당 대목이다.

"농전을 중시하는 정책이 실행되면 재화가 축적되고 재화가 축적되면 포상이 더해진다. 포상이 전공 하나에만 집중되면 작위가 존귀해지고 작위가 존귀해지만 포상을 이롭게 여긴다. 그래서 말하기를, '용병은 바른 정사에서 비롯되는 까닭에 정사에 따라 강약이 다르고, 풍속은 법에서 나오지만 법에 따라 천차만별이고, 적을 제압하는 전세는 본래 마음에서 출발하지만 대비 태세에 따라 다양한 모습을 보인다'고 하는 것이다. 이들 3가지를 분명히 알면 강국이 된다. 강대한 나라는 반드시 부유하고 부유한 나라는 반드시 강대하다는 뜻이다."

상앙의 '농전' 사상은 궁극적으로 막강한 무력을 배경으로 전쟁에서 승리를 거두는 데 그 목적이 있고, 전쟁의 승리는 강대한 국력에서 출발하고, 강대한 국력은 재화의 축적을 통한 부국이 전제돼야 하고, 재화의 축적은 농업증산을 기본으로 하여 상업과 수공업이 뒷받침돼야 한다는 논리 위에 서 있다. 상앙이 추진한 일련의 변법을 '중농억상'이 아닌 '중농경상'의 관점에서 접근해야 하는 이유다.

빈치貧治와 부치富治

상앙의 '중농경상'은 기본적으로 가난한 자를 부유하게 만들고 부유한 자의 부를 덜어내 백성을 고르게 만드는 이른바 균민均民 사상에서 비롯된 것이다. 이는 공자가 역설한 균부均富와 취지를 같이한다. 같은 곡을 달리 연주한 것이다. 그럼에도 오랫동안 상앙의 '균민' 사상은 커다란 오해를 샀다. 『상군서』「거강」의 다음 대목에서 비롯된 것이다.

"나라가 부유한데도 국고를 계속 채우면서 부유한 백성의 부를 덜어내는 이른바 빈치의 방법으로 다스리면 이는 기존의 부에 새로운 부를 보태는 중부重富를 실현하는 것이다. '중부'를 실현하는 나라는 강해진다. 그러나 나라가 가난한데도 국고를 비우면서 부유한 백성을 더욱 부유하게 만드는 부치의 방법으로 나라를 다스리면 이는 빈궁에 빈궁을 보태는 중빈重貧을 자초하는 것이다. '중빈'을 자초하는 나라는 쇠약해진다."

'균민'의 관건은 부유한 자의 부를 덜어내는 데 있다. 「거강」은 그것을 '빈치'로 표현했다. 이를 두고 많은 주석가들이 '부자를 가난하게 만든다'는 식으로 해석했다. 이는 상앙의 '균민' 사상을 크게 왜곡한 것이다. 상앙이 「거강」에서 말한 '빈치'는 부민富民의 재물을 덜어내 '균민'을 만드는 식으로 부국富國을 실현함으로써 강병強兵을 달성하자는 게 기본취지다. 상가의 효시인 관중이 부민을 토대로 부국을 만들어 강병을 실현코자 한 것과 대비된다. 부국강병의 기본취지는 동일한데도 대전제에 해당하는 부민에 대한 해석 및 접근방식이 완전히 다르다. 상가와 법가가 갈리는 대목이다. 상가가 '중상'에 방점을 찍은 데 반해 법가가 유가와 마찬가지로 '중농'에 방점을 찍은 것도 이 때문이다. 바로 '부민'에 대한 견해 차이로 인한 것이다. 시장의 '보이지 않는 손'에 대한 해석 차이와 맥을 같이한다. 상앙이 「거강」에서 부유한 농민이 나라에 바치는 양곡의 수량에 의거해 관작을 내리면 나라가 부강해진다고 역설한 것도 이런 맥락에서 이해할 수 있다. 이를 뒷받침하는 해당 대목이다.

"나라에 군주를 원망하는 백성이 없으면 강국이라고 한다. 군사를 일으켜 다른 나라를 공격할 경우 전공에 따라 작위를 내리고 관직에 임명하면 반드시 승리한다. 군대를 멈추고 농사를 지을 경우 나라에 바치는 식량의 대소에 따라 작위를 내리고 관직에 임명하는 이른바 속작속임粟爵粟任을 행하면 나라가 부유해진다. 군사를 일으켜 적을 이기고 진군을 멈춰 나라가 부유해지면 그런 자는 능히 천하를 호령하는 왕자가 된다."

훗날 한비자는 '속작속임'의 효과에 부정적인 견해를 피력했으나 상앙이 실시한 두 차례의 변법이 '속작속임' 등의 '균민' 사상에 기초해 성공을 거둔 것 또한 부인할 수 없다. 변법의 골자를 기록해 놓은 『사기』「상군열전」의 다음 대목이 이를 뒷받침한다.

"상앙은 사람들로 하여금 힘을 다해 본업에 종사케 했다. 밭갈이와 길쌈을 열심히 해 곡식이나 비단을 많이 바친 자에게는 본인의 부역과 부세를 면제했다. 상업이나 수공업에 종사하면서 태만하고 게으른 나머지 가난하게 된 자는 모두 체포해 관청의 노비로 삼았다."

상앙이 꺼린 것이 상업이나 수공업 자체가 아니라 폭리를 취하는 상인과 사치한 물건을 제조하는 수공업자였고 '속작속임'이 나름 커다란 효과를 거뒀음을 뒷받침하는 대목이다. 똑같이 부국강병을 역설했음에도 그 전제조건과 관련해 관중이 추구한 '부민'과 상앙이 추구한 '균민' 가운데 어느 것이 나은 것인지는 획일적으로 말할 수 없다. 관중이 활약한 춘추시대 중기와 상앙이 변법을 실시한 전국시대 중엽은 시대상황이 완전히 다르다. 난세의 심도가 깊어지면 깊어질수록 '부민' 대신 '균민' 쪽으로 진행될 수밖에 없다. 전쟁이 총력전으로 전개되기 때문이다. 일제가 이른바 '태평양전쟁' 말기에 기업에 비행기 헌납 등을 강요한 게 그 실례다. 『상군서』「거강」은 '부민' 대신 '균민'이 필요한 이유를 이같이 밝혀 놓았다.

"군대는 적이 감히 행하지 못하는 일을 행하면 강해지고 전쟁은 적이 수치스러워하는 일을 하면 유리해진다. 군주는 다양한 임기응변의 통치술을 귀하게 여기고 나라는 변화가 적은 법의 안정을 귀하게 여긴다. 나라에 물자를 많이 비축하는 것은 강하기 때문이고 적게 비축하는 것은 약하기 때문이다. 병거 1천 대를 보유하는 나라가 간신히 1천 대를 유지하는 데 필요한 물자만 보유하고 있는 것은 국력이 약하기 때문이다. 전쟁을 염두에 두고 미리 계획하고 준비해 유사시에 용병할 수 있으면 그 나라는 강해진다. 전쟁 준비가 어수선하고 병사가 나태하면 그 나라는 쇠약해진다."

'빈치'를 전제로 한 '균민'의 취지가 선명히 드러나고 있다. 바로 무력을 극대화하기 위한 것이다. 동서고금을 막론하고 막강한 무력은 반드시 튼튼한 경제적 기반 위에서만 가능하고 생명과 재산을 보호하는 국가안전이 보장돼야만 국민들이 안심하고 생업에 종사할 수 있다. 그래야 궁극적으로 정부도 국민의 신뢰를 얻게 된다. '농전'의 기본취지가 여기에 있다. 『관자』「목민」이 기본적으로 먹고사는 문제가 해결돼야 백성들이 예의염치를 알게 된다고 역설한 것과 취지를 같이한다.

21세기 G2시대의 관점에서 볼지라도 상앙이 역설한 '균민'과 '균부' 이념을 실현해야만 진정한 민주정치도 이룰 수 있다. 아무리 고상하고 거창한 이념을 내걸지라도 인민들이 먹는 문제가 해결되지 않는 한 공허할 수밖에 없기 때문이다. 인민들 모두 인간으로서의 최소한의 예도 갖추기 어렵다. 나라가 존립할 수조차 없다. 주목할 점은 상앙이 실시한 두 차례의 변법이 '빈치'에 기초한 '균민' 이념에서 출발하고 있는 점이다.

상앙이 꺼린 것은 폭리를 취하는 상인과 사치한 물건을 제조하는 수공업자였다. 폭리와 사치품의 만연으로 인해 농민의 근농勤農 정신이 훼손되고 폭리행위 등에 현혹돼 농사를 팽개치고 장사나 수공업에 나설까 우려했다. 실제로 그는 상업과 수공업 자체를 사갈시蛇蝎視한 적이 없다. 『상군서』「거강」의 다음 대목이 이를 뒷받침한다.

"식량이 생겨나면 상업자금이 사라지고 식량이 사라지면 상업자금이 생겨난다. 나라의 근간이 되는 식량은 저렴하고 식량생산에 종사하는 사람이 많아야 한다. 식량을 사는 사람이 적을 경우 농민은 곤궁하고 간사한 상인은 고무되기 때문이다. 그러면 병력이 쇠약해지고 끝내 나라는 반드시 약화돼 패망하게 된다. 상업자금 1냥兩이 나라 안에서 생겨나면 식량 12석石이 나라 밖으로 사라진다. 식량 12석이 나라 안에 생겨나면 상업자금 1냥이 나라 밖으로 사라진다. 국가가 나라 안에서 상업자금이 생기는 것을 좋아하면 산업을 일으키기 위한 자금과 식량 모두 사라져 창고와 금고는 텅 비고 나라 또한 쇠약해진다. 국가가 나라 안에서 식량이 생기는 것을 좋아하면 산업을 일으키기 위한 자금과 식량 모두 불어나 창고와 금고가 모두 채워지고, 나라 또한 부강해진다."

상앙이 추진한 일련의 변법이 '중농억상'이 아닌 '중농경상'의 관점에서 접근하고 있음을 방증하는 대목이다. 이를 통해 상앙의 '중농경상' 정책이 기본적으로 '빈치'에 입각한 '균민' 사상 위에서 전개됐음을 알 수 있다. 상앙의 모든 사상이 '농전' 하나로 일이관지—以貫之하고 있음을 보여준다.

승전주의와 이전거전

상앙이 '중농'을 역설한 것은 농업증산을 통해 군량미를 넉넉히 확보하려는 취지에서 나온 것이다. 적과 싸워 반드시 승리를 거두고자 하는 '승전주의'가 중농주의와 동전의 양면관계를 이루고 있는 이유다. 이는 법가사상과 병가사상이 만나는 지점이기도 하다. 일각에서 『상군서』를 전래의 병서와 어깨를 나란히 하는 또 하나의 병서로 간주하는 것도 이 때문이다. 『상군서』가 병서의 성격을 강하게 띤 것은 말할 것도 없이 '농전' 사상에서 비롯된 것이다. 실제로 순자는 상앙을 병가의 일원으로 간주했다. 『순자』 「의병」의 다음 대목이 그 증거다.

"제나라를 패망의 위기에서 구한 전단田單, 파촉 일대를 평정한 초나라 장수 장교莊蹻, 진효공 때 부국강병을 실현한 진나라의 위앙衛鞅, 제나라를 위기로 몰아넣은 연나라 장수 악의樂毅 등은 모두 세속에서 용병을 잘하는 사람을 뜻하는 선용병자善用兵者로 불린 자들이다."

순자의 언급처럼 2만여 자로 된 『상군서』의 절반가량이 모두 군사와 관련된 내용이다. 분량으로 보면 6천여 자로 되어 있는 『손자병법』의 근 2배에 달한다. 『상군서』를 이른바 『상앙병법』으로 칭하는 이유다. 『한서』 「형법지刑法志」의 다음 대목이 이를 뒷받침한다.

"춘추전국시대 당시 천하의 웅걸이 시대의 흐름에 올라타 열국의 군주를 보필하며 권모술수를 동원해 서로 치열한 각축전을 벌였다. 대표적인 인물로 오나라의 손무孫武, 제나라의 손빈孫臏, 위나라의 오기吳起, 진나라의 상앙을 들 수 있다. 이들 모두 전쟁에 나서면 반드시 적을 격파하고 승리를 거뒀다. 병서를 남긴 것도 같다."

이는 상앙의 저서인 『상군서』를 병성兵聖의 칭송을 받은 손무의 『손자병법』과 위나라 대군을 격파한 손빈의 『손빈병법』, 오기연저吳起吮疽 일화의 주인공인 오기의 『오자병법』과 같은 반열의 병서로 간주했음을 반증한다. 실제로 『상군서』는 비록 여타 병서와 달리 구체적인 전략전술에 대해서는 간략히 언급하는 데 그쳤으나 정치와 군사의 불가분성을 언급한 점에서는 정전政戰을 역설한 『삼략』과 취지를 같이한다. 같은 법가 사상서인데도 『상군서』가 『한비자』와 차이를 보이는 이유다. '농전'에 초점을 맞추고 있는 『상군서』와 달리 『한비자』는 군주의 통치 자체에 방점을 찍고 있다. 통치의 요체를 백성을 직접 다스리는 치민治民 대신 관원을 다스리는 치리治吏에서 찾은 이유다. 이는 권신의 발호를 미연에 방지해 국가보위를 튼튼히 하고 군주가 의도한 바대로 신하를 부리고자 하는 제신술制臣術의 일환으로 나온 것이다.

물론 『상군서』도 군주의 통치에 커다란 관심을 기울이고 있다. 그러나 역시 초점은 '농전'에 맞춰져 있다. '농전'에서 '농'에 주목하면 『상군서』는 사마천의 「화식열전」과 마찬가지로 일종의 경제사상서로 해석할 수 있다. 그러나 '전'에 주목할 경우 『상군서』는 병서의 일종에 해당한다. 그만큼 전쟁에 관한 얘기로 가득 차 있다. 수천 년 동안 상앙을 법가로 분류해 왔으나 전쟁을 국가 존망의 결정적인 계기로 간주한 점에서는 여타 병가와 하등 차이가 없다. 병가와 법가사상이 동전의 양면관계를 이루고 있는 점에 비춰 크게 이상하게 볼 것도 없다. 실제로 상앙의 삶은 전국시대 초기 최고의 병가로 명성을 떨친 오기와 사뭇 닮아 있다. 입신하는 과정도 그렇고, 비참한 최후를 맞이하는 과정도 그렇다. 상앙 역시 오기 못지않게 병법에 밝았다. 엄밀히 얘기하면 두 사람 모두 병가이자 법가에 속한다. 오기는 위나라에 있을 때는 주로 병법가로 활약했으나 초나라로 망명한 후에는 상앙처럼 대대적인 변법을 시행했다. 전형적인 법가의 행보였다. 상앙도 위나라 땅을 취할 때 병법가를 방불하는 궤사詭詐를 구사했다. 다만 초점이 약간 달랐을 뿐이다. 오기가 '법가적 병가'라면 상앙은 '병가적 법가'에 해당한다.

실제로『상군서』는 원문이 망실된 2개 편을 제외한 24편 가운데 병법과 직결된 내용이 매우 많다. 「농전農戰」, 「전법戰法」, 「입본立本」, 「병수兵守」, 「내민徠民」, 「상형賞刑」, 「획책畫策」, 「경내境內」, 「외내外內」 등에 전략전술과 관련된 내용이 대거 실려 있다. 이들 편만 따로 뽑아내도 능히 '상앙병법'을 만들 수 있을 정도다. 많은 사람들이『상군서』에 나오는 내용을 토대로 한 '상앙병법'을 언급하는 이유다. '상앙병법'의 특징은『상군서』의 전쟁 및 군사 관련 대목을『삼략』과 비교해보면 쉽게 드러난다. 전쟁을 통치의 일환으로 해석하는 정전政戰의 관점에 서 있는 점에서는 동일하다. 그러나『삼략』은 유가,『상군서』는 법가의 입장에서 접근하고 있는 까닭에 전쟁에 대한 해석에 적잖은 차이가 있다. 해법이 다르게 나온 이유다. '상앙병법' 역시 기본적으로는 여타 병서와 마찬가지로 전쟁의 불가불성을 수용하는 데서 출발하고 있다. 다만 이를 역사적인 관점에서 접근하고 있는 게 다르다.『한비자』가 법치의 필요성을 역사적인 관점에서 접근하고 있는 것과 닮았다. 이를 뒷받침하는『상군서』「획책」의 해당 대목이다.

"옛날 전설적인 인물인 호영昊英이 다스리던 시대에는 백성들이 나무를 베고 짐승을 잡았다. 당시 인구는 적고 나무와 짐승은 많았기 때문이다. 신농神農이 다스리던 시대는 남자들이 경작해 밥을 먹고 여자들이 베를 짜 옷을 입었다. 형벌과 정령을 사용하지 않아도 잘 다스려졌다. 군사를 일으키지 않아도 천하의 왕자로 군림한 이유다. 신농 사후 강한 무력을 배경으로 약자를 억압하고 숫자가 많은 무리가 그렇지 못한 무리를 난폭하게 대하는 일이 빚어졌다. 황제黃帝가 군신 및 상하의 도의를 포함해 부자형제의 예절과 부부와 배우자들 사이의 결합 이치를 제정하고, 대내적으로 형벌을 사용하고, 대외적으로 무력을 사용한 이유다. 이로써 보건대 신농이 황제보다 고명한 게 아닌데도 명망이 훨씬 높은 것은 바로 시대상황에 부합했기 때문이다. 전쟁을 통해 전쟁을 제거하는 이전거전以戰去戰이 가능하면 전쟁을 하는 것도 가능하다."

전쟁을 통해 전쟁을 제거하는 '이전거전'은 『상군서』에 나오는 것으로 병가사상의 정곡을 찌르고 있다. 막강한 무력을 배경으로 천하 만민을 전쟁의 도가니로 몰아넣고 있는 열국의 군주를 제압해 천하를 통일해야 한다는 사상을 담고 있다. '이전거전'에서 앞에 나오는 '전'은 천하를 호령하는 왕자王者의 막강한 무력, 뒤에 나오는 '전'은 사리사욕을 의전義戰으로 미화해 천하의 백성들을 전쟁으로 내모는 폭군의 용병을 뜻한다. 「획책」의 다음 대목은 '이전거전'의 기본취지가 어디에 있는지를 잘 보여주고 있다.

"나라가 혼란스러운 것은 백성들에게 사사로운 의리인 사의私義가 많기 때문이고, 병력이 약한 것은 백성들에게 사사로운 용기인 사용私勇이 많기 때문이다. 쇠약해지는 나라는 관작을 얻는 방법이 많다."

'이전거전'은 사사로운 무력을 제거해 국가의 전력을 강화하는 데서 출발한다는 취지를 밝힌 것이다. 전공을 세운 자에게만 관작을 내려야 한다는 주장이 나온 이유다. 궁극적인 목표는 적과 싸워 승리를 거두는 데 있다. 『손자병법』이 첫 편인 「시계」의 첫머리에서 전쟁을 군국기무軍國機務로 간주하면서 국가의 존망 및 백성의 생사와 연결시킨 것과 맥을 같이한다. 춘추전국시대 문헌 가운데 같은 글자가 전혀 다른 뜻으로 풀이되는 '이전거전' 등의 논법을 전개한 것은 『상군서』가 유일하다.

엄형과 중벌

상앙은 법치를 역설하면서 중한 죄는 말할 것도 없고 경미한 죄에도 무거운 벌을 가하는 이른바 중중경중重重輕重을 구체적인 방안으로 제시했다. 가벼운 죄에도 엄한 형벌을 가해야 사람들이 죄를 짓지 않게 된다고 생각한 결과다. '중중경중'과 대비되는 것이 이른바 중중경경重重輕輕 입장이다. 죄목 및 죄질에 따라 형벌의 수위를 달리하는 '중중경경'은 서구에서 발달한 죄형법정주의罪刑法定主義와 취지를 같이한다. 상앙은 왜 당시 상식으로 통하는 '중중경경'을 비판하며 훗날 혹법酷法으로 비난을 받은 '중중경중' 입장을 취한 것일까? 『상군서』「개색」의 다음 대목에 해답이 있다.

"흔히 보면 과오에는 심하고 덜한 차이가 있는 까닭에 형벌도 가볍고 무거운 차이를 보인다. 선행 또한 크고 작은 차이가 있는 까닭에 포상 역시 많고 적은 차이가 있다. 이는 세상에서 흔히 통용되는 관행이다. 그러나 죄가 성립된 후 형벌을 가하면 간사한 짓이 사라지지 않는다. 백성들이 포상을 당연시한 이후에 포상하면 과오는 그치지 않는다. 형벌이 간사한 짓을 제거하지 못하고 포상이 과오를 저지하지 못하는 나라는 반드시 혼란스러워진다."

바로 죄과罪過가 빚어질 가능성을 최소화하기 위한 것이었다. '중벌'의 취지가 포상에서 '소상' 및 '후상'을 역설한 것과 같은 맥락에서 나온 것임을 알 수 있다. 사안이 커지기 전에 미리 뿌리를 뽑고자 한 것이다. 이어지는 『상군서』「개색」의 다음 대목을 보면 '중벌'이 나오게 된 배경을 보다 잘 알 수 있다.

"천하를 호령하는 왕국王國에서는 장차 과오를 범하려고 할 때 형벌을 사용하는 까닭에 크게 간사한 일이 생기지 않는다. 간사한 일을 고발할 때 포상하는 까닭에 작은 과오도 빠뜨리지 않는다. 백성을 다스리면서 크게 간사한 일이 일어나지 않게 하고 작은 과오도 빠뜨리지 않으면 나라는 잘 다스려질 것이다. 나라가 잘 다스려지면 반드시 강해진다. 한 나라만이 이런 방법을 시행하면 그 나라만 유독 잘 다스려지는 독치獨治 현상이 나타난다. 두 나라가 이런 방법을 시행하면 서로 감히 분쟁을 일으킬 수 없어 전쟁이 억제되는 현상이 나타난다. 천하의 모든 나라가 이런 방법을 시행하면 지극한 덕이 세워지는 현상이 나타난다. 내가 형벌은 궁극적으로 덕치로 귀결된다는 이른바 형반어덕刑返於德을 언급하고 인의도덕은 오히려 폭력을 조장한다고 말한 이유가 여기에 있다."

'독치'를 이루는 나라가 천하를 호령하게 된다는 취지를 밝힌 것이다. 이는 엄정한 법치를 전제로 한 것이다. 「개색」은 이를 '형반어덕'으로 표현해 놓았다. 유가에서 말하는 덕치와 정반대되는 개념이다. 얼핏 모순된 얘기처럼 들리지만 난세에는 엄격한 법치가 오히려 덕치를 이루는 관건으로 작용한다는 그의 '형반어덕' 주장이 설득력을 지닌다. 난세에 덕으로 적을 제압할 수 없는 이치와 같다. 『상군서』「외내」는 '형반어덕'의 취지를 이같이 풀이해 놓았다.

"형벌이 가벼우면 법을 범하는 자가 피해를 입는 일이 없다. 가벼운 법으로 전쟁에 나가도록 만드는 것을 두고 '쥐를 잡기 위한 쥐덫에 살쾡이를 미끼로 쓴다'는 뜻의 이리이서以狸餌鼠라고 한다. 이같이 하면 거의 패하지 않겠는가! 백성들을 전쟁에 나가도록 하기 위해서는 반드시 엄중한 법을 써야 한다."

적에게 패하면 결국 나라가 쇠망하는 까닭에 강력한 법치를 통해 '독치'의 강대국을 만들어야 한다고 주장한 것이다. 이를 두고 맹자는 '승리지상주의' 내지 '전쟁지상주의'로 비판했다. 그러나 이는 지나치다. 상앙도 난세가 그치고 치세가 돌아오면 무덕武德 대신 유가의 문덕文德을 시행해야 한다는 사실을 잘 알고 있었다. 문제는 현재다. 열국이 한 치의 양보도 없이 치열한 각축전을 전개하고 있는 현실을 무시한 채 무턱대고 덕치를 펼 수는 없는 일이다. 오직 덕치만으로 천하를 통일할 수 있다고 주장한 맹자와 극명한 대조를 이루고 있다. 『맹자』「이루 상」은 상앙의 '독치' 주장과 정반대되는 논리를 펴고 있다. 병법에 능한 선전자善戰者는 극형, 합종연횡을 주선한 종횡가는 극형 다음인 차형次刑, 백성을 황무지 개간에 내몬 자는 차차형次次刑에 처해야 한다고 주장한 게 그렇다.

맹자의 논리에 따르면 법가이자 병가인 상앙은 극형과 차차형에 모두 해당한다. 맹자는 병가와 종횡가, 법가 모두 영토전쟁을 부추겨 무고한 백성들을 죽음으로 내몬 장본인으로 지목하고 있다. 병가와 종횡가, 법가 등이 횡행하던 전국시대 말기의 세태에 대한 통렬한 비판이다. 그러나 당시의 영토전쟁은 궁극적으로 천하통일을 위한 것이라는 사실에 주목할 필요가 있다. 불가피했다. 맹자가 지적한 것처럼 영토전쟁이 열국 군주의 야심과 무관할 수는 없으나 근본적으로는 천하통일을 통한 치세의 도래를 고대한 백성들의 염원에서 나온 것이다. 병가와 종횡가, 법가 모두 이런 천하대세에 부응해 나름 자신들의 이상과 방략을 펼친 것이다. 맹자가 극심한 영토전쟁으로 인한 참상의 책임을 모두 이들에게 돌리는 것은 분명 지나쳤다.

189

시대 상황에 대한 상앙과 맹자의 엇갈린 해석은 현실주의 성향과 이상주의 성향의 차이에서 비롯된 것으로 볼 수 있다. 현실주의 입장에 설 경우 천하를 통일하기 위해서는 부국강병이 불가피하고 부국강병을 실현코자 할 경우 엄정한 법치 또한 불가결하다. 상앙은 바로 이를 '형반어덕'으로 표현한 것이다. 덕치와 법치 등의 형식적인 표현에 구애될 필요가 없다고 본 결과다. 실제로 그는 진정한 애민愛民의 길이 '중벌소상'에 있다고 주장했다. 『상군서』「거강」의 다음 대목은 유가의 입장과 정반대되는 '형반어덕' 주장이 '중벌소상'에서 비롯된 것임을 잘 보여준다.

"형벌을 무겁게 하고 포상을 신중히 하는 '중벌소상'은 군주가 백성을 아끼는 길이다. 그래야 백성이 군주를 위해 목숨을 바친다. 포상을 남발하고 형벌을 가볍게 하는 다상경벌多賞輕罰은 군주가 백성을 아끼는 길이 아니다. 그리하면 백성은 군주를 위해 목숨을 바치지 않는다. 겁이 많은 백성을 형벌로 부리면 반드시 용감해지고 용감한 백성을 포상으로 부리면 군주를 위해 목숨을 바친다. 천하를 호령하는 왕자의 왕국王國은 형벌이 9할이고 포상이 1할이다. 막강한 실력을 배경으로 한 강자의 강국彊國은 형벌이 7할이고 포상이 3할이다. 영토가 깎이며 근근이 명맥을 이어가는 약자의 약국弱國은 형벌이 5할이고 포상이 5할이다."

이를 통해 '중벌'과 '소상' 모두 농전의 효과를 극대화하기 위한 방법론으로 나온 것임을 알 수 있다. '중벌'의 궁극적인 목적은 겁이 많은 백성을 전사戰士로 만드는 데 있다. 이는 '중벌'만으로는 안 된다. 두터우면서도 희귀성이 있는 '소상'이 더해져야 한다. 그래야 백성들이 목숨을 아끼지 않고 적과 싸우게 된다. '중벌소상'은 백성들을 천하무적의 전사로 만들기 위한 효과적인 계책인 동시에 백성들이 평시에도 범죄에 연루되지 않도록 만드는 사전방지책에 해당한다. 『상군서』「거강」의 다음 대목이 그 증거다.

"형벌을 사용해 형벌을 없애는 이른바 이형거형以刑去刑을 행하면 나라가 잘 다스려지고, 형벌을 사용해 형벌을 자초하는 이형치형以刑致刑을 행하면 나라가 어지러워진다."

'중벌소상'의 궁극적인 목표는 백성을 천하무적의 전사로 만드는 강병에 있고 '이형거형'은 백성을 본업인 농업에 매진케 만드는 부국의 방안으로 나온 것이다. 한비자는 상앙이 역설한 '중벌소상'과 '이형거형'의 취지를 그대로 이어받았다. 사상사적으로 볼 때 상앙과 한비자가 공히 법치의 핵심으로 거론한 '중벌소상'은 원래 『관자』「법법法法」에서 나온 것이다. 이를 뒷받침하는 해당 대목이다.

"군주가 백성들의 작은 잘못을 사면하면 백성들은 중죄를 많이 범하게 된다. 이는 작은 잘못을 많이 쌓았기 때문에 생겨나는 것이다."

관중은 비록 백성을 천하무적의 전사로 만드는 효과를 언급하지는 않았으나 '이형거형'의 차원에서 '중벌소상'의 효과를 언급하고 있다. 상앙은 『관자』「법법」의 기본취지를 한 발 더 확장한 셈이다. 궁극적인 목표인 승전을 이루고자 하는 취지다. 상앙의 법치주의가 승전주의의 기본전제로 구성된 배경이 여기에 있다. 법치의 효용을 군주의 통치술에서 찾고 있는 한비자와 대비되는 대목이다.

법치사상의 전개

상앙은 진효공 밑에서 20여 년 동안 재상으로 있으면서 철저하면서도 지속적인 변법을 강행했다. 그가 시행한 일련의 변법은 크게 3가지 특징을 지니고 있다. 정치 측면의 법치주의, 군사 측면의 군국주의, 경제 측면의 중농주의가 그것이다. 이를 하나로 요약해 놓은 게 바로 '농전'이다. '농전'의 효과는 지대했다. 정체政體가 신분세습의 봉건정이 실력 위주로 발탁된 관원들의 보필을 받는 군주정으로 바뀌고, 봉지와 식읍 등으로 구성된 지방분권체제가 중앙에서 파견한 관원이 다스리는 중앙집권적 관료체제로 바뀌고, 각 가호가 농업생산 및 군대구성의 최소 단위가 되어 효율적인 군국체제를 형성한 게 가장 큰 특징이다. 두 차례에 걸친 변법 시행 이후 진나라가 전국시대 최강국이 된 배경이 여기에 있다. 진시황의 천하통일 기반이 이때 만들어졌다고 해도 과언이 아니다.

법가가 유가와 묵가, 도가, 병가 등과 더불어 제자백가의 일원으로 본격 참여케 된 것도 바로 그의 변법이 구체화한 데서 시작됐다. 상앙을 사상 최초의 '진정한 의미의 법가'로 간주하는 이유다. 『상군서』는 '진정한 의미의 법가사상'을 반영한 것이다. 『한비자』가 비록 방대한 분량을 자랑하기는 하나 법치에 관한 내용만큼은 거의 모두 『상군서』를 베낀 것이다. 상앙 이전에 나온 일련의 변법은 법가적인 색채만 짙었을 뿐 진정한 변법으로 보기 어렵다. 상앙의 변법은 그만큼 전면적이면서도 체계적이고 혁신적이었다. 진정한 의미의 법치가 상앙의 등장을 계기로 시작됐다고 보는 이유다.

객관적으로 볼 때 상앙은 진나라에서 근 20년 동안 최고의 정치가이자 군사전략가로 활약한 까닭에 나름 하나의 학파를 형성했다고 보는 게 합리적이다. 이른바 '상자학파商子學派'다. 곽말약이 그런 입장에 서 있었다. 『전기법가前期法家의 비판』에서 상앙의 문인들이 『상군서』의 대부분을 저술한 것으로 간주한 게 그렇다. 그렇다면 '상자학파'의 학문적 흐름은 어떻게 전개됐을까? 상앙의 비참한 최후로 인해 겉으로는 그 모습을 드러내지 않았을 공산이 크다. 그렇다고 이들이 잠적한 것은 아니다. 진나라는 상앙 사후에도 그의 가르침을 좇아 부국강병에 매진했기 때문이다. 『상군서』라는 하나의 책자 형태로 나타난 것도 이와 무관치 않을 것이다. 그를 추종하는 문도門徒들이『상군서』의 편제에 적극 개입했을 공산이 크다.

상앙의 등장을 계기로 진나라가 문득 최강국이 된 점을 감안할 때 상앙의 법치사상은 비단 진나라뿐만 아니라 그의 문도들을 통해 열국으로 급속히 퍼져나갔다고 보는 게 합리적이다. 실제로 춘추시대 말기 유가사상 역시 공자 사후 제자들의 도움으로 열국에 급속히 전파됐다. '상자학파' 역시 비슷한 과정을 밟았을 것이다. 일각에서는 상앙보다 한 세대가량 늦게 활동한 장자의 저서인『장자』「천하」에 '상자학파'에 대한 언급이 없는 점 등을 들어 부정적인 반응을 보이고 있으나 장자와 상앙의 사상이 극단적으로 대립하고 있는 점을 감안할 필요가 있다. 당시 열국이 한 치의 양보도 없는 치열한 각축전을 전개한 점을 감안할 때 오히려 유가보다도 더 큰 위력을 떨치며 급속히 확산됐을 것으로 보는 게 타당하다. 법가사상을 집중 연구한 일본의 가나야 사다무金谷治를 비롯해 장대년張岱年 및 왕덕민王德民 등은 '상자학파'가 관중의 부국강병 사상을 추종하는 이른바 '관중학파'와 합세해 법가가 제자백가의 일원으로 활약했을 가능성을 제기했다. 공자가『논어』에서 관중의 공업을 높이 평가한 점 등이 논거로 제시되고 있다. 상앙의 변법이 유사한 성과를 거둔 만큼 '상자학파'와 '관중학파'는 사상적으로 크게 다를 게 없다는 것이다. 일리 있는 분석이다.

『상군서』는『한비자』와 달리 시종 부국강병을 역설하고 있다. 명대와 청대 말기의 난세에 유학자들의 커다란 관심을 끈 이유다. 내로라하는 유학자들이 부국강병의 책략을 찾아내기 위해『상군서』에 매달리며 뛰어난 주석서를 우후죽순처럼 쏟아낸 게 그렇다. 21세기 G2시대에 들어와 중국에서『상군서』에 대한 연구 열기가 높아진 것도 이런 맥락에서 이해할 수 있다. 21세기 경제경영의 관점에서 볼 때 상앙의 이론과 주장은 혁신경영의 전형에 해당한다. 경제학자 슘페터는 경제발전의 원동력을 기업가의 '창조적 파괴'에서 찾은 바 있다. 기존의 틀을 바꾸고 발전시켜 나가야 기업의 미래를 예약할 수 있다고 본 것이다. 혁신경영의 근본취지가 여기에 있다. 바로 '창조적 파괴'를 꾀해야 한다. 상앙이 두 차례에 걸쳐 대대적인 변법을 시행한 것도 바로 이 때문이다.

힌두교에는 불의 신 '아그니'와 태양의 신 '수리야' 등 모두 3억 3,000만 개의 신이 있다고 하나 가장 주목할 만한 신으로는 '브라흐마'와 '시바', '비슈누' 등 3개의 신이다. 브라흐마는 창조, 시바는 파괴, 비슈누는 보호의 신이다. 힌두교 교리에 따르면 현상유지, 파괴, 창조는 처음과 끝이 없는 상태로 계속 이어지고 있다. 현상을 유지하면서 창조적 파괴를 해나간다는 게 어려울 수밖에 없는 이유다.

글로벌 기업의 흥망을 이 사이클에 넣어 분석할 경우 매우 의미 있는 사실을 찾아낼 수 있다. 예컨대 소니는 자신들을 성공으로 이끌어준 과거의 '워크맨' 성공에 지나치게 함몰된 나머지 현상 유지에 주력하다 파괴와 창조의 사이클에 올라타는 것을 거부했다. 이내 하청업체였던 삼성에게 추월을 허용하고 말았다. '창조적 파괴'의 가장 대표적인 사례로는 역시 애플을 들 수 있다. 애플의 제품은 기존의 관행과 통념을 완전히 뛰어넘었다. 관점을 기계 중심에서 인간 중심, 생산자 중심에서 소비자 중심으로 바꾼 게 비결이다. 이와 반대되는 게 한국의 이동통신업체다. 황금알을 낳은 기존의 성공패턴에 안주하며 '파괴'와 '창조'의 사이클에 올라타는 것을 거부했다. 피처폰의 호조에 자족하다가 한때 대만의 중소 IT업체한테까지 추월을 허용했던 LG가 그 실례다. 이는 기존의 성공방식을 버리기가 그만큼 어렵다는 사실을 반증하고 있다. 마키아벨리는『군주론』제25장에서 이같이 지적한 바 있다.

"위기 때 재빨리 변신할 줄 아는 군주만이 살아남을 수 있다. 그러나 그런 군주는 매우 드물다. 타고난 성품을 바꾸기가 어렵기 때문이다. 특히 외길을 걸어 늘 성공을 거둔 경우는 더욱 심하다. 신중한 행보로 일관한 군주가 과감히 행동해야 할 때 어찌할 줄 몰라 당황해하다가 이내 패망하는 이유다. 시류의 변화를 좇아 기왕의 성공방식을 과감히 바꿀 줄 알면 기존의 행운도 바뀌지 않을 것이다."

마키아벨리는 위기 때 살아남을 수 있는 비결을 크게 2가지로 요약한 셈이다. 첫째, 상황에 따른 일대 변신이다. 임기응변을 언급한 것이다. 그렇지 않으면 살아남을 수 없다. 둘째, 임기응변은 기존의 성공방식을 과감히 내던지는 데서 시작한다. 이게 가장 큰 문제다. 마키아벨리가 지적했듯이 타고난 성품을 갑자기 바꾸기가 쉽지 않기 때문이다. 그러나 시류는 개개인이 일대 변신하는지 여부와 상관없이 늘 변한다. 특히 난세의 경우는 더욱 그렇다. '격변의 소용돌이'로 표현해도 지나치지 않다. 기존의 가치와 관행이 일거에 바뀌기 때문이다. 난세에 민심이 아침저녁으로 뒤바뀌는 이유다. 살아남기 위한 몸부림이다. 그게 시류이고 민심의 흐름이다. 이를 탓해서는 안 된다. 재빨리 시류에 올라타 과감히 변신해야 하는 이유가 여기에 있다. 마키아벨리의 주장은 상앙의 변법과 취지를 같이한다. 관건은 역시 어떻게 하면 천하대세의 흐름을 거스르지 않고 재빨리 변신할 수 있는가 하는 데 있다. 기존의 성공방식을 과감히 내던지는 게 답이다. 상앙으로 대표되는 혁신경영의 요체가 바로 여기에 있다.

백성들은 곡식 창고가 가득 차야
예절을 알고 의식이 풍족해야
영예와 치욕을 안다.

倉庫實而知禮節 衣食足而知榮辱
창고실이지예절 의식족이지영욕

富 民 論

부민론

반드시 먼저
백성을 부유케 하라

관자와 경제학

관포지교管鮑之交의 주인공인 관중管仲은 춘추시대 중엽 제환공을 도와 사상 최초의 패업霸業을 이룬 당사자다. 객관적으로 볼 때 그는 중국의 전 역사를 통틀어 최고의 사상가이자 정치가에 해당한다. 삼국시대 당시 포의지사布衣之士로 있던 제갈량이 자신의 '롤 모델'로 관중을 거론한 사실이 이를 뒷받침한다.

객관적으로 볼 때 관중은 사실상 제자백가의 효시에 해당한다. 그의 저서 『관자』는 정치와 경제, 외교, 군사 등 21세기에도 극히 중시되는 모든 문제를 두루 논하고 있다. 중국의 정치사와 사상사를 논할 때 반드시 관중을 짚고 넘어가야 하는 이유다. 공자가 『논어』에서 제자들과 함께 관중을 수시로 언급하며 '인仁'을 풀이한 것도 이런 맥락에서 이해할 수 있다. 현재 G2 중국에서 『관자』는 난세 리더십의 바이블로 통한다. 『논어』로 상징되는 공학孔學보다 『관자』를 기본텍스트로 삼는 관학管學이 커다란 각광을 받고 있는 현실이 이를 웅변한다. 특히 자금성의 수뇌부를 비롯한 기업 CEO와 국가 및 사회지도층 내에서 그런 경향이 더욱 심하다. 많은 사람이 관중의 사적과 『관자』의 내용에 주목하는 이유다.

당초 사마천은 『사기』를 저술하면서 「본기本記」와 「표表」, 「서書」, 「세가世家」 이외에 「열전列傳」을 두었다. 이 가운데 가장 주목을 받는 것은 바로 전체의 반 이상을 차지하는 「열전」이다. 춘추전국시대를 살아간 수많은 영웅호걸들이 생생히 묘사돼 있기 때문이다. 그러나 일정 부분 역사적 사실이 크게 왜곡돼 있다는 사실도 명심할 필요가 있다. '문학적 사서'라는 지적이 이를 뒷받침한다. 「열전」은 「백이열전」을 시작으로 「관안열전管晏列傳」과 「노자한비열전老子韓非列傳」 등 총 70편으로 구성돼 있다. 『사기』 130권의 절반이 넘는 분량이다. 사마천이 「백이열전」을 맨 앞에 배치한 데에는 수양산에 들어가 굶어죽은 백이와 숙제를 통해 남성의 기능을 상실하는 궁형宮刑을 당한 억울한 처지를 호소하려는 취지가 크게 작용했다. 갖은 치욕을 참아내고 마침내 죽백竹帛에 이름을 올린 관중과 오자서伍子胥 등의 삶에 특별한 의미를 부여한 것도 같은 맥락이다. 후대인들에게 모순으로 가득 찬 현실 속에서 나름 좌절하지 말고 자신의 길을 힘껏 개척해 나갈 것을 당부하고자 한 것이다. 21세기 현재까지 많은 사람들이 인간 군상群像의 속살을 거침없이 드러낸 「열전」에 환호하는 것도 이와 무관치 않을 것이다.

두 번째로 등장하는 「관안열전」은 원래 관중과 춘추시대 말기 제나라의 명재상 안영晏嬰의 전기를 다룬 것이다. 안영은 관중 사후 1백 년 뒤에 태어난 당대의 현자다. 공자와 같은 시기에 활약했다. 사마천이 두 사람을 같은 편에 다룬 것은 두 사람 모두 제나라 출신이고 주군을 보필해 나라를 부강하게 만든 공통점에 주목한 결과다. 「관안열전」은 인구에 회자되는 '관포지교' 고사에서 시작하고 있다. 이는 춘추전국시대 당시 공자와 순자, 한비자 등이 관중의 위업을 높이 평가한 사실에 공명한 결과로 볼 수 있다. 주목할 것은 공자가 『논어』에서 관중을 두고 한편으로는 높이면서 한편으로는 깎아내린 점이다. 이른바 일포일폄一褒一貶이다. 『논어』「팔일」에는 관중의 비례非禮를 크게 비판한 일화가 나온다. 이에 따르면 하루는 공자가 관중을 두고 이같이 평했다.

"관중은 그릇이 작구나."

어떤 사람이 물었다.

"관중은 검소합니까?"

"관중은 여러 부인을 두었으니 어찌 검소할 수 있는가?"

어떤 사람이 다시 물었다.

"그러면 관중은 예를 알았습니까?"

공자가 대답했다.

"군주만이 안이 들여다보이지 않게 세우는 차단벽인 색문塞門을 설치할 수 있는데도 그 또한 이를 두었다. 군주만이 제후 간 친선을 도모할 때 술잔을 되돌려놓기 위한 설비인 반점反坫을 둘 수 있는데도 그 또한 이를 두었다. 그가 예를 안다면 누가 예를 알지 못한다고 하겠는가?"

공자는 관중의 직분에 어울리지 않는 사치를 통렬하게 지적한 것이다. 이 대목은 '일포일폄' 가운데 '일폄'에 해당한다. 그러나 『논어』 「헌문」에는 정반대로 관중의 업적을 높이 평가한 '일포'의 일화가 나온다. 이에 따르면 하루는 제자 자로가 공자에게 말했다.

"제환공 소백小白이 공자 규糾를 죽였을 때 공자 규의 신하 소홀召忽은 그를 위해 죽었으나 관중은 그를 위해 죽지 않았습니다. 그러니 관중을 어질지 못하다고 해야 할 것입니다."

공자가 말했다.

"제환공이 제후들을 규합하며 병거兵車를 동원치 않은 것은 모두 관중의 공이다. 그 누가 그의 인仁만 하겠는가!"

공자는 관중의 패업 자체를 높이 평가하고 나선 것이다. 그렇다면 공자는 왜 관중에 대해 이같이 엇갈린 평을 한 것일까? 같은 「헌문」에 이를 짐작게 해주는 일화가 나온다. 하루는 자공이 공자에게 말했다.

"관중은 인자가 아닌 듯합니다. 제환공이 공자 규를 죽일 때 주군을 좇아 죽지 못하고 나아가 제환공을 섬겼으니 말입니다."

공자가 말했다.

"관중은 제환공을 도와 제후들을 단속하고 일거에 천하를 바로잡는 일 광천하一匡天下의 업적을 이뤘다. 덕분에 백성들이 지금까지 그 혜택을 받고 있는 것이다. 그가 없었다면 우리는 지금 머리를 풀고 옷깃을 왼편으로 여미는 오랑캐가 되었을 것이다. 어찌 그를 필부필부匹夫匹婦가 작은 절개를 위해 목숨을 끊는 것에 비유할 수 있겠는가?"

관중이 천하를 바로잡고 외적의 침입으로부터 중원의 역사문화를 수호한 점을 높이 산 것이다. 이는 관중의 업적을 이른바 존왕양이尊王攘夷로 평가한 데 따른 것이다. '존왕양이'는 주나라 왕실을 보호하고 이적의 침입으로부터 중원문화를 지켰다는 뜻이다. 공자가 관중의 비례非禮를 지적하면서도 그가 이룩한 공업功業을 높이 산 '일포일펌'은 '펌'보다는 '포'에 무게를 둔 것이다. '필부의 작은 절개' 운운이 그 증거다. 관중의 '사치'와 '비례'는 시비를 걸 것도 없다는 취지를 드러낸 것이나 다름없다. 공자가 관중을 인자仁者에 비유한 게 그렇다. '펌'보다 '포'에 무게를 두었다는 분석을 뒷받침하는 매우 유력한 증거다.

원래 순자와 한비자는 관중이 치세의 상황논리와는 전혀 다른 난세의 상황이 존재한다는 사실을 수용해 패업을 이룬 것을 높이 평가했다. 이에 반해 맹자는 관중의 패업을 맹렬히 비판했다. 이는 난세에도 오직 덕치를 통해서만 천하를 평정할 수 있다는 확신에 따른 것이다. 맹자가 덕치로 상징되는 왕도王道를 역설하며 법치와 동일시되는 패도霸道를 극단적으로 비판한 데 반해 순자가 패도를 적극 수용한 것은 바로 이 때문이다. 순자의 제자 한비자의 경우는 아예 왕도 자체를 인정치 않았다. 후대의 성리학자들은 맹자를 사상적 조종으로 삼았다. 이들이 관중을 신랄하게 비판한 이유다. 그러나 이는 공자의 입장과 배치되는 것이다. 공자사상이 결정적으로 왜곡된 계기로 성리학의 출현을 드는 이유가 여기에 있다. 문화대혁명 당시 관중은 이른바 '4인방'에 의해 법가사상의 효시로 숭앙받았다. 그러나 엄격히 말해 관중은 후대에 등장한 제자백가의 기준에서 논할 수 있는 사람이 아니다. 『관자』에는 법가와 유가, 도가, 병가 등 제자백가의 키워드와 이론이 두루 언급돼 있기 때문이다.

그러나 가장 주목을 받는 것은 역시 그가 위정자의 검약을 중시하면서도 민생의 안정과 상업의 진흥을 통한 부민부국富民富國의 계책을 제시한데 있다. 21세기에 들어와 그를 제자백가의 일원인 '상가'의 효시로 높이 평가하는 이유다. '상가'는 당시 사농공상士農工商의 위계질서를 거스르며 상업을 농업과 같은 차원에서 극히 중시한 이른바 농상병중農商竝重의 입장을 피력한 유일한 제자백가에 해당한다. 그의 부민부국 계책은 바로 '농상병중'의 관점에서 도출된 것이다. 주목할 것은 그가 위정자의 검약을 역설하면서 동시에 민간 내수시장의 활성화를 위한 사치를 강조한 점이다. 먼저 그가 위정자의 검약을 역설한 이유부터 살펴보자. 이는 기본적으로 위정자가 사치에 빠져 국고를 탕진할까 우려한 데서 나온 것이다. 이를 뒷받침하는 『관자』「팔관」의 해당 대목이다.

"나라를 다스리는 데 사치하면 국고를 낭비하게 되어 인민들이 가난하게 된다. 인민들이 가난해지면 간사한 꾀를 내어 나라를 어지럽히게 된다."

이는 유가 및 법가와 맥을 같이하는 것이다. 그러나 주목할 것은 그가 상공인에 대해서는 다른 잣대를 적용하고 있는 점이다. 『관자』「치미侈靡」에서 부유한 자의 사치 행각을 오히려 권장한 게 그렇다. 경제에 도움이 된다고 본 것이다. 원래 '치미'의 치侈는 크게 베푼다는 뜻이고 미靡는 많이 소비한다는 의미다. 한마디로 사치스러운 소비를 상징한다. 이를 뒷받침하는 「치미」의 해당 대목이다.

"배불리 먹는 것은 백성의 기본욕구이고 풍치 있게 노는 풍류風流는 백성의 소원이다. 백성의 욕구와 소원을 만족시키면 능히 그들을 부릴 수 있다. 지금 백성들로 하여금 가죽을 걸치고, 짐승의 뿔을 쓰고, 야생풀을 먹고, 들판의 물을 마시게 하면 과연 누가 이들을 부릴 수 있겠는가? 욕구와 소원을 이루지 못한 사람으로는 공업功業을 이룰 수 없다. 가장 좋은 음식을 물리도록 먹고, 지극한 즐거움을 물리도록 즐기고, 심지어 새알에 장식을 한 뒤 삶아 먹고, 땔감에 조각을 한 뒤 불을 때도록 허용해야 한다. 불사약不死藥의 단사丹砂가 나는 광산의 굴을 막지 않으면 이를 판매하려는 상인의 발길이 그치지 않을 것이다. 부자가 원하는 만큼 소비토록 하면, 덕분에 빈자도 일자리를 얻게 된다. 이것이 백성을 기르고 부자와 빈자가 서로 협력해 먹고살게 하는 길이다. 그러기 위해서는 우선 부자의 분묘를 크고 아름답게 조성토록 한다. 이는 빈자들의 일자리를 만들기 위한 계책이다. 또 분묘를 아름답게 꾸미도록 한다. 이는 화공畵工과 조공彫工의 고용을 위한 계책이다. 이어 관곽을 크게 짜도록 한다. 이는 목공木工의 고용을 위한 계책이다. 나아가 수의壽衣와 수금壽衾 등을 많이 장만토록 한다. 이는 여공女工의 고용을 위한 계책이다. 이것도 충분치 않다. 흙을 모아 담장을 쌓고, 둘레에 울타리 나무를 심고, 부장품을 대거 묻게 한다. 이는 후장厚葬을 통해 백성이 서로 먹고살도록 조치하려는 것이다. 연후에 비로소 백성이 서로를 이롭게 하고 나라 또한 수비와 출정 준비를 합당하게 할 수 있다."

관중은 여기서 부자를 중심으로 한 왕성한 소비를 역설하고 있다. 그 이유는 크게 3가지다. 첫째, 경기가 좋지 않을수록 부자의 소비를 촉진시켜 민생을 안정시킬 필요가 있다. 둘째, 빈부격차를 해소키 위해 부자는 사치품을 비롯한 각종 재화를 열심히 소비하고 빈자는 이를 위한 생산에 종사하는 방안을 적극 강구할 필요가 있다. 셋째, 농업증산을 위한 자금 조달 방안으로 소비 확대와 유통 촉진만큼 좋은 게 없다. 그의 이런 주장은 여타 제자백가 모두 근검절약을 통한 소비억제를 역설한 것과 극명한 대조를 이룬다. 제자백가서 가운데 사치품을 포함한 소비 촉진을 통해 경제를 활성화하고 민생을 안정시키는 방안을 제시한 것은 『관자』밖에 없다. 위정자의 검약 행보와 민간 내수시장의 활성화를 별개의 사안으로 접근한 결과다. 내용 면에서 애덤 스미스가 『국부론』에서 역설한 내용과 하등 다를 게 없다. 21세기 학술 차원에서 볼 때 동서를 통틀어 '경제학'으로 약칭되는 정치경제학을 사상 최초로 제창한 셈이다. 애덤 스미스보다 무려 2400년이나 앞서 현대 경제학의 기본원리를 제시한 것은 놀라운 일이다. 정치와 경제를 같은 맥락에서 이해한 것은 탁견이다.

기업과 경영

정치와 경제

'관학'의 가장 큰 특징은 현대적 의미의 정치와 경제를 하나로 녹인 데 있다. 영어 '이코노미economy'의 번역어인 경제經濟가 원래 그런 의미를 지니고 있었다. 이는 나라를 다스리고 세상을 구한다는 뜻의 경방제세經邦濟世 내지 경국제세經國濟世의 약자다. 여기에는 '이코노미'와 유사한 '경제'의 의

미가 크게 드러나지 않고 있다. 메이지유신 당시 일본학자들이 주목한 것은 세상을 다스리고 백성을 구한다는 뜻의 경세제민經世濟民 표현이다. 객관적으로 볼 때 이게 '이코노미'와 유사하다. 이 용어의 어원은 남북조시대까지 거슬러 올라간다. 남조 동진東晉의 도가사상가인 갈홍葛洪의 저서『포박자抱朴子』「내편內篇, 지진地眞」에 경세제속經世濟俗 표현이 나온다. 경세제민과 유사한 뜻이다. 시대가 흘러 수나라 때 왕통王通의『문중자文中子』「예악」에 처음으로 경제지도經濟之道와 경세제민經世濟民 표현이 나온다. '경제'가 '경세제민'의 약자로 사용된 첫 사례에 해당한다.

이후 당나라 때 나온『진서晉書』「은호전殷浩傳」과 원나라 때 나온『송사宋史』「왕안석전王安石傳」에도 '경제' 용어가 출현하고 있다. 말할 것도 없이 정치, 행정, 경제정책 등을 총괄한 개념이다. 청 말기 무술정변戊戌政變이 일어나자 이를 주도한 강유위康有爲처럼 경륜을 지닌 재야의 인재를 등용하기 위해 새로운 과거제도를 신설한 바 있다. 그 명칭이 '경제특과經濟特科'였다. 후대로 넘어오면서 '이코노미'의 뜻이 강화됐음을 알 수 있다.

그러나 현대적 의미의 '이코노미'와 유사한 뜻으로 사용한 나라는 일본이다. 일본은 원래 '경세제민' 내지 경국제민經國濟民 용어가 존재하지 않았다. '경세' 내지 '경국'이 '제민'과 따로 사용됐을 뿐이다. 그러던 것이 에도시대에 들어와 '경세제민' 용어가 널리 사용되기 시작했다. 여기에는 청나라 초기 중국에서 발달하기 시작한 고증학이 '경세치용經世致用'을 역설한 게 커다란 영향을 미쳤다. 일본의 유학자를 비롯해 네덜란드 학문을 공부하는 난학자蘭學者 모두 유사한 취지의 '경세제민론'을 펼치기 시작했다. 대표적인 작품이 다자이 슌다이太宰春臺의『경제록經濟錄』이다. 그는 이같이 풀이했다.

"무릇 천하와 국가를 다스리는 것을 '경제'라고 한다. 세상을 바로잡아 백성을 구제할 의무가 있다는 뜻이다."

그가 말한 '경세제민학'은 요즘의 경제학에 정치학과 정책학, 사회학 등을 총괄한 개념에 가깝다. 그러나 에도시대 후반 화폐경제가 활성화하면서 '경제' 개념이 사회생활을 영위하는 데 필요한 생산과 소비 및 매매 등의 활동을 뜻하게 됐다. 조선조 정조 때 활약한 에도의 유학자 가이호 세이료海保靑陵가 바로 그런 의미로 '경제'를 정의한 대표적인 사례에 속한다. 당시 경제가 가장 발달한 오사카에서는 금융업에 종사하는 자를 일컬어 경제가經濟家로 칭했다. 현대적 의미의 '경제'와 별반 차이가 없다. 19세기 전반 상인 출신 유학자 쇼지 코오키正司考祺의 『경제문답비록經濟問答秘錄』에 나오는 "지금 세상에서 재화를 늘리고 이익을 꾀하는 것을 '경제'라고 말하는 것은 잘못이다"라는 구절이 이를 반증한다.

영어 '이코노미'를 '경제'로 번역한 것은 에도막부 말기 『국부론』을 비롯한 서구의 고전경제학 서적이 일본에 소개된 이후다. 1862년 간행된 일종의 포켓사전인 호리 다츠노스케堀達之助의 『영화대역진수사서英和對譯袖珍辭書』는 '이코노미'를 가사家事를 행하거나 검약儉約을 행한다는 뜻으로 해석해 놓았다. 일본에서 나온 최초의 서양경제학 입문서는 메이지유신이 빚어지기 1년 전인 1867년에 나온 간다 다카히라神田孝平 번역의 『경제소학經濟小學』이다. 이 책은 영어 '폴리티컬 이코노미political economy'를 '경제학'으로 번역해 놓았다. 이해 말에 나온 최초의 서양 유학생 후쿠자와 유기치福澤諭吉의 『서양사정西洋事情』「외편外篇」도 그같이 번역했다.

그러나 '경제' 내지 '경제학'이 '이코노미' 내지 '폴리티컬 이코노미'의 번역어로 정착된 것은 1870년 니시 아마네西周의 『백학연환百學連環』이 나온 뒤다. 여기서는 '이코노미'를 '홈 이코노미'를 뜻하는 가정家政, '폴리티컬 이코노미'를 경제經濟로 구분했다. 1881년에 나온 『철학자휘哲學字彙』는 '이코노믹스economics'를 개인 내지 기업 차원의 '이코노미'와 구별해 이재학理財學으로 번역했다. 메이지유신 초기에 설립된 대학과 전문학교의 경제학과 학과명이 '이재학'으로 표현된 이유다. 이후 국가 차원의 경제와 기업 차원의 이코노미를 포괄한 '경제' 용어가 널리 사용되기 시작했다. 경제학과를 '이재학과'로 표현하는 관행이 사라진 이유다. '경제' 내지 '경제학'이 청나라로 수출돼 '경중' 내지 '경중학'을 밀어낸 배경이 여기에 있다.

한국은 일본보다 훨씬 전에 '경국제세' 개념의 '경제' 용어를 사용하기 시작했다. 조선조 개국 초기 태조 6년인 1397년 12월에 편찬된『경제육전經濟六典』이 대표적이다. 오늘날 원문이 전해지지 않아 자세한 내용을 알 수는 없으나『조선왕조실록』에 간헐적으로 기록된 바에 따르면 이전, 호전, 예전, 병전, 형전, 공전의 육전六典으로 꾸며져 있었다. 이는 훗날『경국대전經國大典』편찬의 기초가 되었다. 이 밖에도 정도전이 편찬한『경제문감經濟文鑑』을 들 수 있다. 이는 그 자신이 태조 3년인 1394년에 지어 올린 사찬법전인『조선경국전朝鮮經國典』의 치전治典 내용을 보완키 위해 나온 것이다.『조선경국전』은 지금의 헌법이나 다름없었다.『조선경국전』과『경제문감』에는 당시 맹자의 사상을 좇아 신권臣權 우위의 조선을 만들고자 하는 정도전의 기본입장이 선명히 드러나 있다. 군왕이 아닌 재상 중심의 중앙집권체제를 꾀한 것이다. 1397년 부록에 해당하는『경제문감별집』을 펴내면서 군주의 직책과 그 변천과정을 논한 게 그 증거다. 정도전이 이방원에게 척살을 당한 것도 재상 중심의 통치체제를 꾀한 사실과 무관치 않다. 당시만 해도 '경제' 용어가 '경세제민'과는 사뭇 다른 '경국제세'의 의미로 사용됐음을 알 수 있다.

이런 관행은 조선조 후기에 들어 변화를 겪게 된다. 숙종 때 실학자인 홍만선洪萬選이 엮은 농서 겸 가정생활서인『산림경제山林經濟』가 그 증거다.

여기의 '산림'은 벼슬을 하지 않은 재야在野의 의미다.『산림경제』의 내용은 곡식·목화·기타 특용작물의 경작을 다룬 치농治農, 채소류와 화초류·담배·약초 등의 재배법을 다룬 치포治圃, 과수와 임목의 육성을 다룬 종수種樹, 가축·가금·벌·물고기의 양식을 다룬 목양牧養, 화초·화목·정원수의 관리를 다룬 양화養花, 식품저장·조리·가공법을 다룬 치선治膳 등 총 16항목에 걸쳐 논하고 있다. 주목할 것은 건강과 관련한 섭생攝生과 해충을 물리치는 벽충법辟蟲法, 길흉을 알아보는 선택選擇 등도 다뤄지고 있으나 주로 지금의 가정경제와 농업경제 및 임업경제 등을 두루 다루고 있는 점이다. 이는 현대적 의미의 '경제'와 별반 차이가 없다. 일본 에도시대의 경우가 그렇듯이 조선도 후기에 들어오면서 청대 고증학의 영향을 짙게 받으면서 '경제' 용어를 '경국제세'가 아닌 '경국제민'의 뜻으로 해석하기 시작했음을 방증한다.

실제로『산림경제』의 증보판에 해당하는『임원경제지林園經濟志』를 펴낸 순조 때의 실학자 서유구徐有榘 역시 유사한 취지로 '경제' 용어를 사용했다.『임원경제지』와 비교할 때 농업경제의 진흥에 초점을 맞춘 점에서 현재적 의미의 '경제' 개념에 훨씬 가까워졌다고 할 수 있다. 농업기술과 농업경제의 양면에서 종전의 농업이 크게 개량되어야 한다고 주장한 게 그렇다. 그러나 조선은 일본과 달리 더 이상 현대적 의미의 '경제'로 나아가지 못했다. 세도정치가 만연하면서 가렴주구가 횡행한 탓이다. 비슷한 시기 에도시대의 학자들이 서구의 고전경제학 서적을 탐독하며 부민부국의 경세제민으로 나아간 것과 대비된다.

객관적으로 볼 때 현대적 의미의 '경제' 내지 '경제학'의 수용은 메이지유신을 이론적으로 뒷받침한 일본학자들의 공이 컸다고 할 수 있다. 동아시아에서 '경제'가 '경국제세'에서 '경세제민'의 뜻으로 변환된 과정은 동경대의 법학부 정치학과와 경제학부가 분리되는 과정과 일치하고 있다. 동경대 법학부는 메이지유신이 일어난 지 9년 뒤인 1877년 동경대가 처음 설립될 때부터 개설됐다. 당초 메이지정부는 1868년 에도막부를 무너뜨린 직후 1684년의 천문방天文方에서 시작된 개성학교開成學校와 1858년의 종두소種痘所에서 시작된 의학교醫學校, 1797년의 창평횡昌平黌에서 시작된 창평학교昌平學校를 접수했다. 서양학문과 서양의학, 유학에 관한 연구를 지속시키려는 취지였다. 이듬해인 1869년 이들 연구소를 하나로 통합하며 서양의 '유니버시티'를 모방코자 했다. 이때 창평학교가 본교가 됐다. 정식 명칭은 대학교大學校였다. 한국의 모든 대학이 하나같이 보통명사로 사용하는 '대학교'는 원래 메이지유신 직후에 나온 창평학교의 고유명사였다. 창평학교가 '대학교'로 불릴 당시 개성학교와 의학교는 고유명사인 '대학교'의 분교가 됐다.

창평학교의 전신인 '창평횡'의 '창평'은 원래 공자의 고향인 노나라 추읍陬邑의 창평향昌平鄉에서 따온 것이다. 지금의 산동성 곡부시曲阜市 동남쪽 남신진南辛鎭에 해당한다. '횡黌'은 학교를 뜻하는 말로 일본어로는 향鄉과 발음이 같다. 후지와라 세이카藤原惺窩의 제자 하야시 라잔林羅山의 건의를 받아 에도막부가 1632년에 세운 학교다. 후지와라는 정유재란 때 끌려온 조선의 유학자 강항姜沆과 교유하며 성리학을 익힌 뒤 환속한 인물이다. 그는 도요토미 히데요시와 도쿠가와 이에야스에게도 유학을 강의할 정도로 명망이 높았다. 이에야스로부터 관직 출사를 요청받았지만 사양하고 대신 제자 하야시 라잔을 천거했다. 하야시 라잔은 왕사王師에 해당하는 쇼군將軍의 자문관 역할을 하면서 공자의 고향 이름과 동일한 '쇼헤이코昌平黌'를 개설한 뒤 쇼군에게 유가의 제왕학을 가르치기 시작했다. '쇼헤이코'는 조선으로 치면 성균관과 유사하다. 1690년 광적으로 개를 보호하여 '이누쿠보太公方'의 별칭을 얻은 5대 쇼군 도쿠가와 쓰나요시德川綱吉가 지금의 동경대 인근의 우에노上野에 있던 '쇼헤이코'를 간다神田의 유시마湯島로 옮겼다. '쇼헤이코'가 유시마성당湯島聖堂으로 불리게 된 이유다. 하야시가 요즘의 학장에 해당하는 대학두大學頭가 되었다. 일본에서 조선 및 청조와 마찬가지로 성리학이 사상 처음으로 관학官學으로 자리 잡게 된 배경이다. 이후 '쇼헤이코'는 '쇼헤이사카 학문소昌平坂學問所'로 개명되었다가 메이지유신을 맞게 된 것이다.

메이지 정부는 창평학교를 본교에 해당하는 '대학교'로 부르며 개성학교와 의학교를 하나로 통합해 운영하면서 곧바로 명칭을 바꿨다. 창평학교는 '대학교'에서 '대학', 개성학교는 '대학남교大學南校', 의학교는 '대학동교大學東校'로 개명했다. 1871년 학제개혁에 따라 유학을 가르치는 '대학'은 시의에 부합치 않는다는 이유로 폐지되고 서양학문을 가르치는 '대학남교'는 '남교', '대학동교'는 '동교'로 개명됐다. 1873년 '대학남교'에 법학과를 포함한 전문 과정을 개설했다. 1874년 '대학남교'와 '대학동교'가 동경개성학교東京開成學校와 동경의학교東京醫學校로 명칭이 바뀌었다. 1877년 4월 12일 동경개성학교와 동경의학교가 합병돼 처음으로 근대적 의미의 4년제 대학인 동경대학東京大學이 발족했다. 이날이 동경대 기념일이 되었다. 21세기 현재까지 입학식이 이날 거행되고 있다. 발족 당시 법학부, 문학부, 이학부, 의학부의 4학부제로 구성됐다. 1885년 법학부가 문학부에서 이관한 정치학과와 지금의 경제학과에 해당하는 이재학과理財科와 하나로 합쳐져 법정학부法政學部가 발족했다. 이듬해인 1886년 제국대학령帝國大學令이 발포되면서 동경대 법정학부는 '제국대학帝國大學 법과대학法科大學'으로 개칭됐다. 그 안에 법률학과와 정치학과의 2개 과가 개설됐다. 경제학과에 해당하는 이재학과를 정치학과에 통합한 결과다. 이는 대학의 학과 명칭에서

210

정치와 경제를 하나로 합친 최초의 사례에 해당한다. 1897년 경도제국대학京都帝國大學이 개설돼 '동경제국대학'으로 개명되기 전까지 이전의 '대학교' 명칭과 마찬가지로 '제국대학'은 고유명사였다.

이후 분과대학제分科大學制가 발포되면서 정치학에서 독립해 나온 이재학이 경영학의 전신인 상업학商業學과 경제학으로 분화됐다. 이로 인해 '동경제국대학 법과대학' 내에 법률학과, 정치학과, 경제학과, 상업학과가 병존했다. 지난 1974년 서울대가 학과통합 방안의 하나로 이른바 계열별 모집을 시행할 때 법과대학과 경영대학 및 사회대학 정치외교학과와 경제학과 등을 하나로 묶은 것과 닮았다. 3·1운동이 발생한 1919년 분과대학제가 폐지되면서 정치학과는 '동경제국대학 법학부'에 그대로 남고 경제학과와 상업학과는 따로 경제학부를 만들어 독립했다. 이게 21세기 현재까지 1백 년 가까이 지속되고 있다. 당시에는 나름 일리가 있는 체제이기는 하나 학과를 세분하는 게 능사는 아니었다. 1953년 신제대학원新制大學院이 개설될 당시 학부 간 통섭을 위해 경제학부와 문학부 사회학과를 포함해 사회과학연구과社會科學研究科를 개설한 게 그 증거다. 사회과학연구과는 지난 1963년 다시 법학정치학연구과法學政治學研究科로 바뀌었다. 경제학연구과經濟學研究科와 사회학연구과社會學研究科가 떨어져 나간 결과다. 2004년 로스쿨인 법과대학원法科大學院 제도가 실시되면서 실무법조인 양성을 위한 법조양성전공法曹養成專攻과 전래의 법학정치학 4개 전공을 하나로 묶은 종합법정전공總合法政專攻의 2개 전공과정으로 재차 변경됐다.

주목할 것은 로스쿨이 개설되는 해에 공공정책대학원公共政策大學院을 개설한 점이다. 이는 정치학과 경제학을 하나로 통섭해 나가고자 하는 움직임의 일환으로 볼 수 있다. 향후 또다시 어떤 식으로 개편될지 알 수 없으나 '통섭'을 화두로 하는 21세기 G2시대의 흐름에 비춰볼 때 정경학부 등으로 개편될 가능성도 배제할 수 없다. 사실 이게 관자경제학과 가까울 뿐만 아니라 애덤 스미스와 마르크스 등 고전경제학자들이 말한 진정한 의미의 '경제학'에 부합한다. 실제로 1821년 4월 런던에서 제임스 밀, 리카도, 맬서스 등을 주요 회원으로 '정치경제학 클럽'이 발족한 바 있다. 리카도의 '경제학 및 과세의 원리'를 비롯한 각종 저서의 간행과 런던대학의 설립 등이 이어지면서 '정치경제학'의 학문체계를 보다 확고히 하고자 하는 취지에서 발족된 것이다. 이 단체는 이후 제본스, 마샬, 피구, 케인즈 등 주요한 경제학자를 회원 또는 명예회원으로 맞이하면서 계속 활동을 이어갔으나 1880년 무렵부터 기세가 이전만 못했다. '폴리티컬 이코노미'를 뜻하는 '정치경제학' 용어 대신 '경제학'을 뜻하는 '이코노믹스' 명칭이 점차 확산되기 시작한 배경이다.

'정치경제학' 용어는 1920년대 초반까지만 해도 '경제학' 용어와 동일한 비중으로 사용됐다. 그러던 것이 제1차 세계대전 이후 오직 '이코노믹스' 용어만 통용되는 상황이 빚어져 21세기 현재까지 이어져 오고 있다. 유럽에서 유행한 '정치경제학'의 별칭인 거시경제학 대신 미국 중심의 미시경제학이 득세한 결과로 보인다. 21세기에 들어와 새삼 '정치경제학' 용어가 부쩍 늘어나고는 있으나 학자마다 그 의미를 다양하게 사용하고 있어 정치와 경제를 하나로 녹인 '정치경제학' 본연의 모습을 되찾을 수 있을지 여부는 미지수다. 원래 애덤 스미스에 의하면 '정치경제학'은 국민과 국가를 모두 부유하게 만드는 것을 목적으로 한다. '관자경제학'이 부민富民을 전제로 부국강병을 역설한 것과 같은 취지다.

고금동서의 역사가 보여주듯이 국가와 시장은 명확히 분리할 수 있는 게 아니다. 국가가 개입하는 정도와 수준을 조절하는 게 중요하지 과거의 '레세 페르'처럼 양자를 엄격히 구분하려 드는 것은 시장을 독과점 업체의 폭리 행위에 내맡기는 것과 같다. 마르크스가 제시한 획일적인 국가 통제 경제도 문제지만 이런 식의 '레세 페르' 또한 시장과 나라를 공히 망치는 길이다. 양자의 조화가 필요한 이유다.

염철론과 부민부국

관중은 사상 최초로 '부국강병'을 실현한 인물이다. 주목할 점은 춘추시대 첫 패업을 이루기 위해 부민을 생략한 채 곧바로 부국강병으로 나아가고자 한 제환공의 성급한 행보를 제지하면서 '부민'을 관철시킨 점이다. 『관자』 「치국」에 이를 뒷받침하는 대목이 나온다.

"무릇 치국의 길은 반드시 우선 백성을 잘살게 하는 데서 시작한다. 백성들이 부유하면 다스리는 것이 쉽고 백성들이 가난하면 다스리는 것이 어렵다."

관자사상을 관통하는 최고의 이념을 하나 꼽으라면 우선 백성을 부유하게 만든다는 뜻의 필선부민必先富民으로 표현된 '부민'에 있다. 그의 경제사상을 이른바 '부민주의'로 요약하는 이유다. '부민'은 부국강병의 대전제에 해당한다. 이는 부민이 이뤄져야 부국이 가능하고 부국이 가능해야 강병이 실현된다는 지극히 간단한 이치에 기초해 있다.

상가의 효시인 관중은 기본적으로 경제를 활성화하기 위해서는 재화의 유통을 뜻하는 이른바 수재輸財가 원활해야 한다고 주장했다. '수재'는 물류物流와 인류人流를 포함한 개념이다. 일반 재화를 비롯해 인력 및 정보의 신속하고도 원활한 유통을 의미한다. 관중이 제조업 분야의 생산력 증대와 이를 지원키 위한 재정 분야의 건전화 정책을 추진한 배경이다. 염철鹽鐵에 세금을 부과해 재정을 충당한 게 그 실례다. 그가 염철세를 통해 국부를 쌓은 뒤 패업을 이루어야 한다고 주장한 것은 바로 이 때문이었다.

원래 소금과 철은 철제농구로 농경을 해야 하는 농민들의 입장에서 볼 때 일상생활에 빼놓을 수 없는 것이다. 이 두 가지에 세금을 부과한다면 기왕의 모든 잡세를 없앨지라도 능히 국가재정을 충당할 수 있다고 주장했다. 이를 이른바 '염철론'이라고 한다. '염철론'은 6백 년 뒤 전한제국 초기에 『염철론』이라는 책으로 정립되었다. 한소제 때 열린 '염철회의'에서 유가와 법가가 전개한 공방전을 대화체 식으로 정리한 것이다. 당시 염철회의는 유가와 법가 사이에 부국강병에 관한 사상투쟁의 성격을 띠고 있었다. 논의를 주도한 상홍양桑弘羊은 법가사상에 통달한 상인 출신 관료였다. 이 회의에서 '내법외유內法外儒'라고 하는 독특한 통치이론이 만들어졌다. 천하를 다스릴 때 겉으로는 유가의 덕치를 내세우고 안으로는 법가의 법치를 시행한다는 것이다. 이는 경제국가 건설을 통해 예의염치를 아는 문화국가로의 이행을 추구한 관중의 통치사상과 맥을 같이한다.

농업 및 염철 등의 제1, 2차 산업생산력 증대는 필연적으로 물류 및 인류의 원활한 흐름을 자극할 수밖에 없다. 이에 그는 제나라로 들어오거나 제나라에서 빠져나가는 모든 물류 및 인류에 대한 관세를 완전히 철폐했다. 열국을 넘나들며 장사를 하는 상인들이 제나라의 도성인 임치성에 몰려든 것은 말할 것도 없다. 임치성은 전국시대 말기까지 가장 번화한 도시로 존재했다. 학자들은 당시 임치성에 대략 10만 명 이상의 인구가 상주한 것으로 보고 있다. 물류와 인류의 원활한 유통은 동시에 농민은 물론 상공업자들의 자본과 기술이 제나라로 물밀듯이 유입됐다. 그는 금융자산이 버블을 일으키는 것을 우려해 금·은 등의 유동성 재화가 곡물 및 염철 등의 제1, 2차 산업 생산물보다 비싸지지 않도록 시장에 적극 개입해 가격변동 등을 조절했다. 생산과 유통의 안정성을 확보하기 위한 조치였다. 21세기에 들어와 미국이 주도한 시장만능주의의 천박한 '신자유주의'가 굉음을 내고 붕괴한 것과 대비되는 대목이다.

객관적으로 볼 때 관중의 '부민' 정책은 기본적으로 '부국'을 염두에 둔 것이다. '부국' 정책과 관련해 주목할 만한 것은 균형재정을 뜻하는 절용節用이다. 이는 불요불급한 사업에 대한 방만한 투자를 억제하고 용관冗官 남아도는 관원 등을 퇴출시켜 건전한 재정을 제도화시킨 결과다. 재정의 건전화는 사치억제 정책과 함께 실시됐다. 부국부민을 이루기 위해서는 우선 지배층의 자기절제가 선결돼야 한다는 판단에 따른 것이다. 관중은 백성을 두루 부유하게 만들기 우해서는 재화의 고른 분배가 이뤄져야 한다고 역설했다. 그의 이런 주장은 땅과 노동력의 균배를 의미하는 균지분력均地分力과 전 인민에게 재화를 고르게 나눠주는 여민분화與民分貨로 나타났다. 빈부의 격차가 적어야만 통치가 제대로 이뤄질 수 있다는 판단에 따른 것이다. 이는 공자의 주장과 맥을 같이한다. 두 사람이 부국강병의 방략에 일치하고 있다는 것은 『관자』와 『논어』의 관련 대목을 비교하면 쉽게 알 수 있다.

원래 춘추시대는 이미 초기부터 힘 있는 제후가 천자를 대신해 천하를 호령하는 모습을 보였다. 이를 역사상 최초로 이론적으로 정립해 제왕학을 만들어낸 사람이 바로 관중이다. 그가 정립한 제왕학은 기본적으로 물은 배를 띄우기도 하지만 배를 전복시키기도 한다는 뜻의 이른바 '수가재주水可載舟, 수가복주水可覆舟'의 이치 위에 구축된 것이다. 『관자』「오보」에 이를 뒷받침하는 대목이 나온다.

"치국의 방법으로 백성에게 이익을 주는 것보다 나은 것이 없다."

관중사상을 '이민利民' 내지 '부민'으로 요약하는 이유다. 백성에게 이익을 주는 '이민' 정책을 펼쳐야 백성이 부유해지는 부민을 달성케 되고, 부민이 완성돼야 나라도 부유해지는 부국이 가능해지고, 부국이 돼야 강병도 실현할 수 있다는 게 골자다. 그는 이런 기조 위에서 군민일체君民一體의 필요성을 역설했다. 『관자』「군신 상」에 '군주가 백성과 더불어 일체를 이루는 것이 곧 나라로써 나라를 지키고 백성으로써 백성을 지키는 길이다'라고 강조한 게 그 증거다. 고금을 막론하고 백성을 이롭게 하는 '이민'을 전제하지 않는 한 '부민'은 달성할 길이 없다.

중농과 중상

고금을 막론하고 농경지는 아무리 열심히 개간할지라도 한계가 있다. 중농주의 기조로는 계속 늘어나는 인민을 모두 먹여 살릴 수 없다. 유일한 해법은 중상주의로의 전환이다. 그런데도 동양에서는 무려 2천여 년 동안 중농의 기조가 전혀 변하지 않았다. 그 이유는 무엇일까?

사마천이 활약한 기원전 2세기 초 무렵 전한제국의 인구는 대략 4, 5천만을 헤아렸다. 당시의 기준에서 볼 때 제국 자체가 하나의 거대한 글로벌 시장이었다. 21세기의 글로벌 시장과 별반 다를 게 없다. 실제로 사방에서 제왕보다 더 큰 위세를 떨치는 부상대고들이 우후죽순처럼 출현했다. 이런 상황에서 상가 이론이 나오지 않는 게 오히려 이상할 지경이다. 그 결정판이 바로 「화식열전」이다. 「화식열전」은 중농이 아닌 중상을 부민부국의 요체로 꼽은 게 특징이다.

그럼에도 중국의 역대 왕조 모두 중상 대신 중농을 택했다. 여기에는 '독존유술' 선포 이외에도 여러 요인이 복합적으로 작용했다. 가장 큰 이유로 부실한 보건영양으로 인한 자연적인 인구감소와 왕조교체기에 군웅할거로 인한 인위적인 인구감소를 주요 원인으로 들 수 있다. 인구가 크게 늘지 않는 상황에서 중상으로의 전환 필요성을 절박하게 느끼지 못한 것이다. 실제로 진시황 때 4천만가량에 달한 인구는 1800년이 지난 명나라 말기에도 겨우 1억3천만 명으로 늘어나는 데 그쳤다. 왕조교체기 때마다 1억 명을 기준으로 늘어났다 줄어드는 양상을 반복한 것이다. 건륭제 치세 말기인 18세기 말에 이르러 인구가 4억 명에 육박하면서 중상주의로의 전환 필요성이 크게 높아졌다. 비록 중상주의로의 공식적인 전환이 이뤄지지는 않았지만 백성들의 자발적인 상업활동이 극히 활성화됐다. 당시 중국의 GDP가 전 세계 GDP의 30%에 달한 것도 이런 맥락에서 이해할 수 있다.

그러나 19세기에 들어와 서구 열강의 침탈이 가속화하면서 정책전환을 꾀할 여유가 없었다. 인구 또한 아편전쟁 이래 20세기 중반까지 1백여 년 넘게 혼란스러운 상황이 지속된 까닭에 겨우 1억 명 정도 늘어나는 수준에서 그쳤다. 1949년에 중화인민공화국이 들어설 당시 인구는 5억4천만 명 수준이었다. 그러나 이후 대약진운동의 실패로 수천만 명이 기아로 숨지고 문화대혁명의 혼란기에 수많은 사람이 희생된 데 이어 당국의 강력한 산아억제 정책이 대대적으로 전개됐음에도 인구폭발은 가공할만했다. 모택동이 사망하는 1970년대 말까지 9억 명 수준에 육박했다. 중화인민공화국이 들어선 후 불과 20여 년 만에 인구가 근 2배 이상 늘어난 셈이다.

모택동은 역대 왕조와 마찬가지로 중농의 기조를 견지했다. 경제 및 과학기술 발전을 뜻하는 전專 대신 이념을 뜻하는 홍紅에 초점을 맞춘 결과다. 모택동이 더 오랫동안 살았을지라도 불과 20여 년 만에 인구가 2배로 폭증한 상황에서 중상주의로의 전환은 불가피했다. 공교롭게도 모택동은 이때 숨을 거뒀다. 그의 사후 '홍' 대신 '전'을 주장했다가 두 차례에 걸쳐 내침을 당했던 등소평이 대권을 거머쥔 후 흑묘백묘론을 전면에 내걸고 대대적인 개혁개방을 선언했다. 당시 그 누가 권력을 잡았을지라도 중상주의로 전환하지 않고는 체제를 유지할 수 없었다. 중상으로의 전환은 필연이었다. 많은 사람들이 '개혁개방' 자체에 초점을 맞춘 나머지 인구폭발로 인한 중상주의로의 전환배경을 간과하고 있다.

중국의 전 역사를 통틀어 중상주의로의 전환은 한무제의 '독존유술' 선언 이후 2천여 년 만에 처음 있는 일이다. 2010년 현재 중국의 인구는 공식집계로 14억 명이다. 이들을 먹여 살리기 위해서는 앞으로도 계속 중상주의로 나아갈 수밖에 없다. 중국이 '세계의 공장'에 이어 '세계의 시장'이 될 수밖에 없는 이유가 여기에 있다. 21세기의 상황은 「화식열전」에 상세히 소개돼 있듯이 부상대고가 우후죽순처럼 등장하며 상가가 가장 극성했던 전한 초기의 상황과 닮아 있다. 중국의 경영대학원에서 「화식열전」과 『관자』 등을 포함한 전래의 고전에서 새로운 경제경영 이론으로 찾아내려는 움직임이 활발히 전개되고 있는 것도 이와 무관할 수 없다.

'부등식' 이론과 균부均富

중국과 한국의 역대 왕조는 에도시대부터 『관자』를 깊숙이 탐사한 일본과는 정반대로 맹자의 가르침을 좇아 4서3경을 중시하며 중농주의 정책 기조를 견지했다. 이와 달리 『관자』는 농업을 중시하기도 했지만 상업을 전면에 내세우며 각종 금융정책 및 재정정책을 통해 국부를 쌓을 것을 주문하고 있다. 이게 공맹을 추종한 중국과 한국의 사대부들의 심기를 거슬렀다. 『관자』의 가르침을 잡술로 치부한 이유다. 역대 사가들의 입장도 크게 다르지 않았다. 제자백가를 분류하면서 그를 잡가雜家로 규정한 게 그렇다. 남송 때 성리학이 등장하면서 이런 경향이 더욱 짙어졌다. 『관자』가 오랫동안 사대부들 내에서 일종의 금서禁書처럼 여겨진 이유다.

그러나 당나라 때까지만 해도 이렇지는 않았다. 삼국시대 당시 포의지사 布衣之士 제갈량이 자신을 관중에 비유하며 지우지은 知遇之恩을 베풀어줄 주군을 기다린 게 그렇다. 당나라 때 조정 대신을 지낸 윤지장 尹知章이 『관자』에 전면적인 주석을 가한 것도 같은 맥락이다. 그러던 것이 성리학이 등장하면서 『관자』는 완전히 사장되다시피 했다. 유자들 내에서 『관자』에 대한 관심이 새삼 고조된 것은 아편전쟁 이후의 일이다. 패망의 위기의식을 느낀 당대의 내로라하는 유학자들 모두 『관자』의 주석 작업에 뛰어들었다. 경세제민 經世濟民과 부국강병 富國強兵을 두 축으로 한 『관자』의 의미를 뒤늦게 깨달은 것이다. 그러나 이미 때가 늦었다. 청조의 패망이 그렇다.

민국시대에도 『관자』에 대한 관심은 줄어들지 않았다. 이때는 여러 판본의 글자 및 주석서의 내용을 비교 검토하는 교석 校釋 작업이 활발히 전개됐다. 허유휼 許維遹은 중일전쟁의 와중에 중경의 서남연합대학에서 역대 주석을 망라한 『관자』의 교석 작업에 들어갔다. 문일다 聞一多가 교열에 참여했다. '신 중화제국'이 들어선 지 얼마 되지 않아 이들이 앞뒤로 유명을 달리하자 1953년 문일다의 부인이 남편의 유고를 초대 사회과학원장이 된 곽말약에게 보냈다. 1956년 곽말약이 이를 토대로 송나라와 명나라 판본 17종을 구입한 뒤 역대 주석가의 저서 40여 종을 총망라한 『관자집교 管子集校』를 펴냈다. 『관자집교』는 허유휼과 문일다 및 곽말약 등 3인의 합작품이다. 『관자집교』의 편찬은 주석의 차원을 뛰어넘는 교석 작업의 결정판에 해당한다.

그러나 관중이 상가의 효시라는 사실을 알게 된 것은 G2의 일원으로 우뚝 선 21세기 이후의 일이다. G2의 일원이 되는 데 결정적인 공헌을 한 '사회주의 시장경제'의 기본 틀이 이미 『관자』에 상세히 기술돼 있다는 것을 뒤늦게 깨달은 것이다. 『관자』에 관한 연구를 관학 管學으로 통칭하는 데서 알 수 있듯이 이제 '관학'은 중국에서 하나의 독자적인 학문 영역으로 자리 잡고 있다. 개혁개방 이후 공자에 관한 연구인 공학孔學이 자리를 잡은 과정을 좇아가고 있는 셈이다. 예나 지금이나 넓은 영토와 숱한 물산, 수많은 인구를 자랑하는 중국은 국내시장 자체가 하나의 '글로벌 시장'이나 다름없다. 이미 관자가 활약한 춘추시대부터 그러했다. 이웃한 조선 및 부여 등과 교역한 사실이 이를 뒷받침한다. 『관자』에 조선 및 부여 등의 주변국과 교역할 때 다양한 화폐를 만든 뒤 정밀한 금융정책을 통해 재정을 확충하라고 주문한 게 그 증거다. 21세기 상황도 크게 다를 게 없다. 세계의 그 어떤 나라도 중국시장에서 밀려날 경우 국부國富를 축적할 길이 없다. G1 미국도 예외가 아니다. 『관자』를 깊숙이 탐사해야 하는 이유다.

주목할 것은 『관자』 10편 가운데 경제이론과 재정경제 정책을 집중 거론하고 있는 「승마」와 「구부」 및 「경중」편이다. 이른바 '관자경제학'의 핵심이다. 여기에 자유주의 시장경제의 상징인 애덤 스미스와 사회주의 정치경제학을 제창한 마르크스는 물론 재정정책을 역설한 케인즈와 통화주의자 밀턴 프리드먼의 이론까지 빠짐없이 등장하고 있다. 심지어 최근 '피케티 신드롬'의 상징인 'r 〉 g' 이론을 포함해 아나톨 칼레츠키의 '자본주의 4.0' 이론까지 등장한다. 기원전에 이런 이론이 존재했다는 것은 놀라운 일이다. 수백 년에 걸쳐 중원이라는 세계시장을 목도한 많은 지식인이 『관자』의 보완작업에 참여하며 '관자경제학'을 정밀하게 다듬은 결과다.

실제로 『관자』 「경중」편 등에 소개된 금융정책과 재정정책은 밀턴 프리드먼의 통화이론이나 케인즈의 재정이론을 방불한다. 21세기에나 나올 법한 온갖 이론과 정책이 등장한 것을 두고 그리 이상하게 볼 일도 아니라는 얘기다. 큰 틀에서 볼 때 프랑스의 40대 경제학자 토마 피케티의 '부등식 이론'도 관자경제학의 21세기 버전에 해당한다. 한때 칼레츠키의 '자본주의

4.0' 이론에 대한 학습 열풍이 크게 일었으나 2014년에 들어서면서 피케티의 '부등식 이론'이 압도하고 있다. 그의 역저 『21세기 자본』 번역본이 낙양의 지가를 올리고 있는 게 그렇다. 이른바 '피케티 신드롬'으로 부를 만하다. 자본이 스스로 증식해 얻는 소득이 노동으로 벌어들이는 소득을 웃돌기에 소득 격차가 더 벌어진다는 게 그의 진단이다. 그는 『21세기 자본』에서 대담한 해법을 제시하고 있다. 극소수의 최고 소득에는 현 수준부터 훨씬 더 높은 세율로 과세하는 방안과 누진적인 글로벌 자본세를 부과하는 방안을 제시한 게 그렇다. 그간 상대적 박탈감에 시달려 온 전 세계의 서민들이 그의 이런 주장에 열광하는 것도 이런 파격적인 제안과 무관치 않을 것이다. 고금동서를 막론하고 가진 자는 늘 소수이고 못 가진 자는 늘 다수이기 마련이다. 소수의 가진 자들이 커다란 우려를 표하는 것도 무리가 아니다.

그러나 대니 로드릭 하버드대 교수가 논평했듯이 피케티의 '부등식 이론'과 파격적인 제안은 자본주의를 지켜내고자 하는 충정에서 나온 것이다. 새로운 탐구의 시발점이 되는 난문難問인 이른바 아포리아aporia를 제시한 셈이다. 그런 점에서 무턱대고 우려만 할 게 아니라 그의 제안을 세밀히 따져볼 필요가 있다. 타당한 내용은 적극 수용해 자본주의의 고장 난 부분을 수선하고 그것도 불가능하다면 새로운 경제시스템을 만들어내면 된다. 피케티는 자신의 저서에서 방대한 양의 데이터를 기반으로 한 치밀한 실증연구를 시도했다. 미국의 주류 경제학이 지향하는 수학적이고 이론적인 고찰을 내던진 것이다. 그가 활용한 자료는 크게 2가지다. 첫째, 소득의 분배와 그 불평등을 다룬 자료다. 둘째, 부의 분배 및 부와 소득의 관계를 다루는 자료다. 그의 분석에 따르면 자본수익률 'r'은 경제성장률 'g'보다 늘 높게 나타난다. 그의 이론은 부등식 'r > g'가 자본주의의 본질적인 한계임을 증명하는 데 맞춰져 있다. 자본이 스스로 증식해 얻는 소득증가율이 노동으로 벌어들이는 소득증가율보다 항상 높기 때문에 소득 격차가 점점 벌어질 수밖에 없다는 게 그가 내린 결론이다. 그가 제시한 부등식 'r 〉 g' 가 사실이라면 자본주의 세상이 '세습자본주의'로 나아가고 있음을 알리는 섬뜩한 경고에 해당한다. 자본이 쌓여갈수록 양극화는 심해지고 그런 세상에선 재능이나 노력보다 태생이 개인의 삶을 결정지을 수밖에 없기 때문이다. 그는 이 부등식이 1980년 이후 신자유주의가 만연하면서 다시 뚜렷해지고 있다고 경고했다.

현재 그에 대한 평가는 극과 극을 달린다. 노벨경제학상을 수상한 폴 크루그먼은 '향후 10년간 가장 중요한 경제서가 될 것이다'라며 그를 극찬했다. 반면 재무장관을 지낸 로런스 서머스 하버드대 교수는 '자본 소득을 저하시키거나 한계를 짓는 요인에 대해선 검토하지 않았다'며 그를 혹평했다. 영국 경제지 〈파이낸셜타임스〉는 한술 더 떠 통계오류 등에 기초한 잘못된 결론이라며 미리 쐐기를 박고 나섰다. 그의 주장이 옳은지 여부를 예단키가 쉽지 않다. 그가 제시한 부등식 'r 〉 g'가 15년간 20여 국의 300년에 걸친 데이터를 분석해 얻은 결과물이기 때문이다. 앞으로 숱한 논쟁을 거치며 검증의 과정을 거치게 될 것이다. 그가 제시한 이론의 타당성 여부를 떠나 하나의 분명한 현상을 확인할 수 있다. 불평등에 관한 이슈가 한국을 비롯한 전 세계 모든 나라의 새로운 화두로 등장한 게 그것이다.

멀리 가서 찾을 필요도 없다. 지난 2012년 대선 기간 내내 '불평등 이슈'가 당락을 가르는 핵심 이슈로 떠오른 게 그 증거다. 당시 여야 후보들 모두 온갖 복지공약을 쏟아내며 치열한 레이스를 펼쳤다. 양측 모두 불평등과 양극화 해소를 이슈로 내세웠다. 헌법 규정에도 없는 이른바 '경제민주화' 이슈가 그것이다. 피케티 이론을 빌리면 작금의 'r 〉 g' 현상을 누가 보다 효과적이면서도 근원적으로 해소할 수 있는가 하는 문제를 놓고 다툰 격이다. 이슈를 선점한 여당 후보는 승리했다. 그러나 이후 '경제민주화'는 슬그머니 사라지고 그 자리를 신자유주의에 입각한 '제2의 한강의 기적'이 차지했다. 양극화를 해소하지 않고는 지속적인 성장도 어렵다며 청와대를 차지하고는 다시 성장만 하면 분배도 좋아질 것이라는 구호가 내걸린 셈이다. 피케티의 주장이 무색해지는 대목이다.

현재 통계상으로 볼 때 한국은 심각한 상황에 처해 있다. OECD 국가 가운데 미국 다음으로 불평등지수가 높고 대학등록금이 비싼 게 그렇다. 지난 2014년 6월 국내 한 일간지가 주요 5개국 상위 10%의 소득 비중을 분석한 결과 2012년 기준 우리나라 상위 10%의 소득 비중이 45%에 달했다. 이는 48%로 세계 최고수준에 달해 있는 미국보다 불과 3%p 낮은 수치다. 더욱 심각한 것은 우리나라 상위층의 소득 비중이 DJ 정부 이후 15년 동안 미국과 마찬가지로 상승 일변도로 나타나고 있는 점이다. 일본과 영국은 지난 2008년의 금융위기 이후 그 비중이 현저히 떨어지고 있다. OECD 국가 가운데 상위 10%의 소득점유율이 2000년 이후 지속적으로 상승한 국가는 미국과 한국밖에 없다. 극히 우려스러운 상황이 아닐 수 없다. 객관적으로 볼 때 피케티의 부등식이 그대로 맞아떨어지고 있는 셈이다. 모두 IMF 환란 이후에 나타난 극히 부정적인 현상이라는 점에서 월스트리트 투기금융 세력에 대한 경각심을 높여야 할 때다.

지난 2014년 4월에 빚어진 세월호 참사 이후 '관피아 척결'이 시대적 과제로 등장한 것도 이런 맥락에서 이해할 수 있다. 부정부패와 비리를 발본색원하지 않는 한 소득불평등 지수는 더욱더 높아질 수밖에 없다. 이는 패망의 길이다. 부정부패와 양극화가 만연한 상황에서는 1인당 국민소득이 4만 달러를 넘을지라도 그 혜택은 극소수의 부상대고富商大賈와 부정부패에 몸을 담근 관원에게 돌아갈 수밖에 없다. 서민의 불만은 더 커질 수밖에 없다.

여기서 관자경제학이 제시한 해법을 상기할 필요가 있다. 관자경제학은 국가가 시장에 적극 개입해 부상대고의 폭리를 원천봉쇄할 것을 역설하고 있다. 이는 피케티의 주장과 닮았다. 다만 방법론에서 차이가 있다. 극소수의 부자에게 80%의 소득세율을 적용하자는 피케티의 해법은 너무 단도직입적이다. 보다 정교한 접근이 필요하다. 관자경제학은 다양한 유형의 금융정책과 재정정책을 통해 간접적인 방법으로 부상대고의 재화를 슬그머니 거둘 것을 주문하고 있다. 피케티의 노골적인 접근과는 정반대로 부상대고의 호명지심好名之心을 적극 부추겨 자발적으로 재화를 내놓도록 하는 방안도 곁들이라고 충고했다. 부상대고도 국민의 일원인 한 이같이 접근하는 게 정답이다. 국민을 가진 자와 못 가진 자로 나눠 가진 자에게 '폭탄세금'을 퍼부어 재정을 확충하는 것은 자멸의 길이다. 관중이 『관자』「단어」편 '치미'에서 부상대고의 사치를 더욱 부추겨 가난한 자들의 일자리를 만드는 계책을 상기할 필요가 있다. 피케티가 제시한 부등식 'r > g'는 대략 역사적 사실에 부합할 것으로 보이나 제시한 해법만은 찬동키 어렵다.

실제로 우리는 피케티가 제시한 해법을 그대로 적용했다가 참담한 실패를 맛본 적이 있다. 노무현 정부 때의 '포퓰리즘 정책'이 그렇다. 그의 치세 때 서울의 강남 출신들은 그야말로 '민중의 적'으로 낙인찍혔다. 당시의 광기는 문화대혁명 당시를 방불했다. 그 결과는 참담했다. 세계적인 호황 속에서 한국만 저성장을 거듭한 게 그렇다. 더 큰 폐해는 국민들을 둘로 쪼개 놓았다는 것이다. 최악의 통치술에 해당한다. 『윤문자』「대도 상」에 나오는 다음 구절이 이를 뒷받침한다.

"상인은 도를 이용해 각종 난관을 극복한다. 또 법률을 정해 각종 격차를 처리한다. 현자와 우자가 서로를 버리지 않게 하고, 유능한 자와 무능한 자가 서로를 버리지 않게 한다. 유능한 자와 무능한 자가 서로 버리지 않으면 함께 성공할 수 있고, 현자와 우자가 서로 버리지 않으면 국가대사를 토론할 수 있다. 이것이 나라를 다스리는 가장 좋은 방법이다. 나라에서 제정한 법이 민간에서 잘 시행되면 가난하고 비천한 자들이 부유하고 존귀한 자를 증오하지 않고, 부유하고 존귀한 자들도 가난하고 비천한 자를 업신여기지 못할 것이다. 나아가 우둔하고 나약한 자들이 총명하고 용감한 자를 넘어서는 짓을 감히 바라지 않을 것이고, 총명하고 용감한 자도 우둔하고 나약한 자를 멸시하지 못할 것이다."

관자경제학을 관통하는 기본이념 '균부'의 요체가 여기에 있다. 가난하고 비천한 자들이 부유하고 존귀한 자를 증오하지 않고, 부유하고 존귀한 자들도 가난하고 비천한 자를 업신여기지 못하게 하는 게 그것이다. 국가가 시장에 적극 개입해야 하는 이유다. 유능하고 현명한 자들이 무능하고 어리석은 자들을 농락하지 못하도록 만들어야 하기 때문이다. '나라에서 제정한 법이 민간에서 잘 시행되면' 운운한 것은 바로 이 때문이다. 지위고하를 막론한 공평한 법치를 주문한 것이다. 고금동서를 막론하고 이를 시행치 않고 오래도록 유지된 왕조와 국가가 없다. 안방과 문밖의 구별이 사라지고 모든 것이 급속도로 변하는 21세기 G2시대는 더욱 그렇다.

거시사의 관점에서 볼 때 관자경제학은 20세기 경제사상사의 최대 쟁점이었던 시장경제와 계획경제의 선택 문제를 일거에 해소할 수 있는 해법을 제시하고 있다. 그게 바로 오늘날 중국이 시행하고 있는 '사회주의 시장경제'다. 조반니 아리기가 지난 2007년에 펴낸 『베이징의 애덤 스미스』에서 중국의 '사회주의 시장경제'가 미국의 '자유주의 시장경제'보다 애덤 스미스의 『국부론』취지에 훨씬 부합한다고 주장한 게 그 증거다. 이는 시장경제와 계획경제의 논쟁을 초월한 새로운 '시장'의 원칙을 제시한 것이나 다름없다.

실제로 관자경제학은 시장의 자율을 존중하면서도 국가의 적극적인 개입을 주문하고 있다. 애덤 스미스의 말을 빌리면 '보이지 않는 손'과 '보이는 손'의 역할분담과 상호협력이 그것이다. 이게 관자경제학을 관통하는 '균부'의 기본이념을 실현하는 길이다. 『관자』가 시종 시장을 자유방임 상태로 내버려두는 것은 부상대고의 폭리를 제도적으로 보장하는 것이고 '빈익빈 부익부' 현상을 더욱 가속화할 뿐이라고 지적한 것은 이 때문이다. 정치와 경제가 결합한 진정한 의미의 정치경제학이 유일한 해법이다. 그게 바로 관자경제학을 관통하는 '균부'의 기본이념이다.

자본주의와 관독상판官督商辦

서양에서 관자경제학을 가장 잘 이해한 인물로 〈타임스〉의 칼럼니스트 아나톨 칼레츠키를 들 수 있다. 정부의 간섭만 없으면 시장이 모든 문제를 해결할 수 있다는 신고전학파 경제학의 주장은 정치선전의 형태로 타락했고 오히려 시장근본주의 이데올로기를 부추겨 위기만 확대 재생산했다는 게 그의 진단이다. 자신의 저서 『자본주의 4.0』에서 경제를 이해하는 방식의 근본적인 변화가 필요하고 정치와 경제, 정부와 시장의 관계를 새롭게 정의해 자본주의 시스템의 구조적 전환을 이뤄야 한다고 역설한 이유다. 이는 관자경제학의 정곡을 찌른 것이기도 하다. 실제로 칼레츠키 역시 자본주의에 대한 이런 대수술의 궁극적인 목적은 '균부'의 실현에 있다고 했다. 관자 및 피케티와 취지를 같이하는 대목이다. 그러나 그가 제시한 해법은 관중과 마찬가지로 피케티와 다르다.

그가 제시하는 방안은 보다 근원적이다. 그는 자신의 저서에서 2008년의 금융위기 이후의 세계적인 경제 불황은 불가피한 것이 아니라 잇따른 정책적 오류에서 비롯된 인재라고 지적했다. 그의 분석에 따르면 우선 중국이 세계경제의 중요한 축으로 부상하면서 30억 명에 이르는 소비자, 생산자, 저축자들이 새롭게 세계 자본주의 체제에 합류했다. 정보통신 기술의 비약적인 발전으로 기업들의 비즈니스 모델이 크게 바뀌었고 금본위제가 폐지되면서 정부의 거시경제 관리 능력도 확대됐다. 이러한 변화들이 상호작용하면서 세계경제는 2008년 금융위기 전까지 거의 지속적으로 성장하는 유례없는 안정기를 누렸다.

칼레츠키는 정부가 적절하게 개입하여 대출 규모의 수준을 관리했으면 큰 문제없이 넘어갈 수도 있었는데 시장근본주의 사고에 함몰된 부시 행정부가 이를 시행치 않아 위기를 초래했다고 지적했다. 그의 이런 분석은 국가의 적극적인 개입을 촉구한 관자경제학의 논지와 동일하다. 일각에서 부시 행정부가 월스트리트의 유태인 투기금융 세력에게 휘둘린 나머지 금융시장에 대한 적절한 개입을 아예 포기했다는 지적을 내놓는 것도 같은 맥락이다. 실제로 부시 행정부의 고위 관원들은 금융위기가 발생한 뒤에도 정부의 개입을 늦춰 위기를 키웠다. 정상적인 경기순환의 한 과정이었던 상황이 전 세계를 휩쓴 사상 최악의 금융위기로 확대되었다는 게 칼레츠키의 분석이다. 『자본주의 4.0』의 해당 대목이다.

"월스트리트발 금융위기의 문제점은 미국 정부가 본연의 역할을 맡기를 거부한 데 있다. 부시 행정부는 현대 자본주의 시스템을 안정시키고 버팀대 역할을 하는 것이 정부의 핵심 역할이라는 사실을 제대로 알지 못했다. 전 세계의 거의 모든 은행이 파산의 일보 직전까지 내몰리고 세계경제가 유례없는 불황의 위협을 맞은 이유다. 이는 경제학을 잘못 이해한 데서 비롯된 것이다. 더 정확히 얘기하면 미국 정부가 위기의 가장 중요한 단계에서 지원을 연기해 치명상을 자초한 이유는 경제이론의 탈을 쓴 정치 이데올로기 때문이다."

유태인 투기금융 세력이 전가의 보도로 내세우고 있는 자유방임의 시장근본주의를 질타한 것이다. 객관적으로 볼 때 시장근본주의는 늘 자유주의 경제학이라는 그럴듯한 얼굴을 하고 나타난다. 칼레츠키도 유사한 생각을 갖고 있다. 2008년의 금융위기를 통해 정치와 경제가 별개의 두 영역이라는 시장근본주의의 이론적 가정은 파산했다고 단언한 게 그렇다. 그는 사람들이 이제는 이전처럼 자유주의 시장경제와 작은 정부에 대한 믿음을 갖기 어렵게 되었다고 지적했다. 그의 분석에 따르면 자본주의는 크게 3번의 변환기를 거쳤다.

첫 번째 시기는 애덤 스미스가 내세운 자유방임의 자본주의다. 이른바 자본주의 1.0이다. 자본주의 발달 과정에서 나타나는 갈등은 정치개혁으로 해결할 수 있다고 믿었지만 기업 활동에 대한 정부의 개입은 최후의 방편으로만 쓰여야 한다고 본 게 특징이다. 이 시기에 정부와 시장의 상호작용은 세금을 징수하고 관세 장벽을 세우는 데 한정되었다.

두 번째 시기는 러시아혁명과 대공황이라는 구조적 위기를 거치면서 1930년대에 나타났다. 이 시기에는 경제가 정치의 한 분야가 되었다. 소위 자본주의 2.0이다. 케인스가 이 시기의 경제적 인식을 대표하는 인물이다. 자본주의 2.0에서는 자본주의가 본질적으로 불안정하다는 인식에서 시장을 통제해 경제를 관리하는 것을 정부의 가장 중요한 기능이라고 생각했다.

세 번째 시기는 1979~1980년 대처와 레이건이 추진한 신자유주의다. 이 시기의 경제 이데올로기는 밀턴 프리드먼이 역설한 통화주의였다. 이른바 자본주의 3.0이다. 이 시기는 자본주의 2.0과는 정반대로 정치가 경제의 한 분야로 다뤄졌다. 정부는 언제나 비효율적이므로 시장이 부패한 정치인들을 통제해야 한다고 본 게 특징이다. 그나마 대처레이건과 클린턴의 시대에는 시장 이데올로기가 실용적으로 적용됐으나 부시 행정부에서는 시장근본주의라는 화석화된 이데올로기로 변질됐다. 시장을 지나치게 이상화한 결과다. 칼레츠키가 '자본주의 3.0은 자체의 반정부 이데올로기의 모순 때문에 무너졌다'고 진단한 이유다.

그가 기대를 걸고 있는 것은 이른바 자본주의 4.0이다. 이는 유능한 정부가 있어야만 효율적인 시장도 존재할 수 있다는 전제에서 나왔다. 정부의 적극적인 시장 개입을 주문한 것이다. 금융정책도 인플레이션을 통제하는 차원을 뛰어넘어 성장과 고용을 관리하는 쪽으로 나아가야 한다는 것이다. 이는 과거의 자본주의 2.0 시대로 돌아가는 것을 의미하는 게 아니다. 과거와 같은 관치주의적인 거대정부로는 급변하는 사회적 요구를 충족시킬 수 없기 때문이다. 자본주의 4.0에서는 정부의 역할은 커지되 정부의 크기는 줄어드는 게 특징이다. 이는 관자경제학의 부활을 의미한다. 관자경제학은 정부의 적극적인 개입을 요구하면서 세금을 축내는 용관冗官의 퇴출을 역설하고 있다. 자본주의 4.0의 기본이념은 칼레츠키가 혹여 관자경제학을 깊이 연구한 게 아닌가 하는 의심을 낳을 정도로 정곡을 찌르고 있다. 칼레츠키의 지적은 정치와 경제를 적대적인 관계로 바라본 기존의 신자유주의 관점이 얼마나 잘못된 것인지를 여실히 보여주고 있다. 관자경제학의 관점에서 접근한 것과 꼭 같다. 큰 틀에서 볼 때 자본주의 4.0 역시 '복잡계複雜系 경제학'의 일원에 해당한다. 세상은 예측하기 어려운 복잡성과 불확실성을 본질로 하고 있다는 인식에 기초한 게 그렇다. 실사구시에 입각한 정부가 주도하는 일련의 공공정책과 재정경제 정책이 중요할 수밖에 없다. 그의 주장이다.

"자본주의는 복잡계를 이루고 있어 결코 신고전학파의 주장처럼 합리적이고 효율적으로 예측될 수 있는 대상이 아니다. 지금까지 이론경제학은 합리적 예측을 위한 수학적 모델을 지나치게 중시했다. 단순한 가정들을 사용해 경제이론과 현실 사이의 간극을 넓혀온 게 그렇다. 자본주의 4.0의 경제이론은 오히려 예측 불가능성을 핵심 원리로 삼는다. 미래는 본질적으로 불확실하다. 합리적 기대라는 가정 아래 한 가지 정확한 경제 작동 모델만 존재한다는 생각은 터무니없는 착각이다. 불확실한 세상에서는 시장의 결정과 정부의 결정 모두 시행착오를 거치며 갈지자 행보로 나아갈 수밖에 없다. 정부 정책은 경제 시스템이 변화하는 여건에 적응하면서 계속 진화해가야 한다."

자연과학에서 사용하는 복잡계 이론에 의존해 미래를 열어나가는 게 정답이라는 주장이다. 주목할 것은 그가 시장과 정부의 상호작용을 역설하며 '시행착오'를 언급한 점이다. 나름 타당한 지적이기는 하나 그 시행착오를 최대한 줄일 수 있는 길이 있다. 바로 관자경제학의 기본이념인 '균부'다. '균부'를 모든 정책의 기본지표로 삼을 경우 시행착오를 최대한 줄일 수 있다. 보다 구체적으로 말하면 부상대고와 폭리暴利와 관원과 연결된 관상유착官商癒着을 제도적으로 원천봉쇄하는 게 그것이다. 고금동서를 막론하고 이 2가지 문제를 해결하면 그 어떤 정책이든 성공할 수 있다. 아무리 뛰어나고 시의적절한 '플랜'일지라도 이 2가지 문제를 해결하지 못하는 한 아무 소용이 없다. 칼레츠키가 제시한 자본주의 4.0도 예외가 아니다. 칼레츠키의 해법은 나름 일리가 있으나 '시행착오'를 최소화하고 효과를 극대화하는 요체를 빼놓았다는 지적을 면키 어렵다. 그럼에도 시장과 국가의 역할 구분이 명확히 이뤄진 고정된 시스템이 존재한 적이 단 한 번도 없다고 지적한 것은 탁견이다. 그의 이런 지적은 국가의 적극개입을 주장한 관자경제학의 타당성을 입증해 주고 있다. 나아가 그의 해석은 현재 미국에서 벌어지는 정치적 갈등과 신고전경제학 이론에 입각한 신자유주의의 문제점을 통찰할 수 있는 관점을 제시하고 있다는 점에서 높은 평가를 받을 만하다. 이 또한 관자경제학이 21세기 세계경제를 일거에 혁신시킬 수 있는 새로운 패러다임으로 작동할 가능성을 암시한 것이다.

21세기에 들어와 관중이 역설한 부민부국의 중요성이 더욱 부각되는 것도 이런 맥락에서 이해할 수 있다. 실제로 21세기에 들어와 자금성의 수뇌부는 공자의 가르침인 공학孔學보다 관중의 가르침인 관학管學의 요체를 꿰는 데 더 열을 올리고 있다. 시진핑 체제가 들어선 후 이런 경향은 더욱 강화되고 있다. G1 등극을 위한 부국강병의 중요성이 더욱 절실해진 탓이다. 우리도 강 건너 불구경할 일이 아니다. 오히려 '관학'의 탐구에 더 발 벗고 나설 필요가 있다. G2시대의 한복판에 위치해 있기 때문이다. 한국의 당국자와 기업 CEO 모두 자금성의 수뇌부와 중국의 기업 CEO들이 왜 '관학' 탐구의 열풍에 휩싸여 있는지 되돌아볼 필요가 있다.

천하에 남이란 없다.
네 이웃 보기를 네 몸 같이 하라.

福 祉 論

복
지
론

타인도
나를 돌보듯 하라

묵자와 사회학

묵자는 제자백가 가운데 매우 특이한 경우에 속한다. 장인匠人을 중심으로 학단을 만들고, 동양 최초의 자연과학에 해당하는 광학光學 등을 깊숙이 탐사하고, 공격전을 극구 반대하며 오직 수비전만 허용하고, 부모자식처럼 가까운 사이부터 친애하는 마음을 확충해야 한다는 유가의 주장을 정면으로 반박하며, 이웃을 내 몸처럼 돌보라고 역설한 것 등이 그렇다. 진시황의 천하통일 직전인 전국시대 말기에 문득 사라진 점도 빼놓을 수 없다.

묵자의 정확한 출생연도는 알 길이 없다. 기록이 없기 때문이다. 대략 공자가 세상을 떠나는 기원전 479년경으로 추정할 뿐이다. 태어난 나라에 대해서도 이론이 분분하다. 송나라 출신으로 보는 견해가 많다. 그의 본명은 묵적墨翟이다. 그에게 '자'를 붙인 것은 존경을 표한 것이다. 원래 묵적의 '묵'은 우리말의 '먹'과 같은 뜻으로 '검다'는 의미를 함축하고 있다. 얼굴에 먹을 뜨는 '묵형'은 중형에 해당한다. 그렇다면 묵적은 왜 하필 '묵형'의 이미지를 연상시키는 '묵'을 성씨로 삼은 것일까? 예로부터 이와 관련해 이론이 분분했다. 가장 널리 유포된 설은 묵적 자신이 어떤 일로 인해 '묵형'을 받은 까닭에 그런 성씨를 갖게 됐다는 주장이다. 그러나 묵적을 천인 출신으로 간주한 것은 지나쳤다.

그를 포함한 묵가집단은 방어용 무기를 만들거나 성을 쌓는 데 뛰어난 기술을 보유했다. '묵형'을 받은 노비 출신으로 단정하는 것은 비합리적이다. 방어를 위주로 한 그의 뛰어난 병법사상에 주목할 필요가 있다. 『묵자』의 「비성문」에서 「잡수」에 이르는 20여 편은 『손자병법』을 비롯한 여타 병서에서는 전혀 찾아볼 수 없는 뛰어난 수성守城의 전략전술로 채워져 있다. 「비성문」 이하를 이른바 '묵자병법'으로 칭하는 이유다. 굳게 지킨다는 뜻의 묵수墨守 성어도 여기서 나왔다. 대략 무사 집안 출신으로 보는 게 타당할 듯싶다. 실제로 묵자와 그 제자들이 무사 출신이라는 추론을 가능케 해주는 증거가 제법 많다. 묵가집단의 지도자는 거자鉅子로 불렸다. '거자'는 집단 성원에 대한 생살권도 지니고 있었다. 묵자는 이런 집단의 초대 거자다. 『회남자』「태족훈泰族訓」의 다음 구절이 이를 뒷받침한다.

"묵자를 좇는 자들이 180인에 달했다. 묵자는 그들을 불속에 뛰어들거나 칼날을 밟게 할 수도 있었다. 그런 식으로 죽을지라도 그들은 발꿈치를 돌려 달아나지 않을 것이다. 모두 감화된 결과다."

『묵자』가 이른바 '묵자병법'에서 성을 방어하기 위한 전략전술과 수성용 무기 제조법을 상세히 다루고 있는 것도 이런 맥락에서 이해할 수 있다. 묵자를 포함한 묵가는 원래 무사집단이었을 가능성을 뒷받침한다. 그러나 묵가는 2가지 점에서 통상적인 무사와는 달랐다. 첫째, 묵가는 공격성을 띤 전쟁을 극력 반대했다. 오직 방어를 목적으로 한 전쟁만 용인했다. 둘째, 묵가는 실용주의에 입각해 자신들의 직업윤리를 가다듬었다. 묵가가 유가에 이어 사상 2번째 제자백가로 등장한 배경이다. 여기에는 묵자를 포함한 묵가집단이 일정 수준의 교양을 갖춘 게 크게 작용했을 듯싶다. 실제 묵자의 언행을 보면 일정 수준의 학문을 익히지 않으면 불가능한 내용이 많다. 공자가 그렇듯이 묵자 역시 하급 무사 집안 출신일 공산이 크다.

훗날 한무제 때 활약한 사마천은 『사기』를 저술하면서 나름 제자백가의 출현배경과 활약상을 자세히 기술해 놓았다. 그러나 묵자와 묵가에 대해서 만큼은 예외다. 소략하기 짝이 없다. 맹자와 순자의 사적을 기록한 「맹자순경열전孟子荀卿列傳」의 말미에 한 줄 언급하는 데에 그쳤다. 해당 대목이다.

"대략 묵적은 송나라 대부로 성을 방어하는 기술에 뛰어났고 절용을 역설했다. 혹자는 공자와 같은 시대에 활약했다고 하고, 혹자는 그보다 뒤라고 한다."

이게 전부다. 『사기』의 뒤를 이은 반고盤固의 『한서漢書』도 별반 다를 게 없다. 오히려 더 간략하다. 21세기라고 해서 더 나아진 것도 없다. 학자들의 연구 결과를 종합해 요약하면 대략 이렇다. 선조는 송나라 사람이었고, 오랫동안 노나라에 있었고, 천민으로 분류된 장인匠人의 삶을 살면서 뛰어난 기술을 발휘했고, 젊었을 때 유가에 입문해 공자사상의 세례를 받았고, 속유俗儒의 속물 행보에 실망해 이내 '겸애'와 비공非攻을 기치로 묵가를 창시했고, 공자 사후에 태어나 맹자가 태어나기 전인 전국시대 초기에 활약하면서 대략 90세 가까이 생존했고, 사후에 묵가는 상리씨相里氏, 상부씨相夫氏, 등릉씨鄧陵氏 등 3개 학파로 나뉘었다는 정도다.

청대의 손이양孫詒讓은 『묵자간고墨子閒詁』에서 묵자가 주나라 정왕定王 때 태어나 안왕安王 말기에 죽었을 것으로 추정했으나 확실한 근거를 제시한 것은 아니다. 청대 말기부터 민국 초기에 이르기까지 최고의 지성으로 불린 양계초는 여러 전적에 나오는 묵자에 관한 기록을 망라하여 『자묵자학설子墨子學說』을 펴낸 바 있다. 첫머리에 묵자의 사적을 정리한 「묵자약전墨子略傳」이 나온다. 이를 토대로 묵자의 삶을 개괄적으로 살펴보면 대략 다음과 같다.

묵자의 출생지와 관련해 크게 3가지 견해가 있다. 송나라, 노나라, 초나라가 그것이다. 통설은 송나라이나 뚜렷한 근거가 있는 것은 아니다. 활약 시기도 논란거리다. 양계초는 대략 기원전 450년경에서 기원전 390년경 사이로 보았다. 시기적으로 춘추시대 말기에서 전국시대 초기에 해당한다. 이 시기는 춘추시대 말기를 화려하게 수놓은 오왕 합려闔閭 및 부차夫差 부자와 월왕 구천句踐이 천하의 패권을 놓고 치열한 각축전을 벌인 오월시대의 연장선에 있었다. 전국7웅戰國七雄으로 상징되는 전국시대로의 진입은 '오월시대'의 쟁패爭覇 구도가 그대로 이어진 결과로 해석할 수 있다. 와신상담臥薪嘗膽의 복수전이 이를 상징한다. 묵자는 바로 이런 시기를 살았다. 『여씨춘추』「당염」에 따르면 묵자는 주나라의 조정 대신으로 있으면서 의례儀禮에 밝았던 사각史角의 후손에게 글을 배웠다고 한다.

현재 묵자는 사상 최초의 '반전反戰 평화주의자'로 꼽히고 있다. 그러나 엄밀히 말하면 그는 단순히 전쟁을 반대하는 차원을 넘어 아예 전쟁 자체를 인정치 않는 비전非戰을 주장한 것으로 보는 게 옳다. 21세기 G2시대의 관점에서 볼 때 '사랑과 평화'를 향한 묵자의 행보는 높은 점수를 받을 만하다. 만인을 두루 사랑하는 '겸애'와 다툼을 그치고 서로 상생을 꾀하는 '비공'의 정신이 이를 뒷받침한다. '겸애'와 '비공'은 나와 남을 엄히 구별한 뒤 가까운 사람을 더욱 가까이하는 유가의 친친親親 사상을 부인한 데서 출발한다. 묵가의 '겸애'가 유가의 별애別愛와 뚜렷이 구분되는 근본배경이 여기에 있다. 천하의 모든 사람을 두루 사랑하라는 '겸애'는 내용상 기독교의 사랑 내지 불교의 자비와 하등 차이가 없다. 그럼에도 묵가가 종교로 나아가지 않은 것은 겸애의 실천방법을 세속적인 가치에서 찾은 데 있다. 그게 바로 교리交利다. 천하의 이익을 두루 서로 나눈다는 뜻이다. 『묵자』「대취」는 '교리'의 배경을 이같이 설명해 놓았다.

"천하인은 이롭게 해주면 모두 기뻐한다. '성인은 사랑만 있을 뿐 이롭게 하는 일은 없다'고 하는 것은 모두 유자儒者들의 객쩍은 말이다. '천하에 남이란 없다'고 한 것은 묵자의 말이다. 이는 앞으로도 계속 유효할 것이다."

'천하에 남이란 없다'는 원문은 천하무인天下無人이다. 여기의 인人은 나를 제외한 타인他人의 의미로 사용된 것이다. 사상사적으로 볼 때 묵가의 '천하무인' 사상은 단군과 같이 동일한 조상을 둔 국가공동체의 통치이데올로기로 사용할 만하다. 외적의 침공 위협에서 나라의 전 구성원이 하나로 똘똘 뭉칠 수 있기 때문이다. 그러나 묵자의 생각은 이를 뛰어넘는다. 그의 '천하무인' 사상은 국가 차원을 뛰어넘어 천하의 모든 사람에게 적용되는 인류애人類愛에 가깝다. 일견 『논어』「안연」에서 공자의 제자 자하子夏가 언급한 사해형제四海兄弟 개념과 닮았다. 그러나 그 내용은 다르다. '사해형제'는 예치를 통해 천하의 모든 사람이 공경한 자세를 취하며 평화를 이루는 순자학파의 기본이념을 상징한 말이다. 그러나 『묵자』「대취」에 나오는 '천하무인' 사상은 형식적인 예가 아니라 남을 내 몸처럼 생각하는 실질적인 사랑을 통해 이루고자 하는 훨씬 높은 경지를 말한다. 사상사적으로 보면 '천하무인'을 통해 궁극적으로 실현코자 하는 겸애 역시 공자가 역설한 충서忠恕 개념에서 나온 것이다. 『논어』「이인」에 이를 뒷받침하는 일화가 나온다. 이에 따르면 하루는 공자가 증자曾子에게 말했다.

"삼參아, 나의 도는 일이관지—以貫之하고 있다."

'일이관지'는 사물의 이치를 하나로써 꿰었다는 뜻이다. 공자가 밖으로 나가자 공자의 제자들이 증자에게 물었다.

"일이관지는 무엇을 뜻하는 것이오?"

증자가 대답했다.

"선생님의 도는 충서忠恕일 뿐이오."

'충서'는 남을 내 몸처럼 헤아리며 매사에 성실한 자세로 대하는 것을 뜻한다. 묵자가 역설한 '천하무인'의 정신과 별반 다를 게 없다. 일각에서 묵가를 두고 이상을 지향하는 '공자좌파'로 해석하는 이유다. 순자처럼 현실에 무게를 두는 '공자우파'와 대비된다. 지난 1990년에 작고한 풍우란은 『중국철학사』에서 제자백가의 특징을 이같이 분석한 바 있다.

"유가는 사대부, 법가는 신흥지주, 도가는 몰락귀족, 묵가는 하층 평민을 대표하는 사상이다."

객관적으로 볼 때 이는 결과론적인 분석에 불과하다. 『예기』「예운」에서 말하는 대동세계는 대도大道가 행해지는 세계를 뜻한다. 이는 묵자가 역설하는 '천하무인'이 이뤄져야 가능한 세상이다. 천하의 이익을 두루 나누며 서로 사랑하는 자유롭고도 풍요한 삶이 보장되는 이상국이 그것이다.

제자백가서에 나오는 묵가에 대한 평은 거의 단편적이다. 그러나 유일한 예외가 있다. 바로 『장자』다. 『장자』「천하」는 제자백가의 장단점을 두루 논하면서 묵자 및 묵가 전반에 대한 평에 많은 지면을 할애하고 있다. 장자는 맹자와 비슷한 시기를 산 인물이다. 그는 '금수지도禽獸之道' 운운하며 맹비난을 퍼부은 맹자와 달리 나름 객관적인 평을 내리고 있다. 일면 비난하며 일면 칭송하는 일포일폄一襃一貶의 입장이 그렇다. 『장자』「천하」에 나오는 장자의 묵가에 대한 평은 약간 길기는 하나 전국시대 말기의 묵가 현황을 살피는 데 매우 긴요하다. 골자는 다음과 같다.

"묵자는 널리 사랑하고 두루 이익을 나눠야 한다고 주장하면서 전쟁을 반대했다. 남이 모욕해도 성내지 않는 것을 도리로 여긴 이유다. 또 학문을 좋아해 널리 배우는 것만은 선왕의 도와 다르지 않았다. 그러나 그의 학문은 선왕의 도와 같지 않았다. 옛날의 예악을 비방한 이유다. 묵자의 도를 비방하려는 것은 아니나 그렇다고 해도 노래하고 싶을 때 노래하지 못하고, 울고 싶을 때 울지 못하고, 음악을 연주하고 싶은데 연주하지 못하는 게 과연 인정에 가까운 것인가? 살아서는 노동에 지치고 죽어서는 허술하게 떠나니 묵가의 도는 너무 각박하다. 묵자가 비록 홀로 그리할 수 있을지라도 천하인의 경우는 과연 어찌할 것인가? 묵가의 도는 천하 사람들로부터 유리되어 있는 까닭에 왕자의 도에서 멀리 벗어나 있다. 묵자는 사람들을 향해 말하기를, '옛날 하나라 우왕이 친히 삼태기와 보습을 손에 들고 천하의 내를 소통케 할 때 장딴지에는 살이 빠졌고 정강이에는 털이 없어졌다. 장맛비에 얼굴을 씻고 모진 바람에 빗질한 덕분에 마침내 만국을 안정시켰다. 우왕은 대성인인데도 이처럼 천하를 위해 자기 몸을 혹사했다'고 했다. 그는 또 후대의 묵가들로 하여금 거친 옷을 입고, 나막신이나 짚신을 신고, 밤낮으로 쉬지 않고 자기 몸을 혹사케 했다. 오늘날 묵가의 무리들은 모두 『묵경墨經』을 독송하면서 그 해석이 서로 모순되고 대립하는 까닭에 상대 학파를 '별묵別墨'으로 부르며 비난한다. 모두 자신이 우두머리가 돼 묵자의 후계자를 자처하려고 하는 까닭에 지금까지도 후사 자리를 정하지 못하고 있다. 후대의 묵가들로 하여금 반드시 스스로를 괴롭히는 방법으로 장딴지에 살이 다 빠지고 정강이에 털이 모두 닳아 없어지도록 강제하는 것은 생명의 소진을 재촉하는 것에 지나지 않는다. 천하를 편히 다스리는 계책으로는 하책에 해당한다. 비록 그렇기는 하나 묵자 자신은 참으로 천하를 좋아했다. 그는 자신이 구하는 것을 얻지 못하면 비록 몸이 말라비틀어질지라도 그만두지 않았으니 실로 천하의 재사才士라고 일컬을 만하다.'

묵자의 주장에 동조하지는 않지만 천하를 위해 헌신하는 자세만큼은 높이 평가할 만하다고 언급한 것이다. 이는 전국시대 말기 장자가 활약할 당시 묵가가 매우 극성했음을 반증한다. 객관적으로 볼 때 『장자』「천하」의 묵가에 대한 비판은 같은 시기를 산 맹자가 유가의 수호자를 자처하며 묵가에 대해 맹비난을 퍼부은 것과 궤를 같이한다. 장자는 간접화법을 동원한 데 반해 맹자는 직설화법으로 비난을 가한 게 다를 뿐이다. 주목할 것은 비록 장자가 완곡한 어법으로 묵가를 비판했으나 묵가의 접근방식으로는 결코 난세를 치세로 돌릴 수 없다고 지적한 점이다. 직설화법을 구사한 맹자와 별반 다를 바 없다. 묵가가 여타 제자백가의 집중 포화를 맞고 이내 사라진 근본배경이 여기에 있다.

예나 지금이나 천하를 위해 헌신하는 자는 커다란 존경을 받기 마련이다. 묵가가 난세의 심도가 깊어진 전국시대 말기에 크게 발흥한 것도 이런 맥락에서 이해할 수 있다. 실제로 현재 학자들의 연구에 따르면 선진시대 및 진한시대의 전적에 등장하는 묵가의 인물은 매우 많다. 한고조 유방의 치세 때 참모로 활약한 육가陸賈의 『신어新語』 「사무思務」에 나오는 다음 구절이 이를 뒷받침한다.

"묵자의 문하에는 용사가 매우 많았다!"

'용사' 운운은 진한시대 때 묵가의 전통이 끊어졌음에도 묵자사상을 추종하는 자들이 의외로 많았음을 방증하는 대목이다. 이른바 묵협墨俠이다. 실제로 『묵자』에는 임협을 높이 평가한 대목이 많이 나온다. 「경 상」의 임협任俠에 대한 해석이 대표적이다.

"임협은 선비 스스로 손해를 보면서 유익한 일을 행하는 것이다."

묵자가 '임협'을 매우 중시했음을 방증한다. 무예를 닦은 무협武俠을 포함해 유가사상의 세례를 받은 유협儒俠은 물론 묵가사상의 세례를 받은 묵협 모두 임협의 일원에 해당한다. 임협은 「경 상」의 풀이에 나오듯이 '천하를 위해 자신을 희생시켜 의로운 행위를 행하는 자'를 말한다. 「경 상」을 풀이한 「경설 상」의 임협에 대한 해설은 보다 직설적이다.

"임협은 자신이 싫어하는 일까지 행하여 남이 다급해하는 일을 이뤄주는 것이다."

자신에게 이익이 될 것인지 여부를 따지지 않고 남의 어려움을 구제해 주는 게 바로 임협이라고 정의한 것이다. 사마천이 『사기』「유협열전」에 거론한 인물들이 모두 이런 자들이다. 전국시대 초기에 이미 임협의 무리가 등장했고 진한시대까지 임협 정신이 면면히 이어졌음을 방증하는 대목이다. 사상사적으로 볼 때 모두 묵가의 무리에 해당한다. 천하의 이익을 고루 나누며 천하 사람을 위해 온몸을 내던진 묵도墨徒 및 그 후신인 임협의 헌신적인 자세와 정신은 21세기 스마트혁명 시대에도 여전히 유효하다.

객관적으로 볼 때 공자사상을 결정적으로 왜곡한 맹자는 '공자좌파'의 시조로 불린다. 맹자는 묵자의 사상적 제자에 해당한다. 만일 묵자가 유가의 예악 등을 비판하지만 않았어도 묵가는 맹자에 앞서 '공자좌파'의 효시로 불렸을 것이다. 후대의 성리학자들은 예악에 방점을 찍은 나머지 비악非樂을 역설한 묵가를 유가와 입장을 달리하는 별개의 학파로 간주했다. 수천 년 동안 이것이 통설로 이어져 왔다. 그러나 사상사적으로 보면 묵가와 유가는 본래 아무런 차이가 없다. 백성을 위하는 위민爲民을 위정자의 기본덕목으로 꼽은 게 그렇다.

주목할 점은 맹자 역시 묵자와 마찬가지로 군주를 가볍게 여기고 백성을 높이 평가하는 이른바 귀민경군貴民輕君의 입장을 보이고 있는 점이다. 뒤에 자세히 설명하겠지만 맹자는 묵자가 말한 의정義政을 왕도, 묵자의 '폭군천벌론'을 '폭군방벌론'으로 슬쩍 돌려 표현해 놓았다. 일종의 '표절'에 해당한다. 가장 두드러진 '표절'은 묵자가 공자의 인학仁學에서 힌트를 얻어 독창적으로 만들어낸 인의仁義 개념을 그대로 갖다 쓴 것이다. 『논어』에는 단 한 번도 등장하지 않는 '인의' 용어가 『묵자』에 29번, 『맹자』에는 27번 나오는 게 그렇다. 21세기에 들어와 많은 사람이 공자사상의 수호자를 자처한 맹자를 두고 묵자의 사상적 후계자에 지나지 않는다고 보는 이유다.

21세기 학술의 관점에서 볼 때 묵자의 이론과 주장은 일종의 사회학에 가깝다. 사회를 연구하는 사회학은 국가를 연구대상으로 삼는 국가학과 대비된다. 유가와 법가, 병가, 상가 등은 치국평천하에 초점을 맞추고 있는 까닭에 국가학의 일원에 해당한다. 제왕에 대해 많은 관심을 보인 이유다. 이에 반해 묵가는 유가와 마찬가지로 치국평천하에 깊은 주의를 기울이면서도 제왕에 대해서는 별다른 관심을 보내지 않았다. 그들은 서민의 삶에 초점을 맞췄다. 도가 가운데 노자는 유가처럼 제왕에 커다란 관심을 기울였으나 장자는 제왕은 물론 서민에 대해서도 별다른 관심을 기울이지 않았다. 그런 점에서 묵가는 장자와도 구별된다. 공자좌파에 해당하는 묵가의 사상적 특징이 바로 여기에 있다. 치국평천하에 깊은 관심을 기울이는 점에서는 유가와 맥을 같이하나 제왕 대신 서민에 초점을 맞추고 있는 게 그것이다. 당연한 결과로 국가공동체보다는 사회공동체에 보다 깊은 관심을 기울이고 있다.

　사회학 역시 묵가와 마찬가지로 국가공동체보다는 사회공동체에 분석의 초점을 맞추고 있다. 마르크스가 제창한 사회학의 경우는 아예 국가공동체의 소멸을 전제로 이론을 전개하고 있다. 마르크스가 프롤레타리아를 부르주아에서 분리시킨 뒤 '만국의 노동자여 궐기하라!'고 부추긴 것은 백성을 계층별로 나눠 하층민에 초점을 맞춘 묵자의 기본취지와 서로 통한다. 묵자의 주장과 이론을 일종의 사회학으로 간주하는 이유다. 다만 묵자는 마르크스와 달리 폭동적인 방법 대신 예수처럼 이웃을 사랑하는 방법으로 계층 간의 갈등을 해소코자 한 점이 다르다. 그런 점에서 콩트에서 시작된 일반 사회학과 닮았다. 묵자의 무리가 현대의 사회복지학이 중점적으로 다루고 있는 자선가의 모습을 띤 것도 이런 맥락에서 이해할 수 있다.

복지와 겸애

위민사상과 평등주의

묵자는 생전에 백성의 이용후생에 보탬이 되지 않는 모든 생산행위를 비판하며 절도 있는 소비를 역설했다. 사상 최초의 '노동가치설' 주창자로 평가받는 이유다. 필요에 따른 공급, 절제된 소비, 자원의 효율적인 분배를 주장한 사실이 이를 뒷받침한다. 유가의 후장구상厚葬久喪과 대비되는 박장단상薄葬短喪을 제안하고 호사스러운 음악과 사치스러운 궁궐 축조를 반대한 것도 이런 맥락에서 이해할 수 있다. 이는 기본적으로 국가공동체의 대종을 이루고 있는 서민을 역사의 핵심 축으로 간주한 데 따른 것이다. 묵자의 이런 생각은 당시의 시대상황과 밀접한 관련이 있다. 공자가 활약한 '오월시대'에 이미 중원의 제후들은 주 왕실에 명목적인 충성만 하고 있었다. 열국의 제후들 역시 가신의 손아귀에서 놀아나는 일종의 꼭두각시에 지나지 않았다. 열국의 권력은 경卿으로 불리는 권신에게 넘어갔고 일부 국가에서는 실권이 다시 권신의 가신家臣들 수중으로 넘어가고 있었다. 제후들은 권모술수 이외에는 그 어느 것도 믿을 만한 게 없었다. 이는 신분질서에 기초한 주왕조의 봉건제가 더 이상 존속키 어렵게 되었음을 암시하는 것이었다.

전국시대에 들어와 고정된 신분질서가 무너진 데 따른 혼란은 극심했다. 가장 큰 피해를 보게 된 계층은 말할 것도 없이 서민이었다. 이들은 하극상下剋上이 만연하고 연일 전쟁이 빚어지는 상황에서 일종의 전쟁도구에 지나지 않았다. 이는 싸움의 양상이 국지전의 전차전에서 총력전의 보병전으로 바뀐 데 따른 것이었다. 시신을 수습할 겨를도 없이 들판의 백골로

244

나뉭군 것은 결국 보병의 대중을 이룬 서민 출신 병사들이었다. 공경대부와 무사들이 싸움의 주축을 이룬 춘추시대의 전차전에서는 볼 수 없는 양상이었다. 서민은 국가경제를 뒷받침하는 농공상 등의 생업에 종사하는 동시에 전쟁이 빚어지면 즉각 보병으로 출전해 목숨을 걸고 싸워야만 했다. 국가적으로 볼지라도 한창 일할 나이의 장정이 출정해 전사할 경우 그 폐해는 심각했다. 전사자 가족의 생계가 위험해질 뿐만 아니라 제때 농사를 짓지 못한 탓에 전답이 황량해지면서 국가경제 역시 휘청거릴 수밖에 없다. 일각에서는 묵자의 이런 주장을 노동가치설에 기초한 마르크스의 경제이론과 비교키도 한다. 사실 『묵자』에는 이를 뒷받침할 만한 대목이 매우 많다. 『묵자』「상현 중」의 해당 대목이다.

"지금 왕공대인은 의상 한 벌도 만들 수 없는 까닭에 반드시 뛰어난 장인에 기대야 한다. 또한 한 마리 소나 양을 잡을 수 없는 까닭에 반드시 뛰어난 백정의 손을 빌려야 한다. 이런 2가지 일의 경우처럼 왕공대인 가운데 현자를 숭상하고 능력 있는 자를 발탁해 정사를 펴야 한다는 사실을 모르는 자가 없다. 그러나 나라가 혼란하고 사직이 위험에 처하는 지경에 이르는데도 능력 있는 자를 발탁해 정사를 펼 줄을 모른다. 친척을 불러들여 부리고 아무런 공도 없이 부귀해지거나 얼굴을 꾸며 아첨하는 자를 발탁해 부리거나 한다. 아무런 공도 없이 부귀해지거나 얼굴을 꾸며 아첨하는 자를 발탁해 부릴 경우 어찌 그들이 반드시 지혜롭고 현자일 수 있겠는가? 만일 그들을 시켜 나라를 다스리게 하면 이는 지혜가 없는 자들로 하여금 나라를 다스리도록 하는 게 된다. 나라가 어지러워지는 것은 불문가지다."

묵자가 현명하고 능력 있는 자를 발탁하여 부리는 이른바 상현사능尙賢使能을 역설한 이유다. 묵자가 말하는 현능한 인물은 유가에서 말하는 군

자君子와 다르다. 『묵자』「상현 상」을 보면 이를 뒷받침하는 묵자의 언급이
나온다.

"비유컨대 나라에 활 잘 쏘고 수레를 잘 모는 자가 많아지기를 바랄 경
우 반드시 그런 자를 부유하게 해주고, 귀하게 대하고, 공경히 예우하고, 명
예롭게 해주어야 한다. 옛 성왕은 정사를 펴면서 말하기를, '의롭지 않으면
부유하게 만들지도 말고, 귀한 자리에 앉히지도 말고, 친하게 지내지도 말
고, 가까이 두지도 말라'고 했다. 이런 얘기가 널리 퍼지자 도성에서 멀리
떨어진 벽지의 외신外臣과 궁정의 숙위宿衛하는 관원, 도성 안의 백성, 사방
의 열국 백성들에 이르기까지 모두 다투어 의를 행했다."

묵자의 입장에서 볼 때 의를 행할 수만 있다면 신분의 귀천을 떠나 과감
히 발탁해 예우하는 게 나라를 잘 다스리는 길이다. 묵자의 이런 가르침을
좇을 경우 유가에서 말하는 군자와 소인의 구별은 무의미해진다. 물론 공자
도 묵자와 마찬가지로 능력도 없이 오직 혈통에 의해 위정자의 자리를 세
습하는 왕공대부 중심의 봉건질서에 비판적이었다. 그렇다고 생산에 종사
하는 서민이 위정자의 자리에 오르는 것을 찬성한 것도 아니다. 중간층에
해당하는 무사武士 및 문사文士 등의 사인士人 계층에 초점을 맞춰 새 시대
의 위정자 모델인 군자君子를 역설한 이유다. 공자가 볼 때 문무겸전의 '군
자' 모습을 보이지 못할 경우 군주를 포함한 왕공대부는 소인에 불과했다.

묵자는 이와 다르다. 공자의 '인'을 확대한 '겸애'와 '비공'을 역설했듯이
치자治者의 자격에 대해서도 공자보다 훨씬 개방적이면서도 혁명적인 모습
을 보였다. 신분의 귀천을 떠나 완전한 자유경쟁을 통한 위정자의 발탁을
주장한 게 그렇다. 관직을 혈통에 의거해 특정 계층이 독점적으로 세습하
는 것을 반대하는 관무상귀官無常貴를 주장한 점에서는 공자와 취지를 같
이한다. 그러나 일반 서민도 관직을 떠맡는 민무종천民無終賤을 역설한 점

에서는 공자와 커다란 차이를 보인다. 그런 점에서 묵자사상을 마르크스 계급이론과 비교한 것은 나름 일리가 있다. 그만큼 혁명적이었다.

천의와 겸애

『묵자』는 하늘의 뜻을 천지天志와 천의天意로 표현해 놓았다. 이는 크게 2가지 의미를 함축하고 있다. 첫째, 하늘은 지극히 공평무사하고 인간처럼 의지를 지니고 있다. 일각에서 묵가를 인격신을 인정하는 유신론有神論으로 간주하는 이유다. 둘째, 하늘의 뜻은 서민의 뜻을 반영한다. 천지와 천의를 민의民意 내지 민지民志의 반영으로 본 것이다. 서민이 곧 하늘에 해당한다고 간주한 셈이다. '카이사르의 것은 카이사르에게!'를 외치며 현실 정치와 일정한 거리를 둔 기독교의 예수와 달리 묵자는 매우 적극적이었다. 묵자가 볼 때 군주는 반드시 인의에 입각한 의정義政을 펼쳐야만 했다. 그게 나라와 백성의 이익에 부합한다고 보았기 때문이다.

주목할 것은 나라와 백성의 이익을 하늘의 뜻인 '천지'에서 유출된 것으로 파악한 점이다. 하늘의 뜻인 천지 내지 천의가 모든 사물을 판단하는 최종기준이 된 이유다. 이런 입장에 설 경우 만물을 창조한 하늘이 천자와 제후 및 백관을 두어 정치를 관장케 한 것은 곧 서민의 이익을 도모하기 위한 방편에 지나지 않게 된다. 실제로 묵자는 위정자들에게 반드시 3가지 원칙을 지켜야 한다고 역설했다.

첫째, 천자를 위시한 모든 위정자는 반드시 하늘의 뜻을 받들어야 한다. 하늘은 지극히 공평한 입장에서 위정자들을 감시한다. 천자 위에 하늘이 있는 까닭에 위정자의 우두머리인 천자는 말 그대로 하늘의 뜻을 정확히 집행해야만 한다. 그게 '의정'이다. 맹자는 이를 '왕도'로 표현했다.

둘째, 위정자는 늘 민생의 안정과 일반 백성의 복리 증진을 꾀하는 데 매진해야 한다. 전쟁 등을 일으켜 일반 서민의 민생과 이익을 해쳐서는 안 되는 이유다. 묵자가 '겸애'와 '비공'을 기치로 내건 근본배경이다. 당시 전쟁 양상이 일변해 보병전이 위주가 됐다. 열국 간의 전쟁이 최초로 총력전 양상을 보인 이유다. 보병전은 서민의 동원이 전제됐을 때 비로소 써먹을 수 있는 전법이다. 보병 위주로 치러진 당시의 전쟁에서 가장 피해를 입는 것은 결국 서민일 수밖에 없다. 묵자는 이런 사실을 통찰했다.

셋째, 위정자가 하늘의 뜻을 저버릴 경우 천벌을 받게 된다. 하늘은 상벌의 권능을 관장하고 있어 의를 행하면 상을 주고 불의를 저지르면 벌을 내린다. 위정자의 우두머리 격인 천자를 위시해 그 어떤 관원도 예외가 될 수 없다. 하늘의 뜻을 어기면 하늘은 천하를 두루 굽어 살피는 까닭에 달아날 곳조차 없게 된다. 이는 공자가 『논어』「팔일」에서 말한 가르침을 그대로 좇은 것이기도 하다. 이에 따르면 하루는 위령공衛靈公을 모시는 위나라 대부 왕손 가賈가 공자에게 물었다.

"속담에 이르기를, '안방 신인 오신奧神에게 잘 보이기보다는 차라리 부엌 신인 조신竈神에게 잘 보이는 것이 낫다'고 했습니다. 이는 무엇을 말한 것입니까?"

'오신'은 위령공, '조신'은 왕손 가를 상징한 말이다. 자신에게 빌붙어 벼슬할 생각이 있는지 없는지 여부를 물은 것이다. 왕손 가의 속셈을 읽은 공자가 이같이 대답했다.

"그렇지 않소. 하늘에 죄를 지으면 빌 곳조차 없게 되오."

하늘에 죄를 짓는다는 뜻의 원문은 획죄어천獲罪於天이다. 공자는 왕손 가에게 아첨하여 벼슬하는 것을 '획죄어천'으로 표현한 것이다. 군자는 의롭지 않은 방법으로 부귀를 추구해서는 안 된다는 취지다. 묵자가 하늘을 인간처럼 뚜렷한 의지를 지닌 인격신의 모습으로 그린 것도 이런 맥락에서 이해할 수 있다.

묵자는 신 자체를 최종적인 신앙대상으로 삼은 게 아니다. 제사祭祀 등의 의식에 호소해 '겸애' 등을 정당화한 것에 불과하다. 조상귀신 등을 섬기는 사귀事鬼의 통념이 존재하지 않았다면 묵자는 다른 방법으로 '겸애' 등을 정당화하고자 했을 것이다. 묵가의 주장은 결코 종교적 신앙을 설파코자 한 게 아니다. 사람들이 서로 사랑하는 '겸애'의 확충이 근본목적이다. 이상을 추구하는 '공자좌파'의 기원이 묵자에게 있음을 방증하는 대목이다. 원래 공자는 인仁과 더불어 의義를 매우 중시했다.『논어』를 보면 이를 쉽게 확인할 수 있다. 주의할 점은 공자가 '인'과 '의'를 결합한 인의仁義 개념을 단 한 번도 사용한 적이 없다는 것이다. 오히려 '인'을 예禮와 대비시켜 설명한 대목이 많다. 대표적인 경우가『논어』「안연」의 첫머리에 나오는 극기복례克己復禮 구절이다. 훗날 주희는 '극기복례'를 이같이 풀이했다.

"극克은 이기는 것이고, 기己는 일신의 사욕을 뜻한다. 복復은 돌아간다는 뜻이고, 예禮는 천리天理에 관한 예절의 근본규범이다. 인을 행하는 것은 그 마음의 덕을 온전히 하는 것이다. 마음의 온전한 덕은 천리가 아닌 것이 없으나 또한 인욕人欲에 의해 파괴되지 않을 수 없다. 이로 인해 인을 이루고자 하는 자는 반드시 사욕을 이겨내고 예로 돌아가야만 한다. 일마다 모두 천리인 까닭에 그같이 해야만 본심의 덕이 다시 내 몸에서 온전하게 된다."

나름 일리 있는 해석이기는 하나 성리학의 이론적 뿌리에 해당하는 천리인욕설天理人欲說을 합리화하기 위한 억지 해석이라는 지적을 면키 어렵다. 그의 해석은 공자가 말한 기본취의와는 크게 다르다. 원래 '극기복례'는 『춘추좌전』「노소공 12년」조에 나오는 말이다. 당시 초영왕楚靈王은 멋대로 정치를 펼치다가 신하들에 의해 쫓겨나 객사하는 화난을 당한 바 있다. 공자는 이를 두고 이같이 평했다.

"옛 책에 이르기를, '극기복례를 인이라고 한다'고 했다. 참으로 좋은 말이다. 만일 초영왕이 이같이 했다면 어찌 치욕을 당할 리 있었겠는가?"

이를 통해 알 수 있듯이 『논어』에 나오는 '극기복례'는 공자가 고서에 나오는 격언을 인용한 것이다. '극기'는 주희가 말한 것과 같은 형이상학적인 개념이 아니라 말 그대로 스스로 절제하는 자극自克을, '복례'는 『춘추좌전』에 나오듯이 복인復仁을 말한다. 공자가 말하는 '인'의 핵심 요소 가운데 하나가 바로 '예'다. 공자사상을 집대성한 전국시대 말기의 순자가 맹자를 질타하며 '예치'를 역설한 것도 이런 맥락에서 이해할 수 있다.

순자보다 한 세대 앞서 활약한 맹자는 인의를 강조하며 마치 '의'가 '인'의 핵심 요소인 것처럼 언급했으나 실은 인례仁禮가 공자가 말한 근본취지에 부합한다. 공자사상을 집대성한 인학仁學은 학문 방법론으로는 인지仁知, 실천방법론으로는 '인례'로 나타난 것이다. 공자가 '극기복례'를 언급한 것은 위정자의 자기절제를 통한 지극한 통치의 실현을 촉구한 것으로 주희의 형이상학적인 해석과는 거리가 멀다.

『논어』에는 맹자가 그토록 역설한 '인의'가 단 한마디도 나오지 않는다. 이에 반해 『묵자』에는 무려 29회나 언급돼 있다. 묵자는 사상 최초로 '인'에 '의'를 덧붙인 '인의' 개념을 창안해낸 당사자다. 맹자가 '인의'를 자신의 창견創見인 양 내세운 것은 표절을 호도하기 위한 몸짓에 지나지 않는다. 『맹자』가 '인의'를 27번이나 언급하며 '의'에 방점을 찍고 있는 사실이 이를 뒷받침한다. 묵자가 '인의'를 언급하며 '의'에 방점을 찍은 것은 하늘의 뜻을 내세워 묵가가 내세우는 키워드 '겸애'와 '비공' 등을 정당화하기 위한 것이다. 인격신에 가까운 천의 내지 천지 개념을 역설한 근본이유다. 묵자는

'카이사르의 것은 카이사르에게, 하느님의 것은 하느님에게!'를 언급한 예수와 달리 천의 내지 천지를 세속의 정치에 그대로 적용할 것을 주문했다. 천의에 입각한 의정義政을 제창하며 힘에 근거한 역정力政을 질타한 이유다. 훗날 맹자는 '의정'을 왕도王道, '역정'을 패도覇道로 바꿔 표현하며 '인의'를 자신의 창견인 양 내세웠다. 남송 대의 주희가 장자사상을 변용한 선불교禪佛敎 교리를 차용해 성리학을 집대성했음에도 유교의 수호자를 자처하며 불교를 질타한 것과 닮았다. 사상사적으로 볼 때 맹자는 묵가로 분류하는 게 옳다.

묵자는 공자사상의 세례를 받은 까닭에 '인'을 직접 비판하지는 않았으나 그리 호의적이지도 않았다. 유가의 '인'이 세습귀족의 통치를 합리화시키고 있는 점에 주목한 결과다. 그가 볼 때 유가의 '인'은 별애別愛를 달리 표현한 것에 지나지 않았다. 그는 내심 공자의 '인'을 빈부귀천을 막론하고 모든 사람에게 확대 적용코자 했다. 그가 유가의 '별애'와 대비되는 '겸애'를 주장한 이유다.

사실 유가의 '별애'는 주나라 존립의 기반인 종법宗法을 합리화한 빈부귀천의 차별에 지나지 않았다. '겸애'는 이런 차별을 근원적으로 부인한다. 유가와 묵가가 갈리는 대목이다. '겸애'는 자신과 남을 구별하지 않는 데서 출발한다. 그게 바로 천하무인天下無人 사상이다. 자신의 부모를 사랑하듯 남의 부모도 사랑하여 자신과 남 사이에 어떠한 차별도 두지 않는 것을 말한다. 이를 실천하면 남과 다툴 일이 없게 된다. 세상이 혼란스러운 것은 사람들이 이를 실천치 않기 때문이라는 게 묵자의 확고한 신념이었다.

'겸애'는 친소의 구별을 완전히 무시하고 있다는 점에서 유가의 '별애'와 차원을 달리한다. 일종의 인류애人類愛에 가깝다. 그의 이런 주장은 대부분의 세계종교가 내세우는 주장과 서로 통한다. 당시 묵가의 주장이 끊임없는 전쟁으로 커다란 고통을 받고 있는 서민들로부터 폭발적인 지지를 얻은 것도 이런 맥락에서 이해할 수 있다. 기댈 곳은 물론 하소연할 곳도 없는 서민들로서는 형제애兄弟愛를 통한 화목한 인간관계를 기치로 내세운 묵가의 주장에 귀가 솔깃할 수밖에 없었다. 그러나 묵가사상에서 '인의'를 차용한 맹자는 묵가의 '겸애'를 인간관계의 핵심인 윤리질서를 파괴하는 근원으로 판단했다. 이를 뒷받침하는 『맹자』「등문공 하」의 해당 대목이다.

"성왕이 나오지 않자 제후들이 방자하게 굴고 초야의 선비들은 제멋대로 떠들어댔다. 양주楊朱와 묵적墨翟의 말이 천하에 가득하여 천하의 말이 양주에게 돌아가지 않으면 묵적에게 돌아가게 되었다. 양주는 자신만을 위하는 위아爲我를 주장했다. 이는 군주의 존재를 부정하는 무군無君의 학설이다. 묵적은 겸애를 주장했다. 이는 어버이를 부정하는 무부無父의 학설이다. '무부무군'을 주장하는 것은 짐승과 같은 짓이다. 양주와 묵적의 학설이 사라지지 않으면 공자의 도가 드러나지 못할 것이다. 이는 사설邪說로 백성을 속이고 인의를 가로막는 것이다. 인의가 막히면 짐승을 내몰아 사람을 잡아먹게 하다가 끝내 사람들이 서로 잡아먹는 지경에 이를 것이다. 나는 이를 두려워해 선성先聖의 도를 보호하고, 양주와 묵적의 학설을 막고, 음란한 언설을 몰아냄으로써 사설을 주장하는 자가 생겨나지 않도록 했다. 음란한 언설과 사설은 그 마음에서 시작돼 일에 해를 끼치고, 일에서 시작돼 다시 정사에 해를 끼친다. 성인이 다시 살아 돌아와도 내 말을 따를 것이다."

공자의 사상적 후계자를 자처하며 묵가를, '위아'를 역설한 양주와 더불어 사람을 잡아먹는 사설의 교주로 몰아세운 것이다. 과연 그의 이런 주장이 타당한 것일까? 당초 공자는 친소에 따른 차별적인 사랑을 '인'의 출발로 보았다. 그는 부모에 대한 사랑과 이웃을 대하는 사랑에는 차등이 있어야 하고 이웃과 먼 곳의 사람 사이에도 차별이 있어야 한다고 생각했다. 유가의 친친형형親親兄兄 사상이 이를 상징적으로 보여준다. '친친형형' 사상을 엄격히 적용할 경우 묵가의 주장은 무친무형無親無兄의 반윤리적 독설로 오해될 소지가 큰 게 사실이다. 맹자는 이런 입장에서 묵가를 바라보았다. 맹자가 묵자의 주장을 무부무군無父無君의 금수지도禽獸之道로 매도한 이유다. 그러나 이는 묵자의 '겸애'를 멋대로 왜곡한 것에 지나지 않는다. 묵자는 남의 부모를 나의 부모처럼 사랑하면 남 또한 나의 부모를 자신의 부모처럼 사랑할 것으로 보았다. 남의 부모를 사랑하는 것이 곧 나의 부모를 사랑하는 길이 된다는 것이다. 논리적으로 볼 때 하등 모순이 없다.

그런 점에서 묵자의 '겸애'는 일종의 '이기적利己的 애타愛他'에 해당한다. 원수를 사랑하라고 주문한 예수의 '이타적利他的 애타愛他'와 다르다. 기독교에서는 이를 '아가페'라고 한다. 자신을 희생시킴으로써 이루는 인간의 신과 이웃에 대한 무조건적 사랑을 말한다. '겸애'는 아가페와 달리 부모에 대한 사랑을 완벽하게 실현하기 위한 수단으로 나온 것이다. 일종의 조건부적 사랑에 해당한다. 내용상 유가에서 말하는 '친친형형'과 별반 다를 게 없다. 오히려 이를 보다 철저히 구현키 위한 수단으로 나왔다고 보는 게 옳다. 묵자가 공자의 '인'을 제대로 구현키 위해 '인'과 '의'를 결합시킨 '인의' 개념을 사상 처음으로 제시한 배경이 여기에 있다. 일각에서 묵가를 유가에 뿌리를 둔 '공자좌파'로 보는 것도 바로 이 때문이다.

겸애와 교리

묵자의 주장에 따르면 하늘이 좋아하는 것은 '의'고 싫어하는 것은 '불의'다. 하늘은 백성을 포함해 만물을 낳은 당사자다. 자신의 소생인 만물과 백성을 애틋하게 여겨 안녕을 바라는 것은 당연한 일이다. 천자를 위시한 위정자는 하늘을 대신해 백성을 보듬는 자들이다. 이를 제대로 이행치 않는 것은 곧 하늘의 뜻을 어기는 것이 된다. 하늘은 이를 좌시하지 않는다. 묵가가 인격신에 가까운 유신론을 펼친 배경이 여기에 있다.

묵자가 하늘의 뜻과 더불어 조상신을 포함한 모든 귀신의 뜻인 귀지鬼志를 받들 것을 주장한 것도 이런 맥락에서 이해할 수 있다. 그가 말하는 귀신은 크게 천신天神과 지기地祇, 인귀人鬼로 나뉜다. 이들 모두 하늘의 수하에 속해 있으면서 하늘과 더불어 독자적인 상벌의 권능을 지니고 있다. 이들 귀신들의 권능 행사 역시 하늘과 마찬가지로 지극히 공평무사하다.

『묵자』에는 하늘에 관한 언급이 모두 3백여 차례에 걸쳐 나온다. 「법의」와 「천지」, 「겸애」, 「비공」 등 4개 편에 집중돼 있다. 모두 206번이다. 학자들의 견해를 종합하면 그 특징은 모두 9가지다. 첫째, 인격신에 가깝다. 의지를 지니고 있기 때문이다. 둘째, 만물의 창조주에 해당한다. 백성을 어여삐 여기는 이유다. 셋째, 지극히 존귀한 존재다. 천자보다 더 높다. 천자는 하늘의 뜻을 집행하는 자에 불과하다. 넷째, 만물을 주재한다. 굽어 살피지 않는 게 없다. 다섯째, 세상이 모든 사람을 평등하게 대한다. 하늘 앞에서는 천자와 서민의 구별이 없게 된다. 여섯째, 국가구성원의 대종을 이루고 있는 농공상 등의 서민을 가장 사랑한다. 백성을 관원의 착취와 억압에서 해방시키는 구세제민救世濟民의 상징으로 간주된 이유다. 일곱째, 의를 기준으로 상벌을 내린다. 상벌의 시행으로 인간 세상에 적극 관여한다. 여덟째, 많은 귀신을 수하에 거느리고 있다. 이들 귀신은 하늘의 수족 역할을 수행한다. 아홉째, 거짓으로 하는 참배를 멀리한다. 성실한 자세로 제사에 임하는 자에게만 복을 내리는 이유다. 여러 면에서 기독교의 '야훼'와 닮아 있다.

그러나 다른 면도 있다. 크게 3가지다. 첫째, 야훼는 인간의 원죄를 대속

代贖하기 위해 예수를 지상으로 내려 보내면서 '천국'을 약속했으나 묵자의 하늘은 사후의 천국을 전혀 약속하지 않았다. 둘째, 야훼는 『성경』「마태복음」 22장 21절에 나오는 예수의 언급을 통해 정신적인 해방을 주문했으나 묵자의 하늘은 현세의 해방을 궁극적인 목표로 삼았다. 야훼가 원수까지 사랑하는 '자기희생의 정신적 사랑'을 최고의 가치로 내세운 데 반해 묵자의 하늘은 '이익균점의 현실적인 사랑'을 역설했다. 묵가는 현세에서 모든 사람이 공평히 인간적인 대접을 받는 이상국을 만들고자 한 것이다. 셋째, 야훼는 만물을 지배하는 절대자로서 무조건적인 경배를 요구하는 징벌과 질투, 심판의 신이다. 이에 반해 묵자의 하늘은 국가공동체 구성원의 대종을 이루고 있는 서민의 뜻을 충실히 반영하는 섭리攝理에 가깝다. 야훼처럼 희생을 요구하지도 않으면서 사람들 모두 맡은 바 역할을 충실히 수생키를 바랄 뿐이다. 예수가 전쟁 등의 현실에 대해서는 언급을 피한 데 반해 묵자가 전쟁을 인류 최고의 악으로 간주하며 '비공'을 역설한 이유다. 묵가사상을 유신론의 일종으로 간주하면서도 종교가 아닌 제자백가 학단의 일원으로 간주해야 하는 이유가 여기에 있다.

통상 사랑의 감정은 마치 물이 연원淵源에서 나와 멀리 흘러가듯이 가장 강한 것으로부터 시작해 점차 멀리까지 전이한다. 자신에 대한 사랑은 남을 사랑할 수 있는 감정의 연원에 해당한다. 자신의 부모에 대한 사랑과 남의 부모에 대한 사랑을 동등하게 취급하는 묵자의 '겸애'는 바로 이런 사랑의 감정을 시종 하나같이 만들고자 한 것이다. 사랑의 감정이 멀리까지 전파됐음에도 연원에서 출발할 때와 똑같아지기 위해서는 특별한 동인이 필요하다. 연원에서 흘러나온 물이 멀리까지 가기 위해서는 강력한 수세水勢가 뒷받침돼야 하는 것과 같다. '수세'가 강력하지 못하면 이내 흐르는 물은 마르고 만다. 힘에 부친 나머지 연원까지 고갈될 수도 있다. 자칫 옹달

샘을 형성해 연원을 보호하느니만도 못한 결과를 초래할 수 있다. 사랑의 감정을 널리 퍼뜨리기 위해서는 반드시 '수세'처럼 강력한 힘이 뒷받침돼야 하는 이유다.

그렇다면 '겸애'의 논리에서 '수세'의 역할을 하는 것은 과연 어떤 것일까? 묵자는 그것을 교리交利에서 찾았다. 천하의 이익을 두루 같이 나누는 것을 말한다. 천자에서 천인에 이르기까지 천하의 이익을 고루 나누면 그 누구도 불만을 품을 일이 없다는 게 묵자의 생각이다. 이 경우 천자를 비롯한 왕공대인과 천인의 차이는 천하의 이익을 고루 나누는 데 필요한 역할상의 차이에 불과하게 된다. 묵자는 교리를 통해야만 빈부귀천을 떠나 모든 사람이 인간적인 대접을 받는 만인평등의 이상을 실현할 수 있다고 보았다. 묵가사상에서 '겸애'와 '교리'가 상호 불가분의 관계를 맺고 있는 이유가 바로 여기에 있다. 묵가의 '겸애'를 유가의 '별애' 내지 기독교의 '박애'와 구분하는 것도 바로 이 때문이다. '겸애'는 유가처럼 친족공동체를 기준으로 한 '별애'와도 다르고 기독교에서 말하는 '아가페적 사랑'도 아니다. 천하인의 이익이 '겸애'의 근거다. 이것이 바로 연원에서 나오는 물을 멀리까지 흘려보내는 '수세'에 해당한다.

묵자사상은 겸애 이외에도 비공, 절용, 비악 등 다양한 이론으로 꾸며져 있으나 결국은 '겸애' 2자로 요약할 수 있다. 그러나 '겸애'는 반드시 '교리' 위에 서 있어야만 한다. '교리'를 전제로 하지 않은 '겸애'는 공허한 구호에 지나지 않는다. '교리'는 반드시 먼저 남에게 이익을 주고자 하는 마음가짐에서 출발한다. 묵가 역시 모든 제자백가가 하나같이 주목한 '이익'에 논의의 초점을 맞춘 배경이 여기에 있다.

『논어』는 '예'를 '인'을 실천하는 구체적인 덕목으로 거론하면서, '의'를 '리利'와 반대되는 개념으로 설명해 놓았다. '의'와 '리'를 군자와 소인을 가르는 논변인 이른바 의리지변義利之辨의 기본개념으로 사용한 게 그렇다. '의리지변'은 유가 역시 '이익'을 매우 중시했음을 반증한다. 이 문제를 가장 심도 있게 다룬 학파는 법가다. 법가는 이익을 향해 무한 질주하는 인간의 호리지성好利之性에 주목했다. 한비자가 인의예지를 본성으로 간주한 맹자와 달리 '호리지성'을 인간의 본성으로 파악한 이유다. 이를 뒷받침하는 『한비자』「오두」의 해당 대목이다.

"흉년이 든 이듬해 봄에는 어린 동생에게도 먹을 것을 주지 못하지만, 풍년이 든 해의 가을에는 지나가는 나그네에게도 음식을 대접한다. 이는 골육을 멀리하고 나그네를 아끼기 때문이 아니라 식량의 많고 적음에 따른 것이다. 옛날 사람이 재물을 가볍게 여긴 것은 어질었기 때문이 아니라 재물이 많았기 때문이고, 요즘 사람이 재물을 놓고 서로 다투는 것은 인색하기 때문이 아니라 재물이 적기 때문이다. 옛날 사람이 천자의 자리를 쉽게 버린 것은 인격이 고상하기 때문이 아니라 세력과 실속이 박했기 때문이고, 요즘 사람이 권귀에 의탁해 미관말직을 놓고 서로 다투는 것은 인격이 낮기 때문이 아니라 이권에 따른 실속이 많기 때문이다."

군신 간의 의리는 말할 것도 없고 부모자식과 형제처럼 가장 가까운 사람 간의 인간관계조차 '호리저성'의 덫에서 한 치도 벗어나지 못하고 있다는 지적이다. '호리지성'은 인간을 '정치적 동물ζῷον πολιτικον'로 규정한 아리스토텔레스의 언명을 토마스 아퀴나스가 라틴어로 번역하는 과정에서 임의로 바꿔 놓은 '사회적 동물animal socialis'의 의미와 부합한다. 침팬지도 인간처럼 도구를 사용하고, 문장형식의 언어를 구사하고, 가족 간의 유대와 위계질서를 중시한다. 인간의 DNA와 2%의 차이밖에 나이 않아 인간과 가장 가까운 영장류로 분류되는 이유다.

이와 대비되는 것이 명예를 추구하는 호명지심好名之心이다. 이는 사회 및 국가 등의 공동체 속에서만 발현되고 최소한 먹는 문제가 해결된 뒤에 나타난다는 점에서 인간의 본성에 해당하는 '호리지성'과 대비된다. '호명지심'이 바로 아리스토텔레스가 언급한 '정치적 동물'의 취지에 부합한다. 침팬지 사회에는 '호리지성'만 있을 뿐 '호명지심'은 존재하지 않는다. 서구에서 20세기 최고의 지성으로 손꼽은 한나 아렌트가 '정치적 동물'을 '사회적 동물'로 바꿔 표현한 토마스 아퀴나스의 의도를 지적한 것도 바로 이 때문이다. '정치'와 '사회'의 차이를 극명하게 드러내고자 한 것이다. 아리스토텔레스가 『정치학』 제7권에서 '정치'와 '철학' 사이의 긴장을 부각시키기 위해 '정치적 삶'과 '철학적 삶'을 나눠 언급한 것과 닮았다.

고금동서를 막론하고 '정치'와 '철학'의 긴장이 폭발하면 '철학적 삶'을 살고자 하는 사람에게는 국가공동체와 군주의 존재가 무의미해진다. '정치'와 '사회'의 긴장은 이와 비교할 수 없을 정도로 충격이 크다. 갈등이 고조돼 더 이상 용인할 수 없는 단계에 이르러 폭발하면 계층 내지 계급 간의 적대감이 일시에 터져 나오는 까닭에 일거에 유혈참사로 이어진다. 프랑스의 부르주아 혁명, 러시아의 인민혁명, 중국의 문화대혁명 등이 그 실례다. 그런 점에서 '정치'와 긴장관계를 이루고 있는 '철학'과 '사회'는 서로 긴밀히 통하는 바가 있다. 묵가가 바로 그 상징에 해당한다.

묵가는 집단생활을 영위하면서 비공非攻 차원의 수비를 극도로 중시하고 나아가 군주를 가벼이 여기는 대신 서민에 치국평천하의 초점을 맞췄다. 맹자가 군사외교를 전문으로 다루는 병가와 종횡가를 사형에 처하고 존군尊君을 기치로 내걸고 부국강병을 꾀하는 법가 역시 사형에 처해야 한다고 주장한 것도 이런 맥락에서 이해할 수 있다. 백성을 귀하게 여기면서 군주를 가벼이 여기는 맹자의 귀민경군貴民輕君 주장이 나오게 된 근본배경이다. 이 또한 묵자사상의 '표절'에 해당한다. 묵가는 공격전을 반대하며

258

수비에 치중하는 묵수墨守에 그친 데 반해 맹자는 '묵수'에서 한 발 더 나아가 공격적인 묵공墨攻 차원으로 진행한 셈이다. '군주 vs 신민臣民'을 엄히 분리한 결과다. 계층 내지 계급 간 긴장과 갈등을 부채질한 것이나 다름 없다. 마르크스가 '철학적 삶'에 기초한 지상천국을 비전으로 제시하면서 반反정치 내지 반反국가를 전제로 한 '사회주의 혁명'을 고창한 것과 닮았다. 단지 마르크스는 묵자와 맹자가 채택한 '군주 vs 신민' 대신 '군신君臣 vs 인민'의 구분방식을 택한 게 다를 뿐이다. 마르크스에게 '군신'의 신臣은 부르주아를 지칭한다. 사상사적으로 볼 때 묵자와 맹자는 마르크스와 긴밀히 통한다고 해석하는 이유가 여기에 있다. 이들 모두 치국평천하의 '정치적 삶' 대신 수신제가의 '철학적 삶'에 방점을 찍고, 반정치 내지 반국가를 부추기는 '사회'를 중시한 게 그렇다. 21세기 학술 차원에서 묵자의 주장과 이론을 사회학의 원시형태로 분류한 것은 바로 이 때문이다.

객관적으로 볼 때 묵자와 맹자의 사상은 전쟁과 평화를 동시에 상징하는 야누스의 얼굴을 하고 있다. 평화로운 모습으로 '철학적 삶'을 지향할 때는 '겸애'와 '측은지심'으로 나타나지만, 정치에 대한 반감이 고조돼 분노를 폭발시킨 전쟁의 모습으로 진행될 때는 살벌하기 그지없는 '폭군천벌론' 내지 '폭군방벌론'으로 나타난다. 마르크스가 천년왕국을 닮은 '지상낙원'을 비전으로 제시하면서 방법론으로는 계급투쟁론에 입각해 피착취 계급인 프롤레타리아에 의한 착취 계급인 부르주아 박멸을 외친 것과 하등 다를 게 없다.

G2시대와 묵학

전국시대 말까지 유학과 더불어 제자백가의 쌍벽을 이뤘던 묵학이 문득 사라진 것은 지금도 미스터리다. 예로부터 그 배경을 둘러싸고 여러 해석이 나왔다. 현재 가장 유력한 견해 가운데 하나는 묵가 자체의 분열을 드는 견해다.『한비자』「현학」을 논거로 들고 있다. 이에 따르면 묵가는 묵자 사후 상리씨와 상부씨, 등릉씨 등의 3묵三墨으로 분열했다가 다시 더욱 잘게 쪼개져 서로 정통을 자처하며 치열한 논쟁을 벌였다. 나름 일리 있는 분석이기는 하나 유가를 비롯한 다른 학단도 유사한 모습을 보인 까닭에 이것만으로는 배경을 설명키에 부족하다. 한무제가 유학만을 유일한 관학으로 인정하는 이른바 독존유술獨尊儒術을 선포한 데서 그 원인을 찾는 견해도 유력하다. 그러나 이 또한 일부만 타당하다. 도가와 법가 등은 비록 변형된 모습이기는 했으나 명맥을 계속 유지했기 때문이다. 여타 제자백가의 견제를 드는 견해도 있다. 전국시대 말기에 들어와 유가를 비롯한 여타 제자백가의 견제가 강화되면서 묵가는 점차 설 곳을 잃게 되었다는 것이다. 매우 그럴듯하다.

그러나 무엇보다 가장 중요한 것은 묵가의 교리에서 찾는 게 타당하다. 법가사상을 추종한 진시황을 위시해 유학을 유일한 관학으로 내세운 역대 왕조의 제왕의 입장에서 볼 때 묵가사상은 매우 위험한 사상이었다. 천의天意로 간주되는 민의民意를 거스를 경우 하늘을 대신한 유덕자有德者에 의해 쫓겨나는 천벌天伐을 당하거나 하늘이 직접 내리는 천벌天罰을 받거나 한다고 주장한 게 그렇다. 역대 왕조가 묵가사상을 좋아할 리 없다. 묵가가 진시황의 천하통일을 계기로 이들의 집중포화 속에 문득 사라지고 만 근본배경을 여기서 찾는 게 타당할 것이다. 이는 묵자의 사상적 후계자인 맹자가 남송 때 주희에 의해 공자의 뒤를 잇는 아성亞聖으로 떠받들어지기 전까지만 해도 여러 제자백가 가운데 한 사람으로 취급받은 것과 맥을 같이한다. 당나라 때까지만 해도 '아성'은 맹자가 아닌 순자였다. 북송대

260

의 사마광이 『자치통감』을 쓰면서 오직 순자만 인용하고 맹자를 단 한 구절도 인용하지 않은 사실이 이를 증명한다. 이는 맹자가 극히 과격한 인물로 간주된 사실과 무관치 않았다.

객관적으로 볼지라도 묵자와 맹자는 현실과 동떨어진 이상국을 현세에 능히 세울 수 있다고 주장한 극단적인 이상주의자였다. 학설과 주장이 과격할 수밖에 없다. 역대 왕조의 제왕이 이를 모를 리 없다. 묵자의 폭군천벌론을 차용한 폭군방벌론을 사상 최초로 주장한 『맹자』가 일본의 에도막부 시절 금서로 묶인 사실이 이를 증명한다. '공맹' 운운하며 맹자를 공자의 사상적 후계자로 승인한 중국의 역대 왕조도 별반 다를 게 없었다. 명태조 때 왕조의 유지와 백성들의 충성심을 촉구하는 데 방해가 되는 '폭군방벌론' 부분 등을 삭제한 『맹자』를 반포한 사실이 이를 뒷받침한다. 예나 지금이나 위정자들은 자신들을 '기득권 세력'으로 몰아가며 비판을 가하는 무리를 꺼리기 마련이다. 전국시대 말기 열국의 군주 입장에서 볼 때 백성이 군주보다 더욱 중요하다고 설파한 맹자의 폭군방벌론은 말할 것도 없고, 그 원조에 해당하는 폭군천벌론의 묵자사상은 더욱 위험시될 수밖에 없었다. 묵가는 스스로 자멸을 초래했다고 평할 수밖에 없다.

주목할 것은 동서고금을 막론하고 통치이데올로기를 담당하는 관학官學이 존재했는데도 서민을 중심으로 한 반체제 이념이 늘 존재한 점이다. 중국에서는 유학이 유일무이한 관학으로 존재하는 동안 민간신앙인 도교로 변질된 도가사상이 그런 역할을 수행했다. 왕조교체기 때마다 도교의 변형인 적미교, 오두미교, 백련교 등이 민란의 사상적 기반 역할을 수행한 게 그렇다. 아편전쟁으로 서구 열강의 반식민지로 전락할 위기에 처한 청조 말기에는 묵학이 도교를 대신해 서구 열강의 침탈을 막을 수 있는 대안으로 부상했다. 묵학이 지닌 과학정신에 새삼 눈을 뜬 결과다. 지하에 깊숙이 묻혀 있던 묵학을 지상으로 끌어낸 최초의 인물은 건륭제 때 호광총독 湖廣總督을 지낸 필원畢沅이다. 한족 출신인 필원이 『묵자집주』를 펴낸 데에는 만주족의 청조에 대한 반항의식이 적잖이 작용했을 것으로 보인다. 청조 조정이 과격한 혁명론을 내포하고 있는 묵학의 부활을 달가워할 리 없기 때문이다. 실제로 『묵자집주』는 양계초가 묵자사상의 분석 작업에 뛰어든 데서 알 수 있듯이 새로운 세상을 만들기 위한 유력한 사상서로 각광을 받았다. 그 단초를 제공한 게 바로 필원의 『묵자집주』였다.

원래 『묵자』는 제자백가서 가운데 가장 난해한 것으로 정평이 나 있다. 박학다식했던 필원과 같은 인물이 없었다면 『묵자』는 2천여 년 만에 세상에 다시 나타나는 일은 없었을 것이다. 필원의 연구는 그의 문하생인 왕중汪中을 비롯해 장혜언張惠言 등이 이어받았다. 뜨겁게 달아오른 묵학 연구는 청대 말기 동치제와 광서제 때 활약한 손이양이 『묵자간고』를 펴냄으로써 대미를 장식하게 됐다. 그는 더 이상의 뛰어난 주석서가 존재할 수 없을 정도로 정밀한 주석을 가했다. 황이주黃以周, 유월兪樾과 더불어 '청말 3대 선생'으로 일컬어진 손이양은 사실 청대 3백 년을 통틀어 가장 박학한 인물로 꼽힌다. 손이양이 『묵자간고』를 쓰게 된 데에는 기본적으로 묵자를 당대 최고의 현인賢人으로 보고, 『묵자』를 세상을 새롭게 하고 누적된 폐단을 구하는 진세구폐振世救敝의 명저로 간주한 데 따른 것이다. 묵학 연구는 『묵자간고』를 계기로 새로운 장을 열었다는 게 중론이다.

21세기 경제경영의 관점에서 볼 때 묵자의 가르침은 이른바 '따뜻한 자본주의'를 뜻하는 겸애경영에 해당한다. 세계 1위 요구르트 메이커인 다논이 이를 실천하고 있다. 프랑크 리부 회장은 '식품을 통한 건강'이라는 구호 아래 기업의 뼛속까지 뜯어고쳐 '겸애경영'을 실천한 것으로 유명하다. 그는 지난 2005년 10월 파리를 방문한 방글라데시의 무하마드 유누스 그라민은행 총재의 제안을 좇아 방글라데시의 굶주리는 아이들을 위한 사회적 기업을 시작했다. 1년 뒤 방글라데시의 수도 다카에서 북쪽으로 $230km$ 떨어진 시골 마을에 합작회사 '그라민 다논 푸드'가 세워졌다. 일대에서 생산되는 우유로 요구르트를 만들어 가난한 시골 아이들에게 저렴한 가격으로 공급하는 게 목적이었다. 다논은 이익이 나도 투자한 돈을 한 푼도 가져가지 않았다. 대신 방글라데시 시골 곳곳에 그런 공장을 수십 개나 만들었다.

세계 각국에서 여러 글로벌 기업이 '겸애경영'을 기치로 내걸고 다양한 사회공헌 활동을 벌이고 있지만 다논처럼 체계적으로 실천하는 기업은 그리 많지 않다. 비결은 비즈니스 속에 이른바 '사회적 책임'을 내재화하는 것이다. 가령 영유아의 건강에 도움이 되는 식품을 고민하다 보면 갓 태어난 아기에게 모유가 최고라는 걸 이해하게 되고 이를 비즈니스에도 적극 반영하는 식이다. 건강에 좋은 물을 생산하기 위해 환경 문제에 앞장서는 것과 같다. 다논의 주력 제품인 요구르트 액티비아가 전 세계에서 1초에 308컵씩 팔리는 메가 히트작이 된 근본배경이 여기에 있다. 한 제품만으로 세계 매출액이 20억 유로가 넘는다.

이웃을 자신처럼 아끼며 천하의 모든 사람을 두루 사랑하는 데서 출발하는 겸애경영은 박애를 기치로 내세운 프랑스혁명 정신과도 맥이 통한다. 이는 동서를 두루 꿸 수 있는 장점이 있다. 기독교와 이슬람 세계의 충돌이 보여주듯이 종교적 색채도 띠지 않은 까닭에 다른 종교와 충돌할 이유도 없다. 안방과 문밖의 구별이 사라진 21세기 스마트혁명 시대의 특징을 감안할 때 글로벌 기업으로 도약코자 하는 기업 CEO는 다논이 실천하고 있는 '겸애경영'의 취지를 깊이 탐사할 필요가 있다.

왕께서는 어찌 꼭
이로움利을 말씀하십니까?
오로지 어짊仁과 올바름義이
있을 따름입니다.

도덕론 道 德 論

도덕적 우위를 점하라

맹자와 윤리학

　맹자는 생전에 공자사상의 수호자를 자처했지만 그 내막을 보면 사실 묵자의 사상적 후계자나 다름없다. 맹자보다 1세대 뒤에 태어난 순자가 공자사상을 왜곡한 장본인 맹자를 질타한 이유다. 명나라 가정제 때 순자는 이 일로 인해 문묘에서 쫓겨나고 말았다. 아성亞聖으로 간주된 맹자를 비난했다는 게 이유다. 사상적 편협성이 극에 달했음을 반증한다. 순자의 맹자에 대한 지적은 결코 터무니없는 게 아니었다. 『논어』에는 단 한 구절도 나오지 않는 인의仁義가 『묵자』에 29번, 『맹자』에 27번 나오는 게 그 증거다. 맹자가 사상 최초로 언급한 왕도王道와 패도覇道 개념 역시 『묵자』에 나오는 의정義政과 역정力政을 살짝 돌려 표현한 것이다. 동서고금을 통틀어 맹자가 사상 최초로 주장한 것으로 알려진 폭군방벌론暴君放伐論 역시 묵자가 역설한 폭군천벌론暴君天伐論을 윤색한 것에 지나지 않는다. 공자사상의 수호자를 외치며 묵자를 비판한 맹자의 속셈을 의심케 만드는 대목이다. 맹자를 묵자의 사상적 후계자로 간주하는 이유다.

　맹자와 묵자는 아리스토텔레스의 『정치학』에 나오는 '철학적 삶'과 '정치적 삶'의 분류에 따르면 지나치게 '철학적 삶'에 치우쳤다는 지적을 면키 어렵다. 그만큼 그의 주장은 현실과 동떨어져 있었다. 마치 플라톤이 『국가론』에서 '철인왕'을 역설하며 국가지도자는 처자식을 거느려서는 안 된다며 가족공동체를 인정하지 않은 것과 닮았다. 고금동서를 막론하고 이상을 추구할수록 현실과 동떨어지게 마련이다. 플라톤과 맹자의 이런 행보는 공자와 소크라테스의 원래 모습을 왜곡한 것이다. 소크라테스의 원래 모습을 보고자 하면 플라톤의 『국가론』 대신 또 다른 제자 크세노폰이 쓴 『회상록』을 읽어야 한다는 주장이 나오는 이유다. 이는 맹자에게도 그대로 적용된다. 『맹자』에 나오는 공자의 언행은 다른 제자백가서에서는 전혀 찾아볼 수 없는 것이다. 맹자가 자신의 주장을 뒷받침하기 위해 공자의 언행을 멋대로 지어냈다는 지적을 받는 이유다.

그럼에도 맹자의 주장은 마치 플라톤의 『국가론』이 21세기 현재까지 교양인의 필독서로 꼽히듯이 나름 수긍할 만한 점이 제법 있다. 덕으로 다스리는 왕도를 제시한 게 그렇다. 정치는 비록 현실에 뿌리를 내리고 있을지라도 이상향을 향한 발걸음을 멈출 수는 없기 때문이다. 그런 점에서 『맹자』와 『국가론』 모두 현실 속에서 극히 도덕적인 이상국의 구현을 위해 노력한 도덕주의자로 평할 수 있다. 주목할 것은 도덕윤리적인 삶에 신앙적 요소가 가미되면 이내 종교가 되고 만다는 점이다. 묵자는 비록 내세를 얘기하지는 않았으나 희로애락의 정서를 지닌 천天을 언급한 점에서 사실상 인격신의 종교 교리를 설파한 것이나 다름없다. 비슷한 시기를 산 장자는 출세간에 가까운 간세간間世間의 입장을 보였다. 후대의 선사禪師들이 보여준 행보와 별반 다를 게 없다. 맹자는 선사의 모습을 보인 장자와 달리 현실 속에서 이상국의 구현을 지향한 점에서 묵자의 무리와 별반 차이가 없다. 내세의 논리만 빼면 묵자사상은 『성경』에 나오는 예수의 가르침과 꼭 닮았다. 지난 2009년 재야학자인 기세춘이 목사 문익환 및 홍근수와 함께 두 사람의 닮은 점을 집중 검토한 『예수와 묵자』를 펴내면서 묵자를 예수의 선구적인 모델로 인정한 사실이 이를 뒷받침한다.

맹자가 '폭군방벌론'이라는 매우 과격한 이론을 제시한 것도 이런 맥락에서 이해할 수 있다. 신념이 강할수록 과격한 모습을 보이게 마련이다. '묵자병법'이 수비를 흩트리는 자를 가차 없이 참수하라고 주문한 게 그렇다. 자신의 온몸을 내던져 천하의 인민을 이롭게 만들고자 한 만큼 자신의 이런 확신을 훼방하는 자를 용납키 어려웠을 것이다. 맹자의 '폭군방벌론'도 바로 이런 맥락에서 나온 것이다. 신하들이 하늘을 대신해 폭군에게 천벌을 내려야 한다고 주장한 묵자의 '폭군천벌론'에서 신하에 초점을 맞춰 천벌을 방벌로 살짝 돌려 표현해 놓은 것만이 다를 뿐이다. 그런 점에서『국가론』의 이상국과『신약성서』의 천년왕국 개념을 버무려 '지상천국'을 세울 수 있다며 '만국의 노동자여 궐기하라!'고 부추긴 마르크스의 주장과 사뭇 닮아 있다. 서양의 플라톤과 마르크스, 동양의 묵자와 맹자는 현실적인 '정치적 삶'을 배척하면서 이상적인 '철학적 삶'을 추구했다는 점에서 서로 통하고 있다.

주목할 것은 맹자가 주장한 '왕도'가 극히 제한적인 상황에서만 타당성을 지닌다는 점이다. 그게 바로 태평성대다. 태평성대는 극히 드물다. 오히려 춘추전국시대와 삼국시대가 암시하듯이 난세의 시기가 1백 년 이상 지속되는 경우가 더 많다. 왕조교체기가 그렇다. 전국시대 당시 열국의 제후들이 '왕도'를 역설하는 그의 유세를 들으면서 겉으로만 고개를 끄덕이면서 귓등으로 흘려들은 이유다. 객관적으로 볼지라도 난세의 시기에 '왕도'를 고집하면 대사를 그르칠 수 있다.

이런 점들을 감안하고 맹자사상을 검토하면 그 요체를 쉽게 파악할 수 있다. 맹자의 삶에 관한 기록 가운데 가장 대표적인 것으로『사기』「맹자순경열전」을 들 수 있다. 이는 맹자에 관한 최초의 기록이기도 하다. 그러나「맹자순경열전」의 기록은 매우 간략하기 그지없다. 사마천이『사기』를 저술할 때까지만 하더라도 맹자가 그다지 주목을 받지 못했음을 보여준다. 「맹자순경열전」의 전문은 다음과 같다.

"맹가孟軻는 추騶 땅 사람이다. 학업을 자사子思의 문인에게서 받았다. 도를 통한 다음 유력하여 제선왕을 섬겼다. 제선왕은 그를 쓰지 못했으므로 양梁나라로 갔다. 양혜왕도 맹자의 주장을 실행하지 않고 그의 주장은 우원迂遠하여 당시의 실정과는 거리가 있다고 생각했다. 당시 진秦나라는 상군商君 상앙商鞅을 등용해 부국강병에 주력했고, 초나라와 위나라는 오기吳起를 등용해 전쟁에 이겨 적국의 세력을 약화시켰고, 제나라의 위왕과 선왕은 손자孫子와 전기田忌의 무리를 써서 병력이 강했으므로 제후들은 동족을 향해 제나라에 입조入朝했다. 천하는 합종연횡合縱連衡에 힘쓰고 공벌하는 것을 현명한 일로 알았다. 그런 정세 속에서 맹가는 요순을 비롯해 하, 은, 주 삼대의 덕을 주장한 것이다. 어디를 가도 용납되지 못한 이유다. 은퇴해서는 제자인 만장萬章 등과 함께『시경』과『서경』을 차례에 따라 서술해 공자의 뜻을 계술繼述하고『맹자』7편을 지었다."

공자의 뒤를 잇는 아성 맹자에 관한 기록치고는 소략하기 그지없다. 맹자의 가계家系와 생몰연대는 말할 것도 없고 당시 누구나 갖고 있던 자字에 관한 기록도 없다. 활동상황 또한 못지않게 간략하다. 그 이유는 무엇일까?『사기』가 편제되는 한나라 때만 하더라도『맹자』는 큰 주목을 받지 못했다. 맹자 자신이 제자백가의 한 사람 정도로 취급되었던 까닭에『맹자』가 중시될 이유도 없었다. 사마천이『사기』에서 맹자를 극히 소략하게 다룬 이유다. 맹자는 대략 공자 사후 약 1백여 년 뒤에 노나라 근처의 추읍鄒邑에서 태어난 것으로 보인다. 그의 이름이 가軻인 것은 확실하나 자字는 현재까지 전혀 알려져 있지 않다. 한제국 때 나온『공총자孔叢子』는 맹자의 자를 '자거子居'라고 기록해 놓았으나 믿을 수 없다. 삼국시대 위나라의 부

269

현傅玄은 '자여子輿' 내지 '자거子車'라고 했으나 이 또한 무슨 근거가 있는 게 아니다. 사마천의 『사기』와 반고班固의 『한서』, 최초의 『맹자』 주석서를 쓴 조기趙岐 등이 맹자의 자에 관해 아무런 언급도 하지 않은 점에 비춰 맹자의 자에 대한 후대의 설은 모두 위작으로 보는 게 합리적이다.

현재 맹자가 산동성에 소재한 추鄒 땅에서 태어난 것에 이의를 제기하는 사람은 없다. 그러나 그의 가계에 대해서는 아무것도 알려진 게 없다. 과거 맹자의 성에 주목해 이웃한 노나라의 세족인 맹손씨孟孫氏의 일원이 어떤 사정으로 추 땅으로 옮겨가 살아 맹자의 조상이 되었을 것으로 추정하는 견해가 있으나 믿을 바가 못 된다. 다만 여러 기록에 비춰 그는 부친이 누구인지조차 전혀 알려지지 않을 정도로 매우 빈한한 가문 출신인 것만은 거의 확실하다.

이는 그의 모친과 관련한 몇 가지 전설을 통해 어느 정도 추정할 수 있다. 전한제국 말기의 유향劉向이 지은 『열녀전烈女傳』에는 '맹모삼천孟母三遷'의 고사가 실려 있다. 이 고사는 어린 맹자의 교육을 위해 '맹모'가 세 번이나 집을 이사했다는 내용으로 구성되어 있다. 이를 액면 그대로 믿을 수는 없으나 최소한 이 설화는 맹자가 어렸을 때 편모 밑에서 생장했을 가능성을 강하게 시사하고 있다. 이 밖에도 『열녀전』에는 맹자의 간단없는 면학을 독려하기 위해 학업 도중에 돌아온 아들 앞에서 자신이 애써 짠 천을 과감히 끊어버리는 내용으로 된 이른바 '맹모단기孟母斷機'의 전설이 실려 있다. 이 또한 믿을 게 못 되나 맹자가 빈한한 환경 속에서도 어렸을 때부터 하급 사족에게 필요한 최소한의 교양인 육예六藝를 습득했을 가능성을 강하게 시사하고 있다. 이는 어렸을 때 가장이 된 공자가 집안을 돕기 위해 육예를 익힌 사실과 매우 닮아 있다. 이런 점 등을 종합해볼 때 맹자 역시 공자와 마찬가지로 지방의 하급 사족士族 출신이었을 공산이 크다.

현재 맹자의 출생연도에 관해 정설이 없다. 후대의 맹자 연보^{年譜}에 실린 출생연도는 모두 추정에 불과한 것이다. 출생연도 추정의 기준은 『사기』「육국연표」에 실려 있는 맹자의 양혜왕 방문시점이다. 「육국연표」는 그 시점을 양혜왕 35년인 기원전 335년으로 잡고 있다. 그러나 「육국연표」의 이 기록을 액면 그대로 믿을 수 없다. 진시황의 천하통일 당시 열국에 전해오던 연대기가 모두 파기된 까닭에 사마천은 『사기』를 저술하면서 오직 진나라 연대기를 참조할 수밖에 없었다. 사마천은 이를 기초로 각국 역사의 연대를 나름대로 추정해 「육국연표」를 작성한 것이다. 진나라 이외의 나라의 연대에는 적잖은 오류가 있을 수밖에 없다. 다만 사마천이 죽은 지 4세기 후에 발견된 『죽서기년^{竹書紀年}』에 의거해 대략 맹자가 양혜왕을 방문한 시기를 어느 정도 정확히 추정할 수 있다. 『죽서기년』은 양나라 애왕^{哀王}의 능에서 발굴된 위나라의 연대기를 말한다. 『죽서기년』에 따르면 양혜왕은 즉위 36년인 기원전 334년에 후원^{後元} 원년으로 개원^{改元}하여 왕호를 쓰기 시작해 16년 후인 기원전 319년에 죽은 것으로 되어 있다.

　결국 맹자는 유세하던 가운데 양혜왕의 죽음을 맞이한 셈이 된다. 그렇다면 맹자가 양나라를 방문한 시점은 양혜왕이 생존해 있던 기원전 319년 이전으로 보아야만 한다. 그러나 문제는 당시 맹자의 나이를 정확히 알 수 없다는 데 있다. 이와 관련해 주목할 것은 『맹자』의 기록이다. 「양혜왕 상」의 기록에 따르면 양혜왕은 맹자를 두고 '수^叟'로 칭했다. 이는 50세 이상의 노인을 존경해 부를 때 쓰는 용어다. 양혜왕을 만났을 때 맹자의 나이는 적어도 50세 이상이었다고 보아야만 한다. 이를 종합하면 맹자의 출생연도는 최소한 기원전 369년 이후는 아니라는 추정이 가능해진다. 그러나 과연 '수'를 기준으로 맹자의 출생연도를 추정하는 것이 타당한 것일까? 맹자가 양혜왕을 방문한 후원 15년은 그의 즉위 50년에 해당한다. 당시 양혜왕이 어려서 보위에 올랐다는 증거는 없는 만큼 만일 그가 20세에 즉위했다면 그의 나이는 이미 70세에 달했다고 보아야 한다. 이 경우 70세의 노왕이 50대의 맹자를 두고 과연 '수'라고 칭하는 것이 타당한 것일까? 이에 주목해 당시 맹자의 나이 또한 70세 전후로 보아야 한다는 주장이 제기되었다. 나름 일리가 있는 주장이다. 이 경우 맹자의 출생연도는 기원전 389년까지 다시 20년 이상 소급해 올라가야만 한다. 이는 공자가 죽은 지 꼭 90년 뒤에 해당한다.

맹자의 생장과정은 과연 어떠했을까?『사기』「맹자순경열전」은 기본적으로 이에 대해 아무런 정보도 전해주지 않고 있다. 이는 그가 한미한 가문에서 태어난 탓도 있으나 당시로서는 그다지 주목받는 인물이 아니었음을 반증한다. 그러나 대략 '맹모삼천' 등의 전설을 통해 어렸을 때 육예 등의 기초 교양학문을 습득한 것으로 짐작된다. 과거 성리학자들은 「맹자순경열전」에 나오는 '자사子思의 문인으로 배웠다'는 구절을 근거로 맹자가 증자曾子와 자사로 이어지는 노학魯學 계통의 유학을 접한 것으로 간주했다. 그러나 「맹자순경열전」은『맹자』의 기록을 토대로 한 것인 만큼 이를 액면 그대로 믿을 수는 없다.『맹자』「이루 하」에 '나는 다행히 공문孔門의 학통을 이어받은 사람으로부터 공자를 사숙私淑할 수 있었다'는 맹자의 술회가 나온다. '사숙'은 특정인을 사적으로 앙모하여 그의 사상과 학문 등을 배우며 추종한다는 뜻이다. 결코 맹자는 자신의 입으로 '자사의 문인으로부터 배웠다'고 언급한 적이 없다. 이를 어떻게 해석하는 것이 좋은 것일까?

당초 공자 사후에 그의 직제자들은 고향을 찾아 각기 여러 나라로 흩어졌다. 이에 나라별로 여러 학파가 성립되었다. 당시 노나라에 그대로 남아 있던 직제자는 증자였다. 성경誠敬과 효행孝行을 토대로 한 실천을 중시하며 공자사상의 요체를 충서忠恕로 해석한 그는 치국평천하보다 수신제가를 중시한 노학魯學의 비조에 해당한다. 공자의 손자이기도 한 자사는『중용』을 저술한 것으로 알려진 인물로 증자의 직제자였다. 공자의 후기 제자에 속하는 증자와 공자의 손자인 자사로 이어진 '노학'은 공자 사후에 공학의 적통을 이어받은 것으로 간주되었다. 당시 한미한 하급 사족 출신인 맹자가 명망이 높았던 자사의 문인으로부터 공학을 전수받았을 가능성은 상대적으로 희소했다고 보는 게 타당하다. 맹자가 자신의 입으로 '사숙'을 언급한 사실이 이를 뒷받침한다. 그럼에도 「맹자순경열전」의 기사는 나름 맹자가 증자 계통의 '노학'을 접했다는 사실을 전하고 있다. 맹자의 학풍이 '노학'의 학풍과 밀접한 관련을 맺고 있는 사실이 이를 뒷받침한다.

그렇다면 자사의 문인으로부터 '노학'을 전수받은 맹자는 이후 어떤 행보를 보인 것일까? 맹자의 본격적인 정치활동은『맹자』의 첫 편인 「양혜왕상」의 내용이 보여주듯이 천하유세를 계기로 시작되었다. 대략 맹자는 자사의 문인으로부터 '노학'을 접한 뒤 천하유세에 나서는 50세 이전까지 고향에서 주로 제자들을 가르치며 자신의 독특한 이론인 4단설과 왕도론 등을 다듬었을 공산이 크다.『맹자』의 기록을 토대로 보면 그의 천하유세 도정은 14년간에 걸친 공자의 천하유세만큼 복잡하게 되어 있지는 않다. 그러나 그 또한 나름대로 위魏·제齊·송宋·등滕·추鄒나라 등을 비롯해 여러 나라를 매우 분주하게 돌아다니며 자신의 주장을 설파했다. 그의 천하유세 기간은 대략 10년 정도에 걸친 것으로 짐작된다. 이는 그의 나이 50~70세 사이에 이뤄진 것이다.

그가 최초로 유세한 나라는 위나라였다. 당시 맹자는 위혜왕을 만나 열심히 유세했으나 얼마 후 위혜왕이 죽고 뒤를 이은 위양왕魏襄王이 자신을 홀대하자 이내 위나라를 떠났다. 위나라를 떠난 맹자는 제나라로 가 제선왕齊宣王의 지우知遇로 객경客卿이 되었다. '객경'은 일종의 정치고문과 유사한 직책이었다. 당시 제선왕은 도성 임치臨淄의 서쪽에 있는 직문稷門 근처에 커다란 학궁學宮을 지어 놓고 천하의 인재들을 모으고 있었다. 여기에 모인 학자들을 흔히 '직문학사稷門學士'라고 했다. 현재 임치는 산동반도 서쪽을 흐르는 치수淄水에 인접한 작은 도시에 불과하다. 별다른 특색이 없는 이 지방도시가 전국시대 당시에는 굴지의 대도시였다. 맹자가 직하에 머물 당시만 하더라도 이 도시의 인구는 수십만에 달했다. 제나라는 제위왕齊威王을 위시해 제선왕과 제민왕齊湣王에 이르기까지 '직문학사'들을 크게 우대했다. 당시 '직문학사'들은 특별히 맡은 일도 없이 왕의 자문에 응하는 것을 제외하고는 마음껏 사색하며 학문을 연마하는 자유를 누렸다. 맹자도 바로 이곳에서 여러 사상가와 교유하며 자신의 사상을 정립했던 것이다. 『맹자』의 전편을 통해 제나라에 체류할 당시의 기록이 가장 활기를 띠고 있는 것도 이와 무관치 않을 것이다. 맹자는 이곳에서 7~8년 가까이 체류했다.

그러나 제나라가 마침내 이웃 연나라를 공격해 점령하게 되면서 맹자는 제선왕과 갈등을 빚고 이내 제나라를 떠나고 말았다. 당시 연나라 왕 쾌噲가 재상인 자지子之에게 사실상 나라를 양도한 일로 인해 내란이 일어났다. 제나라는 불의를 징벌한다는 구실을 내세워 순식간에 연나라를 점령했다. 이때 제나라 대신이 맹자를 찾아와 연나라 공벌에 대한 가부를 묻자 맹자는 거침없이 고개를 끄덕였다. 그러나 얼마 후 제나라 군사가 연나라 백성들의 저항과 열국의 압력으로 인해 진퇴양난의 곤경에 처하게 되어 제자가 이를 추궁하자 맹자는 교묘한 논리로 책임을 회피하는 모습을 보였다. 자신은 공벌 여부를 묻는 질문에 답했을 뿐이고, 연나라를 칠 자격이 있는지를 묻지 않은 까닭에 결코 연나라 공벌을 수긍한 적이 없다는 게 그의 논리였다. 교언巧言이다.

당시 맹자가 연나라 공벌의 전후 사정을 몰랐을 리 없다. 그가 이를 알고도 말렸다는 기록이 없는 점을 보면 맹자는 오히려 연나라 공벌을 적극 권유했을 가능성이 크다. 실제로『사기』와『자치통감』은 맹자가 연나라 공벌을 적극 권한 것으로 기록해 놓았다.『맹자』에도 당시의 정황이 제법 상세히 소개되어 있다.『맹자』를 편찬한 후대의 유자들이 맹자를 옹호하기 위해 맹자의 교언을 삽입시켜 놓았는지도 모를 일이다. 이때 맹자가 제선왕에게 연나라 점령군의 철병을 강력히 요구했으나 제선왕이 이를 거절하면서 둘 사이에 커다란 틈이 생기고 말았다. 결국 맹자는 소신을 굽혀 제나라에 머물기보다는 제나라를 떠나는 방안을 선택했다. 이에 놀란 제선왕은 맹자를 만류키 위해 사람을 보내 만종록萬鍾祿을 주겠다고 제안하기도 하고 친히 찾아가 만류키도 했다. 그러나 맹자는 기어코 이를 뿌리치고 제나라를 떠나고 말았다. 원칙을 존중하는 맹자의 기개를 읽을 수 있는 대목이다.

그러나 맹자는 막상 제나라를 떠나는 와중에 주晝 땅에 머물러 공연히 지체하는 모습을 보였다. 제선왕이 사람을 보내 자신을 다시 불러주기를 기다렸던 것이다. 그러나 제선왕의 사자는 끝내 오지 않았다. 제나라를 떠난 맹자는 이후 송나라로 갔다가 다시 설나라와 노나라로 갔다. 모두 받아들여지지 않았다. 실망한 맹자는 마침내 모든 것을 접고 고향으로 돌아가 제자 육성과『맹자』편찬에 매진했다. 고향에 돌아온 이후의 행적 역시 별로 알려진 게 없다. 그가 80세 전후로 세상을 떠났다는 주장이 있으나 하나의 추정에 불과할 뿐이다.

21세기 학술의 관점에서 볼 때 맹자의 주장과 이론은 일종의 윤리도덕학으로 분류할 수 있다. 수신제가를 이룬 자만이 치국평천하에 임할 수 있다고 주장한 게 그렇다. 마치 플라톤이『국가론』에서 주장했듯이 어렸을 때부터 훈련을 철저히 한 자만이 위정자의 자격이 있다고 주장한 것과 닮았다. 플라톤은 '철인왕', 맹자는 왕도를 실천하는 왕자王者로 표현한 것만이 다를 뿐이다. '철인왕'과 '왕자'가 다스리는 이상국을 지상에 세울 수 있다고 주장한 것도 같다. 모두 정치를 윤리도덕에 종속시킨 결과다.

맹자가 인의를 중시하는 의협義俠, 즉 유협儒俠을 높이 평가한 것도 이런 맥락에서 이해할 수 있다. 이 또한 하늘의 뜻을 실천하는 묵협墨俠을 표절한 것이다. 맹자의 주장을 끝까지 밀고 나가면 결국 묵자의 주장과 같게 된다. 단지 맹자는 사회공동체에 초점을 맞춘 묵자와 달리 국가공동체에 무게중심을 둔 게 다를 뿐이다. 묵자의 학문을 사회철학, 맹자의 학문을 정치윤리학 내지 정치철학으로 규정할 수 있는 이유다. 사회철학과 정치윤리학을 대표하는 상징적인 인물이 바로 '묵협'이고 '유협'이다. 양자 모두 협기俠氣에 몸을 맡기는 임협任俠의 무리에 해당한다. '임협'은 호리지성好利之性을 좇는 자들을 우습게 여기며 명예를 위해 몸을 던지는 호명지심好名之心의 상징과도 같다. 사마천이 『사기』의 「자객열전」과 「유협열전」에 소개한 자들 모두 '임협'의 무리에 속한다. 근본은 사회 내지 국가공동체에 통용되는 기존의 가치와 관행으로부터 자유로운 유협遊俠의 무리에 지나지 않는다. 한비자가 이런 자들이 횡행하면 나라는 이내 패망하고 만다고 질타한 이유다.

맹자가 국가공동체의 수장인 군주를 낮춰 보고 백성을 높이는 '귀민경군'을 주장한 것도 이런 맥락에서 이해할 수 있다. 묵자의 '폭군천벌론'을 차용한 '폭군방벌론'을 당연한 것으로 내세운 결과다. 군주를 쫓아낸 뒤 새 군주를 옹립하면 되고, 여의치 않으면 '폭군방벌'을 주도한 신하가 새 왕조를 열면 된다. '귀민경군'에서 백성을 높인 것은 하나의 수사修辭에 지나지 않는다. 국가권력의 실질적인 주인을 군주가 아닌 신하에게서 찾은 셈이다.

민국 초기의 역사가 전목錢穆은 중국의 전 역사를 군권君權과 신권臣權의 대립으로 파악한 바 있다. 이에 따르면 맹자는 사상 최초의 '신권우위론'을 주장한 셈이다. 플라톤이 말년에 이르러 『국가론』의 상징인 '철인왕'의 출현 가능성에 의구심을 품고 그 후속편인 『법』에서 뛰어난 입법자들에 의한 '공화정'을 대안으로 제시한 것과 닮았다.

맹자 역시 '왕자'의 출현이 불가능할 경우 플라톤처럼 신하들의 적극적인 움직임에서 해답을 찾고자 했다. 군주를 '폭군'으로 규정한 뒤 보위에서 끌어낼 수 있는 책임과 권한을 신하들에게 부여한 게 그렇다. 문제는 이들이 붕당을 이뤄 멀쩡한 군주를 끌어낼 경우다. 실제로 그런 일이 왕왕 빚어졌다. 대표적인 것이 조선조의 2번에 걸친 반정反正이다. 이는 신하들이 자신들의 기득권을 지키기 위해 멀쩡한 군주를 '폭군'의 멍에를 씌워 권좌에서 끌어내린 대표적인 사건에 해당한다. 남송 때 성리학에 매몰된 사대부들이 군주를 '사대부의 1인자'로 깎아내리며 천하의 주인을 자부한 것을 방불케 한다.

명청대에 들어와 '대부'는 벼슬을 한 진신搢紳, 벼슬을 하지 않은 선비까지 포함한 '사대부'는 신사紳士로 불렸다. 성리학이 통치이데올로기로 작동한 이래 사대부가 사실상 통치권력 주체가 되는 통치형태를 두고 '신사정紳士政'으로 표현하는 이유다. 아리스토텔레스의 분류법에 따르면 공화정의 타락형태인 '과두정寡頭政'에 해당한다. '국회선진화법'을 핑계로 여야가 작당해 국회 우위의 헌법파괴를 자행하고 있는 한국의 붕당정치가 '과두정'의 대표적인 사례에 속한다. 나라의 흥망에는 아랑곳하지 않고 '그들만의 리그'를 유지하며 기득권 세력을 유지코자 하는 속셈에서 비롯된 것이다. 대대적인 개혁이 절실한 상황이다.

도덕과 종교

인성론과 성선설

맹자는 수제修齊를 중시하는 증자 계열의 노학魯學에 뿌리를 두고 있는 까닭에 인간의 덕성 함양에 많은 관심을 기울였다. 언변에 뛰어났던 맹자는 당시 사상계에서 주요 논쟁으로 부상한 인간의 본성에 관해 탁월한 이론을 정립했다. 그것이 바로 인간의 본성은 본질적으로 선하다는 내용을 골자로 하는 성선설性善說이었다. 맹자사상의 출발점은 바로 '성선설'에 있다고 해도 과언이 아니다. 맹자의 생존 당시 사람의 본성에 대해 여러 설이 존재했다. 선도 악도 없다는 무선무악설無善無惡說을 비롯해 선도 있고 악도 있다는 유선유악설有善有惡說 등이 그것이다. '무선무악설'과 '유선유악설'은 표현의 차이에도 불구하고 인성을 선악의 어느 한쪽으로 규정하지 않았다는 점에서 대동소이하다. 인간의 본성 문제를 놓고 맹자와 설전을 벌인 고자告子가 바로 그런 입장에 서 있었다.

이름이 불해不害인 고자는 맹자와 같은 시대를 살았으나 입장은 정반대였다. 저술은 남아 있는 게 없고 성선설을 놓고 맹자와 문답을 펼친 일화가 『맹자』에 실려 있을 뿐이다. '무선무악설' 등에 입각한 고자의 이런 입장은 예치禮治를 통해 인간의 이욕利欲을 억제함으로써 인간을 군자로 만들 수 있다고 주장한 순자의 성악설性惡說과 맥을 같이한다. 흔히 순자의 성악설은 맹자의 성선설과 대비되는 이론으로 알고 있으나 이는 잘못이다. 맹자의 성선설에 대비되는 인성론은 한비자 등 법가의 '성악설'이다.

맹자의 성선설은 기본적으로 당시 유행한 '무선무악설' 등을 논파하기 위해 나온 것이다. 고자는 사람의 본성은 선악의 어느 한쪽으로 단정할 수 없고 환경에 따라 선악이 구분된다고 주장했다. 이에 대해 맹자는 사람의 본성은 본래부터 선하고 악하게 되는 것은 선한 본성이 주위의 환경에 의해 가려 있기 때문이라고 주장했다. 어린아이가 물에 빠지려는 모습을 보게 되면 누구나 그 아이를 불쌍하게 여기는 측은지심惻隱之心이 일어나는 현상을 그 근거로 제시했다. 맹자는 이를 토대로 사람을 측은하게 여기는 마음에서 비롯되는 인仁, 부끄러움을 아는 마음에서 나오는 의義, 사양할 줄 아는 마음에서 나오는 예禮, 시비를 가리는 마음에서 비롯된 지知는 누구나 갖고 있는 선한 본성이라고 주장했다. 누구든 원래 부여받은 이런 선한 마음을 잘 기르면 능히 성인이 될 수 있고 이런 마음을 통치에 적용하면 그게 바로 '왕도'가 된다는 게 골자다. 인간에 대한 확고한 신뢰와 애정에서 비롯된 주장이다. 맹자가 후대에 널리 존중된 것은 바로 성선설과 왕도를 주창한 데 있다고 해도 과언이 아니다.

그렇다면 맹자와 마찬가지로 덕치德治를 강조한 공자는 왜 성선설과 왕도설을 주장하지 않은 것일까? 공자는 치국평천하의 요체를 인격수양을 통한 '선성善性의 발현'에서 찾은 맹자와 달리 실천적 접근을 뜻하는 '군자지도君子之道'에서 찾았다. 아리스토텔레스의 분석을 원용하면 '철학적 삶'에 방점을 찍은 맹자와 달리 '정치적 삶'에 초점을 맞춘 것이다. 이는 독서를 통한 학문연구가 필수적이다. 인성에 대한 탐구는 '수불석권'에 기초한 학문연마는 말할 것도 없고 '치국평천하'의 실천적 접근에도 하등 도움이 되지 않는다고 본 것이다. 의도적으로 인성에 관한 언급을 꺼린 게 그 증거다.

그럼에도 전국시대로 들어오면서 인성에 대한 논의가 활발히 전개되기 시작했다. 하극상下剋上이 일상화된 결과다. 과연 인간이 얼마나 사악해질 수 있는지 의구심이 강하게 일어난 데 따른 현상이었다. 맹자가 성선설을 주창하기 이전까지만 하더라도 제자백가 내에서는 고자처럼 '무선무악설'과 '가선가악설' 등이 주류를 이뤘다. 맹자는 바로 이런 상황에서 인성은 원래 선하다는 단순명쾌한 주장을 들고 나온 것이다. 절대적인 진리를 찾을 수도 없고 이를 증명할 길도 없는 형이상의 문제에 대해 쾌도난마식의 해답을 제시하고 나선 셈이다. 맹자의 성선설 주장을 계기로 인성론人性論은 전국시대 말기까지 왕패론王覇論과 더불어 제자백가 내에서 가장 뜨거운 논쟁거리가 됐다. 제자백가 내에서 소모적인 사변논쟁이 빚어진 단초가 바로 여기에 있다.

객관적으로 볼 때 선악의 판단은 동일한 사안일지라도 시공과 각기 처한 상황 등에 따라 달라질 수밖에 없다. 개념 자체가 극히 형이상적인 까닭에 절대적인 기준을 찾고자 하는 노력 자체가 무의미하다. 만일 천부의 재능이나 자질 등을 '성'의 핵심내용으로 삼았다면 후대에 그토록 소모적인 논쟁이 벌어지지 않았을 것이다. 맹자는 내심 어지럽게 전개되고 있는 인성론에 대해 최종적인 해답을 제시했다고 자부했는지 몰라도 오히려 소모적인 사변논쟁을 더욱 부추기는 역할을 수행한 꼴이다. 그렇다면 맹자 자신은 무엇을 근거로 성선설을 주장한 것일까? 크게 2가지다. 인의설仁義說과 4단설四端說이 그것이다.

맹자는 인간의 본성을 인간만이 지닌 고귀한 성질로 보았다. 그 해답을 인의仁義에서 찾았다. 이는 원래 묵자의 창견이다. 『논어』에 단 한 번도 나오지 않는 '인의' 용어가 『묵자』에 29번, 『맹자』에 27번 나온다. 입만 열면 '인의'를 외친 맹자가 무색할 정도로 『묵자』에 '인의' 용어가 더 많이 나오고 있는 것은 무엇을 뜻하는 것일까? 묵자는 맹자보다 1백 년 앞선 사람이다. 그는 비록 겸애兼愛와 절용節用 등을 외쳤으나 그 이론적 배경은 바로 '인의'에 있었다. 인간은 하늘의 뜻인 천지天志 내지 천의天意에 부합하는 삶을 살아야 복을 받고, 그렇지 못할 경우 화를 입는다는 게 묵자사상의 대전제다. 이를 실천하는 덕목이 바로 '인의'다.

원래 『논어』에 나오는 '의'는 이利와 대비된 개념이다. 군자는 소인과 달리 불의한 이익은 결코 취하지 않는다고 역설한 게 그렇다. 그럼에도 맹자가 묵자의 '인의' 개념을 차용해 엉뚱하게 해석하는 바람에 격렬한 논쟁이 빚어졌다. 이른바 의리지변義利之辨이 그것이다. 맹자는 표면상 인의예지 등 4덕四德을 역설했지만 사실은 묵자처럼 '의'에 방점을 찍은 것에 지나지 않는다. 맹자의 '인의'가 묵가의 '인의'보다 훨씬 강고하고 과격한 성격을 띠게 된 근본배경이 여기에 있다.

맹자가 최초로 주장한 이른바 '4단설' 역시 '인의'를 멋대로 해석한 억지주장에 지나지 않는다. 당초 묵자는 천의 내지 천지를 실현키 위한 덕목으로 '인의' 개념을 제시했다. 집단생활을 영위한 묵가의 입장에서 볼 때 이는 공동체를 유지하기 위한 기본규범에 해당한다. 그런데도 맹자는 엉뚱하게도 이를 인간 심성의 내부에서 우러나오는 덕목으로 간주해 인간의 본성 자체가 선하다는 결론을 도출해낸 것이다. 『맹자』「이루 하」에 나오는 그의 언급이다.

"사람이 금수와 다른 점은 거의 인의밖에 없다. 서민은 이를 버리고 군자는 이를 보존한다. 순임금은 여러 사물에 밝아 인륜을 잘 살피면서 인의를 좇아 행했을 뿐 인의를 억지로 행한 것은 아니다."

사회 내지 국가공동체의 도덕규범인 인의를 맹자는 인성의 근원으로 확대해석하며 '4단설'을 주장한 것이다. 주목할 것은 그가 비과학적인 '4단설'을 주장하면서 인성의 어두운 측면인 악성惡性을 외면한 점이다. '4단설'의 핵심은 측은지심이다. 동정심과 유사한 의미를 지닌 측은지심은 인간이 인간일 수 있는 가장 뚜렷한 징표라는 게 맹자의 주장이다.

그러나 그의 이런 주장은 인간이 범하는 모든 악행의 기원에 관한 논증이 취약하다. 만일 선성이 인간 심성의 내부에서 우러나오는 것이라면 악성 또한 인간 심성의 내부에 깊숙이 자리 잡고 있는 것으로 봐야 논리적으로 타당하다. 그런 점에서 순자의 성악설은 맹자와 달리 경험적이면서도 과학적인 분석을 토대로 하고 있다고 평할 수 있다. 다만 순자의 성악설 역시 선행善行의 기원에 관한 논증이 상대적으로 취약하다는 약점을 안고 있다. 순자는 인성의 악성을 후천적으로 교정해 인간의 선행을 유도할 수 있다고 해명했으나 자연스럽지 못하다.

큰 틀에서 볼 때 맹자와 순자는 각기 성선설과 성악설을 주장했음에도 불구하고 인간의 참모습을 도덕에서 찾고 도덕적인 인간을 육성코자 했던 점에서는 동일하다. 한비자의 성악설과 대비되는 대목이다. 맹자가 인의에 입각한 의치義治, 순자가 예제에 입각한 예치禮治, 한비자가 엄법에 의한 법치法治를 주장한 것도 이런 맥락에서 이해할 수 있다. 맹자의 성선설과 대비되는 것은 순자의 성악설이 아니라 한비자의 성악설이다. 순자의 성악설은 양자의 중간에 서 있는 것으로 엄밀히 말하면 성악설이 아닌 정악설情惡說에 가깝다. 맹자의 주장에 따르면 인간은 선한 본성을 지니고 있음에도 불구하고 감각적 욕구에 휘둘려 마침내 악을 범하게 된다. 맹자는 이를 미연에 방지하기 위해 감각적 욕망을 스스로 억제하는 게 필요하다고 주장했다. 이른바 과욕설寡欲說이다. 『맹자』「진심 하」의 해당 대목이다.

"선한 심성을 기르는 방법으로 욕심을 적게 갖는 과욕寡欲보다 더 나은 게 없다. '과욕'이면 설령 마음이 보존되지 않을지라도 그 보존되지 않은 바가 매우 적고 정반대로 다욕多欲이면 설령 마음이 보존될지라도 그 보존된 바가 매우 적을 것이다."

'과욕'이 소극적인 수양론이라면 '4단의 확충'은 적극적인 수양론에 해당한다. 맹자는 이 2가지 방안을 병행해야만 인격의 완성을 기할 수 있다고 주장했다. 맹자의 성선설이 '과욕설'과 '4단설' 위에 서 있다고 평하는 이유다. 남송대의 주희는 맹자의 이런 주장을 적극 수용해 유가 도덕철학의 핵심으로 삼았다. 후대에 이르러 맹자의 성선설이 순자 및 한비자의 성악설을 누르고 각광을 받게 된 이유다. 주희는 맹자의 성선설을 토대로 보다 정치精緻한 '천리인욕설天理人欲說'을 만들어냈다. 이는 맹자의 성선설을 기초로 한 것이다. 성리학의 가장 큰 문제점은 '천리' 개념을 통해 우주의 삼라만상은 물론 군신과 부자, 형제관계 등 인륜에 관한 것까지 2분법적 상하관계로 해석해 놓은 데 있다. 남송대에 이르러 극심한 남녀차별과 관존민비 등 수많은 폐해가 발생한 근본이유다. 청대의 대진戴震은『맹자자의소증孟子字義疏證』에서 '천리'의 폐해를 이같이 지적했다.

"사람이 법을 어겨 죽으면 오히려 불쌍하게 여기는 사람이라도 있지만, '천리'에 걸려 죽으면 그 누가 불쌍하게 여기겠는가? 아, 노자와 석어의 말을 섞어 가지고 말하는 화禍가 신불해와 한비자보다 심한 게 이와 같구나!"

대진은 양명학에 대해서도 '천리' 개념의 폐해를 가중시키는 데 일조했다고 비판했다. 성리학은 불가의 말을 유가에 잡되게 끌어들인 데 반해, 양명학은 유학을 통째로 이끌고 불가로 뛰어들어갔다는 것이다. 대진의 이런 비판은 형이상의 천도天道와 형이하의 인도人道를 확연히 구분한 순자사상과 맥을 같이하는 것이다. 그러나 대진의 이런 주장은 당시 별다른 반응을 불러일으키지 못했다. 성리학의 기반이 그만큼 강고했다.

왕도와 세도정치

묵자의 논리에 따르면 천의 내지 천지에 부합하는 덕목은 인의仁義, '인의'에 기초한 정사는 의정義政, '의정'을 펼치는 자는 성군이 된다. '성군'은 곧 천의 내지 천지에 부합하는 정사를 펼치는 자가 된다. 『묵자』에는 의정義政 표현이 2번, 의정義正이 2번 나온다. 고대에는 정政과 정正은 같은 뜻으로 사용됐다.

반대로 '인의'에 기초하지 않은 정사는 힘으로 다스리는 역정力政이고, '역정'을 펼치는 자는 폭군이 되고, '폭군'은 천의 내지 천지를 거스르는 정사를 펼치는 자가 된다. 『묵자』에는 역정力政 표현이 2번, 역정力正이 2번 나온다. 맹자가 인의에 기초한 정사를 펼치는 것을 왕도王道, 무력 내지 엄격한 법치에 기초한 정사를 펼치는 것을 패도覇道로 규정한 이유가 바로 여기에 있다. 묵자가 최초로 언급한 '의정'을 '왕도', '역정'을 '패도'로 살짝 돌려 표현한 셈이다. 맹자가 최초로 주장한 것으로 알려진 폭군방벌론暴君放伐論 역시 묵자의 폭군천벌론暴君天伐論을 살짝 돌려 표현한 것에 지나지 않는다. 『묵자』「법의」의 해당 대목이다.

"옛 성왕인 하나라 우왕禹王, 은나라 탕왕湯王, 주나라 문왕文王과 무왕武王 등은 천하의 백성을 두루 사랑했고 백성을 이끌고 하늘을 높이며 귀신을 섬겼다. 사람들을 크게 이롭게 한 덕분에 하늘이 그들에게 복을 내려 천자 자리에 오르게 했다. 천하의 제후들이 모두 그들을 공경히 섬긴 이유다. 폭군인 하나라 걸桀, 은나라 주紂, 주나라 유왕幽王과 여왕厲王 등은 천하의 백성을 두루 미워했고 백성을 이끌고 하늘을 욕하며 귀신들을 업신여겼다. 사람들을 크게 해친 까닭에 하늘이 그들에게 화를 내려 나라를 잃게 했다. 자신들 또한 천하 사람들의 지탄 속에 죽임을 당하고 말았다. 후대인도 그들의 처신을 비난했으니 지금까지도 그런 비난이 그치지 않고 있다. 선하지 못한 일을 행해 화를 입은 자로 걸, 주, 유왕, 여왕을 드는 이유다. 정반대로 사람들을 사랑하고 이롭게 해 복을 받은 사람으로는 우왕, 탕왕, 문왕과 무왕을 들 수 있다. 그래서 세상에는 사람들을 두루 사랑하고 이롭게 해 복을 받는 사람이 있는가 하면, 사람들을 두루 미워하고 해침으로써 화를 입는 자도 존재하는 것이다."

당시의 기준에서 볼 때 묵자의 '폭군천벌론'은 군자의 행보를 보이지 않는 군주는 위정자 자격이 없다고 설파한 공자의 '군자론'만큼이나 혁명적이다. 폭군의 모습을 보이는 군주는 신하들이 합세해 제거할 수 있다고 주장한 맹자의 '폭군방벌론'보다는 강도가 약하지만 공자의 '군자론'보다는 수위가 훨씬 높다. 묵자가 죽을 때까지 전설적인 우왕의 행적을 좇기 위해 애쓰며 지상에 이상국을 세우고자 한 것도 이런 맥락에서 이해할 수 있다. 이상은 늘 그렇듯이 현실과 동떨어진 것이기는 하되 사람들을 감동케 만든다.

객관적으로 볼 때 맹자는 묵자사상의 키워드인 인의仁義, 의정義政 및 역정力政, 천벌天伐 개념 등을 무단으로 표절한 것이나 다름없다. 맹자가 겉으로는 묵가를 금수禽獸와 같은 무리라고 욕하면서도 그의 희생정신만큼은 높이 평가한 것도 이런 맥락에서 이해할 수 있다. 『맹자』「진심 상」의 해당 대목이다.

"묵자는 겸애를 주장하며 머리끝에서 발뒤꿈치까지 온몸이 다 닳도록 천하를 이롭게 할 수만 있다면 이를 실현키 위해 노력했다!"

묵자의 희생정신을 높이 평가한 대목이기는 하나 논리적으로 보면 묵가를 '금수의 무리'라고 맹비난한 것과 모순된다. 맹자 자신은 의식했는지 모르나 스스로 묵자의 사상적 후계자임을 인정한 것이나 다름없다. 객관적으로 볼 때 맹자 역시 묵자 못지않은 이상주의자였다. 묵자가 '의정'을 언급한 것은 궁극적으로 '겸애'와 '비공非攻'을 증명하기 위한 것이다. 그는 자신의 주장을 관철키 위해 동분서주했다. 맹자도 묵자로부터 차용한 '왕도' 사상을 널리 전파하기 위해 천하유세의 바쁜 행보를 이어갔다.

주목할 것은 두 사람의 행태가 전혀 다르게 나타났다는 점이다. 맹자는 수많은 무리를 이끌고 다니며 열국 군주가 제공하는 향응을 당연시했다. 그러나 묵자는 맹자와 달리 특별한 보수나 대우를 전혀 바라지 않았다. 월나라 군주가 묵자의 제자 공상과의 유세를 듣고 크게 탄복한 나머지 수레 50승乘을 보내면서 옛 노나라 땅 사방 5백 리를 미끼로 내걸고 정중히 초빙했을 때 이를 일언지하에 거절한 게 그 증거다. 하늘의 뜻에 입각한 '겸애'와 '비공'은 결코 어떤 세속적인 명리와도 바꿀 수 없다는 사실을 몸으로 보여준 것이다. 무위자연無爲自然을 역설한 장자가 묵자에 대해 커다란 존경심을 표한 것도 이런 맥락에서 이해할 수 있다. 이를 뒷받침하는 『장자』「천하」의 해당 대목이다.

"묵자는 널리 사랑하고 두루 이익을 나눠야 한다고 주장하면서 전쟁을 반대했다. 남이 모욕해도 성내지 않는 것을 도리로 여긴 이유다. 또 학문을 좋아해 널리 배우는 것만은 선왕의 도와 다르지 않았다. 그러나 그의 학문은 선왕의 도와 같지 않았다. 유가의 예악을 비방한 게 그렇다."

장자는 묵자가 유가의 예악을 질타한 것을 '옥의 티'로 거론했다. 그러나 묵자가 유가의 예악을 비판한 것은 그만한 이유가 있었기 때문이다. 당시 속유들은 번잡한 예제禮制와 의식儀式을 무기로 백성들의 등골을 빼먹고 있었다. 무리를 이끌고 거들먹거리며 열국의 군주 앞에서 큰소리를 친 맹자도 크게 다르지 않았다. 묵자가 살아 있었다면 맹자의 이런 행태에 크게 분개했을 것이다. 국가공동체가 유지되는 한 바람직한 통치에 관한 논의는 끊임없이 지속될 수밖에 없다. 실제로 동서고금을 막론하고 이에 관한 논의가 중단된 적이 없다. 그러나 시공을 초월해 통용되는 절대적인 기준은 존재하지 않는다. 21세기 현재 전 세계의 모든 나라에 통용되고 있는 민주주의 이념도 큰 틀에서 보면 하나의 시대적 사조에 불과할 뿐이다. 상황에 따른 다양한 변용이 불가피한 만큼 바람직한 통치유형을 하나의 고정된 이념으로 정립시키려는 것은 불필요할 뿐만 아니라 자칫 커다란 부작용을 초래할 소지가 크다.

그러나 동양에서는 지난 19세기 말기까지 근 1천 년 동안 바람직한 통치에 관한 고정된 이념이 존재했다. 그것이 바로 맹자가 주창한 왕도 이념이었다. 이는 맹자사상에 기초한 성리학이 유일무이한 관학으로 군림한 데 따른 것이었다. 맹자의 왕도 주장은 복고와 혁신의 개념을 초월해 최상의 것을 추구한 하나의 이상론에 불과하다. 플라톤이 『국가론』에서 비현실적인 이상국을 제시한 것과 별반 다를 게 없다. 이들이 생각하는 이상국은 영영 지상에 출현치 못할 공산이 크다. 그럼에도 주희는 성리학을 집대성하면서 맹자의 왕도 이론 등을 그대로 수용했다. 성리학이 공허한 사변론에 빠져 나라를 패망케 만든 배경으로 작용한 이유다.

실제로 성리학을 맹종한 남송과 조선은 외적의 침공 앞에 쓸데없는 논쟁만 벌이다가 힘없이 무너지고 말았다. '조선 성리학'의 경우는 더 악성이었다. 남송의 성리학과는 비교할 수 없을 정도로 명분론에 집착한 결과다. 이는 붕당정치로 인한 군약신강君弱臣强 현상을 고착화하고, 끝내 나라를 패망케 하는 근본배경이 됐다.

붕당정치는 사림세력이 신권臣權의 주축이 되어 붕당을 형성함으로써 군권君權을 압도하는 '군약신강'이 특징이다. 『한비자』가 시종 난세에 등장하는 신권국가臣權國家의 위험성을 지적한 이유가 여기에 있다. 당초 조선조는 붕당정치가 등장하기 이전까지만 해도 왕권이 신권의 우위에 서는 왕권국가로 유지되었다. 물론 중종 때 반정을 주도한 공신세력이 일시 왕권을 위협할 정도의 막강한 신권을 보유키는 했다. 그러나 당시 반정세력은 도덕성에 문제가 많았던 데다가 조광조趙光祖를 위시한 사림세력을 대항세력으로 내세운 중종의 견제로 인해 왕권을 압도할 정도의 신권을 행사치는 못했다. 인종과 명종 때 역시 외척세력이 일시 막강한 신권을 형성키도 했으나 척족戚族의 정치개입을 반대하는 성리학의 기본이념으로 인해 일정한 한계가 있었다. 그런 의미에서 조선조는 개국 이래 명종 때까지만 하더라도 줄곧 왕권국가로 존재했다고 할 수 있다.

그러나 선조 때에 들어와 사림세력들이 붕당을 형성해 막강한 신권세력으로 부상하면서 '군약신강'의 상황이 나타나기 시작했다. 이는 기본적으로 모든 신권세력이 너나 할 것 없이 하나같이 사림을 자처한 데 있었다. 훈척勳戚 세력마저 사림을 자처하는 마당에 한 사람의 고독한 군왕이 거대한 신권세력을 상대하는 것 자체가 버거운 일이다. 조선조가 중국과 달리 붕당정치가 등장한 이후 줄곧 신권국가로 치달은 이유가 여기에 있다. 조선조의 붕당은 표면상 성리학 이론에 대한 해석 차이를 붕당 출현의 이유로 내세웠다. 그러나 사실 권력투쟁의 일환에 지나지 않았다. 조선조의 붕당정치는 붕당의 수도 많았을 뿐만 아니라 붕당 간의 다툼이 시간이 지날수록 도를 넘을 정도로 매우 파괴적으로 진행되었다는 점에서 커다란 문제를 안고 있었다. 중국에서도 송대 이후 여러 붕당이 출현하기는 했으나 조선조처럼 많은 붕당이 출현해 처절한 유혈전을 전개하지는 않았다.

조선조는 퇴계와 율곡의 등장을 계기로 붕당정치가 시작된 이래 일제에 의해 패망할 때까지 3백 년간에 걸쳐 당쟁을 일삼았다. 헛된 명분론에 얽매여 왜란을 자초한 동서분당東西分黨, 잇단 호란을 불러들인 인조반정仁祖反正, 『주자가례』에 얽매여 국력을 소진한 현종 때의 예송논쟁禮訟論爭, 거듭된 정비正妃의 폐출로 얼룩진 숙종 때의 환국정치換局政治, 이인좌李仁佐의 난을 계기로 영남지역 유생의 과거시험을 봉쇄한 영조 때의 편파적인 탕평책蕩平策, 노론계 외척이 권력을 농단하며 보위마저 좌지우지한 철종 때의 세도정치勢道政治 등이 그것이다.

이들 여러 조짐 중 가장 망국적인 것은 말할 것도 없이 세도정치다. 세도정치가 횡행한 조선조 말기는 서얼·중인·향리 등의 중간계층과 농민들의 정치참여 의식이 크게 일어나던 때였다. 그러나 세도정치의 당사자인 노론계 외척들은 이들에게 권력의 문호를 개방하기는커녕 오히려 매관매직을 일삼으며 문호를 더욱더 폐쇄적으로 운영했다. 세도정치로 인해 수많은 인재가 초야에서 탄식하는 상황에서 나라가 흥할 리 없다. 조선조가 거듭 피폐를 면치 못하는 상황에서 설상가상으로 이웃 일본은 메이지유신을 통해 마침내 부국강병의 근대화에 성공했다. 서구 열강의 제국주의 노선에 적극 편승한 일제가 조선을 식민지 침탈의 대상으로 삼고자 한 것은 필연지사였다.

통치 차원에서 볼 때 성리학의 가장 큰 통폐는 치세와 난세를 불문하고 오직 덕정을 바탕으로 한 왕도만을 강조한 데 있다. 맹자가 그 단초를 제공했다. 본래 왕도 및 패도를 비롯한 모든 이념은 치국평천하를 이루기 위한 하나의 수단에 불과할 뿐이다. 공자가 관중의 패업을 높이 평가한 것도 바로 이 때문이다. 그럼에도 조선 성리학은 유학을 개인 차원의 수양론 내지 도덕철학으로 왜곡한 성리학의 명분론을 더욱 강화했다. 그게 바로 '조선 성리학'이다. 이에 대한 철저한 비판을 생략한 채 조선 성리학이 이룬 이론적인 성과만을 강조하는 것은 본말이 전도된 것이다. 21세기 G2시대를 슬기롭게 헤쳐 나가기 위해서라도 조선 성리학에 대한 철저한 비판이 선행될 필요가 있다. 일본이 공자사상의 정맥을 이은 순자사상을 발견해 '일본 제왕학'을 정립함으로써 19세기 말 이래 1백여 년 동안 동아시아를 제패한 점을 감안할 때 더욱 그렇다.

맹자와 도덕철학

21세기에 들어와 서양에서 맹자의 성선설을 인간 중심의 도덕철학으로 재해석하려는 움직임이 일고 있어 비상한 관심을 모으고 있다. 대표적인 인물이 바로 프랑스 정치철학자 줄리앙이다. 그는 지난 1995년에 펴낸 『맹자와 계몽철학자의 대화』에서 맹자의 성선설에서 동서양을 아우르는 새로운 도덕철학의 기초를 세우고자 했다. 주목할 것은 서양 전래의 도덕철학이 야훼 또는 '초인' 등의 초월자에서 도덕적 근거를 찾으려고 한 점을 비판하면서 맹자가 인간 내부에서 그 근거를 찾고자 한 것을 극찬한 점이다. 그는 맹자로부터 새로운 도덕철학의 가능성을 모색하는 이유를 이같이 설명해 놓았다.

"서양인들에게 중국은 너무 멀고 많은 차이를 느끼게 한다. 철학적으로 중국은 종교적 계시와 같은 것을 경험하지 않은 상태에서 결코 절대자로서의 신을 사변의 대상으로 삼지 않았다. 중국문명은 유럽문명 영향권 밖에 있는 문명 가운데 가장 오래되고 발전된 것이다. 중국문명의 여러 국면은 도덕 연구에서 매우 이상적이라고 할 수 있다. 이미 파스칼은 '모세가 아니면 중국이다'라고 말한 바 있다. 이는 중국이 서양 도덕철학의 이론적 대안이 될 수 있음을 지적한 것이다."

사실 맹자는 줄리앙이 언급한 바와 같이 중국에서 처음으로 도덕의 기본논리를 제시한 최초의 사상가에 해당한다. 맹자가 말한 '불인不忍', 즉 '측은지심'은 서양 전통의 '동정pity'에 해당한다. 이는 인간에게 도덕성이 존재한다는 것을 보여주기 위해 루소가 핵심 연구과제로 다루었던 '동정심'과 매우 닮아 있다.

루소는 일찍이 『인간불평등기원론』에서 동정심은 너무 보편적이어서 인간의 모든 사고 작용에 앞서 나타나게 된다고 말한 바 있다. 이는 맹자가 우물에 빠지려는 아이를 보고 느끼는 '측은지심'과 유사하다. 루소는 『에밀』에서 동정심이 '나약함'으로 전락하지 않도록 하기 위해 정의를 실현하는 차원에서만 동정심을 전개해야 한다고 주장했다. 여기서 줄리앙은 서양은 동정심이 부정할 수 없는 도덕적 체험이라는 사실을 이해하기 위해 루소가 나타날 때까지 기다려야 했는지에 대해 의문을 제기하면서 그 해답을 맹자의 성선설에서 찾았다. 줄리앙의 주장에 따르면 서양은 도덕을 절대자인 신의 계명으로 인식한 까닭에 정당화의 필요성을 전혀 느끼지 못했다. 이로 인해 서양에서는 왜 그렇게 행동해야 하는지에 대해서는 전혀 설명하지 않은 채 오로지 무조건 그렇게 해야 한다고만 강요했다. 이런 독단주의는 이내 회의주의를 불러일으켰다. 그 선구자가 몽테뉴였다. 그는 『에세이』에서 서양 전래의 도덕적 기초가 너무 허약하다는 사실에 놀라움을 표시했다. 마키아벨리는 『군주론』에서 허약한 도덕적 기초로 인한 불안정한 국면을 제압하는 개인적인 능력을 '비르투virtù'로 규정했다. 이로써 신학에 기초한 도덕의 버팀대는 무참히 무너지고 말았다.

여기서 도덕 자체로부터 출발해 도덕을 구축코자 하는 움직임이 나타났다. 계몽철학자들이 주동이 되어 도덕의 종교로부터의 해방을 시도한 게 그것이다. 인간 자체에서 도덕의 기초를 세우고자 하는 이런 노력은 18세기에 들어와 공개적으로 확인되었다. 이 작업의 지도자는 루소와 칸트였다. 루소는 『에밀』에서 '사람들은 자신에게도 생길 수 있는 불행에 대해서만 타인의 입장이 되어 동정심을 느낄 수 있다'고 주장했다. 타인에 대한 동정심은 그 사람이 겪는 비참한 일이 나에게도 일어날 수 있다고 믿는 경우에만 생길 수 있다는 것이다. 그러나 이런 동정심은 논리적으로 이기주의로 귀착하게 된다. 루소도 이를 인정해 '동정심의 달콤함'이라는 표현을 통해 순화코자 했다. 이는 고통을 겪는 자의 입장이 되면서도 자신은 그 사람의 고통을 느끼지 않아도 되는 쾌감을 의미한다. 일종의 '사디즘적 쾌감'에 해당하는 셈이다.

여기서 루소의 동정심은 결국 이기주의의 포로로 남을 수밖에 없게 된다. 내가 타인에게 보이는 관심은 오로지 나 자신을 위한 것이 되기 때문이다. 루소의 동정심 개념으로부터는 결코 도덕의 기초가 될 만한 감정을 찾을 수가 없다. 줄리앙의 지적대로 루소는 가능한 모든 논증을 시도했지만 새로운 것을 찾지 못한 채 원점에서 맴돌기만 했다. 루소처럼 인간을 자애심自愛心의 기초 위에서 인식하게 되면 동정심은 자애심의 변형에 지나지 않게 된다. 결국 루소는 자신의 주장과 달리 '진정한 인간'을 발견하지 못한 채 감성적 인간 내지 감수성이 예민한 인간만을 찾아냈다는 게 줄리앙의 지적이다.

칸트도 크게 다르지 않다. 원래 그는 루소의 동정심 이론에 크게 매료되었다. 그러나 그는 곧 타인에 대한 뜨거운 연민의 정으로 탈바꿈하는 동정심은 아무리 아름답고 다정스러운 것일지라도 맹목적인 이끌림에 지나지 않고 거기에는 보편성이 결여되어 있다는 점을 파악했다. 동정심을 통해서는 결코 도덕을 생각할 수 없다고 판단한 칸트는 『도덕형이상학의 기초』에서 이같이 천명했다.

"도덕이 이해관계에 의존하거나 신과 자연, 과학집단의 이해 등 외부적인 원리에 의해 만들어진다면 그것은 더 이상 도덕일 수 없다."

이로써 도덕은 더 이상 형이상학에 기대지 않은 채 자신만의 힘으로 절대적 가치를 찾을 수 있게 되었다. 칸트의 선언을 계기로 종교와 도덕의 관계가 역전되어 종교가 도덕의 기초로 사용되기보다는 도덕 자체가 형이상학적 신념의 기초가 되었다. 줄리앙에 따르면 칸트의 장점은 선험적인 도덕적 요구를 가장 엄격하게 정의한 데 있다. 그러나 칸트도 결정적인 문제를 안고 있었다. 도덕으로부터 모든 감성적인 면을 제거한 탓에 도덕을 더 이상 인간의 경험 차원에 연결시킬 수 없게 된 게 그렇다. 칸트는 억지로 인간 본성과 도덕을 연결시켜 보려고 노력했으나 실패하고 말았다. 결국 칸트는 『도덕형이상학의 기초』의 마지막 부분에서 도덕성의 동기는 우리가 이해할 수 없는 차원의 것이라는 애매한 말로 얼버무렸다는 게 줄리앙의 지적이다.

줄리앙의 분석에 따르면 루소는 도덕의 기초를 동정심에 두면서 도덕성을 인간의 본래 성향으로 인식한 까닭에 끝내 '자애심'의 관점에서 벗어나지 못했다. 도덕의 동기를 명확히 제시하지 못하고 도덕성을 확실히 보장하는 데에도 실패한 이유다. 이와 정반대로 칸트는 도덕을 선험적인 의무로 간주해 도덕성에 해가 되는 모든 요소를 애초부터 제거한 까닭에 인간 자체에서 도덕성을 이끌어낼 수 있는 가능성을 스스로 봉쇄하고 말았다. 본래 도덕법은 인간의 본성에서 유래하는 것도 아니고 인간의 체험으로부터 나오는 게 아니다. 그럼에도 칸트는 자신이 완전히 벗어났다고 생각하고 있었던 낡은 종교적 기초에서 그 원리를 찾은 까닭에 신의 계율을 세속화하는 수준에서 그치고 만 것이다. 결국 칸트는 『순수이성비판』을 통해 기존의 사변적인 신학을 완전히 붕괴시켜 도덕을 명확히 정의하는 공을 세웠음에도, 도덕법을 만들기 위해 다시 신학자가 되고 말았다.

이에 대한 대안을 제시코자 한 사람이 쇼펜하우어였다. 그는 『도덕형이상학론』에서 칸트와는 전혀 다른 방법으로 도덕의 기초를 탐색했다. 그가 찾아낸 것은 결국 루소의 동정심이었다. 물론 쇼펜하우어는 동정심이 인간의 상상력에서 비롯되었다는 루소의 주장을 부인했다. 그러나 그 또한 어떻게 남의 고통을 자신의 고통처럼 느끼게 되는가에 대한 배경을 진지하게 검토했으나 명쾌한 해답을 찾아내지 못했다. 그가 최종 해결책으로 내세운 것은 '도덕의 신비성'이다. 그러나 이는 결국 동정심에 신비적인 면이 존재한다는 것을 인정하는 것에 지나지 않는다. 쇼펜하우어는 동정심을 철학적 개념이나 종교 교리 등의 외부 조건에 의존하지 않는 자연의 산물이라고 주장하면서도, 자신과 관련된 난문을 풀기 위해 스스로를 부정해야만 하는 모순을 안고 있다.

쇼펜하우어의 이런 한계를 뛰어넘고자 한 인물이 니체다. 니체는『도덕의 자연사에 관한 기고』에서 도덕의 기초를 세운다는 환상을 버리고 차라리 도덕의 구원에 주의를 기울이는 편이 더 낫다고 조언했다. 실제로 니체의 탐구 결과, 도덕은 순수이성 등과는 거리가 먼 '권력의지'의 소산이라는 사실이 적나라하게 드러났다. 당시 니체의 연구결과를 담은『도덕의 계보학』이 던진 충격은 심대했다. 이후 서양의 도덕철학이 하나같이 도덕의 '탈신비화' 작업에 매달린 게 그렇다.

그 과실을 취한 자가 바로 마르크스였다. 그는 지배계급이 기존질서를 공고히 하는 데 도덕을 이용했다고 비판하면서 도덕에 내재해 있는 노예적 성격을 고발했다. 프로이트도 이런 비판에 가담했다. 그는 심리적 접근을 통해 도덕의식은 유년기에 부모나 그 대리자의 이상화된 형상이 투사작용을 통해 나타나는 초자아surmoi 형성의 결과에 불과하다고 주장했다. 결국 마르크스와 프로이트 등의 노력에 의해 도덕의 문제는 니체가 주장했듯이 여러 상이한 도덕 간의 비교를 통해서만 해결이 가능하다는 사실이 확인되었다.

이상 줄리앙의 분석에 따르면 결국 서양은 동정심 문제를 놓고 루소를 시작으로 칸트와 쇼펜하우어, 니체 등이 다양한 답을 찾고자 노력했으나 21세기 현재까지 여전히 해답을 찾아내지 못하고 있는 셈이다. 줄리앙은 바로 이 점에 주목해 맹자의 성선설을 통해 동서양을 아우르는 새로운 도덕철학의 기초를 찾고자 한 것이다. 그가 볼 때 동정심을 중심으로 전개된 서양 도덕철학의 가장 큰 잘못은 기본적으로 '비참'의 개념에 지나치게 사로잡힌 데 있다.

줄리앙에 따르면 루소가 『에밀』에서 '우리의 마음을 인간애로 이끌어주는 것은 바로 우리가 공유하고 있는 비참함이다'라고 언급한 데에는 고통에 대한 허무주의적 찬사를 내포하고 있다. 쇼펜하우어도 '고통은 좋은 것이다'라고 말한 바 있다. 니체 역시 '비참'의 개념에서 벗어나지 못했다. 『도덕의 계보학』 서문에서 '동정심의 실체에 대한 문제 제기를 누가 시작할지 모르지만 그 사람 앞에는 장차 새롭고도 방대한 시야가 열릴 것이다'라고 언급하면서 새로운 도덕철학의 정립 필요성을 역설한 게 그렇다. 미완의 과제로 남겨둔 셈이다.

줄리앙은 바로 여기서 맹자의 '측은지심' 개념을 통해 새로운 도덕철학의 가능성을 찾고자 했다. 사실 맹자의 '측은지심' 개념은 '동정심' 개념과 달리 '비참'의 논리를 가지고 있지 않다. 인간의 불행을 전혀 운명적인 것으로 파악하지 않는 게 그렇다. 줄리앙의 주장에 따르면 '측은지심'은 서양의 동정심 개념이 안고 있는 난문에 부딪힐 염려가 전혀 없다. 맹자의 '측은지심' 개념은 동정심의 특징인 자연발생성은 물론 이해관계에 전혀 의존하지 않는 무조건성을 동시에 포용하고 있기 때문이다. 줄리앙은 맹자의 '측은지심' 개념에서 서양 전래의 개인주의적 관점에서 완전히 자유로워질 수 있는 가능성을 본 셈이다.

맹자의 '측은지심' 개념은 고립된 나로부터 생기는 것이 아니라 행위를 일으키는 현상 자체에서 비롯된 것이다. 서양의 동정심과 같이 그 현상이 내 안에서 일어나는지 아니면 타인으로부터 발생하는 것인지 여부를 알아볼 필요가 없다. 서양인들은 오랫동안 이를 전혀 이해하지 못했던 것이다.

줄리앙에 따르면 이는 인간이 본래 타고난 것으로 결코 종교적 신념의 소산도 아니고, 니체가 주장한 것처럼 약자에 대한 애도의 산물도 아니고, 마르크스가 말한 것처럼 계급이익도 아니고, 프로이트의 주장처럼 아버지의 역할도 아니다. 줄리앙은 순수하며 결코 자기소외를 동반하지 않는 맹자의 4단四端을 도덕의 초석으로 쓸 것을 제안하고 있다. 맹자사상은 줄리앙의 제안처럼 21세기 스마트혁명 시대의 관점에서 새롭게 평할 필요가 있다. 맹자사상은 비록 난세의 치국평천하 방략으로는 커다란 한계를 노정하고 있기는 하나 도덕철학 면에서는 나름 위대한 면모를 지니고 있다고 요약할 수 있다.

줄리앙의 제안처럼 살벌하게 전개되는 21세기 경제전에서 맹자의 '측은지심'을 적극 활용할 경우 의외로 커다란 효과를 거둘 수 있을 듯싶다. 그러기 위해서는 기업이윤과 기업윤리를 대립 개념이 아니라 동전의 양면처럼 간주하는 발상의 전환이 필요하다. 이윤경영이 단기적 이익만 추구하는 쪽으로 진행되거나 윤리경영이 사회적 책임만을 따지는 쪽으로 나아갈 경우 양자는 대립관계에 서게 된다. 양자 모두 바람직하지 못하다. 맹자의 '측은지심' 주장을 적극 활용해야 하는 이유다.

21세기 경제경영의 관점에서 볼 때 맹자의 이론과 주장은 윤리경영의 전형에 해당한다. 이는 앞서 언급한 묵자의 '겸애경영'과 서로 통한다. '윤리경영'이 전제되지 않은 '겸애경영'은 자선과 박애를 가장한 '위선僞善경영'에 지나지 않고, '겸애경영'이 배제된 '윤리경영'은 인정이 메마른 '무정無情경영'으로 전락하고 만다. 겸애경영과 윤리경영은 마치 수레의 두 바퀴와 같다. 맹자가 묵자의 사상적 후계자인 점을 감안하면 당연한 일이기도 하다.

이런 관점에서 볼 때 홍보용으로 노약자에게 선물을 나눠주는 식의 전

시용 '측은지심'을 발휘하는 것은 오히려 역효과를 낼 수 있다. 마음에서 우러나는 '측은지심'을 소리 없이 행할 때 소비자들은 크게 감동한다. 그게 바로 윤리경영의 진면목이다. 이때의 윤리경영은 겸애경영과 하나가 된다. 원래 윤리경영은 기업의 '사회적 책임'을 뜻하는 개념이기도 하다. 사회적 책임을 다하지 않는 기업은 여러 악명으로 인해 끝내 세계시장에서 퇴출을 강요받을 공산이 크다. 이는 소탐대실小貪大失의 어리석음을 범하는 짓이다. 줄리앙이 지적했듯이 인간의 심성 깊숙한 곳에서 우러나는 '측은지심'이 뒷받침돼야만 전 세계 소비자들이 감동을 받는다. 그게 살벌한 21세기 경제전에서 살아남는 길이자, 최후의 승리를 거두는 길이기도 하다. 21세기에 들어와 기업의 '사회적 책임'을 묻는 윤리경영 내지 도덕경영의 목소리가 더욱 높아지는 것도 이런 맥락에서 이해할 수 있다.

무위無爲를 행하면
다스려지지 아니함이 없다.

爲無爲 則無不治
위무위 즉무불치

문화론

文化論

문명과 문화를
구분하라

노자와 인류학

사상사적으로 볼 때 『도덕경』으로 상징되는 노자사상은 제자백가의 모든 사상을 하나로 녹인 최고의 정점에 서 있다. 그만큼 위대하다. 제자백가들이 왕도와 패도를 둘러싸고 치열한 논쟁을 벌인 이른바 왕패지변王覇之辨에서 노자사상이 최상의 단계인 제도帝道를 차지하고 있는 게 그렇다. 엄격한 법치를 주장한 법가의 패도는 말할 것도 없고 강력한 무력을 배경으로 치국평천하에 임하는 치도인 병가의 강도强道에 이르기까지 노자사상의 '제도'를 최고의 치도로 떠받든 게 그렇다.

한비자는 패도에 머물고 있는 법가의 치도를 한 단계 위로 끌어올리기 위해 『도덕경』에 최초로 주석을 가하면서 도치道治 개념을 적극 수용했다. 그게 바로 법도法道다. 병가도 크게 다르지 않다. 삼국시대의 조조가 온갖 잡문이 끼어든 기존의 난삽한 『손자병법』을 새롭게 편제한 현존 『손자병법』의 원형인 『손자약해』를 펴내면서 서문에서 『도덕경』의 도치 개념을 차용한 병도兵道를 역설한 게 그렇다. 공자를 조종으로 하는 유가도 크게 다르지 않다. 공자사상의 정맥을 이은 순자가 '왕패지변'의 수준을 논하면서 『도덕경』의 도치 이념을 가장 높은 단계의 치도인 '제도'로 규정한 게 그렇다. '제도'를 적극 수용하는 유가의 이런 입장을 유도儒道라고 한다. 맹자의 '왕도'보다 한 단계 위에 있다. 종횡가의 이론서인 『귀곡자』도 마찬가지다.

첫 편인 「벽합」에서 최고 수준의 종횡술을 도치의 수준에 이르는 이른바 종횡도縱橫道로 표현한 게 그렇다.

이를 통해 알 수 있듯이 『도덕경』으로 상징되는 노자사상은 모든 제자 백가의 이론과 주장을 하나로 녹인 가장 높은 단계에 위치해 있다. 노자사 상의 위대한 면모가 여실히 드러나는 대목이다. 그럼에도 정작 노자가 과 연 실존인물인가 하는 물음은 21세기 현재에 이르기까지 꾸준히 제기돼 오고 있다. 노자의 실체를 인정하는 견해도 그 활동시기에 관해서는 합의 점을 찾지 못하고 있다. 대략 공자와 비슷하거나 그보다 약간 앞선 춘추시 대 말기로 추정하는 견해가 지배적이다.

노자에 관한 최초의 기록은 사마천의 『사기』「노자한비열전老子韓非列傳」 이다. 사마천도 헷갈려 하기는 마찬가지다. 그는 정확히 판단할 길이 없자 노자에 관한 여러 설을 그대로 수록해 놓는 방식을 취했다. 그러나 사마천 의 의도는 오히려 의혹을 더욱 증폭시켰을 뿐이다. 예로부터 많은 사람들 이 「노자한비열전」의 기록에 커다란 의문을 표시한 이유다. 이는 노자가 이미 전한제국 초기에 베일에 싸인 전설적인 인물로 통했음을 반증한다.

노자의 생존 연대는 오랫동안 공자보다 1세대 정도 앞선 것으로 알려져 왔으나 대다수 사람들은 노자의 생존연대는 물론 『도덕경』을 저술했다는 『사기』의 기록 자체에 신뢰를 보내지 않고 있다. 그러나 도가사상을 가진 사람들이 춘추시대에 존재하고 있었다는 사실만큼은 누구도 부인하지 못 하고 있다. 『논어』에 나오는 일사逸士에 관한 일화 등이 이를 뒷받침한다. 노자는 사상적으로 이들 일사와 통하고 있다. 노자도 이들 일사 가운데 한 사람이었을 공산이 크다.

「노자한비열전」은 노자를 비롯해 장자莊子와 신불해申不害, 한비자韓非子 등을 같은 부류로 묶어 놓았다. 장자는 노자와 마찬가지로 통상 도가로 분류되고 있으나 신불해와 한비자는 법가에 속한다. 사마천은 도가와 법가를 같은 부류로 분류한 셈이다. 무위지치無爲之治를 주장하는 도가와 법치法治를 주장하는 법가는 외견상 커다란 차이가 있다. 그런데도 사마천은 이들을 같은 부류로 묶어 놓은 것이다. 그 이유는 무엇일까?

원래 신불해는 전국시대 중엽 한韓나라의 재상으로 이른바 황로사상黃老思想을 바탕으로 형명학刑名學을 주장하며 부국강병을 꾀한 인물이다. 황로사상은 전설적인 삼황오제三皇五帝 가운데 오제의 시조에 해당하는 황제黃帝와 노자를 동일시하여 숭배하는 도가사상을 말한다. 이는 노자를 신성시한 데서 비롯된 것으로 전한제국 초기에 사상계를 풍미했다. 형명학은 명칭과 그 실상이 부합하는지 여부를 따지는 일종의 명실론名實論으로 법치의 기본이론에 해당한다.

한비자는 전국시대 말기에 노자의 무위지치 사상을 차용해 법가사상을 이론적으로 완성시킨 인물이다. 그가 지은 『한비자』「해로解老」와 「유로喩老」는 『도덕경』에 대한 최초의 주석을 시도한 것이기도 하다. 사마천은 바로 이런 점 등을 고려해 도가와 법가를 하나로 묶어 「노자한비열전」을 편제한 것이다.

그렇다면 「노자한비열전」에 나오는 노자에 관한 여러 전설 가운데 과연 노자의 실체에 가장 가까운 것은 어느 것일까? 「노자한비열전」에 실린 노자의 전설은 크게 3가지로 나눌 수 있다.

첫째, 노자를 성은 이李, 이름은 이耳, 자는 담聃으로 보는 전설이다. 그는 지금의 하남성 녹읍 동쪽인 초나라 고현苦縣 여향厲鄉 곡인리曲仁里 사람이다. 주나라 수장실守藏室의 사관을 지냈다. 공자가 주나라로 가 노담에게 예를 묻자 노담이 이같이 답했다.

"그대가 말하는 그 사람은 이미 오래전에 죽어 뼈는 모두 썩어 버렸고 단지 그의 말이 남아 있을 뿐이다. 군자가 때를 얻으면 관직에 나아가지만 때를 얻지 못하면 정처 없이 떠돌아다니는 것이다. 내가 듣기로는 훌륭한 장사꾼은 재물을 깊이 감추어두고 없는 것처럼 하고 군자는 성대하지만 용모는 어리석은 것같이 한다 했다. 그대의 교만한 기운과 욕심이 많은 것과 꾸민 자태와 음란한 뜻을 버려라. 이것은 모두 그대의 몸에 무익한 것이다. 내가 그대에게 이야기하고자 하는 것은 이뿐이다."

공자가 떠나면서 제자에게 말했다.

"새라면 날 수 있다는 것을 나는 알고 있다. 물고기라면 헤엄칠 수 있다는 것을 나는 알고 있다. 짐승이라면 달릴 수 있다는 것을 나는 알고 있다. 달리는 것은 그물로 잡을 수 있고 헤엄치는 것은 낚시로 잡을 수 있으며 나는 것은 주살로 잡을 수 있다. 그러나 용에 대해서는 나는 알지 못한다. 바람과 구름을 타고 하늘로 오르기 때문이다. 내가 오늘 노자를 보니 용과 같았다."

노담은 공자에게 스스로를 숨기고 이름이 알려지지 않도록 하는 데 힘쓰라고 충고한 셈이다. 이 전설에 따르면 노담은 주나라에 오랫동안 살다가 주나라가 쇠미해지는 것을 보고 마침내 떠나고 말았다. 함곡관函谷關에 이르자 관문지기인 윤희尹喜가 말하기를, '선생은 장차 숨으려고 하시니 억지로라도 나를 위해 책을 지어주십시오'라고 했다. 이에 노담은 도덕의 의미를 5천여 자로 기술한 상하편의 책을 남기고 떠났다고 한다.

둘째, 노래자老萊子로 보는 전설이다. 초나라 사람으로 15편의 책을 지어 도가의 운용을 말한 바 있고 공자와 동시대 사람이라고 한다. 노자는 1백 60여 세를 살았다고 하기도 하고 혹은 2백여 세까지 도를 닦으며 살았다고 하기도 한다.

셋째, 주나라 태사太史 노담老儋으로 보는 전설이다. 공자가 죽은 지 129

년이 지난 뒤 주나라 태사로 있던 노담이 진헌공秦獻公을 보고 처음에 진나라와 주나라가 합치고 합한 지 5백년 후 분리되고 분리된 지 70년 후 패왕이 출현할 것으로 예언했다고 한다. 혹자는 노담이 노자라고 하고 혹자는 아니라고 한다. 세상에서는 이를 알 길이 없다. 노자는 은군자隱君子였다.

노자에 관한 전설은 이후에도 꾸준히 만들어졌다. 노자가 서역으로 가 부처가 되어 서역 사람들을 교화했다는 이른바 '노자화호설老子化胡說' 등이 그 실례다. 여기서 「노자한비열전」에 실린 3가지 전설을 토대로 노자의 실체를 간략히 검토해보기로 하자.

『장자』는 이들 3가지 설 모두 노자와 다른 인물을 언급한 것으로 보았다. 『장자』에 노담이 45회, 노자가 22회, 노래자가 3회 나오고 있는 게 그렇다. '내편'에는 노담만이 5회 나온다. 그러나 '외편'에는 노담이 30회, 노자가 9회 나온다. 또 '잡편'에는 노담 10회, 노자 13회에 이어 노래자가 처음으로 3회 나온다. 사마천도 대략 이런 입장에 서 있었다. 『사기』 「중니제자열전」에 나오는 다음 기록이 그 증거다.

"공자가 엄숙히 섬겼던 이는 주나라의 노자老子, 위나라의 거백옥蘧伯玉, 제나라의 안평중晏平仲, 초나라의 노래자老萊子, 정나라의 자산子産, 노나라의 맹공작孟公綽이었다."

거백옥과 안평중, 노래자, 자산, 맹공작은 모두 실존인물이다. 공자가 이들과 교제한 일화는 춘추전국시대 문헌에 모두 기재되어 있다. 이를 토대로 보면 노자 역시 실존인물이었을 공산이 크다. 그러나 설령 실존인물이 아닐지라도 이 문제를 놓고 소모적인 논쟁을 벌일 필요는 없다. 실존인물인지 여부와 상관없이 그의 저서로 알려진 『도덕경』만큼 제자백가의 모든 사상을 하나로 녹인 저서는 존재하지 않기 때문이다. 이는 『손자병법』의 저자로 알려진 손무 및 『귀곡자』의 저자로 간주되고 있는 귀곡 선생 등에게도 그대로 적용된다. 중요한 것은 저서의 내용이다.

객관적으로 볼 때 장자 계열의 도가는 난세 속에서 개인의 자적을 추구했다는 점에서 현실 도피적인 성격을 띠고 있었다. 그러나 노자의 무위지치는 이와 차원이 다르다. 이는 전한제국 초기의 통치이념이 유가사상도 법가사상도 아닌 노자사상에 기초한 이른바 황로사상黃老思想이었다는 사실을 통해 쉽게 확인할 수 있다. 노학老學은 장학莊學과 달리 현실의 치국평천하에 깊은 관심을 기울인 게 특징이다. 『논어』로 상징되는 공학孔學과 하등 다를 게 없다.

노자는 유가가 내세우는 인위적인 덕목과 법가가 내세우는 인위적인 법제를 반대했을 뿐 장자처럼 제왕의 치국평천하 자체를 반대한 적이 없다. 장자사상은 제왕의 통치를 반대하며 '철학적 삶'을 추구하는 이른바 무치파無治派의 상징에 해당한다. 장자사상에 뿌리를 두고 일신의 무병장수와 신선을 꿈꾸는 도교와는 더욱 거리가 멀다. 이는 노자가 시종 성인의 무위지치를 강조한 사실을 통해 쉽게 확인할 수 있다. 『도덕경』 제79장의 해당 대목이다.

"천도는 사사롭게 가까이하는 바가 없고, 늘 선인善人과 함께할 뿐이다."

여기의 천도무친天道無親은 공자가 말한 군자지정君子之政보다 한 단계 위인 성인지치聖人之治를 언급한 것이다. 유가와 법가보다 오히려 더욱 순수하면서도 강력한 통치를 주장한 것이나 다름없다. 『도덕경』의 '성인지치'는 무위를 전제로 한 것만 다를 뿐 애민愛民의 관점에서 무사무편無私無偏의 통치를 역설한 점에서 유가 및 법가의 주장과 하등 다를 게 없다. 이를 통해 짐작할 수 있듯이 노자처럼 한 치의 예외도 없이 무차별적인 고른 통치를 주문한 제자백가는 존재한 적이 없다. 이는 역설적으로 말해 그만큼 비현실적이라는 얘기도 된다. 객관적으로 볼 때 『도덕경』이 역설하는 '무위지치'

는 하나의 이념형에 불과하다. 맹자가 역설한 왕도보다 훨씬 이상적이다.

노자의 '천도무친' 주장도 이런 맥락에서 이해할 필요가 있다. 현실적으로 실현이 불가능할지라도 이념형으로 제시된 이상 자체가 비루한 것은 아니다. 오히려 인간의 분발심을 촉구해 더 높은 차원으로 도약할 것을 주문한 점에서 매우 숭고한 것이기도 하다. 노자가 역설한 '천도무친' 사상이 여타 제자백가에게 심대한 영향을 미친 사실이 이를 뒷받침한다.

실제로 유가는 무위를 인위적인 덕목인 '인의예지' 등으로 바꿔 '천도무친'의 기본취지를 살리고자 했고, 법가는 천하통일에 임하는 제왕의 기본입장을 무위지치로 규정함으로써 '천도무친'의 명분을 취하고자 했고, 묵가는 제왕의 솔선수범을 강조함으로써 '천도무친'의 공효功效를 취하고자 했다. 노자가 처음으로 언급한 '무위지치' 내지 '천도무친' 사상이 제자백가 사상에 얼마나 깊은 영향을 미쳤는지를 짐작게 해주는 대목이다.

노자가 '무위지치' 내지 '천도무친'에 기초한 '성인지치'를 주창케 된 것 역시 공자와 마찬가지로 새로운 통치 질서의 도래를 학수고대한 데서 비롯된 것이다. 두 사람 모두 봉건질서가 붕괴되면서 빚어지는 하극상의 혼란을 목도하면서 기존의 봉건질서를 조속히 무너뜨리고 새로운 통치 질서를 속히 구축코자 했다. 그래야만 어지러운 세상을 바로잡고 도탄에 빠진 인민을 구해낼 수 있다는 이른바 구세제민救世濟民을 이룰 수 있다고 생각한 점에서 동일했다. 찾아낸 답안은 달랐을지언정 문제제기의 기본관점만큼은 동일했다.

공자가 군자 개념을 새롭게 정의한 '군자지정'에서 그 해답을 찾았다면, 노자는 기존의 도 개념에 '무위지치' 개념을 가미한 '성인지치'에서 그 해답을 찾은 셈이다. 공자가 언급한 '군자지정'은 현실적인 제왕의 입장에서 나온 것이고, 노자의 '성인지치'는 세상을 관조하는 이상적인 제왕의 관점에서 도출된 것이다. 현실과 이상의 차이가 있다. 노자가 말한 '도' 역시 이런 맥락에서 이해할 수 있다. 이는 우주만물의 존재를 본원적으로 파악키 위한 개념이다. 노자는 난세를 극복하는 구체적인 이념적 지표로 제시했다. 인간과 자연과의 일치 내지 조화를 그 핵심으로 삼고 있다. 노자가 그 구체적인 실천방안으로 제시한 게 바로 '무위'다.

노자는 인위적인 통치를 거부했을 뿐 무위지치를 통해 무차별적인 다스림을 구현코자 한 점에서는 오히려 유가보다 더 적극적이다. 이는 무위지치가 성인지치의 또 다른 표현이라는 사실을 통해 쉽게 확인할 수 있다. 이를 뒷받침하는 『도덕경』제25장의 해당 대목이다.

"도가 크고, 하늘이 크고, 땅이 크고, 왕 또한 큰 것이다. 우주 가운데 4가지 큰 것이 있으니 왕이 그 가운데 하나에 해당한다."

여기의 왕은 무위에 입각한 무차별적인 통치를 수행하는 성인을 말한다. 노자는 공자를 비롯한 유가의 접근방법에 문제를 제기하며 무위를 제시했을 뿐 지치至治를 실현코자 한 점에서는 오히려 유가보다 더 적극적이다. 노자의 이런 관점이 바로 성인지치를 무위지치의 또 다른 표현으로 간주케 만든 것이다. 이를 정확히 해독치 않고는 장자사상의 근본배경이 된 도법자연道法自然 구절의 의미를 제대로 파악키가 힘들다. 『도덕경』은 제25장의 마지막 문장을 이같이 끝맺고 있다.

"사람은 땅을 본받고, 땅은 하늘을 본받고, 하늘은 도를 본받고, 도는 자연을 본받는다."

'도는 자연을 본받는다'는 구절의 원문이 도법자연이다. 이를 두고 대부분의 주석자들은 노자가 도 위에 자연을 상정한 것으로 해석해 놓았다. 이는 '자연'의 의미를 제대로 파악치 못한 데 따른 오류다. 『도덕경』의 도는 자연의 이치를 언급한 것이다. 우주만물의 최종적이면서도 절대적인 이치

를 의미한다. 『도덕경』은 기본적으로 도를 통해 하늘과 땅, 인간 등이 유출
되었다고 보고 있다. 제1장의 내용이 다음과 같은 구도로 돼 있는 게 그 증
거다.

무명 無名(자연=도=천지지시天地之始) → **유명** 有名(만물지모萬物之母) → 만물

『도덕경』에 나오는 '자연'은 곧 도인 동시에 천지의 시작을 뜻하는 '천지
지시天地之始'와 같은 말이다. 자연은 『도덕경』에서 제25장을 포함해 제17
장과 제23장, 제51장, 제64장 등 모두 5개 장에 걸쳐 나오고 있다. 제25장
을 제외하고는 모두 '저절로 그러하다'는 뜻의 술어로 나타나고 있다. 제25
장만 유독 도 위에 존재하는 실체인 것처럼 기술돼 있다.

『도덕경』 전체의 맥락에서 제1장과 제25장을 종합해 분석하면 제25장
의 자연 역시 제1장에 나와 있는 것처럼 도가 도라고 불리기 이전의 존재
양식을 표현한 것이다. 제17장을 포함한 여타 장에 나타난 자연의 개념과
하등 차이가 없다. 이를 두고 제25장의 '자연'을 마치 도 위에 존재하는 개
념으로 파악하는 것은 큰 잘못이다. 그같이 파악하는 것은 장자학파의 오
류를 답습하는 것이다. 노자가 『도덕경』에서 통치와 제왕 문제를 잇달아
거론한 것은 '무위지치'를 통한 무불위無不爲를 강조코자 한 것이다. 이를
제대로 파악치 못하면 '정치적 삶'에 방점을 찍고 있는 『도덕경』을 '철학적
삶'을 지향하는 『장자』와 동일한 제자백가서로 취급하게 된다. 이는 노자
사상에 대한 일대 왜곡이다.

21세기 학술 차원에서 볼 때 노자의 학문은 다양한 인류와 그 문화를
연구하는 인류학에 가깝다. 문명과 야만의 구별에 편견을 두지 않는 게 특
징이다. 인류의 행복한 삶 자체에 초점을 맞춘 결과다. 노자가 『도덕경』에서

인간이 문명으로 진행하기 이전의 모습인 소박素朴을 역설한 게 그렇다.

주목할 것은 『도덕경』이 역설하고 있는 '도치'와 '제도'는 치국 차원이 아닌 평천하 차원에서 제 기능을 발휘할 수밖에 없다는 점이다. 그 스케일과 내용이 치국 차원에 어울리는 유가 및 법가의 왕도나 패도를 뛰어넘는다. 『도덕경』의 내용이 추상적이면서도 간명하게 표현될 수밖에 없는 이유다. 상이한 역사문화에 기초한 각국의 법제도와 이념 등을 그대로 둔 채 지치至治를 이룰 수는 없다. 보다 간명하면서도 높은 차원의 원리를 제시하지 않으면 천하의 모든 나라를 하나로 묶고 천하 사람을 공평무사하게 다룰 길이 없다. 『도덕경』의 마지막 장인 제81장에서 원시공산사회를 연상시키는 소국과민小國寡民 비유가 나온 이유다.

노자의 학문을 두고 문명과 야만에 대한 편견을 걷어낸 인류학, 그 이치를 터득한 사람을 '천하인'에 비유한 것은 바로 이 때문이다. 경제경영 차원에서 이를 21세기 경제전에 적용할 경우 이는 일종의 천하경영 내지 세계경영에 해당한다. 안방과 문밖의 구별이 없어진 21세기 스마트혁명 시대의 관점에서 볼 때 천하경영은 다른 경영이념보다 훨씬 중요한 의미를 지닐 수밖에 없다.

인간과 문화

무위지치와 지족겸하

사상적으로 볼 때 노자의 무위지치 사상은 장자의 무위자연 사상과 천지의 운행에 적극 참여하는 순자의 참천지參天地 사상이 만나는 지점이기도 하다. 장자와 순자는 노자가 말한 천도에 대한 해석을 둘러싸고 각각 출세간出世間과 입세간入世間 쪽으로 진행했기 때문이다.

장자의 무위자연 사상은 『도덕경』 제25장에서 말한 도법자연의 이치를 끝까지 추구한 것이고, 순자의 참천지 사상은 '인법지人法地, 지법천地法天, 천법도天法道'의 이치를 끝까지 추구한 것으로 볼 수 있다. 그런 의미에서 노자를 장자와 하나로 묶어 노장老莊으로 부르는 것은 이제 시정돼야 한다. 장자의 무위자연 사상과 순자의 참천지 사상은 '인법지人法地, 지법천地法天, 천법도天法道'의 이치를 뛰어넘어 '도법자연道法自然'에 방점을 찍고 있기 때문이다. 이는 '자연'을 도 위에 존재하는 실체로 간주한 결과다. 많은 사람이 장자의 사상을 '자연주의'로 규정하는 이유다.

장자와 노자 및 순자는 『도덕경』 제25장에서 언급하는 〈인人→지地→천天→도道〉까지는 서로 견해를 같이한다. 그러나 맨 마지막 문장에 나오는 구절을 두고 노자와 순자는 〈도=자연〉으로 해석한 데 반해 장자는 〈도→자연〉으로 파악했다. 장자가 입세간에 뿌리를 둔 노자 및 순자와 달리 출세간 쪽으로 진행한 이유가 여기에 있다.

순자의 참천지 사상은 『도덕경』 제25장에 나오는 〈인→지→천→도=자연〉의 도식을 더욱 단순화시킨 것이다. 〈인→지·천·도〉의 도식이 그것이다. 『순자』「해폐解蔽」가 장자를 두고 '천도에 가려져 인도를 알지 못했다'고 질타한 것은 바로 이 때문이다. 『장자』에 나오는 천天이 자연을 설명하는 최하위 개념으로 사용된 데 반해, 『순자』에 나오는 '천'이 인도를 설명하는 최상위의 개념으로 사용된 것도 이런 맥락에서 이해할 수 있다. 순자의 제자인 한비자가 노자의 무위지치 이론을 원용해 법가이론을 완성한 것도 스승의 이런 가르침과 무관치 않다고 보아야 한다.

노자가 지극한 통치를 언급하고 있는 모든 제자백가 사상의 연원이 된 것도 바로 이런 '무위지치'의 발견에 있다고 해도 과언이 아니다. 『도덕경』에서 말하는 '무無'는 천지가 전개되기 이전에 혼돈된 최초의 상태를 말한다. 단순히 없다는 뜻이 아니라 우주만물의 시원을 의미한다. '유有' 역시 천지의 시초를 말한다. 도와 덕에 선후가 존재하지 않듯이 '유'와 '무' 역시 선후가 없다. 이를 『주역』에 나오는 체용體用의 논리에 넣어 도식화하면 다음과 같다.

도道=체體=무無=천지지시天地之始 ⇄ 기氣=용用=유有=만물지모萬物之母

『도덕경』 제42장은 도가 체인 '무'에서 용인 '유'로 변환될 때 최초로 나타나는 것을 일一로 표현했다. 흔히 일기一氣로 불린다. 일기는 음과 양으로 드러날 수 있는 인자를 동시에 갖추고 있으나 아직 분화되지 않은 상태를 말한다. 충기沖氣는 음기와 양기가 서로 섞여 조화를 이루는 과정을 언급한 것이다. 충기에 대한 역대 주석가들의 해석이 엇갈리고 있다. 원래 충기는 양기와 음기의 충돌과정에서 뒤섞여 조화를 이루는 모든 과정을 총칭한 말이다. 일기가 음기와 양기로 분화한 뒤 충기 과정을 통해 화기和氣로 통합되는 일련의 과정에서 최종적으로 만들어진 것이 바로 만물이다. 『도덕경』 제42장에서 말하는 도는 기의 전개과정에서 볼 때 일, 이, 삼, 만물까지 일관되게 작동하는 자연의 이치에 해당한다. 도가 일기一氣 이전에 선재先在한다든가 독립獨立한다고 말할 수 없는 이유다.

천지만물은 음기와 양기의 부단한 상호작용을 통해 형성되었다가 이내 영허소장盈虛消長의 변화를 거친 뒤 다시 그 본원인 도로 복귀한다. 그 어떤 사물이든 이런 순환운동의 법칙에서 벗어날 수 없다. 우주만물은 자체 내에 내재하는 도의 운행이치를 좇아 변화의 극에 다다르면 결국 원래의 출발점인 도로 복귀한다는 게 노자의 생각이다. 그가 『도덕경』 제40장에서 근본으로 돌아가는 것은 도의 움직임이라는 뜻의 '반자도지동反者道之動'을 천명한 이유다. 노자가 '무위지치'를 역설한 근본배경이 여기에 있다.

이를 근간으로 『도덕경』에 나오는 모든 개념을 분석하면 그 상호관계를 쉽게 이해할 수 있다. 『도덕경』의 도와 덕은 마치 도와 일기의 관계와 같다. 대다수 주석자들이 도를 우주만물의 근원, 덕을 도의 이치가 드러난 것으로 해석하고 있으나 이는 잘못이다. 만물의 근원인 기氣의 차원에서 볼 때 도는 일기와 같은 개념이다. 일기가 존재하지 않을 경우 도 자체가 존재하지 않는 것이다. 영혼불멸설 내지 윤회설을 신봉하지 않는 한 몸이 존재하지 않는 상태의 영혼을 인정치 않는 것과 같다. 일기는 혼륜渾淪한 상태에서 아직 음기와 양기가 분화되지 않고 섞여 있는 상태를 지칭한다. 결국 도는 일기를 달리 표현한 게 된다.

통치 차원에서 볼 때 『도덕경』이 말하는 덕은 크게 무위無爲와 무욕無欲, 겸하謙下 등 3가지로 요약할 수 있다. 이 3가지 덕은 서로 〈원인→과정→결과〉의 관계를 맺고 있다. 이를 『도덕경』 제42장 및 『대학』의 수제치평修齊治平 원리와 연결시켜 도식으로 나타내면 다음과 같다.

무지무욕無知無欲의 '수신제가' → 유위지치有爲之治의 '치국'
→ 무위지치의 '평천하'

본래 무위지치는 무위를 통해 다스리지 않는 게 없는 무불치無不治의 성과를 얻는 것을 말한다. 무위지치를 이루기 위해서는 반드시 무지무욕에서 출발해야 한다. 개인 차원에서는 자기 자신에게 허물을 남기지 않고 변함없는 만족을 얻는 것을 말하고, 통치 차원에서는 천하가 스스로 질서를 찾는 것을 뜻한다. 이를 실현하는 구체적인 방법론이 바로 현상에 만족할 줄 알며 스스로를 낮추는 지족겸하知足謙下다. 이는 치자와 피치자 간의 분별의식을 제거해 대립과 갈등의 소지를 미리 없애는 것을 의미한다. 무지무욕, 지족겸하, 무위지치를 관통하는 키워드가 바로 무위다.

이들 3개의 덕은 상호 긴밀히 연결되어 있다. 무지무욕의 단계는 무위지치의 선결요건에 해당한다. 무지무욕의 단계에 들어서야만 무위지치를 구현할 수 있는 위정자의 기본자질을 갖추었다고 할 수 있다. 통치에 임해서는 지족겸하의 덕까지 발휘해야 한다. 무지무욕의 체득만으로는 무위지치를 이룰 수 없기 때문이다.

지족겸하는 평천하의 무위지치뿐만 아니라 치국 차원의 유위지치 단계에서도 절실히 필요한 핵심적인 통치술이다. 노자의 무위지치는 지족겸하로 상징되는 유위지치를 통해 비로소 그 공효를 얻을 수 있다. 『도덕경』 제42장에서 언급한 일기가 양기와 음기로 분화한 뒤 충기 과정을 통해 화기를 이뤄 만물을 생성하는 이치가 바로 여기에 있다. 충기에 해당하는 유위지치 단계에서 지족겸하를 통해 화기를 만들어내지 못하면 무위지치의 만물이 생성되지 못한다. 이를 통해 『도덕경』의 무위지치가 우주만물의 생장소멸 이치와 직결돼 있음을 알 수 있다.

주목할 것은 『장자』가 유위지치의 충기 과정을 생략한 채 무지무욕만을 통해 곧바로 무위지치를 이룰 수 있다고 주장한 점이다. 『도덕경』이 제42장에서 굳이 충기를 언급한 취지를 무색도록 만드는 주장이다. 논리적으로 볼지라도 충기 과정을 생략한 채 화기를 만들어낼 수는 없는 일이다. 일一에서 이二로 진행하는 것은 일 자체의 내부 운동에 의해 자연스럽게 이뤄지는 것이다. 그러나 이에서 삼三으로 진행할 때는 반드시 충기 과정이 개입해 음양의 조화를 이뤄내야만 한다. 『도덕경』이 이를 통치 차원에서 해석해 놓은 것이 바로 지족겸하다.

지족겸하가 뒷받침되지 못할 경우 영아嬰兒 상태의 무지무욕에서 출발한 이二는 충기에 머물 뿐 삼三에 해당하는 화기를 만들어내지 못한다. 노자가 무위지치에 이르지 못한 유위지치를 겨냥해 유가에서 말하는 인위적인 덕목을 질타한 이유가 여기에 있다. 『도덕경』 제38장의 해당 대목이다.

"상덕上德은 부덕不德한 까닭에 오히려 유덕有德하나 하덕下德은 덕을 잃지 않으려고 애쓰는 까닭에 오히려 무덕無德하다. 상덕은 무위無爲한 까닭에 인위적인 작위作爲가 없으나 하덕은 유위有爲한 까닭에 작위가 있다."

만물의 본성인 덕성德性의 차원에서 볼 때 부덕不德을 뜻하는 『도덕경』의 도는 바로 유덕有德을 통해 드러난다. 본질은 같다. 그럼에도 많은 역대 주석자들은 덕을 도의 하위개념으로 간주하는 잘못을 저질렀다. 본래 유덕이 존재하지 않을 경우 부덕, 즉 도 자체가 존재할 수 없다. 몸체를 생략한 영혼을 상정할 수 없는 것과 같다. 몸과 영혼은 분리 자체가 불가능한 것으로 둘이면서 하나다.

『도덕경』의 덕은 도가 천지만물에 내재해 만물의 속성을 뜻한다. 덕 역시 일기가 양기와 음기가 혼륜한 상태로 섞여 있는 것처럼 부덕과 유덕이 분화되지 않은 채 뒤섞여 있는 상태를 말한다. 『도덕경』이 말하는 도와 덕은 마치 일기와 도가 둘이면서 하나인 것과 같다.

노자사상의 핵심어에 해당하는 무위 역시 같은 맥락에서 이해할 수 있다. 만물의 동정動靜을 뜻하는 위爲의 관점에서 볼 때 무위를 뜻하는 도는 유위有爲와 같은 의미다. 유위가 존재하지 않으면 무위, 즉 도 자체가 존재할 수 없다. '위'는 기와 마찬가지로 유위와 무위가 분화되지 않은 채 하나로 섞여 있는 상태를 의미한다. 인간의 지극한 작위를 뜻하는 치治 또한 동일한 논리 위에 서 있다. 무위지치는 유위지치와 본질적으로 같다. 유위지치가 존재하지 않으면 무위지치 또한 존재할 수 없다. '치' 역시 유위지치와 무위지치가 분화되지 않은 채 하나로 섞여 있는 상태를 의미한다.

도를 체體라고 할 때 그 구체적인 발현인 용用은 다양한 모습으로 나타난다. 도덕론道德論의 관점에서 볼 때는 덕德, 도기론道氣論의 관점에서 볼 때는 기氣, 도위론道爲論의 관점에서 볼 때는 위爲, 도치론道治論의 관점에서 볼 때는 치治로 나타난다. 도가 본질이라면 덕, 기, 위, 치는 도가 다양한 측면에서 그 모습을 드러낸 공능功能에 해당한다.

그럼에도 많은 사람들은 노자가 유가의 덕목을 반대한 것으로 잘못 해석하고 있다. 노자가 유가의 덕목을 질타한 것은 사실이나 그러한 덕목 자체를 배척한 것은 아니다. 그것만으로는 음기와 양기가 조화를 이룬 화기를 만들어낼 수 없다고 본 까닭에 인위적인 덕목을 비판한 것이다. 노자는 결코 장자처럼 음양의 기가 뒤섞이는 충기의 단계를 생략한 채 혼일한 상태로 존재하던 일기가 삼三의 화기로 변화할 수 있다고 주장한 적이 없다. 『장자』가 무치無治의 관점에서 무위지치를 언급하는 오류를 범했다는 지적을 받는 이유다.

동서고금을 막론하고 출세간에 속하는 신국神國의 관점에서 입세간의 세상사를 해결코자 한 모든 시도가 끝내 실패한 이유가 여기에 있다. 기독교의 천년왕국 교리를 원용한 마르크시즘의 지상낙원 구상이 실패한 것도 같은 맥락이다. 필요에 의해 생산해 필요한 만큼 소비한다는 구상 자체가 이二를 생략한 채 일一에서 삼三으로 비약할 수 있다는 오판에서 나온 것이다.

통치의 성패는 유위지치 단계에서 이뤄지는 충기沖氣 과정을 과연 조화롭게 이룰 수 있는가 하는 문제에 달려 있다. 유가는 이를 인의예지 등의 인위적인 덕목으로 이룰 수 있다고 보았다. 그러나 노자는 그것만으로는 낮은 수준의 하덕지치下德之治만 이룰 수 있을 뿐 최상의 수준인 상덕지치 上德之治, 즉 무위지치를 실현할 수는 없다고 본 것이다. 노자가 유가의 덕목을 질타한 것은 이들 덕목을 사갈시蛇蝎視 했기 때문이 아니다. 그것만으로는 지극한 통치를 이룰 수 없다고 보았기 때문이다. 노자가 무위를 통해 얻고자 한 무위지치가 바로 유위지치의 지극한 모습인 지치至治다.

마르크스는 착취계급이 사라지기만 하면 지상낙원을 구현할 수 있다고 주장했다. 이는 마치 장자가 그랬던 것처럼 유위지치의 중기 과정을 생략한 채 무지무욕만으로 무위지치를 이루고자 하는 것이나 다름없다. 이게 지상에 제대로 구현될 리 없다. 플라톤이 『국가론』에서 가족공동체를 생략한 이상국을 제시한 것도 같다. 오히려 갈등만 촉발할 뿐이다.

노자는 플라톤과 마르크스와 달리 치자와 피치자 간의 2분법적 구별을 거부했다. 그가 피치자를 착취하는 치자를 비난하면서 동시에 지나친 욕망에 사로잡힌 피치자들도 똑같이 비판한 이유가 여기에 있다. 그가 볼 때 지극한 통치를 이루기 위해서는 치자와 피치자 모두 영아嬰兒와 같은 무지무욕을 체득할 필요가 있었다. 통치자만이 무지무욕을 체득해서는 결코 무위지치를 이룰 수 없다는 게 노자의 기본입장이다. 노자가 통치자에게 무지무욕의 덕을 널리 확산시킬 것을 강력히 권한 이유가 여기에 있다.

물론 『도덕경』 역시 『논어』와 마찬가지로 치국평천하에 초점을 맞추고 있는 까닭에 특별히 치자에게 강권하고 있는 덕목이 있다. 그게 바로 지족겸하다. 지족겸하는 무지무욕과 달리 피치자인 백성이 반드시 체득하지 않아도 되는 덕목이다. 노자는 통치자가 지족겸하의 통치술을 발휘하지 못할 경우 결코 무위지치의 결과를 얻을 수 없다고 단언하고 있다. 지족겸하는 노자가 말한 무위지치 사상의 관건이다.

아리스토텔레스의 표현을 빌리면 지족겸하는 '정치적인 삶', 무지무욕은

'철학적인 삶'에 해당한다. 무지무욕은 통치와는 무관하게 개인적인 수련을 통해 얼마든지 체득할 수 있다. 장자처럼 살고자 하면 무지무욕 단계에 그쳐도 된다. 그러나 위정자가 되고자 하면 반드시 지족겸하의 덕까지 발휘할 줄 알아야 한다. 이를 갖추지 못할 경우 유가에서 말하는 인仁의 공업을 쌓을 수 있을지는 몰라도 결코 무위지치는 이룰 수 없기 때문이다. 그런 점에서 '정치적인 삶'은 '철학적인 삶'보다 훨씬 어렵다고 할 수 있다. 이는 국가공동체 성원의 삶과 운명까지 책임져야 하기 때문에 불가피한 일이기도 하다.

객관적으로 볼 때 지족겸하는 치국과 치천하의 분기점이기도 하다. 유가에서도 예양禮讓을 강조하고 있기는 했으나 지족겸하에 비할 바가 못 된다. 예양은 인위적인 데다가 형식에 그칠 우려가 크고 기준 자체도 매우 유동적이다. 그러나 지족겸하는 우주만물의 근본이치인 도에 기초하고 있는 까닭에 영구불변하다. 자국自國과 타국他國의 구별을 전제로 하는 유가의 예양은 치국은 몰라도 평천하의 통치술로 원용할 수 없다. 자국과 타국의 구별을 없애고 천하 만민을 모두 통치대상으로 삼는 치천하의 수준에 달하기 위해서는 반드시 노자가 말한 지족겸하의 통치술을 구사해야만 한다. 그래야만 최상의 치도인 제도帝道, 최고 형태의 덕인 상덕의 덕치德治를 이룰 수 있다. 지족겸하를 『도덕경』이 역설한 무위지치의 관건이자 상징으로 평하는 이유다.

소국과민과 부득이용병

노자는 '제도'를 실현하기 위한 구체적인 방안으로 백성의 무지무욕無知無欲을 주장했다. 이는 백성들을 우민愚民으로 만들라는 주문이 아닌 자아와 사물을 2분법적으로 분별하는 지식을 제거하라는 주문이다. 그러나 노자는 오랫동안 이로 인해 비난을 받아야만 했다. 백성들을 무지몽매한 상태에 가둬두는 우민정책을 권장했다는 식으로 매도한 게 그렇다.

그러나 노자가 말한 무지무욕은 이와 정반대의 뜻을 지니고 있다. 노자는 백성들이 나와 남을 2분법적으로 구분하는 인식을 강화할 경우 서로 자기 이익만을 추구해 끝내 나라가 혼란스러워질 수밖에 없다고 보았다. 통치자에게 백성들을 영악한 백성으로 만들지 않기 위해서는 반드시 무지무욕의 단계로 이끌고 나가야 한다고 충고한 이유가 여기에 있다.

노자는 백성들의 무지무욕을 통해 구현하려고 한 이상국가의 모습을 소국과민小國寡民으로 표현했다. 소국과민의 개념 속에는 인위적인 통치가 배제되고 천도의 이치에 부응하는 덕치국가의 모습이 강하게 부각되어 있다. 결코 장자처럼 무정부주의에 가까운 무치無治를 주장한 게 아니다. 노자사상을 장자의 무위자연無爲自然 개념을 원용해 해석해서는 안 되는 이유다.

노자가 말한 무위지치는 우주와 인간, 치자와 피치자를 모두 하나로 통합해 지극한 통치를 이루는 것이 기본취지다. 『도덕경』 전체를 통해 무위지치가 지속적으로 언급된 이유다. 제80장의 소국과민도 바로 이런 취지에 입각해 해석해야만 그 의미를 제대로 파악할 수 있다.

소국과민의 이상국은 모든 사람이 자신에게 주어진 역할과 삶에 만족해하며 사는 것을 말한다. 나와 남을 비교할 필요가 없는 나라가 바로 그런 나라다. 제왕과 필부는 역할에 따른 차이에 불과할 뿐 아무런 우열이 없다. 국가공동체의 모든 성원이 자신이 속해 있는 국가공동체와 일체가 되어 더 이상 통치자의 인위적인 개입이 필요 없는 상황이 되었기 때문이다. 그게 가장 높은 단계의 치도인 '제도'이고 그런 나라가 바로 제국帝國이다. 유가의 인위적인 덕목으로는 기껏 왕국王國밖에 이룰 수 없다. '제국'은 평천하 차원에서만 이룰 수 있다. '왕국'은 치국 차원에 머물 뿐이다. 노자의 통치사상이 치국治國 차원이 아닌 평천하 내지 치천하治天下 차원에 기반하고 있음을 극명하게 보여주는 대목이다.

그렇다면 노자의 제도는 맹자가 치천하에 적용할 수 있는 최상의 치도로 내세운 왕도와 어떤 차이가 있는 것일까?『도덕경』에도 왕王이 등장한다. 그러나『도덕경』의 왕은 맹자가 말한 왕도의 왕과는 질적인 차이가 있다.『도덕경』제16장은 왕을 천도에 좇은 최상의 치도 개념으로 사용하고 있다.

"만물은 무성하나 결국 그 뿌리로 돌아간다. 뿌리로 돌아가는 것을 생명을 회복하는 복명復命이라고 한다. '복명'을 두고 생명이 항상恒常을 얻는 상常이라고 한다. '상'을 알면 만물을 포용하는 용容, '용'이면 공평무사한 공公, '공'이면 천하를 호령하는 왕王, '왕'이면 천지의 주인인 천天, '천'이면 만물의 이치를 꿰는 도道, '도'이면 장구하게 이어지는 불멸의 경지인 구久가 완성된다."

우주만물이 천명으로 돌아가는 것은 영원불변의 원칙이고 이런 이치를 알면 그 마음은 천지와 같이 커져서 만물을 다 포용하게 된다는 취지다. 우주만물을 모두 포용하는 것만큼 공평한 것은 존재하지 않는다. 이같이 공평무사한 단계가 곧 왕이고 이런 왕이 곧 천이자 도다. 노자가 그린 최상의 통치가 제도帝道임을 입증한다. 노자가 생존한 시절에는 황제라는 용어가 존재하지 않은 까닭에 여기의 '왕'은 유가에서 말하는 '왕도'가 아니라 천하를 호령하는 황제의 치도인 '제도'를 의미한다고 보는 게 옳다. 왕이 곧 천天이고 천이 곧 도道라고 언급한 게 그렇다. 노자가 말한 '제도'는 만물을 늘 포용하고 지극히 공평하기 그지없는 통치를 펼친다.

주의할 것은 노자의 치도는 이처럼 천도와 인도가 하나로 합쳐지는 이른바 천인합일天人合—의 경지를 지향하고 있다는 점이다. 물론 유가의 왕도 역시 천인합일을 지향한다. 노자의 제도와 맹자의 왕도는 구체적인 내용의 차이에도 불구하고 그 취지만큼은 동일하다. 그러나 그 질과 규모가 다르다. 제도는 평천하 차원에서 그 진면목을 드러내는 데 반해 왕도는 치국 차원에 머문다. 인위적인 덕목에 의존하기 때문이다. 시공을 뛰어넘어 적용시키는 게 불가능하다.

'제도'는 통치자 한 사람의 노력만으로는 이룰 수 없다. 노자가 통치자는 물론 백성들에게도 무지무욕을 실천해 사치와 영예를 억지로 추구하지 말아야 한다고 강조한 이유다. 법률과 제도 등의 절차를 간소화하는 것도 필요하다. 모두 민리民利를 위한 것이다. 이를 실현시키기 위해서는 반드시 인위적인 덕목과 제도를 간소화하여야만 한다. 그는 특히 백성들의 검소한 삶을 강조했다. 『도덕경』 제19장에서 무위지치의 선결요건으로 백성들의 소박素樸과 과욕寡欲을 거론한 이유다. 맹자가 귀민경군貴民輕君을 주장하면서 통치자에게 모든 책임을 떠넘긴 것과 대비된다.

『도덕경』에서 말하는 성인은 '제도'를 현세에 실현시킬 수 있는 자를 말한다. '성인' 용어는 상편인 「도경」에 11번, 하편인 「덕경」에 20번 나온다. 그리고 81장으로 이뤄진 『도덕경』 전편에 걸쳐 모두 31번에 걸쳐 성인이 언급돼 있는 것은 곧 '성인' 개념이 노자사상의 키워드임을 시사한다. 실제로 노자는 오직 성인만이 나라를 능히 길게 다스리고 오래도록 편안하게 만들 수 있다고 보았다. 무위지치의 주체를 성인으로 규정한 것이다. 도가 개개 사물의 본성으로 표현된 것이 덕이므로 성인의 덕은 곧 도를 체득한 도인道人의 덕이 되는 셈이다.

노자가 말한 '소국과민'의 진정한 의미가 바로 여기에 있다. '제도'의 궁극적인 대상은 나라가 아닌 천하다. 이를 실현하는 구체적인 방안이 바로 인위적인 통치를 최소화한 '소국과민'이다. 그럼에도 역대 주석가들은 마치 노자가 원시공산사회처럼 무치無治의 상태에서 치국평천하에 임할 것을 주장한 것처럼 풀이했다. 노자사상에 대한 일대 왜곡이다.

천하처럼 큰 규모의 대상을 다스릴 때는 반드시 소국과민의 비유처럼 무위로 임하는 게 바람직하다. 노자는 인위적인 정치를 반대하기는 했으나 결코 다스림 자체를 부정한 적이 없다. 장자와 극명한 대조를 이루는 대목이다. 무위에 입각한 무차별적인 통치를 강조한 점에서 보면 오히려 유가보다 훨씬 강력한 통치 이론을 전개한 셈이다.

노자사상에서 '소국과민' 못지않게 많은 사람의 오해를 불러일으킨 개념으로 '무지무욕'을 들 수 있다. 이는 백성들을 결코 폐쇄적인 틀 안에 가두라고 권한 게 아니다. 위정자는 백성들로 하여금 늘 소박함을 잃지 않도록 주의해야 한다는 점을 강조키 위한 것이다. 노자가 말한 '무지무욕'과 '소국과민'은 노자사상의 전모를 파악하지 못하면 오해를 사기 십상이다. 실제로 오랫동안 그런 오해를 받아왔다. 노자가 무지무욕과 소국과민을 주장한 기본취지는 전쟁을 신중히 접근하는 그의 신전愼戰 사상에 잘 드러나 있다. 그는 『도덕경』 제30장에서 이같이 주장했다.

"도로써 군주의 역할을 수행하는 자는 무력으로 천하를 강압하지 않는다. 그는 일을 하면서 즐겨 스스로에게 책임을 묻는다. 군사가 머문 곳에는 형극荊棘만 자라고 대군이 지나간 뒤에는 반드시 흉년이 온다."

노자는 기본적으로 무력 사용을 반대했다. 백성의 안녕 때문이다. 아무리 전쟁에서 위대한 승리를 거둔다 할지라도 거기에는 희생이 수반될 수밖에 없다. 그러나 부득이한 경우의 무력 사용은 용인했다. 『도덕경』 제32장의 다음 구절이 그 증거다.

"병기는 상서롭지 못한 기물로 군자가 사용하는 기물이 아니다. 부득할 때 용병하니 담백한 마음을 높이 친다. 이겨도 이를 좋게 여기지 않는다. 이를 좋게 여기는 자는 살인을 즐기는 자다. 무릇 살인을 즐기는 자는 천하에 뜻을 이룰 길이 없다."

노자는 전쟁을 반대했지만 부득이한 경우는 전쟁을 치를 수밖에 없다고 보았다. 그게 바로 부득이용병不得已用兵이다. 자위를 위해 무력을 사용하는 경우가 이에 해당한다. 자위전은 침략을 위한 공격전과 달리 자위의 목적이 달성되면 즉시 전쟁을 그친다. 위정자의 사적인 욕심을 위해 백성들이 무고하게 희생되는 전쟁을 더 이상 용인할 수 없기 때문이다.

노자의 이런 자세는 21세기 스마트혁명 시대의 세계평화 이념과 맞아떨어진다. G1 미국이 자국의 자의적인 무력 사용마저 자유와 인권, 정의 등을 내세워 정당화하고 있는 것과 대비된다. 따지고 보면 춘추전국시대의 모든 전쟁 역시 지금의 G1 미국처럼 인의를 내세우지 않은 경우는 단 한 번도 없었다. 노자의 '신전론'은 열국의 이런 기만적인 모습에 대한 비판의식에서 비롯된 것이다. 이를 뒷받침하는 『도덕경』제31장의 해당 대목이다.

"길사吉事는 왼쪽을 높이나 흉사凶事는 오른쪽을 높인다. 편장군偏將軍인 부장副將이 왼쪽, 상장군上將軍이 오른쪽에 자리하는 것은 상례喪禮로써 대우하는 것을 말한다. 전쟁으로 죽인 사람의 숫자가 많으면 슬픔으로써 곡읍哭泣하고 전쟁에서 이길지라도 상례로써 대한다."

노자가 승전勝戰조차 상례로써 대해야 한다고 주장한 것은 전쟁 자체의 파괴성을 통찰한 결과다. 사실 동서고금의 모든 전쟁은 하잘것없는 이해와 시비에서 비롯됐다. 노자가 분쟁을 원천적으로 봉쇄하기 위해서는 무위와 무사無事, 무욕無欲이 필요하다고 역설한 이유가 여기에 있다. 노자가 무위 지치의 선결요건으로 백성들의 무지무욕을 강조한 것도 바로 이 때문이다.

욕망의 무절제한 추구를 허용하는 한 무위지치는 이룰 길이 없다. 무위지치를 이루기 위해서는 백성들로 하여금 본래의 덕성을 되찾도록 만들어야 한다. 그래야만 공리公利와 공의公義 대신 사리私利와 사의私義를 추구코자 하는 간교한 자들의 횡행을 막을 수 있다. 노자가 말한 무지무욕의 기본취지가 바로 여기에 있다. 그게 바로 노자가 말하는 치기치인治己治人의 방법이다. 이는 유가에서 말하는 수기치인修己治人과 맥을 같이하는 것이다. 단지 무위를 통해 이룬다는 점만이 다를 뿐이다.

노자가 말하는 '치기치인'은 우주만물의 운행방식에 따라 질서와 조화를 이루도록 만든다는 측면에서 볼 때 다스리지 않는 게 없는 무불치無不治가 된다. '치기'는 단순히 개인 차원에서 이뤄지는 고립적인 행위가 아니다. 세상에 존재하는 모든 사람과 관련된 '치인', 즉 치국평천하의 선결조건이다. 노자 역시 공자와 마찬가지로 '철학적인 삶'과 '정치적인 삶'을 하나로 녹이고자 했다.

치천하의 대전제는 바로 통치자의 자기변화다. 노자는 통치자가 솔선수범하여 치자와 피치자의 구분을 없애야만 군민君民이 하나가 돼 진정한 의미의 공동체를 이룰 수 있다고 보았다. 너와 나를 나누지 않고 자신과 주변의 모든 사물을 하나로 녹이는 주객일체主客一體의 자세가 관건이다. 유가에서 역설하는 군민일체君民一體의 취지와 같다.

안방과 문밖의 구별이 사라진 21세기 스마트혁명 시대의 관점에서 볼 때 노자의 무위지치 사상은 암시하는 바가 매우 크다. 국경과 인종, 남녀노소, 종교 등 모든 차별을 뛰어넘는 세계평화의 새로운 이념적 지표를 제시했기 때문이다. 실현 여부는 전적으로 21세기를 사는 우리들의 몫이다. 유가도 치국평천하를 외쳤지만 치국은 몰라도 평천하 차원에서는 여러모로 부족하다. 무위의 논리가 결여됐기 때문이다. 서구의 민주주의가 그 한계

를 노정하고 있는 지금이야말로 동서양을 아우르는 21세기의 새로운 통치
사상으로 노자의 통치사상을 적극 검토할 때다.

문명과 문화의 구분

21세기 경제경영 차원에서 볼 때 『도덕경』의 가르침은 문명과 문화의 구
분을 역설한 것으로 해석할 수 있다. 서양에서 말하는 '문화culture'는 인류
가 자연현실을 활용해 그 이상을 실현하려는 정신의 표출작업으로 규정된
다. 문화를 뜻하는 영어 '컬처'는 '물질적 재배'를 의미하는 라틴어 '쿨투라
cultura'에서 나온 말이다. 서양에서 경작이나 재배를 의미하던 이 말이 문
화의 의미로 전용된 것은 18세기 후반 프랑스의 계몽주의 사상가들이 정
신적인 계발의 뜻으로 사용하기 시작하면서부터였다. '문명civilization'이라
는 말은 18세기 중엽 미국 독립운동은 물론 프랑스 시민혁명에도 깊이 간
여했던 프랑스의 미라보 후작이 처음으로 사용하기 시작하면서 전 유럽에
퍼지기 시작했다. 미라보는 이 말을 프랑스와 영국, 미국 등과 같은 문명 선
진국에 적용한 반면 독일과 러시아와 같은 후진국에 대해서는 문화라는
말을 사용했다.

그러나 원래 '문명'이라는 말은 도시를 뜻하는 라틴어 '키비타스civitas'에
서 나온 말로 원래 의미대로 풀이하면 '도시화'에 불과한 것이었다. 그럼에
도 불구하고 문명이 문화와 대립되는 개념으로 인식된 것은 오직 문명만
이 인류의 진보와 이성의 보편성을 담보하는 것으로 간주된 데 따른 것이
었다. 이로 인해 미라보가 창안해낸 이 말은 이후 그리스와 로마 문명이 도
시국가에서 배태되었듯이 서양의 근대 국가가 이루어낸 최고의 가치를 상
징하는 말로 통용되었다. 여기에는 국민국가의 형성이 가장 늦었던 독일이

여타 선진국의 문명에 대항하기 위해 독일의 민족정신과 전통을 강조하면서 유독 문화를 강조한 것도 중요한 배경이 되었다. 독일이 문화를 내세우면서부터 문명과 문화는 대립적인 개념으로 유통된 것이다. 이 때문인지는 몰라도 프랑스는 지금까지도 자국의 역사를 '문명사'로 이해하고 있는 데 반해 독일은 '문화사'로 해석하고 있다.

물론 프랑스에서 말하는 문명은 단순히 물질적인 것뿐만 아니라 정식적인 것까지 종합한 것을 의미하고는 있으나 문명을 문화보다 높은 차원의 개념으로 상정하고 있는 것이 사실이다. 이에 반해 독일은 나폴레옹 전쟁 이래 두 번에 걸친 세계대전을 거치면서 문화의 개념 속에 문명의 개념까지 포함시키는 방향으로 나아갔다.

여기서 알 수 있듯이 서양의 문명 개념은 비유럽국가에 대한 서유럽의 우월의식을 나타낸 것으로 선진국을 상징하는 국가 이데올로기로 작동했다. 문명 개념은 서양의 문명을 가장 뛰어난 보편적 가치로 상정해 소위 '문명의 사명'이라는 미명하에 서양의 식민지 지배를 정당화하는 배경이 된 것이다. 현재는 문명 개념 대신에 '인권'이라는 개념이 통용되고 있지만 패권국의 제3세계에 대한 간섭을 정당화하는 데 사용되는 점만큼은 마찬가지라고 할 수 있다. 이는 십자군 이래 2001년의 9·11테러에 이르기까지 서양의 침탈에 대한 아랍세계의 도전이 '서양문명에 대한 도전'으로 간주되고 있는 사실을 통해 대략 짐작할 수 있다.

19세기 말 동양에 최초로 도입된 개념도 문명 개념이었다. 일본은 메이지유신을 통해 서양의 문명을 곧 〈문명화=서구화=제국주의화〉의 의미로 받아들였다. 당시 일본은 서구 열강의 침략을 피하기 위해서라도 이 같은 등식이 필요한 측면이 있었다. 국제법은 문명국에만 적용되었고 미개한 나라에 대한 문명국의 식민지 지배는 정당한 것으로 인정되어 있었기 때문이었다. 일본이 메이지유신 전에 서구 열강과 맺은 불평등조약을 개항 이후 60여 년 만인 1910년대에 가서야 겨우 변경시킬 수 있었던 것도 이 같은 시대적 사조의 흔적이었다. 일본은 당시 불평등조약을 해소하기 위해 메이지유신 이후 수십 년에 걸쳐 국제법에 관한 연구를 거국적인 지원 사업으로 만들었다. 일본이 지금까지 독도를 자신의 땅이라고 주장하면서 세계에서 국제법에 관한 한 가장 높은 수준의 이론을 보유하게 된 것도 이런 역사적 배경과 무관한 게 아니었다.

메이지유신의 사상적 스승인 후쿠자와 유기치福澤諭吉는 기조의『유럽문명사』(1928년), 버클의『영국문명사』(1861년)를 기초로『문명론의 개략』(1875년)을 저술한 바 있다. 그가 이 책에서 강조한 것은 일본의 독립과 국민국가 형성 등에 관한 것이었다. 그는 이런 서양의 문명론을 토대로 조선과 같은 주변 아시아국에 대한 일본의 식민지 지배를 정당화했다. 그는 아시아에서는 오직 일본만이 문명국이므로 주변국은 문명국인 일본의 지배를 받아야 한다는 주장을 편 것이다. 그러나 일본은 점차 만주를 거쳐 중국 내륙으로 침략의 손길을 확대하면서 새로운 이론이 필요하게 되었다. 이는 일본이 독일과 제휴해 아시아의 유일한 패권국을 자처한 것과 밀접한 관련이 있었다. 이때 새롭게 등장한 것이 바로 독일의 문화 개념을 변용한 '일본문화日本文化' 개념이었다. 이는 원래 일본인들이 1920년대에 들어서면서 메이지시대에 유행한 문명 개념 대신에 문화 개념을 강조하기 시작한 데서 비롯된 것이었다. '일본문화' 개념은 1930년대에 들어와 일본을 중심으로 전 아시아를 하나로 묶는 이른바 '대동아공영권大東亞共榮圈'의 구상을 이론적으로 뒷받침하는 용어로 통용되었다.

이미 수천 년 전에 중화문명을 답습하는 것 자체를 '문화'로 규정했던 중국인들은 1960년대에 들어와 문화대혁명을 일으키면서 뒤늦게 '일본문화'

를 흉내 내는 모습을 보여주었다. 한국의 경우는 아직 중국과 같이 국가단위의 문화혁명을 일으킨 적은 없었지만 지난 1980년대에 젊은 대학생들을 중심으로 '문화운동'이 열병처럼 번진 적은 있었다. 당시 젊은 학생들의 문화운동은 크게 두 가지 방향에서 전개되었다. 하나는 우리 고유의 '민족문화'의 원형을 복원해 미국 일변도의 문화제국주의로부터 탈피하고자 하는 흐름이었다. 다른 하나는 북한의 주체사상과 밀접한 관련을 가진 '민중문화'에서 그 해답을 찾고자 한 것으로 이념적으로는 해방 전후에 풍미했던 '사회경제사관'에 뿌리를 두고 있었다.

'일본문화'에서 중국의 문화대혁명을 거쳐 한국의 민중문화에 이르는 일련의 흐름을 통해 알 수 있듯이 동양에서 나타난 모든 문화 개념은 은연중 서양이 우위에 서 있는 물질문명에 대한 대항 개념에서 출발한 것이었다. 이는 서양이 산업혁명 이후 자신들이 이뤄놓은 눈부신 물질문명을 대개 '문명'이라고 지칭하면서 동양 전래의 전통적인 문명은 문명이 아니라 일종의 정신적인 '문화'로 규정한 사실과도 무관한 것이 아니었다. 여기서 짐작할 수 있듯이 문화와 문명 간의 갈등은 아직도 계속되고 있는지도 모른다. 우리 역시 한국문명이라는 용어 대신 한국문화라는 용어를 선호하고 있다. 문명 개념에 대한 거부감이 우리도 모르게 깊숙이 자리 잡고 있는 셈이다.

동양에서 사용된 '문화 文化'라는 말은 원래 글을 터득해 인간의 도리를 깨닫게 된다는 뜻으로 이해된 데 반해 '문명 文明'은 인간이 문화를 통해 세상을 밝게 만들었다는 뜻으로 통용되었다. 정신사적 발달이 가시적으로 표출된 현상이 곧 문명이었던 것이다. 동양의 경우는 문화와 문명 사이에 무슨 뚜렷한 구별이 있었던 게 아니다. 문명과 문화 모두 기본적으로 인간의 정신적 계발에 기초했던 것이다. 객관적으로 볼 때 문명은 기본적으로 문화를 전제로 해야만 가능하다고 할 수 있다. 문화가 없는 곳에서는 문명이 발달할 토양이 존재하지 않기 때문이다. 동양 전래의 전통에 입각해 볼 때 문명사는 문화사적 발전을 그 기반으로 하는 구체적인 표현양식으로 해석해도 큰 무리는 없는 것이다.

단순히 문명이 앞섰다고 해서 반드시 문화도 앞섰다고 단정할 수는 없다는 얘기다. 문화를 토대로 문명이 발전하는 것은 사실이지만 문화 계발을 희생시키면서 문명을 발전시킬 수도 있기 때문이다. 문명의 발전을 도모하기 위해 상대적으로 문화 부문의 계발이 소홀해질 수 있는 것이다. 그 대표적인 실례가 바로 동양과 서양의 근세사라고 할 수 있다.

문화는 인류의 원초적인 의식주 생활을 전제로 하는 하부구조의 문화를 비롯해 정치·법·군사 등 국가 단위에서 나타나는 상부구조의 문화 등 다양한 문화양식을 총괄하는 용어다. 문명발전의 다양한 수준에도 불구하고 인류에게는 공통적인 문화양식이 존재한다. 『도덕경』을 관통하는 '소국과민' 등의 키워드도 바로 여기서 출발하고 있다. 국가총력전 양상을 보이고 있는 21세기 경제전에 이를 잘 활용할 필요가 있다. 문명이 아닌 문화에 방점을 찍은 『도덕경』의 가르침을 실현하는 게 관건이다. '문화 아이콘'의 이미지 메이킹에 성공한 아이폰의 승승장구와 기술을 내세운 '문명 아이콘'의 상징인 삼성 갤럭시 시리즈의 부진이 그 증거다.

객관적으로 볼 때 삼성이 강점으로 내세운 최고 사양의 하드웨어는 중국의 급부상으로 인해 가격과의 전쟁에서 패할 수밖에 없다. 좁쌀을 뜻하는 샤오미小米의 돌풍이 그 증거다. 지난 2014년 샤오미는 스마트폰 판매에서 중국 1위, 세계 5위에 올랐다. 창업한 지 불과 5년 만에 세계 최대 시장인 중국을 석권한 것이다. 일각에서는 향후 스마트폰 시장의 세계 1위 등극도 가능하다는 전망이 나오고 있다. 애플의 카피캣인 샤오미의 희생양이 애플의 아이폰이 아니라 아이폰을 주적으로 삼아 급성장한 삼성의 갤럭시폰인 것은 지독한 역설이다.

애플제국의 창업주 스티브 잡스는 생전에 세계 최고 수준의 하드웨어를 자랑하는 삼성의 급부상에 경악한 나머지 삼성의 갤럭시 시리즈를 '카피캣'으로 몰아가며 지루한 소송전을 전개했다. '카피캣'의 오명을 뒤집어쓸 경우 그 피해는 상상을 초월했다. 애플과 삼성이 사운을 걸다시피 하며 소송전에 매달린 이유다. 그러나 정작 승부는 소송전이 아니라 명실상부한 애플의 '카피캣'인 샤오미의 등장으로 끝나고 말았다. 잡스가 내건 '손안의 세계' 같은 독자적인 소프트웨어의 '브랜드 가치'가 없으면 아무리 뛰어난 사양의 하드웨어를 자랑할지라도 진검승부에서 패할 수밖에 없다는 사실을 극명하게 보여준 사례에 해당한다. 소프트웨어는 문화, 하드웨어는 문명에 해당한다. 노자가 『도덕경』에서 '소국과민' 등을 역설하며 문명보다 문화에 초점을 맞춰야 한다고 역설한 이유가 절로 상기되는 대목이다. 삼성이 살길은 이제 독자적인 '브랜드 가치'의 정립밖에 없다는 사실이 분명해진 만큼 모든 노력을 소프트웨어 경쟁력 강화에 쏟아야 한다. 문명이 아닌 문화에 방점을 찍고 심기일전의 자세를 다지는 게 요체다.

"어찌하여 허무를
귀하게 여기십니까?"

열자가 말하기를,

"허무란 본래
귀할 것이 없습니다.
허무라는 것은 형체가 없는
도의 이름이지, 형체가 있는
사람의 이름이 아닙니다."

허무론 虛無論

마음을 비우고
생각하라

열자와 철학

　통상 도가의 3대 인물로 노자와 열자列子 및 장자를 예로 든다. 당나라 때 노자가 황실의 동성인 이씨李氏라는 이유로 태상현원황제太上玄元皇帝로 추존되면서 열자 또한 충허지인沖虛至人으로 추봉追封된 게 그렇다. 북송 때 진종眞宗은 『열자』에 '지덕至德' 2자를 덧붙여 '충허지덕진경沖虛至德眞經'으로 높였다. 휘종徽宗은 정화政和 6년인 1116년에 태학太學에서 『황제내경黃帝內經』과 『도덕경』, 『장자』, 『열자』의 박사를 두게 했다. 『황제내경』과 『도덕경』은 대경大經, 『장자』와 『열자』는 소경小經의 대우를 받았다. 열자가 오랫동안 노자 및 장자와 더불어 도가의 3대 인물로 존숭됐음을 알 수 있다.

　그러나 열자는 노자 및 장자와 비교할 때 상대적으로 덜 알려져 왔다. 사마천이 『사기』를 저술할 때도 별반 다르지 않았다. 장자와 맹자 등의 사적을 다룬 「노자한비열전」에 열자의 이름이 나오지 않는 게 그렇다. 오랫동안 열자의 실존에 관한 의문이 끊임없이 제기된 이유다. 실제로 노자가 그렇듯이 열자의 실존 가능성을 뒷받침할 만한 근거는 그리 많지 않다. 『열자』에 나오는 여러 일화가 거의 유일한 근거에 해당한다. 수천 년 동안 그의 실존 여부를 둘러싼 의문이 끊임없이 제기된 이유가 여기에 있다. 이런 의문은 관윤자關尹子 및 열자의 실존 가능성에 대한 의문으로 이어졌다. 노자의 실존을 믿는 사람들은 관윤자와 열자의 실존도 믿는 반면, 노자의 실존에 의구심을 표한 사람들은 거의 예외 없이 열자의 실존에 강한 의구심을 나타낸 배경이다.

노자 및 열자의 실존 가능성에 의문을 표하는 자들은 먼저『사기』「노자한비열전」에 열자에 관한 언급이 없는 것을 논거로 들고 있다. 사마천 등의 당시 사가들도 이미 그의 실존 가능성에 회의를 표명했다는 것이다. 이들은 두 번째로『장자』「천하」에 열자를 언급치 않은 점을 든다. 이어 마지막으로 선진시대 각 학파의 대표적인 인물 12명을 거론한『순자』「비12자」에 그의 이름이 나오지 않는 점을 논거로 들고 있다.『장자』「소요유」를 보면 열자가 바람을 타고 하늘을 날아다녔다는 식의 허황된 얘기가 나온다. 열자의 실존을 더욱 의심스럽게 만드는 대목이다. 확실히 사마천과 장자, 순자 등이 선진시대의 각 학파를 거론하면서 하나같이 열자를 빼놓은 것은 그의 실존을 의심케 하는 유력한 증거에 해당한다. 오랫동안 열자의 실존을 의심하는 학자들이 주류를 이룬 이유다.

그러나 전한 말기의 유향劉向은 기존의『열자』를 8편으로 정리한 뒤 부기해 놓은『열자서列子序』에서 정반대의 의견을 피력했다. 비록 소략하기는 하나 실존인물로 간주해 이같이 기록해 놓았다.

"열자는 정나라 사람이다. 정목공鄭穆公과 같은 시대의 사람으로 대략 도가에 속했다."

정목공은 춘추시대 중엽의 인물이다. 유향의 이런 주장은 열자를 공자 및 노자보다도 더 앞선 시대의 인물로 본 데 따른 것이다. 이를 두고 당제국의 유종원柳宗原은 이같이 확대해석했다.

"유향은 매우 박학했던 인물이다. 그가 착오를 일으킬 리 없다. 이는 다만 열자를 고증할 이유가 없었기 때문이다."

실제로 선진시대의 여타 문헌에는 오히려 열자를 실존인물로 간주할 만한 대목이 다수 나온다. 『여씨춘추』「심분審分」편의 다음 대목이 그 실례다.

"노자는 유柔, 공자는 인仁, 묵자는 겸兼, 관윤자는 청淸, 열자는 허虛, 양주는 기己, 손빈은 세勢를 귀하게 여겼다."

『여씨춘추』의 이 기록은 열자사상의 정수를 지적한 것으로 당시 사람들이 열자를 실존인물로 간주했을 가능성을 시사한다. 이와 관련해 당나라의 안사고顔師古는 『한서』「예문지藝文志」의 '『열자』 8편이 있다'는 기록과 관련해 자신이 검토한 사료를 토대로 '열자의 이름은 어구圄寇로 장자보다 앞선 사람이다. 장자가 그를 칭송했다'는 주석을 달아 놓았다. 열자를 실존인물로 간주한 결과다. 『전국책』「한책」의 '사질사초史疾使楚' 일화는 열자의 실존 가능성을 더욱 확실하게 뒷받침하고 있다. '사질'의 행적에 대해서는 자세히 알 길이 없으나 열자의 학문인 열학列學을 연마한 도가 계통의 종횡가로 보인다. 「한책」의 일화에 따르면 한번은 사질史疾이 한韓나라를 위해 초나라에 사자로 오자 초왕이 물었다.

"그대는 어떤 법술을 연마했소?"

"열자어구列子圄寇의 말씀을 배웠습니다."

이때 마침 까치가 옥상에 앉자 사질이 초왕에게 반문했다.

"청문컨대 초나라 사람들은 이 새를 무엇이라고 부릅니까?"

"까치라고 하오."

사질이 다시 물었다.

"까마귀라고 부르면 되겠습니까?"

"안 되오."

그러자 사질이 이같이 말했다.

"지금 초나라에는 주국柱國과 영윤令尹, 사마司馬, 전령典令 등의 관직이 있습니다. 관원을 둘 때는 반드시 염결廉潔한 자세로 직무를 충실히 임할 것을 당부합니다. 그런데도 지금 초나라는 도적의 횡행을 막지 못하고 있습니다. 이는 까마귀를 까마귀라고 부르지 않고 까치를 까치라고 부르지 않은 데서 비롯된 것입니다."

『전국책』은 전국시대 각국 책사策士의 언행을 기록해 놓은 책으로 전한 제국 말기에 유향이 정리한 것이다. 이 일화는 전국시대 말기에 등장하는 장자의 학문인 장학莊學에 앞서 '열학'을 전습傳習 내지 사숙私淑한 자들이 적지 않았음을 시사한다. '장학'이 나오기 전까지만 해도 '열학'이 노자의 학문인 '노학老學'의 학맥을 잇는 것으로 크게 각광받았음을 뒷받침하는 대목이다.

사실『장자』도「천하」에서는 열자를 거론치 않았으나 다른 편을 보면 오히려 열자의 행적을 나름대로 소상히 기술해 놓고 있다.「소요유」처럼 신화적인 내용도 있으나「응제왕」및「양왕」의 일화처럼 매우 객관적인 기술도 있다. 제자백가의 평가에 나름 신중을 기한 청대의『사고전서총목제요四庫全書總目提要』는 열자의 실존 가능성을 높이 사면서 이같이 단언한 바 있다.

"당시 실제로 열자가 존재했다. 결코 장주莊周의 우언寓言에서 나온 이름이 아니다."

이는 열자의 존재를 전혀 의심치 않았음을 뜻한다. 그럼에도 여러 도가를 언급한『사기』「노자한비열전」과『장자』「천하」,『순자』「12자」 등은 왜 열자의 이름을 거명하지 않은 것일까? 당초 사마천의 주요 활동 시기는 유가의 학술만을 유일무이한 관학官學으로 인정한 이른바 '독존유술獨尊儒術'이 선포된 한무제漢武帝의 치세였다. 이때는 전한제국 초기 도교로 진행하는 도중의 도가 학문인 이른바 '황로학黃老學'이 크게 기울던 때였다. 사마천으로서도 '황로학'을 작게 취급하거나 거의 언급치 않는 학계의 분위기를 반영치 않을 수 없었을 것이다.「노자한비열전」에서 이미 노자와 장자를 도가의 가장 대표적인 인물이 거론한 마당에 굳이 열자까지 언급할 필요성을 느끼지 못했을 공산이 크다.『장자』가 「천하」에서 열자를 거론치 않은 것도 크게 문제 삼을 게 없다. 현재 학계에서는『장자』의 「천하」를 두고 후학이 덧붙인 것으로 보는 견해가 많다. 이는 「천하」를 덧붙일 때 각 학파를 대표하는 인물의 숫자를 의도적으로 조절했음을 시사한다. 「천하」에서 각 학파의 대표인물을 2~3명만 언급하고 있는 게 그렇다. 도가의 경우 장자를 크게 부각시키면서 노자와 관윤자를 부수적으로 취급해 놓았다. 이미 장자, 노자, 관윤자 등 3명을 언급한 상황에서 굳이 열자까지 거론할 이유는 없었다고 보는 게 옳다.『장자』의 다른 편에서 열자를 '자열자子列子'와 '어구禦寇' 등으로 지칭하면서 모두 10여 차례에 언급하고 있는 사실이 이를 뒷받침한다. 후학이 덧붙인 「천하」를 근거로 열자의 존재를 부정해서는 안 되는 이유다. 「천하」가 공자를 언급하지 않은 것을 이유로 공자를 부인했다고 말할 수 없는 것과 같은 이치다.

　마지막으로『순자』「비12자」가 열자를 거론치 않은 것 역시 이상하게 볼 일도 아니다. 「비12자」에는 타효它嚚와 위모魏牟, 진중陳仲, 사추史鰌, 묵적墨翟, 송견宋鈃, 신도愼到, 전병田駢, 혜시惠施, 등석鄧析, 자사子思, 맹자孟子 등 각 학파의 대표적인 인물 12명이 거론돼 있다. 그러나 이들 모두 순자가 비판대상으로 삼은 자들이다. 공자와 노자, 장자 등은 여기에 포함되지도 않았다. 열자도 비판대상에서 비켜난 셈이다.『순자』「비12자」에 열자가 나오지 않은 것을 두고 열자의 실존 가능성을 부인하는 근거로 이용해서는 안 되는 이유다. 현재 학계에서는 열자는 실존인물로 보는 견해가 주류를 이루고 있다. 이는 노자를 실존인물로 간주하는 학계의 흐름과 무관할 수 없다.

　그렇다면 열자에 관해서 전해지는 기록은 왜 그토록 미미했던 것일까?

원래 열자의 조국인 정나라는 춘추시대 초기에 일시적으로 세력을 떨치기도 했으나 이내 남북으로 초楚나라와 진晉나라의 압력을 받다가 전국시대에 들어와서는 한韓나라에 병탄됐다. 열자는 바로 이런 약소국에서 태어나 평생을 포의布衣로 살았다. 그의 생애가 자세히 전해지지 않은 것은 오히려 당연한 것으로 보아야 한다.『열자』의 제1편인「천서」의 첫머리는 바로 이런 정황을 전하고 있다.

"열자가 정나라 포圃 땅에서 40년간 살았으나 아무도 그를 알아보는 자가 없었다. 군주와 경대부卿大夫 모두 그를 일반 백성으로 여겼다."

『열자』와『장자』등에 따르면 열자는 성이 열列, 이름이 어구禦寇다. 기원전 4백 년경 정나라에서 태어났다. 일부 문헌에는 '어'가 어圉 내지 어圄로 되어 있다. 그는 노자에게 부탁해『도덕경』을 전해 받은 관윤자로부터 도를 배운 뒤 여러 제자에게 노자사상을 전한 것으로 알려져 있다. 이를 사실로 인정할 경우 노자사상은 관윤자와 열자를 거쳐 장자로 이어진 셈이 된다.『여씨춘추』「심기審己」는 열자가 일찍이 관윤자에게 활쏘기를 배운 것으로 기록해 놓았다. 관윤자는 노자를 스승으로 삼은 인물이다.『사기』는 노자가 공자와 비슷한 시기에 활약한 것으로 기록해 놓았다. 공자는 기원전 552년에 태어나 기원전 479년에 죽었다. 이를 종합하면 열자는 스승인 관윤자와 동시대 내지 약간 늦은 시기인 춘추시대 말기에서 전국시대 초기에 걸쳐 활약했을 공산이 크다. 구체적인 활동 및 사망 시기 등에 관해서는 자세히 알 길이 없다. 대략『열자』의 기록을 토대로 제자들을 육성해 노자사상을 후대에 전했을 것으로 추론할 뿐이다.

21세기 학술 차원에서 볼 때 열자의 이론과 주장은 대략 사물의 본질과 존재의 근본원리를 직관과 사유에 의하여 탐구하는 철학, 그중에서도 특히 사물의 현상을 있는 그대로 파악코자 하는 현상학에 가깝다. 원래 현상학은 시대에 따라 여러 개념으로 사용돼 왔다. 이 용어를 처음으로 사용한 사람은 독일의 철학자 람베르트다. 그는 1764년 『신기관』에서 사물 자체의 본질을 연구하는 본체학과 구별해 사물 자체의 현상을 연구하는 학문을 현상학으로 규정했다. 이후 칸트는 사물 자체에 관한 학문과 구별되는 경험적 현상의 학문으로 풀이했다. 헤겔은 감각적 확실성에서 출발하여 절대지絶對知에 이르는 의식의 발전과정으로 파악했다. 정신현상학精神現象學이라는 용어를 만들어낸 이유다.

그러나 가장 널리 통용되는 개념은 후설을 중심으로 한 현상학파의 철학을 뜻하는 말이다. 후설은 라이나흐, 셸러, 하이데거 등과 함께 잡지 『철학 및 현상학적 연구 연보』를 펴내면서 현상학의 전파에 매진했다. '사상事象 그 자체로'라는 표어를 내건 이들 현상학파는 의식에 나타난 현상을 있는 그대로 충실히 포착해 그 본질을 직관直觀에 의하여 파악코자 했다. 칸트와 헤겔 등의 사변적 접근을 거부한 게 가장 큰 특징이다. 직관을 중시한 도가 및 불가의 입장과 닮았다. 이후 후설이 대상과 의식의 상관관계에 대한 분석에 초점을 맞춘 이른바 '선험적先驗的 현상학'을 기치로 내걸면서 현상학파 내부에 분열이 생겼다. 이는 '순수의식의 현상학'으로도 일컬어진다. 사물을 대할 때 통상적인 태도를 괄호 속에 집어넣는 이른바 '현상학적 판단중지' 과정을 거쳐 끝까지 남아 있는 순수의식의 본질을 파악하려는 태도에 주목한 명칭이다.

현상학과 가까운 열자의 학문을 추종하는 자를 공상가空想家로 표현한 이유다. 통상 '공상가'는 현실적이지 못하거나 실현될 가망이 없는 것을 늘 생각하는 사람을 지칭하는 말로 사용된다. 그러나 인간의 모든 창조행위는 바로 이런 '공상'에서 나왔다. 현상학의 방법론이 꼭 이와 닮았다. 통상적인 사유를 거부한 게 그렇다. 21세기 경제경영의 관점에서 보면 이는 창조경영에 해당한다. 사물의 본질을 찾고자 하는 현상학적 접근은 마치 의문의 여지가 없는 것처럼 보이는 진리조차 회의하며 깊이 천착하는 노력을 중시한다. 극과 극은 통하는 것처럼 이는 공상가의 사고 유형과 닮았다. 창조적인 발상은 바로 이런 비범한 자세에서 나온다.

공상과 창조

간세간과 열자

사상사적으로 볼 때 열어구의 『열자』는 노담의 『도덕경』과 장주의 『장자』 사이에 위치해 있다. 이른바 간세간間世間이다. 그러나 엄밀히 말하면 『열자』는 입세간入世間의 현실정치에 대한 관심을 잃지 않고 있는 까닭에 출세간出世間에 집착하고 있는 『장자』보다는 『도덕경』에 훨씬 가깝다. 이는 『열자』가 '무無'를 중시한 『장자』와 달리 '허虛'를 중시한 사실과 무관치 않다. 노자와 열자 및 장자를 출세간을 상징하는 불가와 비교해 그 차이점을 도식화하면 다음과 같다.

입세 및 출세에 관한 도가와 불가의 입장 차이

	입세간入世間	간세간間世間		출세간出世間
원근관계	노자	← 열자 ⇔ 장자 →		석가
내세來世	否	否	否	肯
일신逸身	肯	肯	肯	否
명리名利	肯	肯	否	否
낙생樂生	否	肯	肯	否

노자와 열자 및 장자는 불가와 달리 내세를 인정하지 않는다. 다만 장자는 불가처럼 극락과 지옥 등의 사후세계와 윤회설을 인정하지는 않았으나 사후세계가 존재할 가능성을 암시한 바 있다. 『장자』「지락」에 나오는 해골과의 대화 일화가 그렇다. 이에 따르면 한번은 장자가 초나라로 가다가 도중에 해골을 끌어당겨 베개로 삼고 잠을 자게 됐다. 한밤중에 해골이 꿈에 나타나 말했다.

"죽음의 세계는 위로 군주도 없고 아래로는 신하도 없다. 또 계절에 따라 쫓기는 일도 없다. 자유롭게 천지자연의 장구한 시간을 봄가을로 삼는다. 천하를 다스리는 제왕의 즐거움도 이보다 더할 수는 없다."

장자가 이를 믿지 못했다.

"내가 수명을 관장하는 신으로 하여금 그대의 목숨을 다시 살려낸 뒤 그대의 골육과 피부를 재생시켜 부모처자와 마을의 지인들에게 돌려보내도록 하겠다. 그대 생각은 어떠한가?"

해골이 눈살과 이맛살을 심하게 찌푸리며 말했다.

"내 어찌 제왕보다 더한 즐거움을 버리고 인간세상의 괴로움을 반복할 수 있겠는가!"

장자는 살아 있는 모든 인간이 두려워하는 죽음을 정면으로 다루면서 생전보다 사후가 오히려 더 나을 수 있다고 얘기한 것이다. 그렇다고 장자가 사후세계의 실재를 믿은 것은 아니다. 해골이 말한 세계는 장자가 상정한 상상의 세계일 뿐이다. 문맥으로 볼지라도 그는 종교에서 말하는 천당과 지옥 등의 사후세계를 수긍하지 않았다고 보는 게 옳다. 그가 만일 천당이나 지옥 등에 관한 얘기를 들었다면, 아마도 '생과 사 자체가 본래 꿈인데 하물며 그 너머야 더 말할 게 뭐 있는가?'라며 오히려 크게 웃음을 터뜨렸을 것이다. 호접몽胡蝶夢 일화가 이를 뒷받침한다. 훗날 장자사상이 장생불사의 신선이 되고자 하는 도교道教 내지 석가의 옷을 입은 선종禪宗의 근간이 된 것도 출세간에 가까운 간세간의 입장을 보인 장자의 이런 특징과 무관치 않다. 장자는 먹고사는 의식衣食을 기반으로 해 몸을 편안케 하는 일신逸身에서는 열자와 입장을 같이하나 명리名利를 배척한 점에서는 열자와 입장을 달리한다. 열자는 여러 면에서 노자와 궤를 같이하나 주어진 삶을 즐겁게 누리자는 이른바 낙생樂生 차원에서는 오히려 장자와 취지를 같이한다. 노자는 무지무욕無知無欲의 소박한 삶을 지향한 까닭에 열자와 장자처럼 주어진 삶을 적극적으로 즐기자는 '낙생'의 취지와는 거리가 멀다. 그런 점에서는 노자가 오히려 석가의 입장과 닮았다.

이를 통해 알 수 있듯이 열자는 노자와 장자의 중간에 위치해 있으면서도 노자와 사뭇 가까운 입장을 취하고 있다. 열자를 통하지 않고는 도가사상의 전모를 파악하는 일 자체가 불가능하다고 말하는 이유다. 그럼에도 오랫동안 『열자』를 생략한 채 『도덕경』과 『장자』만으로 도가사상의 전모를 파악하는 잘못된 관행이 지속돼 왔다. 이는 전국시대 말기에 묵가와 더불어 일세를 풍미하다가 진秦제국의 성립과 더불어 일거에 사라진 양주楊朱의 위아주의爲我主義 사상이 곧 열자사상으로 간주된 사실과 무관치 않다. 여기에는 『도덕경』 및 『장자』와 달리 『열자』에만 유일하게 「양주」편이 편제되어 있는 점이 크게 작용했다. 원래 양주는 극단적인 이기주의 내지 퇴폐적인 향락주의를 추구한 자가 아니다. 위아주의 사상은 열자보다는 오히려 장자에게 더 큰 영향을 미쳤다. 장자는 유가의 치국평천하 논리에 크게 반발하며 출세간으로 치달은 데 반해 열자는 유가의 주장을 부분적으로 수용하며 입세간에 관심을 표명했다. 이런 사실이 21세기 현재에 이르기까지 제대로 알려지지 않고 있다. 많은 사람들이 『도덕경』과 『장자』 사이의 간극을 무시한 채 통상 노자와 장자를 하나로 묶어 노장老莊으로 통칭하는 사마천 때의 잘못을 답습한 탓이다.

노자로 상징되는 도가사상이 위진남북조시대의 현학玄學을 거쳐 도교
사상으로 전락하는 과정을 제대로 파악키 위해서는 반드시 『열자』를 검토
해야만 한다. 입세간에 굳건히 발을 붙이고 있는 노자사상이 출세간 쪽을
지향하는 장자사상으로 이어지는 가교역할을 수행하고 있기 때문이다. 열
자와 장자는 똑같이 간세간에 발을 붙이고 있음에도 사물을 대하는 자세
는 적잖은 차이가 있다. 열자는 마치 데카르트가 그랬던 것처럼 모든 것을
회의하는 데서 출발한다. 텅 빈 마음으로 사물을 대하는 게 그렇다. 진리처
럼 여겨졌던 그 어떤 것도 이런 회의를 통해 거듭 검증을 받아야 한다. 현
상학의 접근자세와 같다. 열자가 세속적인 부귀영화도 저절로 다가오면 마
다하지 않고 떠나는 것을 억지로 붙잡으려 들지 말라고 충고한 이유다. 주
어진 삶을 긍정적으로 수용하며 즐기는 이른바 낙생주의樂生主義 입장을
보인 게 그렇다. 뭔가 새로운 것을 찾아내고자 하는 도전적인 창업가가 이
런 자세를 지닐 필요가 있다. 모든 선입견을 내던진 채 마음을 텅 비우고
사물을 대하는 게 관건이다.

이에 대해 장자는 세속의 부귀영화로부터 초연한 입장에서 사물을 대하
고자 했다. 산속에서 면벽수도하는 선승처럼 의도적으로 세속적인 부귀영
화와 멀리 떨어져 산 것이다. 이는 새로운 문화유형을 만들어가는 예술가
의 자세와 사뭇 닮아 있다. 실제로 예술가가 세속적인 부귀영화에 마음을
빼앗기면 좋은 작품이 나올 수 없다. 이는 단 하나의 예외가 없다. '배부른
예술가'의 작품에는 속기俗氣가 끼어들기 때문이다. 새로운 문화유형을 주
도적으로 만들어가기 위해서는 장자를 본받을 필요가 있다. 세속적인 부
귀영화로부터 초연한 자세를 취하는 게 요체다.

안방과 문밖의 구별이 없는 21세기 스마트혁명 시대는 '무위'를 화두로

삼고 있는 도가의 노선과 부합한다. 다만 구체적인 내용에서는 노자와 열자 및 장자의 노선이 약간씩 다른 모습을 보이고 있는 만큼 기본취지를 정확히 알 필요가 있다. 노자처럼 천하를 가슴속에 품고 인류문화를 기치로 내세운 문화인으로 살 것인지, 열자처럼 도전적인 창업가의 길을 갈 것인지, 아니면 장자처럼 새로운 문화를 만들어가는 예술가의 길을 갈 것인지 여부는 전적으로 당사자의 선택에 달려 있다. 텅 빈 마음을 중시하는 열자의 사상을 크게 허虛를 중시하는 귀허주의貴虛主義와 주어진 삶을 즐기는 낙생주의로 요약하는 이유다.

귀허주의와 실주명빈

『열자』는 기본적으로 노자 및 장자와 마찬가지로 '도'를 만물의 근원으로 파악했다. 이를 뒷받침하는 『열자』「천서」의 해당 대목이다.

"도는 만물이 외물外物에 의해 생장하는가 하면 생장하지 않기도 하고, 변화하는가 하면 변화하지 않기도 하는 것을 뜻한다. 늘 생장하고 변화하는 까닭에 불생불화不生不化하는 때가 없다고 말한다."

이는 『도덕경』 제1장에 나오는 '무명無名은 천지의 시작이고 유명有名은 만물의 어미다'라는 구절과 취지를 같이하는 것이다. 『장자』「대종사」도 '도는 천지가 있기 전에 옛날부터 이미 존재해 귀신과 천제를 신령스럽게 하고 천지를 낳았'고 언급했다. 『노자』의 도기론道氣論이 『장자』로 연결되는 과정에서 『열자』가 교량역할을 수행했음을 보여주는 증거다. 주목할 것은 『열자』가 도의 운화와 관련해 『도덕경』 및 『장자』에 전혀 나타나지 않는 도기론을 전개하고 있는 점이다. 이는 『주역』의 영향을 받은 것으로 짐작된다. 『주역』「계사 상」은 팔괘의 원리를 이같이 설명해 놓았다.

"역易에 태극太極이 있다. 태극은 양의兩儀를 낳고, 양의는 4상四象을 낳고, 4상은 팔괘八卦를 낳고, 팔괘는 길흉을 정하고, 길흉은 대업大業을 낳는다."

'양의'는 음양, '4상'은 태양·태음·소양·소음을 말한다. 이는 천지만물의 근원인 '도'의 운화를 단계별로 언급한 것이다. 열자는 『주역』의 이런 주장을 받아들이면서도 보다 새로운 견해를 제시했다. 『열자』「천서」의 해당 대목이다.

"옛 성인은 음양을 근거로 천지를 하나로 묶어 다스렸다. 무릇 모든 유형有形은 무형無形에서 나니 천지가 어찌 특정한 곳에서 난 것이겠는가? 이에 천지의 근원인 태역太易과 우주 탄생의 기운인 천지의 원기元氣가 발아하는 태초太初, 원기가 이미 형성된 태시太始, 물지의 특성이 형성된 태소太素가 있다고 말하는 것이다. '태역'은 원기가 아직 나타나지 않은 상태, '태초'는 원기가 나타나기 시작한 상태, '태시'는 만물의 형체가 이뤄지기 시작한 상태, '태소'는 만물의 성질이 갖춰지기 시작한 상태를 말한다."

이는 『주역』의 위서緯書인 『주역건착도周易乾鑿度』의 내용과 닮았다. 『주역건착도』는 '태초'의 기氣, '태시'의 형形, '태소'의 질質이 하나로 뒤섞인 혼륜 상태를 태극太極으로 보고, 그 이전을 태역太易으로 규정했다. 우주 생성의 이치를 〈태역太易 → 태초太初 → 태시太始 → 태소太素 → 혼륜渾淪 → 천지天地 → 만물萬物〉의 도식으로 파악한 결과다. 「천서」의 해당 대목이 『주역건착도』가 나올 즈음 『열자』에 삽입되었을 가능성을 시사한다.

이를 두고 일각에서는 『열자』가 왕필 등이 개진한 우주본체론을 흡수한 후에 현학의 각 학설을 하나로 녹여 새로운 견해를 제시한 것으로 파악하고 있다. 『열자』는 노학과 장학을 매개한 동시에 위진남북조시대에 유행한 현학의 여러 성과를 융합하는 역할을 수행했음을 뒷받침하는 대목이다.

실제로 『열자』는 위진남북조시대를 풍미한 모든 현학의 특징을 지니고 있다. 이는 후한 말기 이르러 사인士人들 내에서 이른바 '청의淸議'의 기풍이 크게 일어난 사실과 무관치 않다. 두 번에 걸친 당고지화黨錮之禍로 인해 감히 대담한 의견을 개진키 어렵게 되자 일부 청의지사淸議之士는 노장 및 석가의 관점에서 시사時事를 논하며 현학의 길로 접어들었다. 이들은 『황제내경』과 『노자』, 『장자』 등 이른바 3현三玄에 탐닉하면서 자신들의 분노와 불만을 해소했다. 우주의 생성배경과 물질의 본질 등에 관한 기본관념의 정립은 바로 여기서 비롯된 것이다. 『열자』 「천서」는 이런 배경하에서 나왔다.

이와 관련해 『열자』의 성립 시기를 크게 낮춰 잡아 서진 중엽으로 간주하는 견해가 있다. 그러나 제자백가서가 대부분 그렇듯이 『열자』 역시도 오랜 시간을 두고 '열학'을 연마한 후학들에 의해 끊임없는 첨삭이 이뤄졌다고 보는 것이 타당하다. 『열자』 「천서」는 장자처럼 '무'를 중요시한 왕필의 귀무론貴無論 수준에 머물지 않고 만물이 스스로 변화한다는 내용을 골자로 한 곽상의 독화론獨化論 차원으로까지 나아갔다는 점에서 매우 특기할 만하다. 곽상의 『장자주』는 왕필의 『노자주』와 더불어 도가서의 대표적인 주석본으로 손꼽히고 있다. 그는 『장자』 「천하」에 나오는 내성외왕內聖外王 개념을 크게 부각시켜 장학의 치국평천하 이념을 극대화하고자 했다. 이는 노자의 '무위지치' 사상을 그대로 흡수한 『열자』의 기본입장과도 상통하는 것이다.

일각에서는 『열자』 「역명」에서 장수하거나 또는 요절하는 것도 스스로 택한 것이라는 자수자요自壽自天와 현달하거나 궁박한 상황에 이르는 것도 스스로 택한 것이라는 자궁자달自窮自達 등의 구절을 두고서 곽상의 '독화론'을 구체화한 사례로 꼽고 있다. 곽상의 '독화론'이 『도덕경』과 『열자』를 관통하는 자운자화自運自化의 이치를 바탕으로 장학의 최대 맹점인 치국평천하에 관한 무관심을 보완하고자 한 것은 옳다. 그러나 이를 토대로 열자가 곽상의 '독화론'을 흡수한 결과로 해석하는 것은 지나친 면이 있다. 그보다는 『도덕경』 제57장의 '자운자화'를 풀이한 것으로 보는 게 보다 타당하다. '자운자화'는 만물이 스스로 운행하고 변화한다는 뜻이다. 대략 곽상의 '독화론'과 취지를 같이한다.

'열학'이 '장학'보다는 '노학'에 가까운 것도 이런 맥락에서 이해할 수 있다. 이는 열자사상이 '귀무론'이 아닌 '귀허론貴虛論'에 입각해 있는 사실과 무관치 않다. 청대에 나온 『사고전서총목제요四庫全書總目提要』는 『이아爾雅』의 소疏에 나오는 『시자尸子』「광택廣澤」을 인용해 이같이 기록해 놓았다.

"묵자는 겸兼, 공자는 공公, 전자田子는 균均, 열자는 허虛를 귀하게 여겼다."

'전자'는 전국시대 초기 위나라의 현인 전자방田子方을 뜻한다. 시자는 전국시대 당시 진나라의 대표적인 법가인 상앙의 스승으로 알려진 인물이다. 『시자』의 이 구절은 당시 열학이 '귀허론'을 통해 여타 학파와 커다란 차별성을 지니고 있었음을 시사한다. 원래 『열자』에는 잡다한 일화가 뒤섞여 있으나 나름대로 이들 일화를 관통하는 논리가 있다. 그것이 바로 '허虛'다. 이는 명분을 뜻하는 '명名'에 사로잡혀 '실實'을 놓쳐서는 안 된다는 입장에서 출발하고 있다. '허실론'에서 말하는 '허'와는 정반대의 개념이다. '명실'의 '실'이 바로 '귀허론'의 '허' 개념과 같다. 마음을 텅 비운 채 헛된 명분에 휩쓸리지 말고 실리를 챙기라는 주문이나 다름없다.

이는 세속적인 시비是非와 선악善惡, 호오好惡, 희우喜憂, 영욕榮辱 따위의 정념을 초월해 공허한 경지로 들어가야 가능한 일이다. 그것이 자연의 도에 이를 수 있는 첩경이라는 게 '귀허론'의 골자다. 『열자』가 현실과 꿈의 실상이 같다는 주장을 펼치며 이를 삶과 죽음의 관계로까지 확장한 것은 바로 이 때문이다. 삶이 본원에서 오는 것이라면 죽음 역시 본원으로 돌아가는 것에 지나지 않는다는 주장이 나온 배경이다.

『열자』에는 이와 관련한 우언이 매우 많다. 「주목왕」에는 현실의 역부役夫는 꿈속에서 군왕이 되어 즐거움을 만끽한 반면 현재의 치산자治産者는 꿈속에서 남의 집 노복이 되어 고통을 겪는 일화가 나온다. 결과적으로 양자의 삶은 별반 차이가 없는 셈이 된다. 『장자』「제물론」에 나오는 '호접몽胡蝶夢'의 우화도 유사한 경우를 언급한 것으로 볼 수 있다. 이와 관련해 동진東晉의 장잠張湛은 『열자주列子注』 서문에서 『열자』의 사상적 특징을 이같이 요약해 놓은 바 있다.

"『열자』는 기본적으로 모든 존재는 지허至虛를 대종으로 삼고 있고 만물은 종멸終滅을 증험하고 있음을 밝히고 있다. 정신을 뜻하는 신혜神惠는 응결되어 고요한 것으로 늘 온전하고, 상념想念은 물건에 집착해 스스로를 잃게 되고 살아 있는 것과 깨어 있는 것을 뜻하는 생각生覺과 변화하는 것과 꿈꾸는 것인 화몽化夢은 실상이 같다는 취지다."

장잠의 이런 분석은 '귀허론'의 정곡을 찌른 것이다. '귀허론'에 입각할 경우 만물의 생장소멸生長消滅은 모두 자연스러운 것으로 특별히 기뻐하거나 슬퍼할 게 못 된다. 그럼에도 사람들은 자신을 둘러싸고 있는 외물의 간섭으로 인해 이를 통찰하지 못하고 있다. 이는 외물에 사로잡혀 이해득실이 그의 마음을 지배한 데 따른 것이다.

'귀허론'은 모든 것을 자연에 내맡긴 까닭에 외물의 움직임에 아무런 방해도 받지 않고 유유자적하며 진정한 자유를 누리자는 데 기본취지가 있다. 『장자』「소요유」에 나오는 열자의 어풍이행御風而行도 이런 맥락에서 이해할 수 있을 것이다. '어풍이행'은 바람을 타고 날아다닌다는 뜻이다. 이를 두고 『장자』「소요유」는 '귀무론'의 입장에서 열자의 '어풍이행'을 이같이 비판해 놓았다.

"열자는 '어풍이행'으로 비록 걸어 다니는 것은 면했으나 아직 의지할 바람이 있어야 했다. 만일 천지의 상도常道를 타고 6기지변六氣之變에 따라 무궁無窮에 노닌다면 그가 다시 무엇을 의지할 필요가 있겠는가? 그래서 '성인무명聖人無名'이라고 하는 것이다."

'6기지변'은 음양陰陽과 풍우風雨 및 어둡고 밝은 회명晦明을 뜻한다. '성인무명'의 명名은 명예와 명성, 명분, 명목, 명칭 등을 종합한 개념이다. 이는 열자의 '귀허론'과 장자의 '귀무론' 모두 기본적으로 명실론名實論과 불가분의 관계를 맺고 있음을 의미한다. '명'과 대칭되는 '실實'은 실리와 실질, 실제, 현실, 실체 등 다양한 의미를 내포하고 있다. 명실론에 관한 열자의 기본입장은 『열자』「양주」의 마지막 일화에 나오는 열자의 다음 선언에 잘 나타나 있다.

"노자는 '명예는 실리의 빈객이다'라고 했다. 만일 명예가 본래 버릴 수 없는 것이라면 애초부터 빈객으로 삼을 수조차 없는 것일까? 오늘날 명예가 있으면 곧 존영尊榮하고 없으면 비욕卑辱하다. '존영'은 일락逸樂을 뜻하고, '비욕'은 우고憂苦를 뜻한다. '우고'는 천성을 해치고, '일락'은 천성에 순응하는 것이다. 이로써 명예는 실리와 깊이 연결되어 있음을 알 수 있다. 그렇다면 명예를 어떻게 능히 버리거나 실리의 빈객으로 삼을 수 있는 것일까? 오직 명예를 사수하며 실리에 누를 끼치는 수명누실守名累實을 혐오하는 길 뿐이다. '수명누실'의 자세로는 사물의 위망危亡만 애틋해할 뿐 막상 이를 구할 수는 없다. 이런 걱정이 어찌하여 일락과 우고 사이에만 존재하겠는가?"

이는 열자사상의 핵심을 이루고 있는 '귀허론'의 요체를 지적한 것이다.

『열자』에 소개된 모든 명실론의 최종 결론에 해당한다.『열자』「양주」는 다양한 일화를 예로 들어 명실론의 요체를 설명하고 있다. 여기서 양주는 '명'을 버리고 '실'을 취하는 이른바 '사명취실捨名取實' 입장을 역설하고 있다. 이는『논어』등에서 역설하고 있는 '살신성인殺身成仁' 등의 '사실취명' 입장과 정반대되는 것이다.

그런 점에서 열자는 노자와 마찬가지로 중간적인 입장을 취하고 있다. 실리를 주인으로 삼고 명예 내지 명분을 손님으로 껴안는 이른바 '실주명빈實主名賓'의 입장이 그것이다. 명실을 모두 챙기지만 '명'보다는 '실'에 무게중심을 두는 것을 말한다. 이는 공자의 수제자 자공子貢이 명분과 실리를 동시에 취하는 명실겸취名實兼取의 입장에서 거만의 재산과 뛰어난 명성을 떨친 것과 약간 차이가 난다. 열자와 노자의 '실주명빈'은 실리에 초점을 맞춰 일을 추진한 결과 명분이 자연스레 뒤따라오는 경우를 말하나 자공의 '명실겸취'는 명분을 실리와 같은 차원에서 중시해 일을 추진하는 경우를 뜻한다.

『열자』에 노자가 언급된 기본취지가 여기에 있다. 바로 '실주명빈'의 입장을 뒷받침하고자 한 것이다. 열자는 노자와 마찬가지로 헛된 명분에 휘둘리는 '명'과 실속을 채우는 '실'의 상호관계를 철저히 인식하고 있었다고 평가할 수 있다. 이는 그가 명분을 좇다가 실리를 해치는 수명누실守名累實을 극도로 꺼렸기 때문이다. '실주명빈'은 열자가 '명'과 '실'을 조화시킬 수 있는 최상의 방안으로 제시한 것이다. 이는 열자가 명예를 사수키 위해 실리에 누를 끼치는 것만 아니라면 명예를 추구하는 것도 가하다는 입장을 반증하는 것이다.

장자를 비롯한 후대의 많은 도가사상가들은 일신을 편안케 하는 것은 긍정하면서도 세속적인 명리에 거부반응을 보인 양주의 입장에 크게 공명해 그의 위아주의爲我主義를 그대로 받아들였다. 그러나 열자는 이 대목에서 노자와 마찬가지로 '실주명빈'의 입장을 확실히 함으로써 양주와 분명한 선을 그었다. 장자가 '귀무론'의 차원에서 양주의 '사명취실' 입장을 그대로 받아들여 '진흙 속의 꼬리를 끄는 거북이'를 자처한 것과 대비되는 대목이다. '귀허론'을 주장하는 『열자』와 '귀무론'을 주장하는 『장자』가 갈라지는 분기점이 바로 '명실론'에 있다고 해도 과언이 아니다. '명실론'에 입각해 제자백가의 입장을 구분하면 공자는 '취명사실', 자공은 '명실겸취', 열자와 노자는 '실주명빈', 장자와 양주는 '사명취실'을 취한 셈이다. 한비자를 비롯한 법가와 손무 등의 병가는 대략 자공과 마찬가지로 '명실겸취'를 지향했다고 평할 수 있다.

낙생주의와 창조정신

주어진 삶을 기꺼이 받아들여 즐겁게 살자는 '낙생주의'는 열자와 장자에게서 공히 찾아볼 수 있는 사상이다. 양주의 '위아주의' 영향으로 보인다. 노자는 이런 모습이 없다. 그는 타고난 질박함을 지키는 이른바 수박守樸에 초점을 맞췄다. 향락의 의미에 가까운 '낙생'과는 적잖은 차이가 있다.

『열자』에 특이하게도 양주의 언행을 기록한 「양주」가 따로 편제되어 있는 것도 이런 맥락에서 이해할 수 있다. 『도덕경』과 『장자』에서는 전혀 찾아볼 수 없는 것이다. 원래 양주는 묵자와 같은 시대에 활약한 도가다. 그는 오랫동안 남을 위해 자신의 몸의 터럭 하나도 손해 보지 않으려는 극단적인 위아주의爲我主義 내지 위기주의爲己主義를 설파한 인물로 알려져 왔다. 양주의 이런 입장은 자신의 욕정을 억제하며 이타적인 삶을 살아갈 것을 역설한 묵자의 겸애주의兼愛主義와 대조를 이루고 있다. 실제로 양주는 자신의 삶을 무엇보다 소중히 여기는 이기적利己的인 삶을 살아갈 것을 역설한 데 반해 묵자는 온 세상의 사람을 두루 사랑하는 이타적利他的인 삶을 살아갈 것을 주장했다.

원래 양주의 '위아주의' 사상은 기본적으로 인의 등의 추상적인 덕목을 내세워 인간을 평가한 유가의 입장과는 정반대로 인간을 욕망의 관점에서 해석한 데서 나온 것이다. 자아중심적인 욕망의 추구를 통해 참된 인간의 존재를 발견하려 했다는 점에서 그는 결코 단순한 이기주의자가 아니다. 양주사상은 '외물을 가벼이 하고 개인의 삶을 소중히 해야 한다'고 주장한 데서 그 특징을 찾을 수 있다. 그의 '위아주의'는 기본적으로 모든 사람은 개인의 이익을 바탕으로 하고 이익을 추구하고 있다는 사실에 주목한 데서 나온 것이다. 모든 인간이 자신의 이익과 욕망을 자연스럽게 추구하며 만족스러운 생활을 영위할 수만 있다면 세상도 자연히 평화로워질 것이라는 게 그의 생각이었다. 그가 인간의 자연스러운 정욕을 긍정하며 이를 적극 발산하는 사정肆情을 역설한 것도 이런 맥락에서 이해할 수 있다.

양주의 이런 주장은『열자』의「양주」뿐만 아니라「황제」,「주목왕」,「중니」,「역명」,「설부」편 등에도 두루 나온다.『열자』는 양주의 '위아주의'를 분석할 수 있는 최고의 텍스트에 해당하는 셈이다. 양주의 '위아주의'는『열자』이외에도『장자』를 비롯해『한비자』와『순자』,『맹자』,『여씨춘추』등 선진시대 문헌에 두루 소개돼 있다. 양주왈楊朱曰, 양자왈楊子曰, 양자왈陽子曰 등의 형식으로 나오고 있다. 전국시대 당시 양주의 '위아주의' 사상이 얼마나 풍미했는지를 반증한다.

실제로 맹자는『맹자』「등문공 하」편에서 양주와 묵자의 무리를 싸잡아 비난한 바 있다. 맹자가 활약한 전국시대 말기만 할지라도 묵가와 양주의 학문이 유가를 압도하며 기세를 떨치고 있었음을 쉽게 짐작할 수가 있다.

당시 사실상 묵가의 사상적 후계자인 맹자는 겉으로는 공자사상의 수호자를 자처하며 양주와 묵가에 신랄한 비판을 가했다. 선가禪家의 이론을 도입해 성리학을 집대성한 주희가 불가를 격렬히 성토한 것과 닮았다. 객관적으로 볼 때 '표절'을 호도하기 위한 과장된 몸짓에 가깝다. 당시 맹자는 양주와 묵가의 무리를 '돼지'에 비유하며 유가의 우위를 주장하고 나섰다. 『맹자』「진심 하」의 해당 대목이다.

"묵가에서 빠져나오면 반드시 양주로 돌아가고 양주에서 빠져나오면 반드시 유가儒家로 돌아올 것이다. 유가로 돌아오면 그대로 받아들이면 될 뿐이다. 지금 양주 및 묵가와 논쟁을 하는 것은 마치 달아난 돼지를 쫓다가 돼지가 이미 돼지우리인 돈립豚苙 안으로 들어왔는데도 다시 따라 들어가 돼지 발을 얽어매는 것과 같다."

그의 묵가 및 양주에 대한 비판은 묵가 및 양주의 무리를 돼지집단을 뜻하는 군돈群豚으로 폄하한 데서 알 수 있듯 외견상 그 강도가 매우 높게 나타나고 있다. 그러나 그가 묵가와 양주와의 논쟁을 돼지를 쫓는 '추돈追豚'에 비유한 것은 사실 묵가 및 양주와 맞닥뜨리는 직접적인 논쟁을 회피한 것이다. 묵가 및 양주의 무리를 군돈으로 폄하하면서 정신적인 만족을 얻는 일종의 '정신승리'에 가깝다. 묵가 및 양주의 세력이 얼마나 성대했는지를 반증하는 대목이다.

묵자와 더불어 일세를 풍미한 양주의 세력은 전국시대의 종료와 함께 일거에 사라지고 말았다. 일세를 풍미한 묵가 및 양주의 세력이 일시에 사라진 배경과 관련해 아직도 만족할 만한 분석이 나오지 않고 있다. 다만 천하통일이 임박한 시점에 겸애를 내세운 묵가집단이 반체제집단의 성격을 강하게 띠고 있었고, 양주의 위아주의가 국가 통치의 근간을 위협하는 반국가주의 사상으로 각인된 사실과 무관치 않을 듯싶다. 양주의 '위아주의'

사상을 담고 있는 『열자』「양주」가 오랫동안 많은 비난을 받아온 것도 이런 맥락에서 이해할 수 있다.

그러나 '위아주의'에 기초한 양주의 '향락주의'는 천성을 보전하자는 이른바 '전성보진全性保眞'의 취지에서 나온 것이다. 외물에 얽매이지 않고 본래의 성정을 되찾는 것을 의미한다. 개인수양의 근본인 치내治內를 전제로 한 것이다. 이를 뒷받침하는 『열자』「양주」의 해당 대목이다.

"몸은 내가 갖고 있는 게 아니나 이미 출생했으면 부득불 이를 보전해야 한다. 외물 또한 내가 갖고 있는 게 아니나 이미 존재한다면 이를 버릴 수 없는 것이다."

이런 주장은 인간을 포함한 만물의 '생장소멸'을 자연의 순환과정으로 파악한 데서 나온 것이다. 열자가 현생의 삶을 즐기는 '낙생'을 기본적인 인생관으로 제시하면서 양주의 '향락주의'에 동조한 이유가 바로 여기에 있다. 열자는 인간의 자연스러운 성정에 충실한 것이 본연의 자연으로 돌아가는 데 도움이 된다고 본 것이다. 『열자』가 『노자』 및 『장자』와 달리 「양주」편을 따로 편제해 인간의 관능적인 쾌락 추구를 긍정하고 나선 이유가 여기에 있다.

그러나 이로 인해 열자사상은 양주사상과 마찬가지로 오랫동안 오해를 받아왔다. 사람들은 「양주」편에 나오는 양주의 주장을 총체적으로 파악하지 않고 일부 구절에 초점을 맞춰 단장취의斷章取義하면서 양주와 열자를 싸잡아 퇴폐적인 향락주의자로 몰아간 것이다. 그러나 열자는 주어진 삶을 적극적으로 향유하는 '낙생주의'를 역설키는 했어도 결코 퇴폐적인 향락주의를 주장한 적이 없다. 양주 역시 아무런 제한이 없는 무한정의 사정종욕肆情縱欲을 주장한 적이 없다. 『열자』「양주」의 다음 구절이 그 증거다.

"풍성한 집과 아름다운 옷, 맛있는 음식, 아리따운 여인 등 4가지가 있으니 어찌 밖에서 다른 것을 찾겠는가. 이들 4가지가 있는데도 밖에서 다른 것을 찾는 것은 만족할 줄 모르는 본성인 무염지성無厭之性 때문이다. '무염지성'은 천지만물의 해충이다."

그는 탐욕과 일락이 일정한 한도를 잃게 되면 오히려 사람을 해치는 해충이 된다고 지적한 것이다. 양주가 이런 주장을 한 것은 유가가 내세우는 인의 등의 명교가 이미 본래의 의미를 잃고 사람들을 옥죄는 질곡桎梏으로 작용한 사실과 밀접한 관련이 있다. '천지만물의 해충'과 연결돼 나오는 「양주」의 해당 대목이다.

"충성은 군주를 편안히 하기에 부족하고 오히려 자신을 위태롭게 하는데 알맞다. 의리는 외물을 이롭게 하기에 부족하고 오히려 생명을 해치는데 알맞다. 군주를 편안히 하는 것이 충성에서 비롯된 게 아니라면 충성이라는 명칭은 없어져야 한다. 외물을 이롭게 하는 것이 의리에서 비롯된 게 아니라면 의리라는 명칭은 끊어져야 한다. 군신君臣이 모두 편안하고 물아物我가 두루 이로운 것은 옛날의 도일뿐이다."

이로써 그가 주장한 '종욕향락'은 단순한 '향락주의'가 아니라 인간의 자연스러운 성정을 보전하자는 매우 적극적인 취지에서 나온 것임을 쉽게 알 수 있다. 『열자』에 「양주」편이 따로 편제된 이유가 바로 여기에 있다. 이는 『열자』가 인간의 성정을 좇는 것이 자연의 이치에 부합한다는 양주의 주장에 공명한 결과로 보아야 한다. 양주의 '종욕향락' 주장은 기본적으로 그의 '위아주의'에서 나온 것이다. 그의 '위아주의'도 흔히 알려진 바와 같이 극단적인 이기주의를 기초로 한 게 아니다. 이에 대한 오해는 「양주」에 나오는 '일모불발一毛不拔'의 일화를 곡해한 데서 비롯된 것이다. '일모불발'의 일화는 이렇게 시작하고 있다. 하루는 양주가 '고인古人은 터럭 하나를 버려 천하를 이롭게 할 수 있을지라도 이를 허락하지 않았다'고 하자 묵가인 금골희禽滑釐가 양주에게 물었다.

"그대 몸의 터럭 하나를 버려 세상을 구할 수 있다고 할지라도 그대는 과연 이를 하지 않을 생각이오."

"세상은 본래 터럭 하나로 구제할 수 있는 게 아니오."

"가령 구제할 수 있다고 하면 할 의향이 있소?"

양자가 아무 대답도 하지 않았다. 금골희가 밖으로 나와 이를 양주의 제자인 맹손양孟孫陽에게 말하자 맹손양이 이같이 말했다.

"터럭 하나는 피부보다 미소微小하고 피부는 관절 한 마디보다 미소하오. 그러나 터럭 하나가 쌓여 피부가 되고 피부가 쌓여 관절을 이루는 것이오. 그러니 어찌 터럭 하나일지라도 소홀히 다룰 수 있겠소?"

금골희가 말했다.

"나는 그대에게 응답할 말이 없소. 그대의 말을 노담老聃과 관윤關尹에게 묻는다면 그들은 그대의 말이 옳다고 할 것이오. 그러나 나의 말을 대우大禹와 묵적墨翟에게 묻는다면 그들은 내 말이 옳다고 할 것이오."

이 일화는 양주의 '위아주의'를 상징하는 '일모불발'이 양주의 기본취지와 달리 얼마나 왜곡되었는지를 잘 보여주고 있다. 당시 양주의 기본입장은 '세상은 본래 터럭 하나로 구제할 수 있는 게 아니다'라는 주장에 잘 나타나 있다. 이를 가능한 것으로 가정한 금골희의 질문에 양주가 대답지 않은 것은 바로 이 때문이다. 그는 극단적인 이타주의의 삶을 살고 있는 금골희의 기본전제가 잘못된 질문에 쓸데없이 응답해 논쟁을 위한 논쟁을 하고 싶지 않았던 것이다. 이 일화에서 구체적으로 나타나지는 않았으나 만의 하나 세상을 터럭 하나로 구제하는 일이 가능했다면 양주 역시 이를 선택했을 것이다. 양주가 '위아주의'를 주장한 것은 세상이 모두 외물에 미혹되어 있다고 본 데 따른 것으로 세상을 구하는 제세濟世 자체에 무관심했

355

던 것은 아니다. 『열자』「주목왕」에 나오는 노자의 다음과 같은 언급이 이를 뒷받침한다.

"천하가 모두 미혹해 있으면 누가 이를 바로잡을 수 있겠는가? 애락哀樂, 성색聲色, 취미臭味, 시비是非에 관한 미혹을 과연 누가 바로잡을 수 있겠는가? 심지어 나의 말도 반드시 미혹되지 않았다고 말할 수 없다."

그럼에도 오랫동안 〈열자=양주=위아주의=극단적 이기주의=퇴폐적 향락주의〉라는 잘못된 인식이 당연시되었다. 이는 기본적으로 『열자』에 「양주」편이 편제되어 있는 데 따른 것이었다. 이것이 지금까지도 양주의 '위아주의' 및 열자의 '낙생주의'를 오해케 만든 중요 배경으로 작용하고 있음은 말할 것도 없다.

21세기 경제경영 차원에서 보면 열자의 이론과 주장은 창조경영에 해당한다. 텅 빈 마음으로 사물을 대한 덕분이다. 지난 1995년 세계 최초로 〈토이 스토리〉라는 장편 애니메이션 영화를 내놓은 컴퓨터 애니메이션 업체 '픽사'가 창조경영의 대표적인 사례에 속한다. 이 회사는 2년에 한 편 꼴로 총 8편의 히트작을 내놓았다. 이는 스토리와 배경, 캐릭터를 모두 자체 제작하면서 원천 기술을 습득한 결과였다. 10여 개의 특허가 이를 방증한다. 눈여겨볼 것은 픽사가 내세운 3가지 원칙이다.

첫째, 누구에게나 다른 사람들과 의견을 교환할 수 있는 자유가 있다. 둘째, 누구라도 자유롭게 아이디어를 제공할 수 있다. 셋째, 업계에서 일어나는 혁신 내용에 해박해야 한다. 이는 지위고하를 막론하고 모든 임직원에게 적용됐다. 이를 반영한 문화 인프라가 '두뇌위원회'와 '리뷰회의'다. 여기서 토론이 전개될 때는 예의와 격식을 전혀 차리지 않는다. 창조적인 작업을 위해서는 서로 신랄하게 따지고 비판하는 분위기가 전제되어야 한다는 사실을 익히 알고 있기 때문이다. 창의성을 극대화하기 위해서는 다양한 경험과 지식을 가진 사람들이 한자리에 모여 서로 허심탄회하게 의견과 아이디어를 교환할 수 있어야 한다. 이런 자리에는 통상적인 사유를 거부하는 공상가의 존재가 반드시 필요하다. 사람들의 상상력을 끝없이 자극할 수 있기 때문이다. 이를 '창조문화 인프라'라고 한다. 이런 인프라가 먼저 구축돼야만 진정한 의미의 창조경영도 가능해진다.

천지는 나와 나란히 생기고
만물은 나와 하나다.

무위의 자유를
만끽하라

자유론

自 由 論

장자와 예술학

장자사상은 여러모로 불가사상과 닮았다. 단지 극락과 지옥 등의 내세를 적극 수용하지 않은 것만이 다를 뿐이다. 불교가 처음 중국에 들어왔을 때 반야般若의 공空 개념을 『장자』의 무無 개념이 나오는 용어를 이용해 그 의미를 파악했다. 이를 격의불교格義佛敎라고 한다.

후한 말기 불교가 처음 전래됐을 때만 해도 그 영향은 상층부에 그쳤다. 그러나 삼국시대를 거쳐 서진시대로 접어들면서 일반인에게까지 폭넓게 유포됐다. 이는 당시 사상계를 지배한 허무주의의 청담淸談 풍조와 서민도 쉽게 이해할 수 있는 『장자』의 '무' 사상을 적극 활용한 덕분이다. 일종의 '불교의 중국화'가 진행된 셈이다. 그게 바로 '격의불교'다. 서진 말기 축법아竺法雅가 중국 고전을 이용해 불교 교리에 어두운 지식인을 가르친 게 결정적인 단초로 작용했다. 5세기 초 구마라집鳩摩羅什에 의해 용수龍樹의 설법이 전해지면서 격의불교는 점차 사라지게 됐으나 그 여운만큼은 매우 강렬했다. 중국 특유의 선종禪宗이 장자사상 위에 석가의 옷을 덧씌운 모습으로 나타난 게 그렇다. '격의불교'가 '선종'으로 탈바꿈한 셈이다. 말할 것도 없이 그 골간은 어디까지나 장자사상이다.

이를 통해 대략 짐작할 수 있듯이 장자가 동양의 역사문화에 끼친 영향은 자못 심대하다. 그럼에도 정작 그의 출생과 생장 등 사적에 관해서는 알려진 게 거의 없다. 그에 관한 전기로 가장 오래된 것은 기원전 1세기에 나온 사마천의 『사기』「노자한비열전」이다. 그러나 그 내용이 매우 소략해 모두 합쳐 봐야 235자 정도에 불과하다. 「자객열전」에서 위衛나라 출신 자객 형가荊軻에 대해 무려 3,212자를 할애한 것과 대비된다. 장자에 관한 정보 수집을 특별히 게을리했을 리도 없다. 다음은 「노자한비열전」에 나오는 그에 관한 기록이다.

"장자는 몽蒙 땅 출신으로 이름은 주周다. 일찍이 몽 땅 칠원漆園의 관리를 지낸 적이 있다. 그는 양혜왕과 제선왕과 같은 시대 인물이다. 그의 학문은 두루 통하지 않는 게 없으나 그 요체는 노자의 설로 귀착된다. 10여만 자에 달하는 그의 저서는 대부분 우화로 채워져 있다. 그는 「어부」와 「도척」, 「거협」 등을 지어 공자를 따르는 무리들을 비방하고 노자의 학술을 천명했다. 「외루허」와 「항상자」 등은 모두 꾸며낸 얘기로 사실이 아니다. 그러나 분석과 정황에 대한 비유가 뛰어난 그는 이를 적극 이용해 유가와 묵가를 신랄히 공격했다. 비록 경륜이 높고 인망이 있는 학자일지라도 그의 비난에서 벗어나기 힘들었다. 그는 언사가 광대하고 심원한 데다 기탄이 없었던 까닭에 왕공대인들로부터는 오히려 제대로 된 인정을 받지 못했다. 한때 초위왕은 그가 현능하다는 소문을 듣고는 장차 재상으로 삼을 요량으로 사자에게 많은 예물을 주어 그를 맞이해 오도록 한 적이 있다. 그가 웃으면서 사자에게 말하기를, '예물로 보낸 천금은 많은 재물이고 경상卿相의 자리는 매우 존귀한 자리오. 그런데 그대만 홀로 교제郊祭를 지낼 때 희생으로 바치는 소를 보지 못한 것이오? 맛있는 음식으로 몇 년 동안 먹인 뒤 수놓은 비단 옷을 입히고 태묘로 끌고 갈 때 비록 새끼돼지가 되고 싶다 한들 그것이 어찌 가능하겠소? 그대는 빨리 돌아가 나를 더럽히지 마시오. 나는 정녕코 더러운 도랑에서 노닐며 스스로 즐길지언정 나라를 갖고 있는 자들의 구속을 받지는 않을 것이오. 종신토록 벼슬을 하지 않고 내가 뜻하는 바대로 살며 즐길 생각이오'라고 했다."

이 짧은 기록 속에 장자의 신상과 관련된 정보는 사실 거의 없는 것이나 다름없다. 위혜왕 및 제선왕 때 활약했고, 향리에서 옻나무를 심은 칠원의 관리를 지냈고, 10여만 언의 저서를 남겼으나 대부분 우언이고, 공자의 무리를 비판하고 노자의 학술을 밝혔다는 게 기록의 전부다. 초왕의 부름을 받았으나 희생 소의 비유를 들어 거절했다는 대목은 『장자』 「열어구」의 일화를 소개해 놓은 것에 지나지 않는다.

『장자』를 비롯한 여타 문헌의 기록을 토대로 당시의 상황을 추론하는 수밖에 없다. 전문가들이 이런 과정을 거쳐 추론한 내용도 별반 나을 게 없다. 공자보다는 약 1세기 반 정도 늦게 태어나 맹자와 거의 같은 시대에 살았고, 결혼을 했으나 매우 가난하게 살았고, 그를 추종하는 몇 명의 제자들과 함께 제후들의 부름에 응한 적이 있고, 같은 송나라 출신으로 위魏나라 재상을 지낸 혜시惠施와 매우 가깝게 지냈다는 사실 정도다. 그가 어떤 성장과정과 경력을 거쳐 구체적으로 어떤 생활을 보냈는지 등에 관해서는 전혀 알 길이 없다. 더구나 『장자』의 관련 기록은 대부분 우언寓言으로 되어 있기에 이를 액면 그대로 받아들일 수도 없다. 장자를 자의 제자로 보는 견해가 있는가 하면 유가로 분류하는 견해도 있다. 당나라 때 한유는 장자를 전국시대 초기에 활약한 전자방의 문하생으로 보았다. 민국시대 당시 장병린과 곽말약은 안회를 추종하는 유자로 간주했다. 청조 말기 무술정변의 일원으로 활약한 담사동은 『인학仁學』에서 장자사상을 공자사상의 2대 지맥 가운데 하나로 추정했다. 장자를 묵자와 마찬가지로 '공자좌파'로 분류하는 견해도 크게 보면 유가의 별파로 보는 견해에 속한다.

『장자』의 내편과 외편 및 잡편에 드러나는 장자의 사상적 스펙트럼이 매우 넓은 까닭에 이들의 주장 모두 나름 일리가 있다. 다만 그의 생몰연대 등에 관해서는 의견이 어느 정도 통일돼 있다. 대다수 학자들은 『사기』의 기록을 좇아 양혜왕 및 제선왕과 동시대의 인물로 보고 있다. 대략 기원전 4세기에 활약한 게 확실하다. 보다 정밀한 추론도 가능하다. 그와 밀접한 교유를 하며 양혜왕 및 양양왕 2대를 섬긴 혜시가 재상의 지위에서 쫓겨나 초나라로 떠난 시기는 기원전 306년이다. 중국의 저명한 노장 연구가인 마서륜은 장자가 기원전 370년경에 태어나 70~80년을 산 것으로 추정한 바 있다. 현재 중국학계에서는 장자가 조국인 송나라가 패망하는 기원전 286년에 사망한 것으로 보는 견해가 주류를 이루고 있다. 그렇다면 『장자』에는 왜 그와 비슷한 시기에 활약한 맹자에 대한 언급이 전혀 나오지 않는 것일까? 『맹자』역시 장자에 관한 언급이 단 한마디도 없다. 일각에서는 당시 맹자가 장자를 경계할 만한 대상으로 간주하지 않았고 장자 역시 맹자를 공자만큼 중요한 인물로 삼지 않았기 때문으로 추정하고 있다.

장자의 출생지인 '몽' 땅은 마서륜이 『천마산방총서天馬山房叢書』의 「장자송인고莊子宋人考」에서 주장했듯이 오늘날 하남성 상구시商丘市 동북쪽에 있던 송나라 땅이었다. 이는 그의 삶과 사상을 고찰하는 데 매우 중요한 의미를 지니고 있다. 원래 송나라는 주나라에 패망한 은나라 유민이 거주하던 지역이다. 기원전 12세기 무렵 서방에서 황하를 따라 동쪽으로 내려온 주나라는 오늘날 하남성 동북부에 도읍을 두고 있던 은나라를 멸망시킨 뒤 송나라로 하여금 은나라 유민을 다스리게 했다. 전국시대에 들어와 열국의 제후들이 왕을 칭하면서 송나라는 주 왕실과 마찬가지로 거의 잊힌 나라가 되고 말았다. 춘추시대만 해도 가장 높았던 공작의 작위도 초라하기 그지없는 작위로 전락했다. 그렇다고 함부로 왕을 칭할 수도 없었다. 그랬다가는 이내 주변 강국의 노여움을 사 병탄될 공산이 컸다. 그러나 장자가 활약하던 시기에 그런 일이 빚어지고 말았다. 이를 촉발한 주인공은 송 왕 언偃이다.

『사기』「송미자세가」에 따르면 그는 송벽공宋辟公의 아들로 형인 공자 척 성剔成을 힘으로 몰아내고 스스로 보위에 앉았다. 키가 9척이 넘고 힘이 과인했다. 능히 쇠로 만든 갈고리를 자유자재로 오므렸다 펼 정도였다고 한다. 송왕 언에 대한 사서의 기록은 매우 비판적이다. 천지를 제압하려는 속셈으로 피를 가득 담은 포대를 장대 위에 매단 후 화살을 쏘고 땅을 매 질하고 토지신과 곡물신의 위패를 동강 내 이를 불살랐다는 식이다. 주목 할 점은 당시 그가 왕을 칭하면서 대대적으로 군사를 양성한 점이다. 그는 10만 대군을 이끌고 가 제나라와 인접한 등滕과 설薛 등을 쳤다. 여세를 몰아 제나라 5개 성읍을 취하고 이내 남하해 초나라까지 대파, 3백 리의 땅을 취한 뒤 또다시 서진하여 위나라 군사를 격파했다. 약소국인 송나라 가 이처럼 막강한 무력을 과시했다는 것은 놀라운 일이다. 이는 역사적 사 실이다. 송왕 언이 최강국인 진나라에 사자를 보내 우호관계를 맺자 진나 라도 사자를 보내 송나라와 화친했다는 기록이 이를 뒷받침한다. 그가 만 일 사서의 기록처럼 천하인의 손가락질을 받는 폭군의 행보를 보였다면 이 게 가능할 리 없다. 그럼에도 「송미자세가」는 이같이 기록해 놓았다.

"송왕 언이 군신들에게 '과인이 아침 조회에 나오면 모두 만세를 부르도 록 하라'고 명했다. 아침마다 조당에서 만세 소리가 우렁차게 일어났다. 궁 실 안에 있던 사람들이 일제히 만세를 외치면 이어 당상의 사람들이 만세 를 외치고, 다시 당하의 사람들이 화답하면 마지막으로 조문朝門 밖의 시 위들이 만세를 불렀다. 만세 소리가 삽시간에 나라 전체로 퍼져 나가자 감 히 큰소리로 만세를 호창하지 않는 자가 없게 되었다."

당시 '만세'는 천자에게 장수 기원 술잔을 올리는 이른바 축수祝壽를 할 때만 사용한 용어다. 과연 송왕 언이 이런 무모한 짓을 행할 수 있었던 것일까? 있을 수 없는 일이다. 그는 무도한 폭군의 행보를 계속하다가 패망한 게 아닐 공산이 크다. 약속국인데도 '전국7웅'을 흉내 내 왕을 칭한 뒤 나름 심혈을 기울여 육성한 군사를 동원해 주변지역을 경략하다가 동방의 강국인 제나라의 신경을 거스른 탓에 이내 패망케 됐다고 보는 게 옳다. 사서의 기록에 따르면 당시 제나라 장수 한섭韓聶과 초나라 장수 당매唐眛, 위나라 장수 망묘芒卯 등이 이끄는 3국 연합군이 송나라 군사를 깨뜨리고 송나라 도성인 휴양睢陽까지 쳐들어갔다. 송왕 언이 휴양성 10리 밖에다 영채를 세우고 맞섰으나 이내 패해 황급히 패잔병을 이끌고 휴양성 안으로 도주했다. 3국 연합군이 연일 쉬지 않고 맹공을 가하는 와중에 제민왕이 친히 군사 3만 명을 이끌고 당도했다. 이를 본 송나라 군사들이 모두 낙담하며 원망하는 목소리가 높아지자 송왕 언이 야음을 이용해 하남 땅으로 도주했다. 송나라의 군신들이 이내 투항하자 제민왕이 군사를 이끌고 입성해 송나라 백성을 위로한 뒤 곧바로 군사들에게 명해 송왕 언을 잡아 오게 했다. 당시 송왕 언은 소주小邾의 군주인 예후倪侯에게 몸을 의탁했다. 「송미자세가」는 얼마 후 제나라 군사에게 붙잡혀 죽임을 당한 것으로 기록해 놓았다. 『전국책』에는 위나라로 도주하던 가운데 온溫 땅에서 객사한 것으로 되어 있다.

송왕 언은 통상 송강왕宋康王으로 불린다. '강'은 시호다. 나라가 망한 상황에서 누가 이런 시호를 올린 것일까? 말할 것도 없이 후대인이 붙인 엉터리 시호다. 제나라를 위시한 열국의 군주들이 송나라의 흥기에 크게 불안해 한 나머지 힘을 합쳐 후환을 제거한 뒤 송왕 언을 폭군으로 조작했을 가능성이 높다. 송왕 언이 꼽추의 등을 가르고 이른 아침에 강을 건넌 자의 정강이를 절단하는 등의 만행을 저질러 천하 사람들로부터 '걸송桀宋'이라는 지탄을 받았다는 기록을 액면 그대로 믿기 어려운 이유다. 당시 제민왕을 위시한 열국의 제후들이 은나라의 유민들이 세운 송나라가 왕을 칭하며 날로 세력을 확장하는 것을 묵과했을 리 없다. 이들이 힘을 합쳐 송나라를 멸했다고 보는 게 합리적이다. 「노자한비열전」의 기록에 따르면 장자는 몽 땅에서 태어나 그곳에서 생장한 게 확실하다. 그곳에 넓이가 수십 리에 달하는 목장 비슷한 데가 있었다. 이름은 칠원漆園이다. 옻나무를 가꾸는 농원을 말한다. 당시 갑옷이나 방패, 전차 등에도 옻칠을 했다. 옻은 일종의 황금작물에 해당했다. 『사기』「화식열전」에 이를 뒷받침하는 기록이 나온다. 골자는 다음과 같다.

"지금 관에서 주는 봉록도 없고 작위나 봉읍에 의한 수입도 없지만, 이를 가진 사람들처럼 즐겁게 사는 사람이 있다. 이들을 두고 작위나 봉지 등이 없는 봉군封君이라는 의미에서 이른바 소봉素封이라고 한다. 이들은 조세 수입으로 살아간다. 1년에 집집마다 2백 전의 세금을 거두면 1천 호의 영지를 가진 영주는 20만 전의 수입이 있게 된다. 천자를 조현하는 비용과 제후들과 교제하는 비용 등이 모두 여기서 나온다. 농공상 등 서민일지라도 1만 전만 있으면 이율이 2할에 달해 이자로만 1년에 2천 전이나 거둘 수 있다. 1백만 전이면 그 이자가 무려 20만 전이 되는 셈이다. 병역이나 요역을 대신해줄 요금이나 토지세 등에 이르기까지 모든 것을 이 이자로 충당할 수 있다. 그래서 말 50필이나 소 166두 또는 양 250두를 키울 수 있는 목장을 소유하거나, 돼지 250마리를 키울 수 있는 습지대를 보유하거나, 연간 120근의 물고기를 양식할 수 있는 못을 갖고 있거나, 큰 목재 1천 그루를 벌채할 수 있는 산림이 있거나, 대추나무 1천 주株나 밤나무 1천 주, 귤나무 1천 주, 가래나무 1천 주, 옻나무밭 1천 이랑, 뽕나무 혹은 삼밭 1천 이랑, 대나무 숲 1천 이랑, 근교의 옥답 1천 이랑, 치자나무나 꼭두서니밭 1천 이랑, 부추밭 1천 이랑 가운데 어느 것 한 가지만이라도 소유한 자들은 그 수입이 1천 호의 영지를 가진 제후와 같다. 이를 소유한 자는 시장을 기웃거릴 필요가 없고 타향으로 바삐 뛰어다닐 필요도 없이 가만히 앉아서 수입을 기다리기만 하면 된다. 그래서 재산이 없는 자는 힘써 생활하고, 약간 있는 자는 지혜를 써 더 불리고, 이미 많은 재산을 가진 자는 시기를 노려 이익을 더 보려고 한다. 이것이 삶의 진리다. 생활을 꾸려 나가는 데 몸을 위태롭지 않게 하고 돈을 버는 것은 현인이 힘쓰는 바다. 가장 기본이 되는 농업으로 부를 얻는 게 최상이고, 말류인 장사로 부를 얻는 게 그 차상이고, 간악한 수단으로 부를 얻는 게 최하다."

장자는 바로 1천 호의 영지를 가진 제후와 하등 다를 바가 없는 자가 소유한 옻나무밭에서 말단 관리인으로 있었다.『장자』의 내용에 따르면 그는 겨우 입에 풀칠하는 수준의 생활을 한 게 확실하다. 그러나 장자는 이런 빈궁한 생활을 있는 그대로 받아들이며 생을 즐기는 안빈낙도의 삶을 살았다. 장자는 무아無我의 삶을 살았다. 이는 원래『열자』에서 나온 것이다. 이를 뒷받침하는『열자』「양주」의 해당 대목이다.

"몸은 내가 갖고 있는 게 아니나 이미 출생했으면 부득불 이를 보전해야 한다. 외물 또한 내가 갖고 있는 게 아니나 이미 존재한다면 이를 버릴 수 없는 것이다."

장자 역시 양주처럼 '나'를 중심으로 생의 문제를 해석했다. 장자사상의 저변에 양주의 '위아주의' 사상이 침착해 있는 이유다. 장자는 여기서 한 발 더 나아갔다. '나'와 외물의 경계를 허물 것을 주장한 게 그것이다. 불가에서 말하는 물아일체物我一體의 경지와 같다. 똑같이 양생養生을 중시했음에도 장자가 향락적인 모습을 띤 양주학파와 달리 면벽수도하는 선승의 모습을 보인 이유가 여기에 있다. 장자가 죽음에 초연한 모습을 보인 것도 이런 맥락에서 이해할 수 있다. 삶과 죽음에 대한 장자의 기본입장은『장자』「제물론」의 '천지는 나와 나란히 생겨났고 만물은 나와 하나다'라는 언명에 잘 나타나 있다. 장자가 볼 때 일단 태어나 생명을 가졌으면 죽음은 피할 수 없는 운명이다. 발버둥 쳐봐야 아무 소용이 없다. 그렇다면 이를 편안히 받아들이는 게 현명한 대처방안이다. 왔던 길로 다시 돌아가는 것이 자연의 이치다. 봄은 영원할 수 없다. 봄이 가면 여름이 오고, 여름이 가면 가을이 오고, 가을이 가면 겨울이 오고, 겨울이 가면 다시 봄이 돌아온다. 변함없는 천지자연의 순환이치다.

사람들은 이를 이해하면서도 정서적으로는 선뜻 받아들이려고 하지 않는다. 마치 봄이 영원히 지속될 것처럼 생각하는 것이다. 지위가 높으면 높을수록, 재산이 많으면 많을수록, 명예가 높으면 높을수록 더욱 그렇다. 이들이 다른 사람들보다 죽음의 공포에 더욱 시달리는 이유다. 그러나 세속적인 권력과 돈, 명예 모두 일시적인 것일 뿐이다. 시간의 장단 차이만 있을 뿐 공명을 떨쳐 청사에 길이 그 이름을 남기겠다고 하는 것 역시 부질없는 짓이다. 장자는 이를 통찰했다. 그가 생과 사의 경계를 허물고 죽음을 담담하게 받아들인 이유다. 굳이 후대의 도교처럼 불로장생을 추구할 이유가 전혀 없었다. 『장자』「달생達生」의 편제 배경이다. '달생'은 삶과 죽음을 달관했다는 의미다. 여기에는 사람들이 죽음과 관련해 통상 범하는 중대한 착오에 대한 통렬한 비판과 애틋한 연민이 담겨 있다.

사람들은 흔히 죽음이 삶의 바로 곁에 존재한다는 사실 자체를 인정하려 들지 않는다. 천지만물 가운데 삶을 끝까지 연장하려 드는 것은 인간밖에 없다. 오만한 짓이다. 죽음을 자연스럽게 받아들이는 마음자세를 갖게 되면 세속적인 명리名利로부터 초연하게 된다. 유한한 삶 위에 권력과 재물 및 명예를 쌓기 위해 부질없이 남과 원한을 맺으며 정신없이 살아가느니 차라리 천지자연 속에 몸과 마음을 맡겨 유유자적 살아가는 게 더 낫다.

장자는 바로 이같이 생각한 것이다. 그러나 이것이 결코 아무런 일도 하지 않은 채 그럭저럭 살아가는 것을 뜻하는 것은 아니다. 이들은 우주를 품 안에 껴안고 있는 까닭에 시공을 뛰어넘어 삶 자체를 관조할 줄 아는 안목 이 있다. 이를 글과 언행으로 남기면 그것이 바로 문예창작이 되는 것이다. 먼저 세속의 명리로부터 초연할 필요가 있다. 관건은 『맹자』의 키워드인 온 갖 외물로부터 해방된 '자유정신'의 확립이다.

21세기 학술 차원에서 볼 때 장자의 이론과 주장은 예술학, 그중에서도 탐미파耽美派와 통한다. 탐미파는 19세기 중반 합리주의나 기계주의에 대 한 반동으로 나타난 예술사조에 해당한다. '아름다움'을 유일무이한 최상 의 가치로 생각하는 까닭에 그 밖의 모든 것은 크게 개의치 않는 일종의 '예술지상주의'를 말한다. 유미주의唯美主義 또는 탐미주의耽美主義 라고도 한다. 장자는 세속의 명리로부터 초연해 자기 자신만의 자유를 만끽할 것 을 역설한 점 등에 비춰볼 때 여러모로 '예술지상주의'를 외친 탐미파와 닮 았다. 탐미주의의 가장 큰 특징은 자신이 내심 바람직하다고 생각하는 바 를 세속적인 관행 및 가치에 전혀 얽매이지 않고 자유롭게 추구하는 데 있 다. 최상의 아름다움은 정신적인 영역에 속한다고 보는 까닭에 비윤리적인 행위도 크게 괘념치 않는다. 육체적인 향락을 저열하게 보는 이유다.

탐미주의는 프랑스 작가 고티에의 『마드모아젤 모팽』에서 시작됐다. 이 작품의 서문에 '예술을 위한 예술'이라는 표현이 나온다. 탐미주의가 추구 하는 예술을 한마디로 요약한 것이다. 그는 음악과 미술 등의 형식이 아름 다우면 그 작품도 충분히 미적 가치를 지닌다고 주장했다. 작품 속에 굳이 작가가 말하고자 하는 사랑이나 자유 등의 의미를 끼워 넣을 필요가 없 다는 것이다. '탐미파'를 일명 '파르나소스파'라고도 한다. 그리스 올림포스 산 밑의 파르나소스 산에서 열린 예술의 향연에서 나온 말이다. 그리스신화에 따르면 이 산에는 음악과 예술의 신인 아폴론 신이 살았다. 올림포스 산에서 올림픽 경기가 열리듯이 파르나소스 산에서는 예술과 음악 및 시와 같은 정신적인 시합을 열어 우승자에게 월계관을 씌워줬다. 파르나소스 산은 예술적인 미가 최고의 덕목이다. '탐미파'를 '파르나소스파'로 부른 이유다.

원래 탐미주의는 낭만주의에서 갈라져 나온 것이다. 19세기 당시 낭만주의가 사회에 봉사하는 참여예술과 예술을 위한 순수예술로 갈릴 때 정치적 변혁이 심한 프랑스가 참여문학으로 기울자 이런 사조를 비판하며 나온 게 바로 탐미주의다. 당시 탐미주의 책은 잘 알려지지도 않았고 판매량도 미미했다. '소수를 위한 예술'이라는 말이 나온 이유다. 참여예술이 대중예술을 지향한 것과 대비된다. 순수예술을 지향한 만큼 이를 감상할 수 있는 사람이 소수에 그친 것은 부득이한 일이었다. 탐미파와 유사한 장자의 학문을 추종하는 자를 자유인으로 표현한 이유다. 고금의 역사가 증명하듯이 자유로운 삶과 사유가 전제돼야만 새로운 유형의 문화예술을 만들어 나갈 수 있다. 21세기 경제경영의 관점에서 볼 때 자유인은 예술경영의 상징에 해당한다.

자유와 예술

자유와 신선사상

당나라 초기의 대표적인 도사 성현영은 곽상의 『장자주』에 소疏를 단 30권 분량의 『장자소』를 펴냈다. 그는 도교와 불교 사이에 전개된 불도

佛道 논쟁에 참여하기도 했고 『도덕경』을 범어로 번역하는 기획에 참여키도 했다. 『장자』 이외에도 『도덕경』에 관한 많은 주석서를 펴낸 그는 기본적으로 『도덕경』을 토대로 『장자』를 해석한 대표적인 인물에 해당한다. 일본학계에서는 그에게 중현파重玄派라는 명칭을 붙였다. 이는 『도덕경』 제1장에 나오는 '아득하고 또 아득하다'는 뜻의 현지우현玄之又玄에서 따온 용어다. 실제로 성현영은 곽상의 주석을 충실히 좇으면서도 구체적인 대목에서는 『도덕경』에 근거해 독자적인 해석을 시도했다. 이는 당나라 황실이 노자를 조상으로 삼은 사실과 무관하지 않았다. 당시 『장자』는 『도덕경』에 비해 중요성이 훨씬 떨어졌다. 노자는 태상노군이라는 신격을 부여받은 하늘같은 존재로 숭앙된 데 반해 장자는 겨우 도를 깨우친 진인眞人 정도의 대접밖에 받지 못했다. 도교 내에서 장자를 배제하려는 움직임이 존재한 이유다. 그 장본인이 바로 신선이 되는 길을 담은 『포박자抱朴子』의 저자 갈홍葛洪이었다.

남북조 당시 남조 동진 때 활약한 갈홍은 도교이론을 신선이론으로 변환시킨 대표적인 인물이다. 그는 『포박자』에서 노자를 포함해 8백 년을 산 것으로 알려진 전설적인 팽조彭祖만을 신선으로 간주했다. 갈홍이 말하고자 한 것은 양생술養生術이었다. 단약을 복용하거나 기를 몸 안에 돌게 하는 행기行氣나 일종의 도수체조에 해당하는 도인導引을 행하는 등의 비술이 그것이다. 갈홍은 장자 개인과 그의 저서인 『장자』를 구분했다. 『장자』는 신선을 목표로 하는 도교의 교리와 배치되나 장자 개인은 신선의 일원이 되었다고 보았다. 그렇다면 『장자』에 나오는 양생은 불로장생과 어떤 관계에 있는 것일까? 원래 『장자』의 각 편에는 신인神人과 진인眞人, 천인天人, 지인至人 등 신선으로 간주할 만한 유형이 여럿 등장한다. 모두 인간의 한계를 벗어난 초인적인 능력을 보유한 자들이다. 천지를 자유자재로 날아다니고 물과 불 사이를 아무 장애 없이 무시로 드나드는 존재다. 『장자』「대종사」에 장자가 신선 개념을 적극 수용한 것으로 보이는 대목이 나온다.

"무릇 도는 정과 믿음은 있으나 작용이나 형체는 없다. 귀신과 상제를 신령하게 하고 태극보다 앞서 존재했다. 먼 옛날보다 더 오래됐는데도 늙은 체하지 않는다. 황제는 이를 얻어 구름 저편의 하늘에 올랐고, 서왕모西王母는 이를 얻어 영생을 누렸고, 팽조는 이를 얻어 순임금 때부터 무려 8백 년을 살았다."

서왕모와 팽조 모두 도교에서 신선으로 섬기는 인물들이다. 장자도 신선 개념을 용인한 것으로 볼 만하다. 비록 간접화법이기는 하나 이를 뒷받침하는 대목이 『장자』「소요유」에도 나온다.

"막고야산에 신인이 살고 있는데 피부는 눈처럼 희고 예쁜 몸매는 처녀 같다고 한다. 오곡 대신 바람과 이슬을 먹고 구름 기운을 타고 비룡을 몰아 사해 밖에서 노닌다고 한다."

이는 도교에서 양생의 비술로 중시하는 이른바 벽곡술辟穀術을 언급한 것이다. 땅에서 나는 곡물을 먹지 않고 하늘에서 내리는 이슬 등을 먹어 생명을 연장시키는 비술이다. 물론 장자가 수명을 연장하는 양생에 무게를 두지 않은 것만은 확실하다. 『장자』「각의」의 다음 구절이 그 증거다.

"어떤 사람들은 숨을 깊이 쉬거나 천천히 내쉬는 호흡을 통해 묵은 기를 토하며 새로운 기를 받아들이고, 곰처럼 직립하거나 새처럼 목을 펴는 보건체조를 통해 장수하는 일에 몰두한다. 이런 자들은 호흡과 보건체조를 통해 장수코자 하는 자들이다. 팽조처럼 장수를 추구하는 자들이 좋아할 부류다."

장자는 수명을 연장하는 식의 양생술을 극히 저급한 것으로 생각했다. 단지 오래 살려고 하는 짓에 지나지 않는다고 보았기 때문이다. 그렇다고 장자가 양생을 무시한 것은 아니다. 그에게 가장 큰 영향을 끼친 양주 자신이 양생을 극도로 중시했다. 장자도 예외가 아니다. 그는 마음을 기르는 양신養神을 중시했다. 맹자가 호연지기를 언급하며 양심養心을 역설한 것과 닮은 대목이다. 물론 맹자는 인의예지를 체득한 대장부가 되기 위해 호연지기의 양심을 역설한 만큼 그 내용은 사뭇 다르다. 그렇다면 장자가 역설한 양신은 구체적으로 무엇을 말하는 것일까? 그는『장자』「각의」에서 이같이 설명해 놓았다.

"물의 본성을 보면 이물질과 섞이지 않으면 맑은 상태를 유지하고 흔들지 않으면 수평을 이룬다. 그러나 막고 닫아서 흐르지 못하게 하면 결코 맑은 상태를 유지할 수 없다. 천덕天德의 모습이 이와 같다. 천덕을 두고 '순수해 섞이지 않고, 한결같아 변하지 않고, 편안해 무위하고, 움직이면 천지자연의 운행을 따른다'고 말하는 이유다. 이게 바로 '양신'의 방법이다."

장자가 말하는 양신은 그가 역설하는 심재心齋와 통하는 말이다. 마음의 재계를 뜻하는 '심재'는 세속의 가치와 관행 등에서 완전히 벗어나 마음을 순수하게 만드는 것을 말한다. '심재'를 통해 '양신'을 이뤄야만 천지자연의 변환운행에 자연스럽게 올라탈 수 있다고 주장한 것이다. 도교의 입장에서 볼 때 비록 장생불사를 직접 언급한 것은 아니나 이런 수행법을 마다할 이유가 전혀 없다. 세인들도 몸과 마음이 불가분의 관계를 맺고 있다는 사실을 잘 알고 있는 만큼 장자의 '양신' 이론을 적극 활용해 장생불사를 꾀하라고 선전했을 공산이 크다. 실제로 갈홍은『포박자』「논선」에서 이같이 주장했다.

"무릇 불로장생의 도를 닦는 최상의 비결은 본인의 뜻에 있지 결코 부귀에 있지 않다. 마땅한 사람이 아니라면 높은 지위와 넉넉한 재물은 오히려 방해가 된다. 선도를 배우는 비법은 편하고 담담한 심경으로 욕심을 없애고, 외물 대신 내부로 눈과 귀를 돌리고, 마른 나무처럼 앉아서 무심해지는 것을 요구하기 때문이다."

이는 장자가 말한 '양신'의 방법을 그대로 옮겨 놓은 것이나 다름없다. 강력한 황권을 휘두른 진시황과 한무제 모두 신선이 되고자 했다. 오대와 수당대의 역대 황제 역시 신선이 되기 위해 단약을 장복했다. 불행하게도 이들 모두 타고난 수명을 모두 누리기는커녕 오히려 생명을 깎아먹고 말았다. '양신'을 통한 장자의 신선 대신 양형養形을 통한 갈홍의 신선이 되고자 한 탓이다. 신선에 대한 열망은 연원도 깊을 뿐만 아니라 천국이나 극락에 가고자 하는 종교적 열망 못지않게 나름 인간의 삶을 고양시키는 계기로 작용할 수 있다. '양형'을 통한 방법은 이미 미신으로 판명 나 진즉 폐기됐다. 그러나 '양신'을 통해 신선이 되는 길은 아직 남아 있다. 불로장생의 허황된 꿈만 꾸지 않는다면 '양신'을 통해 자연과 하나가 되는 정신적인 신선은 여전히 매혹적이다.

안회와 장자의 안빈낙도

중국문학을 전공하는 학자들은 하나같이 장자의 문학적 성취를 높이 평가한다. 우언寓言과 중언重言, 치언卮言의 3언 이론을 통해 문학적 형식, 내용과 표현기법, 기교의 결합을 얘기했다는 것이다. 『장자』가 철학적 논리와 사유를 문장과 통일시킨 산문의 개척자로 칭송받는 이유다. 중국 현대 문학의 비조로 평가받는 노신도 『중국소설사략』에서 『장자』를 높이 평가했다.

초대 사회과학원장을 지낸 곽말약은 약간 다른 차원에서 장자를 기렸다. 공자의 수제자 안회의 사상적 후계자로 본 게 그렇다. 실제로 장자는 안회처럼 안빈낙도安貧樂道의 삶을 살았다. 세속의 명리에 연연하지 않은 결과다. 안회는 공자의 제자들 가운데 학덕을 가장 열심히 닦은 인물이다. 사상적으로 공자의 적통 후계자에 해당한다. 공자 자신도 학덕을 연마하는 성실한 자세만큼은 제자인 안회를 따를 길이 없다고 실토한 바 있다. 안회에 대한 칭송은 곧 장자에 대한 칭송에 해당한다. 같은 시기에 살았으면 공자는 틀림없이 안빈낙도하는 장자를 크게 칭송했을 것이다. 장자의 안빈낙도는 자연과 하나가 될 것을 주장한 만물제동萬物齊同 차원에서 비롯된 것이다. 이를 물화物化라고 한다. 『장자』「달생」은 '물화'를 이같이 풀이해 놓았다.

"헤엄을 잘 치는 사람이 빨리 배울 수 있다는 것은 그가 물을 잊었기 때문이다. 뒤집히고 후진하는 등 여러 일이 눈앞에 펼쳐질지라도 그의 마음을 어지럽히지 못하니 어디에 간들 여유가 없을 리 있겠는가? 기왓장을 경품으로 내건 놀이에서 뛰어난 실력을 보이는 자도 은이나 동으로 만든 혁대 고리를 경품으로 내걸면 마음이 떨려 두려워한다. 황금을 내걸면 마음이 이내 어두워져 큰 혼란에 빠진다. 기교는 같은데도 놓치면 아깝다는 애착심으로 인해 외물을 중시하여 거기에 마음을 빼앗겼기 때문이다. 외물을 중시하면 이내 내면의 마음이 졸렬하게 된다."

헤엄을 잘 치는 사람은 장자가 말하는 '물화'를 이룬 사람이고, 황금 경품에 마음이 흔들린 자는 유가에서 말하는 '물화'에 함몰된 자다. 오랜 기간의 수련을 거치지 않으면 장자의 '물화'를 체득하기가 매우 어렵다. 대다수 사람들은 황금 경품에 마음이 흔들릴 수밖에 없다. 유가에서 말하는 이른바 소인이 바로 그들이다. 소인은 이익에 밝은 자를 말한다. 이들은 학덕學德 연마를 업으로 삼는 사인士人과 달리 물건을 생산해 이를 호구지책으로 삼는다. 농부와 상인, 공인이 이에 속한다. 이들은 재화생산 및 유통의 담당자인 까닭에 투여된 노동 및 기회비용 등에 따른 손익을 생각지 않을 수 없다. 이해타산에 밝은 이유다. 이는 지극히 당연한 일로 결코 탓해서는 안 된다. 공자도 이들을 비난한 적이 없다.

그럼에도 주희는 이를 천리에 배치되는 인욕으로 못 박으면서 외물의 유혹에 이끌려 천리를 훼손한 일체의 행위로 풀이했다. 터무니없는 확대해석이다. 이런 기준을 학덕 연마를 업으로 삼는 사인에게 적용하는 것은 나름 이해할 수 있다. 문제는 이를 사인뿐만 아니라 농공상 등 일반 서민에게도 가차 없이 적용한 데 있다. 엄밀히 따지면 사인 역시 농공상과 다를 게 없다. 아무리 학덕 연마를 업으로 삼을지라도 삶 자체가 치열한 생존경쟁의 일환인 만큼 부모와 처자식을 부양키 위해서는 일정 부분 생업에 관심을 기울이지 않을 수 없기 때문이다. 이를 소홀히 하는 것은 직무유기에 해당한다. 그럼에도 명분을 중시한 한나라 때 이미 이런 직무유기 풍조가 만연해 있었다. 사마천이 『사기』「화식열전」에서 이들을 질타한 이유가 여기에 있다. 해당 대목이다.

"집이 가난해 명절이 되어도 제수를 마련할 길이 없고 평소 음식과 의복을 스스로 조달할 길이 없는데도 부끄러워하지 않는다면 언급할 가치조차 없는 자들이다. 오랫동안 빈천하면서도 입만 열면 인의를 말하는 사대부들 또한 같다."

겉모습만 보면 장자 역시 입만 열만 인의를 떠벌린 빈천한 유자들과 별반 다를 것도 없다. 객관적으로 볼 때 장자는 극빈층에 가까웠다. 『장자』「외물」에 이를 짐작게 해주는 일화가 나온다. 하루는 장자가 지방장관인 감하후監河侯에게 양식을 빌리러 갔다. 감하후가 말했다.

"좋소. 내가 나중에 봉읍에서 나오는 세금을 받아 선생에게 3백 금金을 빌려주겠소. 그러면 되겠소?"

장자가 발끈했다.

"내가 어제 이리로 올 때 도중에 나를 부르는 자가 있었소. 뒤돌아보니 수레바퀴 자국의 물웅덩이에 붕어 한 마리가 있었소. 그래서 내가 물었소. '붕어야, 너는 거기서 무엇을 하는 것이냐?' 붕어가 이같이 대답했소. '나는 동해의 물결에서 튕겨져 나온 해신의 신하요. 그대에게 한 말 한 되의 적은 물이라도 있으면 그것으로 나를 살려주시오!' 마침 물이 없어 내가 할 수 없이 이같이 말했소. '알았다. 내가 바야흐로 남쪽 오나라와 월나라의 왕에게 유세하러 가려는데 그때 서강西江의 물을 거꾸로 흐르게 해서 그대를 맞이하도록 하겠다. 이제 됐는가?' 그러자 붕어가 발끈하며 이같이 힐난했소. '나는 지금 내가 늘 함께하던 물을 잃어버려 몸 둘 곳이 없는 신세요. 지금 한 말 한 되의 물만 있으면 능히 살 수 있소. 그런데 그대가 이처럼 말하니 차라리 일찌감치 나를 건어물 가게에서 찾는 게 나을 것이오.' 지금 당신이 말하는 것이 바로 이와 같소."

장자의 이런 모습은 공자의 수제자인 안회의 행보와 사뭇 닮아 있다. 「산목」에도 유사한 일화가 나온다. 한번은 위왕이 장자를 초청했다. 장자가 여기저기 기운 헐렁한 베옷을 입고 삼줄로 이리저리 묶은 신발을 신은 채 위왕 앞으로 다가오자 위왕이 측은한 듯 물었다.

"선생은 어찌 이처럼 고달프게 사는 것이오?"

"저는 가난할 뿐 고달프지는 않습니다. 선비에게 도와 덕을 행할 수 없는 것은 고달픈 일입니다. 그러나 옷이 해지고 신발이 터진 것은 가난한 것일 뿐 고달픈 게 아닙니다. 이는 때를 만나지 못한 것에 지나지 않습니다. 지금 어두운 군주와 어지러운 재상 사이에 머물면서 고달픈 일이 없기를 바란들 과연 그게 가능하겠습니까?"

난세에 태어나 너무 높은 학문을 가진 탓에 아무도 알아주지 못하는 것이 잘못이라면 잘못이고 불행이라면 불행이지, 남루한 옷차림이 무슨 잘못이냐고 반문한 것이다. 입으로만 위민爲民을 떠드는 위정자들을 통렬히 비판한 셈이다. 곽말약이 장자를 안회의 사상적 후계자로 간주한 것도 이와 무관하지 않다.

소은과 대은

지난 2009년 98세로 타계한 계선림季羨林은 자타가 공인하는 중국 국학의 태두다. 그가 평소 좋아했던 시가 바로 도연명의 「신석」이다. 그는 북경대 부총장으로 재직하던 시절 황갈색 옷과 누더기 가방을 낀 노동자 행색으로 12개 국어를 자유자재로 구사하며 북경대 캠퍼스를 누볐다. 그는 사람이 살아가는 동안 매번 느끼게 되는 기쁨과 슬픔, 고통, 환희 등에 대해서 너무 깊이 빠지는 것을 경계했다. 평상심이 요체다. 그는 자신에게 장수 등의 비결을 물어올 때마다 이같이 대답했다.

"비결이 없소. 비결을 찾지 않는 게 나의 비결이오!"

원가보 총리가 자신의 정신적인 스승이라고 칭송할 정도로 중국인들의 존경을 한 몸에 받은 그는 모택동 시절 혹독한 시련을 겪어야만 했다. 모택동은 뛰어난 문인이기도 했지만 동시에 자타가 공인하는 혁명가이자 사상가다. 그는 난세의 시기에 부조리한 것을 모두 뒤엎었다. 이는 맹자와 묵가 등이 추구한 천도의 길이다. 국공내전을 벌이고 미국이 대만해협을 봉쇄하는 건국 초기에는 나름 타당했다. 그러나 이후에는 말 위에서 내려와 천하를 다스릴 필요가 있었다. 그러나 그는 그리하지 않았다. 그게 바로 대약진운동과 문화대혁명의 참화로 나타났다. 계선림이 독일에서 유학을 마치고 돌아와 북경대에 자리를 잡았을 때 공교롭게도 문화대혁명이 터져 나왔다. 그는 이내 노동개조 현장으로 쫓겨나 낮엔 옥수수 빵만 먹고 벽돌조각을 나르는 등의 고된 노동에 시달려야만 했다. 온갖 벌레들이 득실대는 곳에서 몸을 긁으며 잠을 청했다. 때론 고무타이어로 감싼 자전거 체인에 머리를 쉴 새 없이 맞아 무수히 피를 흘리기도 했다. 자살을 결심한 순간 비판투쟁의 무대로 끌려 나간 후에는 오히려 고문을 이겨내는 방법을 생각해냈다. 살아남는 데 모든 노력을 집중한 것이다. 그는 훗날 '문화대혁명에 대한 한 지식인의 회고'라는 부제를 단 『우붕잡억牛棚雜憶』에서 당시 상황을 이같이 술회했다.

"노동개조는 그저 죄인의 몸을 바꿀 뿐 사상을 고치거나 영혼을 바꿀 수는 없다. 그것은 겨우 죄인의 신체에 상처를 낼 뿐이고 죄인의 영혼을 잠재울 수는 없는 일이다. 나는 이미 지옥으로 떨어졌다. 기본지식이 일천해서 그런지 지옥도 그렇게 여러 층이 있다는 사실을 오래도록 알지 못했다. 불교에서도 저승은 18층이 있다고 하지 않았는가?"

'우붕'은 문화대혁명 당시 소귀신 등으로 매도된 지식인을 가두기 위해 만든 임시 헛간을 말한다. 소외양간과 같은 뜻이다. 그가 이 글을 쓴 것은 후손들이 교훈을 얻지 못하면 훗날 또다시 그 잔혹한 바보짓을 되풀이할지도 모른다는 우려 때문이었다. 폭력이 난무한 시기에 지식인의 나약하고 치욕스러운 모습을 진솔하게 서술한 이 책은 이데올로기와 집단적 광기의 부당성을 고발하고 있으나 문체는 극히 담담하다. 복수심을 인간에 대한 연민으로 승화시킨 덕분이다. 장자가 만일 문화대혁명 때 끌려 나와 유사한 고문을 당했으면 대략 그와 유사한 길을 택했을 것이다.

계선림이 21세기의 중국인들로부터 최고의 인격수양을 뜻하는 이른바 난득호도難得糊塗의 경지에 오른 대표적인 인물로 손꼽히는 이유도 이런 맥락에서 이해할 수 있다. 이는 총명해지는 것도 쉽지 않으나 어리석은 체하는 게 더 어렵다는 뜻이다. 청대 건륭제 때 화가 겸 학자로 명성을 떨쳤던 정판교鄭板橋가 처음으로 사용한 말이다. 북송 때의 소동파도 크게 깨달은 사람은 마치 어리석은 사람처럼 행동한다는 취지로 대지약우大智若愚를 언급한 바 있다. 난득호도와 같은 뜻이다. 중국인은 직설적으로 표현하는 것을 저급하게 생각한다. 자신의 총명함을 가볍게 드러내는 것으로 보기 때문이다. 수양이 덜 됐다고 보는 것이다. 난득호도의 '호도'는 원래 깨진 도자기를 살짝 풀을 붙여 온전한 것처럼 만들어 놓듯이 명확히 결말을 내지 않고 일시적으로 땜질하는 것을 말한다. 그러나 중국어는 '머저리' 뜻에 가깝다. 중국인들은 난득호도의 행보를 최고의 경지로 생각하고 있다. 장자는 「달생」에서 난득호도의 경지를 이같이 설명해 놓았다.

"무릇 술에 취한 사람이 수레에서 떨어지면 비록 질주하는 와중일지라도 죽지 않는다. 골절이 다른 사람들과 같은데도 상해를 당한 정도가 보통사람과 다르다. 이는 술의 힘으로 그 정신이 온전히 보존했기 때문이다. 수레에 탄 것도 수레에서 떨어지는 것도 알지 못한 까닭에 죽음과 삶의 놀라움과 두려움이 마음속으로 들어오지 못한 것이다. 뜻밖의 사물과 문득 만날지라도 전혀 두려워하지 않는 이유다. 술에 의지해 정신을 온전하게 한 사람조차 이와 같은데 하물며 천성에 의해 온전하게 된 사람이겠는가?"

모택동은 중국 전래의 역사문화 전통을 깊이 흡입한 까닭에 문학에도 조예가 깊었다. 실제로 그는 시문학에 대해 많은 논평과 주석을 쏟아냈다. 그의 시는 분방하고 탈속의 경지에 이르렀다는 평을 듣고 있다. 전문가들은 현실주의 바탕 위에 시를 쓰면서도 중국 고전과 낭만주의를 가미한 결과로 분석하고 있다. 그는 대다수 사람들이 이백보다 두보를 좋아하는 것과 달리 두보보다 이백을 좋아했다. 두보의 시는 눈물이 많고 정치적이기 때문이라는 게 이유다. 이백은 도사의 풍이 있는 데 반해 두보는 소지주의 입장에 서 있다는 평은 이런 맥락에서 나온 것이다.

불가에서 궁극적인 목표로 추구하고 있는 해탈은 장자의 무위자연 논리와 닮아 있다. 『장자』를 '중국식 해탈'의 이치를 밝힌 저서로 간주하는 이유다. 장자가 그러했듯이 세속의 혼란스러운 모습에 초연한 모습을 견지하면서도 이를 있는 그대로 받아들이며 유유자적한 삶을 영위하는 게 요체다. 굳이 불가처럼 출가할 필요가 없다. 『진서』「등찬전」에 '숨어서 도를 행할 경우 꼭 산곡에 숨을 필요는 없다. 조정이나 저잣거리에도 얼마든지 숨을 수 있다. 숨는 것은 애초 나에게 있는 것이지 외물에 있는 것이 아니다'라는 구절이 나온다. 소은小隱이 아닌 대은大隱의 취지를 언급한 것이다. 무위자연의 유유자적한 삶을 이처럼 절묘하게 표현한 대목도 없다. 도연명과 이백, 소동파 모두 장자처럼 '대은'을 행한 자들에 해당한다.

장자사상과 예술경영

노자사상은 기본적으로 개체의 자율성을 보장하면서도 개체와 공동체 전체의 조화를 추구하는 데서 출발하고 있다. 치자와 피치자는 물론 인간과 자연을 2분법적으로 나누는 것을 거부한다. 노자의 '도'는 천지만물의 시원이자 운행이치를 의미한다. 인간에게 적용되어 나타난 것이 바로 '무위지치'다. 이는 치자와 피치자를 유기적으로 결합시켜 주는 통치원리인 동시에 인간과 자연의 공존을 가능케 해주는 우주론이기도 하다. 노자사상이 동서고금을 아우르는 21세기의 새로운 이념으로 주목을 받는 이유다.

통치에 관한 동서고금의 논의는 크게 이를 가능한 한 축소하려는 견해와 정반대로 이를 확대하려는 견해의 대립으로 점철돼 왔다. 서양은 시종 축소지향의 통치가 보다 바람직한 것으로 간주했다. 플라톤 이래 도시국가를 뜻하는 '폴리스'에서 통치이념을 찾은 결과다. 서양에 동양의 '치천하

治天下' 개념이 아예 존재하지 않은 이유다. 축소지향의 서양 지성사를 상징하는 인물이 바로 마르크스다. 그의 유물사관은 궁극적으로 국가 및 천하의 해체를 목표로 삼고 있다. 이는 기본적으로 만물을 2분법적으로 구분하는 데서 비롯된 것으로 '나'와 '너'의 대립을 극단화한 결과이기도 하다. 서양의 지성사는 '나'와 '너'의 대립을 무차별적으로 진행시킨 역사로 볼 수 있다. 자아로 상징되는 개인과 이런 개인들의 집합으로 이뤄진 국가 공동체, 피착취자인 프롤레타리아와 착취자인 부르주아, 절대 진리를 상징하는 신의 형상을 닮은 인간과 단순한 피조물인 자연 등의 대립이 그것이다. 17세기 당시 영국의 프란시스 베이컨이 '방황하고 있는 자연을 사냥해 노예로 만들어 봉사케 해야 한다'고 언명한 것은 2분법적 접근의 궁극이 어디에 있는지를 잘 보여주고 있다. 서양사상사에서 '치천하'에 입각한 치도 개념이 아예 존재하지 않은 것도 이와 무관하지 않을 것이다.

　서양의 2분법적 접근은 나름 과학문명 발전의 원동력이 된 것이 사실이나 자연과 인간을 철저히 분리시켜 '인간소외'와 '지구 황폐화'의 근원이 된 것 또한 부인할 수 없다. '자연의 노예화'를 역설한 베이컨의 언명에서 알 수 있듯이 2분법적 접근에서는 자연과 인간이 상호 조화를 이루며 공존할 수 있는 여지가 전혀 없다. 그 결과가 바로 '인간소외'와 '지구 황폐화'로 나타났다고 해도 과언이 아니다. '너'가 없는 '나'가 없고 '나'가 없는 '너'가 없다는 지극히 간단하면서도 엄중한 이치를 무시한 채 사물을 서로 용납할 수 없는 대립관계로 분절시킨 후과다. 이런 식의 접근은 사물의 존재 이유, 등장배경 및 전개과정 등에 대한 분석에는 나름 유용하다. 그러나 종합적인 결론을 도출할 때는 이내 독이 될 수밖에 없다. 다양한 변수를 모조리 배제한 채 사물을 '2항 대립'의 관점에서 접근한 결과다. 이런 '2항 대립'의 분석을 통해 얻은 결론이 사물의 본질과 동떨어진 것은 말할 것도 없다.

화이트헤드가 '플라톤 이후의 서양 철학은 그 주석에 지나지 않는다'고 갈파했듯이 서양의 사상사는 플라톤 이래 개인 위주의 축소지향 통치에서 한 치도 벗어나지 못했다.

동양은 정반대로 공동체 위주의 확대지향 통치를 지향해왔다고 할 수 있다. 유가와 법가사상이 주류를 형성한 덕분이다. 비주류는 위아를 역설한 양주와 무아를 내세운 장자였다. 장자는 양주의 위아사상을 가장 깊이 흡입한 인물이다. 열자는 장자와 달리 세속적인 명리를 무조건 타기하지 않았다. '도'를 해치지 않는 한 세속적인 부귀영화를 누릴지라도 가하다는 입장을 취했다. 현실적인 명리를 철저히 기피한 장자는 노자나 열자보다는 양주에 가깝다. 장자가 서양의 주류사상처럼 개인 위주의 축소지향 통치를 주장한 것도 이런 맥락에서 이해할 수 있다. 노자는 이와 다르다. 그는 장자와 달리 부득이한 전쟁을 옹호하는 등 '출세간'보다는 '입세간'에 더 많은 관심을 기울였다. 노자를 장자와 하나로 묶어서는 안 되는 이유로 크게 2가지를 들 수 있다.

첫째, 노자사상의 본령은 통치에 있다는 점이다. 노자가 말한 무위는 결코 '무치'나 '무정부' 등의 반反통치를 뜻하는 게 아니다. 그가 반대한 것은 인위적인 작위인 유위였다. 노자사상의 핵심어를 장자의 '무위자연'이 아닌 '무위지치'에서 찾아야 하는 이유다. 장자의 무위자연은 출세간의 입장에서 입세간의 통치문제를 다룬 '반통치'를 상징한다. 둘째, 노자가 『도덕경』에서 무위지치의 이념형으로 제시한 소국과민은 국가가 아닌 천하를 대상으로 한 이념형이라는 점이다. 이는 유위지치에 대한 반론 차원에서 나온 것이다. 그는 결코 장자처럼 원시공산사회의 '무치'를 주장한 적이 없다. 최상의 치도인 제도라는 것을 생생히 그려내기 위해 무위지치의 구체적인 실례로 소국과민의 모형을 예로 든 것에 지나지 않는다.

노자와 장자를 하나로 묶은 '노장' 개념의 출현은 당나라 때 노자사상을 치평治平이 아닌 치신治身의 양생이론으로 간주한 사실과 무관하지 않다. 이는 노자사상에 대한 일대 왜곡에 해당한다. 노자사상을 관통하는 핵심어는 말할 것도 없이 무위지치다. 만물이 천지자연의 순환이치를 좇아 영허소장盈虛消長의 변화를 보이다가 본원인 '도'로 복귀하듯이 통치 역시 무위지치에 입각해야만 최상의 치도를 이룰 수 있다고 본 것이다. 사실 이는 장자를 포함해 모든 제자백가가 수긍한 것이기도 하다.『순자』와『한비자』가 '무위지치'를 최상의 치도로 간주한 사실이 이를 뒷받침한다. 제자백가 사상이 천지자연과 인간이 하나가 되는 인간학의 관점에서 벗어나지 않는 이유가 여기에 있다. 이들은 서양의 사상가들과 달리 단 한 번도 '신의 죽음'을 선언한 적도 없고 '자연의 노예화'를 선언한 적도 없다.

장자가 무위자연을 내세우며 자연을 '도'의 구체적인 표현으로 간주한 배경이 여기에 있다. 이는 전국시대 후기에 들어와 제자백가 모두 겉으로는 백가쟁명을 전개하면서도 '도' 개념을 매개로 상호 깊은 사상적 교류를 한 결과였다. 서양은 만물에 내재하는 '대립'과 '모순'을 지양하기 위한 해법으로 '투쟁'과 '발전' 개념밖에 제시하지 못했으나 동양은 '조화'와 '순환'을 해답으로 제시했다. 장자가「제물론」에서 역설한 것과 다를 바가 없다. 제자백가 모두 본질적인 동질성의 회복에 초점을 맞춘 결과다. 장자가 '만물제동'을 역설하고, 맹자가 인도가 아닌 천도를 강조하고, 주희가 천리를 역설한 이유가 여기에 있다. 만물에 내재하는 '대립'과 '모순'은 본질적인 게 아니라 단지 표면적인 것에 불과하다고 간주한 까닭이다. '투쟁'과 '발전'을 운위할 여지가 아예 없었다. 제자백가는 본질적인 동질성을 회복하기 위해서는 자연의 '도'에 몸을 의탁하고 이를 구체화하기 위해서는 천지변환의 흐름에 자연스럽게 순응해야 한다고 생각했다. 이들이 '투쟁' 및 '발전' 개념 대신 '조화'와 '순환' 개념을 정교하게 다듬는 데 주력한 배경이다. 제자백가가 하나같이 치자와 피치자 간의 조화와 공평무사한 통치를 역설한 것도 이런 맥락에서 이해할 수 있다. 다만 장자는 무위를 역설했음도 현실정치의 개선 가능성에 커다란 회의를 표시한 점이 노자와 다를 뿐이다. 그가 무위지치보다 무치 쪽으로 나아간 이유다. 이는 양주의 위아사상을 깊이 흡입한 결과로 볼 수 있다.

21세기 경제경영의 관점에서 볼 때 장자의 주장과 이론은 예술경영의 전형에 해당한다. 문화예술의 대전제에 해당하는 자유로운 정신을 역설한 게 그렇다. 이는 21세기 스마트혁명 시대의 요구와 맞아 떨어진다. 객관적으로 볼 때 '무인자동차'의 사례를 통해 짐작할 수 있듯이 앞으로는 하드웨어보다 소프트웨어가 기업 성패의 관건으로 작용할 수밖에 없다. 잡스처럼 속히 '기술과 예술의 결합'을 추진해야 한다. 그게 바로 예술경영이다. 애플제국의 창업주 스티브 잡스는 아이폰을 처음으로 출시할 때 '기술과 예술의 결합'을 언급했다. 예술경영의 중요성을 이처럼 절실하게 표현한 것도 없다. 그는 2010년 6월 7일 샌프란시스코 모스콘 센터에서 열린 '아이폰4' 출시 행사에서 이같이 말했다.

"애플은 단지 기술기업이 아니라 그 너머에 있는 기업입니다!"

그러고는 '기술과 인문학의 결합'이 애플과 다른 회사를 구별하는 기준이라고 덧붙였다. 인문학을 예술로 승화시켜 기술과 결합시켰다는 주장이다. 그의 주장을 액면 그대로 믿기는 어려우나 당시 그가 '애플은 인문학과 기술의 교차로에 서 있다'고 호언한 게 전혀 터무니없는 주장은 아니었다. 최고의 하드웨어 기술을 자랑한 삼성은 그런 엄두조차 내지 못했기 때문이다. '퍼스트 무버'와 '패스트 팔로워'의 차이가 극명하게 드러난 순간이다. 잡스의 이런 호언은 최첨단의 디지털 기술도 결국은 인간의 이용후생에 이 바지하기 위한 것이라는 매우 단순하면서도 중요한 사실을 통찰한 결과다. 혁신이 일상화된 디지털 기술 분야에서 오히려 인문학적 성찰이 더욱 필요한 이유가 여기에 있다. 당초 잡스는 진보적 인문학의 전통이 강한 리즈대학을 다니다 첫해에 중퇴한 바 있다. 그는 중퇴 후에도 리즈대학의 다양한 인문학 강좌들을 청강했다. 특히 붓글씨 강의가 그를 매혹시켰다. 2005년 스탠퍼드대 졸업식 축사에서 그는 이같이 말했다.

"붓글씨는 멋지고 역사성을 담고 있는 데다 과학으로 분석할 수 없는 미묘한 아름다움이 있다."

그는 붓글씨에 매료된 청년 시절의 지적 호기심이 훗날 '맥컴퓨터'를 만드는 데 커다란 도움이 됐다고 덧붙였다. 현재 미국 실리콘밸리에는 인문학을 중시하는 풍조가 널리 퍼져 있다. 정보기술을 다루는 대부분의 업체가 잡스와 똑같은 생각을 갖고 있는 게 그렇다.

안타까운 것은 우리나라가 이와 정반대되는 모습을 보이고 있는 점이다. 한때 한국의 기업 CEO들은 인문학을 '돈벌이에 도움이 안 되는 학문'으로 치부하며 소프트웨어의 위력을 과소평가했다. 그 후유증이 지금까지 지속되고 있다. 애플의 충격이 워낙 컸던 까닭에 지금은 약간 나아지기는 했으나 크게 바뀐 게 없다. '기술과 예술' 내지 '기술과 인문학'의 결합으로 상징되는 천하대세와 거꾸로 가고 있는 꼴이다. 여기서 뒤처지면 삼성과 현대 등 한국을 대표하는 글로벌 기업은 물론 나라의 앞날까지도 점치기 힘들게 된다. 최고통치권자를 비롯한 위정자와 당국자는 물론 기업 CEO들의 대오각성과 심기일전의 각오가 절실한 상황이다.

일찍이 하버드대 철학과 교수를 지낸 화이트헤드는 '서양의 모든 사상은 플라톤의 주석에 지나지 않는다'고 했다. 서양에서 20세기 최고의 지성으로 불리는 한나 아렌트는 마키아벨리를 서양의 역대 사상가 가운데 최고로 꼽은 바 있다. 동양의 경우도 '동양의 모든 사상은 제자백가의 주석에 지나지 않는다'고 말할 수 있다. 제자백가는 인간학에 관한 한 서양보다 훨씬 연원이 오래되고 사상적 폭과 깊이가 크다. 제자백가의 기본 텍스트를 개략적으로 정리하면 다음과 같다.

제자백가의 기본텍스트

	이상주의	중도주의	현실주의
도 가	『장자』, 『노자』, 『열자』		
유 가	『맹자』	『논어』, 『순자』	
묵 가	『묵자』		
상 가		『관자』	『사기』 「화식열전」
법 가			『한비자』, 『상군서』
병 가			『손자병법』, 『오자병법』
종횡가			『귀곡자』, 『전국책』

치도 5분론에 따른 제자백가 분류

주효시기	치 도	치 자	제자백가
성세聖世	제도帝道	제자帝者	도가道家
치세治世	왕도王道	왕자王者	유가儒家, 묵가墨家
용세庸世	부도富道	소왕素王	상가商家
위세危世	패도霸道	패자霸者	법가法家
난세亂世	강도强道	강자强者	병가兵家, 세가說家

제자백가가 역설한 난세의 책략과 제왕리더십이 모두 이 안에 들어 있다. 제자백가의 학문을 꿰지 못하면 21세기 G2시대의 난세를 타개하는 방략을 찾는 것은 매우 어렵다. 21세기의 G2시대는 난세의 전형에 해당한다. 중원의 주인공이 바뀌는 과거의 왕조교체기에 비유할 만하다. 여러모로 어지러울 수밖에 없다. 게다가 한반도는 미중美中이 한 치의 양보도 없이 치열한 각축을 벌이고 있는 '총칼 없는 전쟁'의 한복판에 있다.

　21세기 G2시대는 여러모로 난세와 닮아 있다. 학계와 기업 CEO들 내에서 제자백가의 학문이 새삼 주목을 받는 것도 이런 맥락에서 이해할 수 있다. 학계 일각에서 제자백가의 학문을 두고 난세학亂世學으로 부르는 것도 같은 맥락이다. 이말은 난세를 타개하는 책략이 무궁무진하다는 뜻을 내포하고 있다. 난세학은 기본적으로 성리학의 기준에서 춘추전국시대를 바라보는 치세학治世學과 엄밀히 구분할 필요가 있다. '치세학'은 550년에 달하는 춘추전국시대조차 치세의 기간 중에 나타난 일과성 과도기로 간주했다. 치세의 논리인 덕치의 잣대로 난세 중의 난세인 춘추전국시대의 사건과 인물을 재단한 결과다. 제자백가의 학문을 비롯해 치국평천하 방략에 대한 왜곡이 빚어진 근본배경이 바로 여기에 있다. 마키아벨리가 『군주론』에서 '철학적 삶'을 극도로 미화해 놓은 플라톤의 『국가론』을 정면으로 비판하면서 '정치적 삶'을 역설한 것도 이 때문이다. '난세학'의 정수인 제자백가의 학문에 대한 새로운 접근은 서양이 현실에 기초한 근대 정치학의 물꼬를 튼 『군주론』의 출간을 계기로 르네상스의 꽃을 활짝 피우면서 세계사의 주역으로 등장하는 일대 전기를 맞이한 것에 비유할 수 있다.

　제자백가의 학문을 꿰지 못하면 21세기 G2시대의 난세를 타개하는 방략을 찾는 것은 매우 어렵다. 한무제의 독존유술 선언 이후 수천 년 동안 '정치적 삶'과는 거리가 먼 '철학적 삶'을 칭송하는 유학이 유일무이한 관학으로 자리 잡은 결과다. 그 유령이 아직도 21세기 G2시대에 동아 3국을 배회하고 있다. 특히 한국이 심하다. 극단적인 명분에 함몰된 '조선성리학'의 유폐가 이처럼 깊다. 필자가 최근 동아 3국에서는 사상 최초로 마키아벨리의 『군주론』과 한비의 『한비자』에 나오는 군주리더십을 21세기 G2시대의 관점에서 정밀하게 비교 연구한 책을 펴낸 이유다. 아예 '조선성리학'의 유폐를 걷어내는 작업을 훨씬 뛰어넘는 차원으로 진입하자는 취지다. 이런 작업이 보다 활성화돼야만 21세기 G2시대를 주도적으로 이끌고 나갈 명실상부한 '동북아 허브시대'를 열 수 있다.

'신 중화질서'로 요약되는 새로운 G1의 시대의 전단계로 다가온 G2시대의 난세는 과거 서양이 걸었던 길을 이제 동아 3국이 거꾸로 되짚어가는 엄중한 시기가 다가왔음을 예고하고 있다. 이러 시기에 우리가 궁극적으로 지향할 목표는 바로 '팍스 시니카'의 흐름에 적극 편승한 '팍스 코레아나'다. 이는 소프트웨어로 전세계를 제패하는 것을 뜻한다. 하드웨어는 '팍스 시니카'를 이용하면서 그 알맹이에 해당하는 소프트웨어는 '한류문화' 내지 '한류상품'으로 채워 넣는 것을 말한다. 이미 좋은 전례가 있다. 싸이의 강남스타일이 전 세계를 열광시킨 여파로 서울의 강남 일대가 한류문화의 메카가 된 게 그렇다. 다양한 유형의 '한류문화'와 '한류상품' 개발에 발 벗고 나서야 하는 이유다. 그 어느 때보다 위정자를 비롯한 기업 CEO의 심기일전心機一轉 각오와 불퇴전 不退轉의 용맹정진이 절실한 상황이다.

여기에는 메이지유신을 전후해 수많은 학자들이 난세 리더십의 보고에 해당하는『관자』와『한비자』,『손자병법』,『전국책』등을 치밀하게 연구한 게 크게 작용했다.『관자』는 상가,『한비자』는 법가,『손자병법』은 병가,『전국책』은 종횡가의 바이블에 해당한다. 이들이 지향한 것은 오직 하나, 바로 부국강병이었다.

21세기에 들어와 중국 학계는『국부론』에 비견되는 자본주의 이론을 중국 고전에서 찾다가『관자』를 발견하고는 쾌재를 불렀다. '상가'를 제자백가의 일원으로 공식 거론하고 나선 배경이다. 그러나 엄밀히 따지면 최초의 발견자는 일본 학자들이다. 이들이 만들어낸 경제경영 이론의 가장 큰 특징은 전쟁터와 비즈니스 정글을 동일시한 데 있다. 21세기에 들어와 중국이 이를 흉내 내고 있다. 이를 강 건너 불구경하듯 할 일이 아니다. 우리도 서둘러 과거의 일본과 지금의 중국이 그런 것처럼 제자백가 사상의 정수를 찾아낸 뒤 G2시대 타개방략으로 적극 활용할 필요가 있다.

시기(기원전)		사 건
781	주유왕 원년	신후申侯의 딸을 왕후로 책립함.
779	3년	주유왕이 포사를 총애함.
777	5년	왕후 강씨姜氏와 태자 의구宜臼를 폐함.
771	11년	신후가 견융과 결탁해 주유왕을 죽이고 평왕을 옹립함.
770	주평왕 원년	주평왕이 낙읍인 성주成周로 천도함. 춘추시대 개막
767	4년	정나라가 괵나라를 멸함.
751	20년	진秦이 서융을 무찌르고 기서岐西를 빼앗음.
741	30년	초나라의 분모蚡冒가 죽고 웅통熊通이 수장이 됨.
722	49년	노은공이 주의보邾儀父와 멸蔑에서 결맹함. 『춘추좌전』의 시작
720	51년	주환왕이 정장공을 홀대함.
719	주환왕 원년	위나라 공자 주우州吁가 주군을 시해함.
715	5년	정나라가 노나라와 영지를 교환함.
712	8년	노나라 공자 휘翬가 노은공을 시해함.
710	10년	송독宋督이 시해함. 제나라 문강文姜이 노나라로 시집감.
709	11년	곡옥무공曲沃武公이 진애후晉哀侯를 사로잡음.
707	13년	주환왕 제후들이 군사를 이끌고 나가 정나라에 패함.
705	15년	곡옥백曲沃伯이 소자후小子侯를 죽임.
704	16년	초나라의 웅통熊通이 무왕을 칭함.
698	22년	진인秦人이 출자出子를 시해함.
697	23년	정나라에서 제중祭仲 암살 계획이 실패함.
696	주장왕 원년	위선공衛宣公이 며느리를 가로챔.
695	2년	정나라 고거미高渠彌가 정소공을 시해함.
694	3년	제양공齊襄公이 팽생彭生을 시켜 노환공을 죽임.
686	12년	제나라 무지無知가 제양공을 시해함.
685	13년	포숙아鮑叔牙가 제환공齊桓公에게 관중管仲을 천거함.
684	13년	초나라가 채애공蔡哀公을 포로로 잡음.

682	15년	정여공鄭厲公이 복귀함.
680	주희왕 2년	정나라 부하傅瑕가 자의子儀를 시해함.
679	3년	제환공이 첫 패자가 됨.
678	4년	곡옥의 무공武公이 진후晉侯를 칭함.
675	주혜왕 2년	연나라 및 위나라가 자퇴子頹를 왕으로 옹립함.
673	4년	정백과 괵숙虢叔이 자퇴를 죽임.
672	5년	웅군熊頵이 찬위함. 전완田完이 분제奔齊함.
668	9년	진나라가 강絳에 도읍을 정함.
667	10년	제환공이 제후국과 회맹해 백伯이 됨.
666	11년	진헌공이 여희驪姬를 부인으로 삼음.
662	15년	노나라 경보慶父가 자반子般을 시해함.
661	16년	진나라가 위魏와 괵虢을 멸하고 2군을 창설함.
660	17년	노나라 경보慶父가 노민공을 시해하자 3환三桓이 흥성함.
659	18년	제후들이 형邢을 이의夷儀로 옮김. 형荊이 초楚를 칭함.
658	19년	제후들이 위나라의 초구楚丘에 성을 쌓음.
656	21년	제환공이 채나라로 쳐들어가 초나라를 침.
655	22년	진나라가 괵虢과 우虞를 멸함. 중이重耳가 적狄으로 달아남.
654	23년	진나라 공자 이오夷吳가 양梁으로 달아남.
651	주양왕 원년	규구葵丘의 결맹이 이뤄짐. 진나라 이극里克이 해제奚齊를 죽임.
650	2년	이극이 탁자卓子를 시해함. 진秦이 이오를 귀국시킴.
649	3년	왕자 대帶가 융인을 불러들여 경사京師를 침.
648	4년	관중管仲이 주 왕실의 내분을 평정함.
647	5년	진晉나라에 기근이 들자 진秦나라가 식량을 보냄.
646	6년	진秦나라에 기근이 드나 진晉나라가 식량을 보내지 않음.
645	7년	관중 죽음. 진목공秦穆公이 진혜공晉惠公을 잡았다가 풀어줌.
643	9년	제환공 죽음. 진나라 태자 어圉가 진秦에 인질로 감.
642	10년	중이가 제나라로 옴. 송양공宋襄公이 제효공을 옹립함.
641	11년	송양공이 증자鄫子를 희생으로 사용함.
639	13년	송양공이 녹상鹿上에서 회맹하나 초나라가 그를 잡았다가 풀어줌.

638	14년	진나라 공자 어圉가 귀국함. 초나라가 송양공을 홍泓에서 대파함.
636	16년	중이가 진회공晉懷公을 죽이고 즉위함. 주양왕이 정나라로 달아남.
635	17년	진문공晉文公이 주양왕을 복위시키자 주양왕이 왕자 대帶를 죽임.
633	19년	진나라가 3군을 창설함.
632	20년	진문공이 초군을 성복城濮에서 대파하고 천토踐土에서 결맹함.
629	23년	진나라가 5군을 창설함.
628	24년	진문공 죽음. 정문공 죽음.
627	25년	진나라가 진군秦軍을 효殽에서 격파함.
626	26년	초나라 상신商臣이 초성왕을 시해하고 초목왕으로 즉위함.
624	28년	진목공이 진晉나라를 무찔러 주 왕실로부터 공인받음.
623	29년	초나라가 강江나라를 멸함.
621	31년	진나라가 2군을 감축함. 진목공 죽음.
620	32년	송성공의 아우 어禦가 태자를 죽이고 등극하자 국인들이 어를 죽임.
617	주경왕 2년	진秦이 진나라를 침.
615	4년	진진秦晉이 하곡河曲에서 교전함.
614	5년	초목왕이 죽고 초장왕楚莊王이 즉위함.
613	6년	제나라 상인商人이 제소공을 시해함.
611	주광왕 2년	송나라 사람이 시해함.
609	4년	노나라 양중襄仲이 노선공을 세움. 제의공齊懿公이 시해당함.
607	6년	진나라 조돈趙盾이 진영공晉靈公을 시해함.
606	주정왕 원년	초장왕이 육혼의 융인을 치고 구정九鼎의 무게를 물음.
605	2년	정나라 귀생歸生이 정영공을 시해함.
599	8년	진陳의 하징서夏徵舒가 진영공陳靈公을 시해함.
598	9년	초장왕이 진陳으로 들어가 하징서를 죽임.
597	10년	초장왕이 필邲에서 진군晉軍을 대파하고 청구淸丘에서 결맹함.
591	16년	초장왕 죽음.

590	17년	노나라가 구갑제丘甲制를 실시함. 왕사王師가 융인에게 대패함.
589	18년	진경공晉景公이 제후들의 군사를 이끌고 가 제나라를 대파함.
588	19년	진나라가 6군을 창설함.
585	주간왕 원년	오왕 수몽壽夢이 처음으로 주 왕실에 입조함.
583	3년	진나라가 대부 조동趙同·조괄趙括을 죽임.
581	5년	진나라가 노성공을 억류함.
576	10년	진여공晉厲公이 조성공曹成公을 억류해 경사로 보냄.
575	11년	진나라 난염欒黶이 언릉에서 초군을 대파함.
574	12년	진여공晉厲公이 3극三郤을 주살하자 난서欒書가 진여공을 잡음.
573	13년	난서가 주군 주포州蒲를 죽임.
566	주영왕 6년	정나라 자사子駟가 조朝에서 정희공鄭僖公을 시해함.
563	9년	진생陳生과 백여伯輿가 쟁송하자 진나라 사개士匄가 결단함.
562	10년	노나라가 3군을 창설함.
559	13년	진나라가 3군으로 감축함.
557	15년	제나라가 내이萊夷를 멸함. 진나라가 거자莒子·주자邾子를 잡음.
553	19년	제후들이 전연澶淵에서 결맹함.
551	21년	공자(孔子)가 태어남.
550	22년	진나라 난서가 반기를 들자 국인들이 난영欒盈을 죽임.
548	24년	대부 최저崔杼가 제장공齊莊公을 시해함. 오왕 제번諸樊이 전사함.
546	26년	초나라가 진나라와 강화함. 제나라 최저가 자살함.
544	주경왕 원년	오왕 여채餘祭가 혼인閽人에게 죽임을 당함.
543	2년	주경왕周景王이 아우를 죽이자 왕자 하瑕가 분진奔晉함.
542	3년	거인莒人이 주군을 시해하자 거질去疾이 분제奔齊함.
541	4년	초나라 공자 위圍가 주군을 시해하고 등극함.
538	7년	초영왕楚靈王이 오나라를 치고 제나라의 경봉慶封을 죽임.
536	9년	정나라 자산子産이 형정刑鼎을 주조함. 제나라가 연나라를 침.
531	14년	초나라가 채蔡의 태자를 희생으로 사용함.

529	16년	초나라 공자 기질棄疾이 시역한 비比를 죽이고 등극함.
527	18년	진나라가 선우鮮虞를 치고 고자鼓子를 잡아감.
523	22년	허나라 세자 지止가 시해함.
522	23년	오원伍員이 오나라로 도망가고 태자 건이 분송奔宋함.
521	24년	송나라 화해華亥·상녕向寧이 남리南里에서 이반함.
520	25년	왕자 조朝가 이반함.
519	주경왕 원년	진나라가 왕자 조를 치고 오나라가 6국의 군사를 격파함.
517	3년	노소공이 3환씨 토벌에 실패해 분제奔齊함. 공자가 제나라로 감.
516	4년	주소왕이 귀경하자 왕자 조가 분초奔楚함.
515	5년	오나라 공자 광光이 보위에 오른 후 합려闔廬로 개칭함.
514	6년	진나라가 기씨祁氏와 양설씨羊舌氏를 멸함.
512	8년	오나라가 서徐나라를 멸함.
510	10년	노소공이 제나라에서 죽자 노정공이 보위에 오름.
506	14년	오나라가 초나라 도성을 함락하자 초소왕이 낙향함.
505	15년	월나라가 오나라를 침. 초나라 신포서申包胥가 오나라를 격파함.
504	16년	초나라가 약鄀으로 천도하고 왕자 조의 잔당이 난을 일으킴.
498	22년	노나라가 3도三都를 무너뜨림.
497	23년	진나라 조앙趙鞅이 진양晉陽으로 들어가 이반함.
496	24년	오왕 합려가 죽음. 위나라 세자 괴외蒯聵가 분송奔宋함.
494	26년	오왕 부차가 월왕 구천을 회계에서 항복시킴.
493	27년	조앙이 괴외를 척읍戚邑으로 들여보냄.
490	30년	진나라 순인荀寅과 사길석士吉射이 분제奔齊함.
489	31년	제나라 진기陳乞가 주군 도荼를 시해함.
487	33년	송나라가 조나라를 멸하고 조백 양陽을 잡아감.
485	35년	오자서 죽음. 제도공齊悼公이 포씨鮑氏에게 살해당함.
482	38년	오왕 부차가 황지黃池에서 제후와 회맹함.
481	39년	획린獲麟함. 제나라 진항陳恒이 제간공齊簡公을 시해함.
479	41년	공자 죽음. 초나라 백공白公 승勝이 반기를 들었다가 자진함.

478	42년	초나라가 진陳을 멸함. 위나라 괴외가 도망치다 살해됨.
477	43년	위나라 석포石圃가 주군을 축출함.
475	주원왕 원년	주경왕이 죽고 그의 아들 주원왕이 즉위함.
473	3년	오왕 부차가 월왕 구천에게 포위되어 자결하자 오나라가 멸망함.
469	7년	송나라 6경이 보위에 오른 공자 계啓를 축출함.
468	주정정왕 원년	노애공이 주邾나라로 갔다가 월나라로 달아남. 『춘추좌전』의 종결
447	22년	초나라가 채蔡나라를 멸함.
445	24년	초나라가 기杞나라를 멸함.
441	28년	주정정왕이 죽고 동생 주애왕과 주사왕, 주고왕이 차례로 찬위함.
431	주고왕 10년	초나라가 거莒나라를 멸함.
430	11년	의거義渠가 진秦나라를 공격해 위남渭南으로 진출함.
426	15년	서주西周 혜공이 아들 반班을 공鞏에 세우고 동주東周를 칭함.
423	주위열왕 3년	진晉나라가 정나라를 치고 정유공鄭幽公을 죽임.
413	13년	진秦이 진晉에 패함. 제齊가 진晉을 치고 양호陽狐를 포위함.
409	17년	진秦이 백관에게 칼을 차게 함. 위魏가 진秦을 치고 축성함.
403	23년	3진三晉이 시작됨.『자치통감』이 시작됨. 전국시대 개막
400	주안왕 2년	정나라가 한韓나라의 양척陽翟을 포위함. 3진이 초나라를 침.
397	5년	섭정聶政이 한나라 재상 협루俠累를 죽임.
396	6년	위문후魏文侯가 죽고 아들 위무후가 즉위함.
387	15년	진秦이 촉蜀의 남정南鄭을 공략함.
386	16년	제나라의 전화田和를 제후로 봉함.
382	20년	제나라와 위나라가 위衛를 도와 조趙를 치고 강평剛平을 공략함.
379	23년	제강공齊康公이 죽고 전씨田氏가 제나라를 병합함.
378	24년	3진이 제나라의 영구靈丘까지 진격함.
377	25년	촉나라가 초나라를 침.
375	주열왕 원년	한나라가 정나라를 멸하고 양척陽翟으로 천도함.
372	4년	맹자 태어남.

369	7년	조나라와 한나라가 위나라를 포위함.
361	주현왕 8년	진秦나라가 상앙商鞅을 기용함.
359	10년	진나라가 상앙을 좌서장左庶長에 기용해 제1차 개혁을 단행함.
356	13년	노공후魯共侯와 위성후衛成侯, 한소후韓昭侯가 위혜왕을 조현함.
352	17년	제후들이 위나라의 양릉襄陵을 포위함.
351	18년	신불해가 한나라의 재상이 됨.
350	19년	진나라가 함양으로 천도함. 상앙이 제2차 개혁을 단행함.
338	31년	진효공이 죽고 상앙이 피살됨.
337	32년	신불해가 죽음. 초나라 등 4국이 진나라에 사절을 파견함.
334	35년	위나라와 제나라가 서주徐州에서 만나 칭왕키로 합의함.
329	40년	진나라가 위나라의 분음汾陰과 피씨皮氏를 빼앗고 초焦를 포위함.
328	41년	진나라가 처음으로 상국相國제도를 두고 장의張儀를 상국으로 삼음.
325	44년	진나라가 처음으로 칭왕함.
323	46년	장의가 제·초齊楚 양국과 회맹함. 연·한燕韓이 칭왕함.
318	주신정왕 3년	3진과 연나라, 초나라가 연합해 진나라를 쳤으나 패배함.
316	5년	진나라가 촉나라를 멸함.
313	주난왕 2년	장의가 초나라의 재상이 되어 제나라와 단교함.
312	3년	초회왕楚懷王이 진나라를 치다가 대패함.
311	4년	장의가 각국에 유세함.
309	6년	장의가 위나라에서 죽음.
307	8년	진나라가 한나라의 의양宜陽과 무수武遂를 빼앗고 축성함.
302	13년	위양왕과 한나라 태자가 진나라에 입조함. 초나라 태자 도주해 귀국함.
301	14년	진나라가 위·제·한과 함께 초나라를 중구重丘에서 격파함.
300	15년	진나라가 초나라를 대파함.
299	16년	맹상군이 진나라 승상이 됨. 진秦이 초楚를 치고 8개 성을 점거함.
298	17년	맹상군이 제나라로 도망쳐 옴. 한·위·제 3국이 진나라의 함곡관을 침.

297	18년	초회왕이 탈출에 실패함.
296	19년	초회왕이 진나라에서 죽임을 당함. 위양왕과 한양왕이 죽음.
295	20년	조나라 공자 성成이 조무령왕을 치자 조무령왕이 아사함.
293	22년	진나라 장수 백기白起가 한·위 연합군을 이궐伊闕에서 대파함.
288	27년	진소양왕이 서제西帝를 칭하고 제왕을 동제東帝로 칭함.
285	30년	진나라의 몽무蒙武가 제나라의 9성을 점령함. 진소양왕이 초왕과 화해함.
284	31년	진나라가 3진 및 연나라와 함께 제나라를 쳐 임치臨淄로 진공함.
280	35년	진나라가 초나라와 함께 조나라를 침.
279	36년	연燕의 악의樂毅가 분조奔趙함. 제나라 전단田單이 실지를 회복함.
278	37년	진나라가 초나라 도성 영郢을 함락시킴.
277	38년	진나라가 초나라의 무巫와 검중黔中을 점령함. 굴원이 멱라에 투신함.
276	39년	초나라가 장강 유역의 15개 성읍을 수복함.
275	40년	조나라의 염파廉頗가 위나라의 방자房子와 안양安陽을 빼앗음.
273	42년	조·위가 한韓의 화양華陽을 치나 진나라가 한나라를 도와 대승함.
272	43년	초나라가 태자를 인질로 해 진秦과 강화함. 진·위·초가 연나라를 침.
263	52년	초고열왕이 즉위하자 춘신군이 재상이 됨.
262	53년	진나라가 한나라의 10개 성읍을 빼앗음.
260	55년	진나라 장수 백기가 장평長平에서 조나라 군사를 대파함.
259	56년	진시황이 태어남. 진나라가 한·조 양국과 강화함.
257	58년	진나라 장수 백기가 자살함. 위나라가 진나라 군사를 한단에서 격파함.
256	59년	초나라가 노나라를 치고 거莒 땅으로 몰아냄. 진나라가 주 왕실을 멸함.
251	진소양왕 56년	진소양왕이 죽음. 조나라의 평원군이 죽음.

250	진효문왕 원년	진효문왕이 즉위 이틀 후에 죽고 아들 초장양왕楚莊襄王이 뒤를 이음.
249	진장양왕 원년	여불위呂不韋가 한韓을 치고 삼천군三川郡을 둠. 노나라가 멸망함.
247	3년	위나라 신릉군이 진군秦軍을 격퇴함. 태자 정政이 즉위함.
242	진시황 5년	진나라가 위나라의 20개 성을 빼앗고 동군東郡을 설치함.
238	9년	장신후 노애嫪毒의 반란이 일어남. 초나라 춘신군이 피살됨.
237	10년	진왕 정政이 여불위를 파면함.
236	11년	진나라가 조나라의 9개 성읍을 빼앗음.
235	12년	여불위가 자살함.
233	14년	한비자韓非子가 자살함. 진나라가 조나라의 평양平陽을 점령함.
230	17년	진나라가 한나라를 멸하고 영수군潁水郡을 설치함.
228	19년	진나라가 조나라를 멸하자 조나라 공자 가嘉가 조대왕趙代王이 됨.
227	20년	형가荊軻가 암살에 실패함. 연·대燕代 연합군이 진군秦軍에 패함.
225	22년	진나라 장수 왕분王賁이 위나라를 쳐 멸망시킴.
224	23년	진나라 장수 왕전王翦과 몽무가 초나라를 대파함.
223	24년	초나라가 멸망함.
222	25년	진나라가 요동에서 연왕燕王을 생포하고 조대왕趙代王도 생포함.
221	26년	진시황이 제나라를 멸하고 천하를 통일함. 전국시대 종료

● 기본서

『논어』, 『맹자』, 『관자』, 『순자』, 『열자』, 『한비자』, 『윤문자』, 『도덕경』, 『장자』, 『묵자』, 『양자』, 『상군서』, 『안자춘추』, 『춘추좌전』, 『춘추공양전』, 『춘추곡량전』, 『여씨춘추』, 『회남자』, 『춘추번로』, 『오월춘추』, 『신어』, 『세설신어』, 『잠부론』, 『염철론』, 『국어』, 『설원』, 『전국책』, 『논형』, 『공자가어』, 『정관정요』, 『자치통감』, 『독통감론』, 『일지록』, 『명이대방록』, 『근사록』, 『송명신언행록』, 『설문해자』, 『사기』, 『한서』, 『후한서』, 『삼국지』

● 저서 및 논문

가나야 사다무 외, 『중국사상사』, 조성을 역, 이론과 실천, 1988.

가리노 나오끼, 『중국철학사』, 오이환 역, 을유문화사, 1995.

가이쯔까 시게끼, 『제자백가』, 김석근 외 역, 까치, 1989.

강상중, 『오리엔탈리즘을 넘어서』, 이산, 1997.

고성중 편, 『도가의 명언』, 한국문화사, 2000.

곽말약, 『중국고대사상사』, 조성을 역, 까치, 1991.

관중, 『관자』, 김필수 외 역, 소나무, 2006.

김엽, 「전국·진한대의 지배계층」, 『동양사학연구』, 1989.

김경일, 『사서삼경을 읽다』, 바다출판사, 2004.

김길환, 「공자의 정치철학에 대한 해석」, 『문화비평』 3-1, 1971.

김덕삼, 『중국도가사 서설』, 경인문화사, 2004.

김승혜, 『원시유교』, 민음사, 1990.

김용찬, 「헤겔과 근대 자연권의 위기」, 『한국정치학회보』 36-1, 2002.

김정진, 「공자의 이상정치론과 그 철학」, 『동양문화연구』 5, 1978.

김충열, 『노장철학 강의』, 예문서원, 1995.

김학주, 『순자』, 을유문화사, 2002.

_____,『장자』, 연암서가, 2010.

김한식,『실학의 정치사상』, 일지사, 1979.

김형효,『맹자와 순자의 철학사상』, 삼지원, 1990.

나카지마 다카시,『한비자의 제왕학』, 오상현 역, 동방미디어, 2004.

니담,『중국의 과학과 문명』, 이석호 역, 을유문화사, 1988.

니시지마 사다이끼,『중국고대사회경제사』, 변인석 편역, 한울아카데미, 1996.

대진,『맹자자의소증』, 임옥균 역, 홍익, 1998.

두웨이밍,『문명들의 대화』, 김태성 역, 휴머니스트, 2006.

라이샤워 외,『동양문화사』 상·하, 고병익 외 역, 을유문화사, 1973.

량치차오,『중국문화사상사』, 이민수 역, 정음사, 1980.

런지유에,『중국철학사 I』, 이문주 외 역, 청년사, 1989.

리쩌허우,『중국현대사상사의 굴절』, 김형종 역, 지식산업사, 1998.

리쭝우,『후흑학』, 신동준 역, 효형, 2003.

린유탕,『공자의 사상』, 민병산 역, 현암사, 1984.

마루야마 마사오,『일본정치사상사연구』, 김석근 역, 한국사상사연구소, 1995.

마쓰시마 다까히로 외,『동아시아사상사』, 조성을 역, 한울아카데미, 1991.

마오쩌둥,『실천론·모순론』, 이승연 역, 두레, 1989.

마키아벨리,『군주론』, 강정인 역, 까치, 1997.

모리모토 준이치로,『동양정치사상사 연구』, 김수길 역, 동녘, 1985.

모리야 히로시,『한비자, 관계의 지략』, 고정아 역, 이글리오, 2008.

미조구치 유조,『중국 사상문화 사전』, 김석근 외 역, 책과 함께, 2011.

박영진,『공자에서 노신까지』, 삼경, 1999.

박충석,『한국정치사상사』, 삼영사, 1982.

박한제,『중국역사기행』 1-3, 사계절, 2003.

북경대중국철학사연구실 편,『중국철학사』, 박원재 역, 자작아카데미, 1994.

사이드,『오리엔탈리즘』, 박홍규 역, 교보문고, 1997.

샤오꿍취엔,『중국정치사상사』, 최명 역, 서울대출판부, 2004.

서복관,『중국예술정신』, 이건환 역, 이화문화사, 2001.

서울대동양사학연구실 편,『강좌 중국사』1-7, 지식산업사, 1989.

성태용,「심성론, 예론과의 관련 아래서 본 순자의 수양론」,『태동고전연구』, 1989.

손무,『손자병법』, 유동환 역, 홍익출판사, 2002.

손빈,『손빈병법』, 김진호 역, 명문당, 1994.

솔즈베리,『새로운 황제들』, 박월라 외 역, 다섯수레, 1993.

송영배,『제자백가의 사상』, 현암사, 1994.

송인창,「공자의 덕치사상」,『현대사상연구』4, 1987.

슈월츠,『중국고대사상의 세계』, 나성 역, 살림출판사, 1996.

시라카와 시즈카,『사람의 마음을 움직여 세상을 바꾸리라』, 장원철 역, 한길사, 2004.

신동준,『덕치, 인치, 법치』, 예문서원, 2003.

_____,『후흑학』, 인간사랑, 2010.

신창호,『관자, 최고의 국가건설을 위한 현실주의』, 살림출판사, 2013.

아리스토텔레스,『정치학』, 천병희 역, 숲, 2010.

양국영,『맹자 평전』, 미다스북스, 2002.

왕방웅,『맹자철학』, 서광사, 2005.

엔리에산 외,『이탁오평전』, 홍승직 역, 돌베개, 2005.

옌쟈지,『수뇌론』, 한인희 역, 희성출판사, 1990.

오까다 히데히로,『세계사의 탄생』, 이진복 역, 황금가지, 2002.

오동환,『공자처럼 읽고 소크라테스처럼 생각하라』, 세시, 2000.

오카모토 류조,『한비자 제왕학』, 배효용 역, 예맥, 1985.

유필화,『역사에서 리더를 만나다』, 흐름출판, 2010.

윤무학,『순자』, 성균관대출판부, 2005.

윤사순,『한국유학사상론』, 열음사, 1986.

이강수,「장자의 정치윤리사상」,『정신문화연구』, 1986.

이계희,「중국의 정치학과 정치개혁」,『한국정치학회보』34-3, 2000.

이기동,『공자』, 성균관대 출판부, 1999.

이병도, 『한국유학사』, 아세아연구소, 1987.

이성규 외, 『동아사상의 왕권』, 한울아카데미, 1993.

이재권, 「순자의 명학사상-'정명편'을 중심으로」, 『동서철학연구』 8, 1991.

이철, 『가슴에는 논어를, 머리에는 한비자를 담아라』, 원앤원북스, 2011.

이춘식, 「유가정치사상의 이념적 제국주의」, 『인문논집』 27, 1982.

이치카와 히로시, 『영웅의 역사, 제자백가』, 이재정 역, 솔, 2000.

이탁오, 『분서』, 김혜경 역, 한길사, 2004.

이택후 외, 『중국미학사』, 권덕주 역, 대한교과서주식회사, 1992.

장기근, 「예와 예교의 본질」, 『동아문화』 9, 1970.

장치권 외, 『중국철학사』, 송하경 외 역, 일지사, 1995.

전목, 『중국사의 새로운 이해』, 권중달 역, 집문당, 1990.

전세영, 『공자의 정치사상』, 인간사랑, 1992.

전일환, 『난세를 다스리는 정치철학』, 자유문고, 1990.

전해종 외, 『중국의 천하사상』, 민음사, 1988.

정동국, 『공자와 양명학』, 태학사, 1999.

정영훈, 「선진 도가의 정치사상」, 『민주문화논총』, 1992.

정인재, 「중국사상에 있어서의 사회적 불평등」, 『철학』 31, 1989.

조광수, 「노자 무위의 정치사상」, 『중국어문논집』 4, 1988.

조윤수, 「유가의 법치사상」, 『중국연구』 10, 1987.

진고응, 『노장신론』, 최진석 역, 소나무, 1997.

차이런허우, 『순자의 철학』, 천병돈 역, 예문서원, 2000.

차주환, 『공자』, 솔, 1998.

체스타 탄, 『중국현대정치사상사』, 민두기 역, 지식산업사, 1979.

초굉익후, 『노자익』, 이현주 역, 두레, 2000.

최명, 『춘추전국의 정치사상』, 박영사, 2004.

최성철, 「선진유가의 정치사상 연구」, 『한국학논집』 11, 1987.

치엔무, 『중국사의 새로운 이해』, 권중달 역, 집문당, 1990.

캉유웨이, 『대동서』, 이성애 역, 민음사, 1994.

크릴, 『공자, 인간과 신화』, 이성규 역, 지식산업사, 1989.

펑유, 『천인관계론』, 김갑수 역, 신지서원, 1993.

펑여우란, 『중국철학사』, 정인재 역, 형설출판사, 1995.

플라톤, 『국가·정체』, 박종현 역, 서광사, 1997.

플루타르코스, 『플루타르크 영웅전』, 김병철 역, 범우사, 1994.

한국공자학회 편, 『공자사상과 현대』, 사사연, 1986.

한국도교문화학회, 『도교와 생명사상』, 국학자료원, 1998.

한국동양철학회 편, 『동양철학의 본체론과 인성론』, 연세대출판부, 1990.

한국철학사연구회 편, 『한국철학사』, 이성과 현실사, 1988.

한무희 외 편, 『선진제자문선』, 성신여대출판부, 1991.

한비자, 『한비자』, 김동휘 역, 신원문화사, 2007.

함재봉, 『유교자본주의, 민주주의』, 전통과 현대, 2000.

허우와이루, 『중국철학사』, 양재혁 역, 일월서각, 1995.

황원구, 『중국사상의 원류』, 연세대출판부, 1988.

후스, 『중국고대철학사』, 송긍섭 역, 대한교과서주식회사, 1983.

후쿠나가 미쓰지, 『장자, 고대중국의 실존주의』, 이동철 외 역, 청계, 1999.

耿振东, 『管子研究史-战国至宋代』, 学苑出版社, 2011.

高亨, 『老子正詁』, 中華書店, 1988.

高懷民, 「中國先秦道德哲學之發展」, 『華岡文科學報』 14, 1982.

顧頡剛 外, 『古史辨』 1926-1941, 上海古籍出版社.

郭沂, 『郭店竹簡與先秦學術思想』, 上海教育出版社, 2001.

郭末若, 『十批判書』, 古楓出版社, 1986.

冀昀, 『韓非子』, 線裝書局, 2008.

羅世烈, 「先秦諸子的義利觀」, 『四川大學學報哲學社會科學』 1988-1, 1988.

童書業, 『先秦七子思想研究』, 齊魯書社, 1982.

羅根澤,『管子探源』, 岳麓書社, 2010.

樓宇烈,『王弼集校釋』, 中華書局, 1999.

牟宗三,『中國哲學的特質』, 臺灣學生書局, 1980.

方立天,『中國古代哲學問題發展史 上, 下』, 中華書局, 1990.

傅樂成,「漢法與漢儒」,『食貨月刊』復刊 5-10, 1976.

徐復觀,『中國思想史論集』, 臺中印刷社, 1951.

蕭公權,『中國政治思想史』, 蕭公權先生全集4臺北聯經出版事業公司, 1980.

蘇誠鑑,「漢武帝"獨尊儒術"考實」,『中國哲學史研究』1, 1985.

蘇俊良,「論戰國時期儒家理想君王構想的產生」,『首都師範大學學報』2, 1993.

孫謙,「儒法法理學異同論」,『人文雜誌』6, 1989.

宋洪兵,『新韓非子解讀』, 人民大學出版社, 2010.

梁啓超,『先秦政治思想史』, 商務印書館, 1926.

楊寬,『戰國史』, 上海人民出版社, 1973.

楊榮國 編,『中國古代思想史』, 三聯書店, 1954.

楊幼炯,『中國政治思想史』, 商務印書館, 1937.

楊義,『韓非子還原』, 中華書局, 2011.

楊鴻烈,『中國法律思想史』上, 下, 商務印書館, 1937.

呂思勉,『秦學術概論』, 中國大百科全書, 1985.

鳴光,『黃老之學通論』, 浙江人民出版社, 1985.

鳴辰佰,『皇權與紳權』, 儲安平, 1997.

王文亮,『中國聖人論』, 中國社會科學院出版社, 1993.

王先愼,『新韓非子集解』, 中華書局, 2011.

饒宗頤,『老子想爾注校證』, 上海古籍出版社, 1991.

于霞,『千古帝王術, 韓非子』, 江西教育, 2007.

熊十力,『新唯識論-原儒』, 山東友誼書社, 1989.

劉澤華,『先秦政治思想史』, 南開大學出版社, 1984.

游喚民,『先秦民本思想』, 湖南師範大學出版社, 1991.

李錦全 外, 『春秋戰國時期的儒法鬪爭』, 人民出版社, 1974.

李宗吳, 『厚黑學』, 求實出版社, 1990.

李澤厚, 『中國古代思想史論』, 人民出版社, 1985.

人民出版社編輯部 編, 『論法家和儒法鬪爭』, 人民出版社, 1974.

张固也, 『管子研究』, 齐鲁书社, 2006.

張寬, 『韓非子譯注』, 上海古籍出版社, 2007.

張君勱, 『中國專制君主政制之評議』, 弘文館出版社, 1984.

張岱年, 『中國倫理思想研究』, 上海人民出版社, 1989.

蔣重躍, 『韓非子的政治思想』, 北京師範大出版社, 2010.

錢穆, 『先秦諸子繫年』, 中華書局, 1985.

鍾肇鵬, 「董仲舒的儒法合流的政治思想」, 『歷史研究』3, 1977.

周立升 編, 『春秋哲學』, 山東大學出版社, 1988.

周燕謀 編, 『治學通鑑』, 精益書局, 1976.

陳鼓應, 『老子注譯及評價』, 中華書局, 1984.

馮友蘭, 『中國哲學史』, 商務印書館, 1926.

許抗生, 『帛書老子注譯與研究』, 浙江人民出版社, 1985.

胡家聰, 『管子新探』, 中國社會科學出版社, 2003.

胡適, 『中國古代哲學史』, 商務印書館, 1974.

侯外廬, 『中國思想通史』, 人民出版社, 1974.

侯才, 『郭店楚墓竹簡校讀』, 大連出版社, 1999.

加藤常賢, 『中國古代倫理學の發達』, 二松學舍大學出版部, 1992.

角田幸吉, 「儒家と法家」, 『東洋法學』12-1, 1968.

岡田武彦, 『中國思想における理想と現實』, 木耳社, 1983.

鎌田正, 『左傳の成立と其の展開』, 大修館書店, 1972.

高文堂出版社 編, 『中國思想史 上, 下』, 高文堂出版社, 1986.

高須芳次郎, 『東洋思想十六講』, 新潮社, 1924.

顧頡剛,『中國古代の學術と政治』, 小倉芳彦 等 譯, 大修館書店, 1978.

館野正美,『中國古代思想管見』, 汲古書院, 1993.

溝口雄三,『中國の公と私』, 研文出版, 1995.

宮崎市定,『アジア史研究I-V』, 同朋社, 1984.

金谷治,『秦漢思想史研究』, 平樂寺書店, 1981.

大久保隆郎也,『中國思想史 上-古代·中世-』, 高文堂出版社, 1985.

大濱晧,『中國古代思想論』, 勁草書房, 1977.

渡邊信一郎,『中國古代國家の思想構造』, 校倉書房, 1994.

服部武,『論語の人間學』, 富山房, 1986.

上野直明,『中國古代思想史論』, 成文堂, 1980.

西野廣祥,『中國の思想 韓非子』, 德間文庫, 2008.

西川靖二,『韓非子 中國の古典』, 角川文庫, 2005.

小倉芳彦,『中國古代政治思想研究』, 青木書店, 1975.

守本順一郎,『東洋政治思想史研究』, 未來社, 1967.

守屋洋,『右手に論語 左手に韓非子』, 角川マガジンズ, 2008.

安岡正篤,『東洋學發掘』, 明德出版社, 1986.

安居香山 編,『讖緯思想の綜合的研究』, 國書刊行會, 1993.

宇野茂彦,『韓非子のことば』, 斯文會, 2003.

宇野精一 外,『講座東洋思想』, 東京大出版會, 1980.

栗田直躬,『中國古代思想の研究』, 岩波書店, 1986.

伊藤道治,『中國古代王朝の形成』, 創文社, 1985.

日原利國,『中國思想史 上, 下』, ペリカン社, 1987.

竹內照夫,『韓非子』, 明治書院, 2002.

中島孝志,『人を動かす「韓非子」の帝王學』, 太陽企畫出版, 2003.

中村哲,「韓非子の專制君主論」,『法學志林』74-4, 1977.

中村俊也,「孟荀二者の思想と'公羊傳'の思想」,『國文學漢文學論叢』20, 1975.

紙屋敦之,『大君外交と東アジア』, 吉川弘文館, 1997.

貝塚茂樹 編,『諸子百家』, 筑摩書房, 1982.

戸山芳郎,『古代中國の思想』, 放送大教育振興會, 1994.

丸山松幸,『異端と正統』, 毎日新聞社, 1975.

丸山眞男,『日本政治思想史研究』, 東京大出版會, 1993.

荒木見悟,『中國思想史の諸相』, 中國書店, 1989.

Ahern, E. M., *Chinese Ritual and Politics* London-Cambridge Univ. Press, 1981.

Allinson, R. ed., *Understanding the Chinese Mind-The Philosophical Roots* Hong Kong-Oxford Univ. Press, 1989.

Aristotle, *The Politics* London-Oxford Univ. Press, 1969.

Barker, E., *The Political Thought of Plato and Aristotle* New York-Dover Publications, 1959.

Bell, D. A., "Democracy in Confucian Societies-The Challenge of Justification." in Daniel Bell et. al., *Towards Illiberal Democracy in Pacific Asia* Oxford-St. Martin's Press, 1995.

Carr, E. H., *What is History* London-Macmillan Co., 1961.

Cohen, P. A., *Between Tradition and Modernity-Wang T'ao and Reform in Late Ch'ing China* Cambridge-Harvard Univ. Press, 1974.

Creel, H. G., *Shen Pu-hai. A Chinese Political Philosopher of The Fourth Century B.C.* Chicago-Univ. of Chicago Press, 1975.

Cua, A. S., *Ethical Argumentation-A study in Hsün Tzu's Moral Epistemology* Honolulu-Univ. Press of Hawaii, 1985.

De Bary, W. T., *The Trouble with Confucianism* Cambridge, Mass./London-Harvard Univ. Press, 1991.

Fukuyama, F., *The End of History and the Last Man* London-Hamish Hamilton, 1993.

Hsü, L. S., *Political Philosophy of Confucianism* London-George Routledge & Sons, 1932.

Moritz, R., *Die Philosophie im alten China* Berlin-Deutscher Verl. der Wissenschaften, 1990.

Munro, D. J., *The Concept of Man in Early China* Stanford-Stanford Univ. Press, 1969.

Peerenboom, R. P., *Law and Morality in Ancient China-The Silk Manuscripts of Huang-Lao* Albany, New York-State Univ. of New York Press, 1993.

Plato, *The Republic* London- Oxford Univ. Press, 1964.

Pott, W. S., *A Chinese Political Philosophy* New York-Alfred. A. Knopf, 1925.

Rubin, V. A., *Individual and State in Ancient China-Essays on Four Chinese Philosophers* New York-Columbia Univ. Press, 1976.

Schwartz, B. I., *The World of Thought in Ancient China* Cambridge-Harvard Univ. Press, 1985.

Stewart, M., *The Management Myth* New York, W. W. Norton & Company, 2009.

Taylor, R. L., *The Religious Dimensions of Confucianism* Albany, New York-State Univ. of New York Press, 1990.

Tomas, E. D., *Chinese Political Thought* New York-Prentice-Hall, 1927.

Tu, Wei-ming, *Way, Learning and Politics-Essays on the Confucian Intellectual* Albany, New York-State Univ. of New York Press, 1993.

Waley, A., *Three Ways of Thought in Ancient China* New York-doubleday & company, 1956.

Wu, Geng, *Die Staatslehre des Han Fei-Ein Beitrag zur chinesischen Idee der Staatsräson* Wien & New York-Springer-Verl., 1978.